나도 모르게 파이썬에 홀딱 빠지는

파이썬
프로그램
40개

나도 모르게 파이썬에 홀딱 빠지는
쓸모 있는 파이썬 프로그램 40개

지은이 심교훈 **1판 1쇄 발행일** 2023년 6월 20일
펴낸이 임성춘 **펴낸곳** 로드북 **편집** 홍원규 **디자인** 이호용(표지), 너의오월(본문)
주소 서울시 동작구 동작대로 11길 96-5 401호
출판 등록 제 25100-2017-000015호(2011년 3월 22일) **전화** 02)874-7883 **팩스** 02)6280-6901
정가 30,000원 **ISBN** 979-11-982686-8-6 93000

책 내용에 대한 의견이나 문의는 출판사 이메일이나 블로그로 연락해 주십시오.
잘못 만들어진 책은 서점에서 교환해 드립니다.

이메일 chief@roadbook.co.kr **블로그** www.roadbook.co.kr

百見不如一打
백견불여일타

이젠 프로젝트다!

나도 모르게 파이썬에 홀딱 빠지는

파이썬 프로그램 40개

프로그래밍

지은이 심교훈

로드북
RoadBook

# 서문

"누군가의 인생을 바꾸는 기술 서적이길 바라며!"

제가 가장 먼저 프로그래밍 언어를 접하게 된 것은 대학교 2학년 때 전공 수업으로 들었던 C 언어였습니다. 참고로 학부시절 제 전공은 '전자공학'이었습니다. 조건문, 반복문이 나오고, 어느덧 포인터가 나오는 순간, 저는 코딩이 제 적성에 맞지 않다는 것을 확신했습니다. 그 수업에서 저는 C 언어에 걸맞은 성적인 C+를 받았고, 군대에 갔습니다. 군대를 전역한 후에 저는 제 인생을 크게 바꾼 책을 한 권 만났습니다. 바로 윤성우 님이 쓴 〈열혈강의 C 프로그래밍〉이었습니다. 코딩이 재밌는 것이라는 것을 저자님의 친절한 설명을 통해 깨닫게 되었습니다. 예전에는 너무 어렵게만 느껴졌던 개념이 친절한 설명을 통해 쏙쏙 이해할 수 있었습니다. 그리고 난 후 다시 재수강한 C 언어 수업에서 저는 A+를 받았습니다. 그때 제 인생에는 한 가지 목표가 생겼습니다.

"내가 죽기 전에 윤성우 님과 같이 누군가의 인생을 바꾸는 기술 서적을 한 권 써보리다!"

그 후 저는 대학원에 가서 영상처리를 전공하게 되었습니다. 중국에 있는 톈진대학교에서 공부를 하게 되었는데, 안 그래도 어려운 개념을 중국어와 영어를 섞어가면서 교수님과 친구들과 소통해가며 학습한다는 게 어찌나 힘들던지요. 그때 또 제 인생에 큰 영향을 준 존재를 만났습니다. 바로 〈다크 프로그래머〉라는 영상처리, 프로그래밍 블로그였습니다. 수업과 논문을 통해서는 도저히 이해하기 힘들었던 영상처리 관련 지식을 정말 잘 설명해주는 블로거님 덕분에 한결 빠르게 대학원 생활에 적응할 수 있었습니다. 그때 제 인생에는 또 한 가지 목표가 생겼습니다.

"〈다크 프로그래머〉와 같은 멋진 블로그를 나도 만들리다!"

그렇게 저는 2017년부터 기술 블로그 운영을 시작하기 시작했습니다. 나름대로 최선을 다해 글을 써오다 보니 점차 많은 사람이 방문하기 시작했습니다(2023년 6월 3일 기준으로 현재까지 약 480만 명 정도가 방문했네요). 블로그를 운영한 지 약 5년째 되는 어느 날 제 블로그를 유의 깊게 보던 한 출판사의 편집장님으로부터 연락이 왔습니다.

"혹시 코딩 관련 책 한 번 써보시겠어요?"

서두에서 언급했던 것과 같이 출판은 제가 오래전부터 꿈꾸던 일이었기 때문에 망설임 없이 그 제안을 승낙했고, 원고를 저술하기 시작했습니다.

이 책에서 다루는 파이썬은 저와 제 가족을 먹여 살리고 있는 아주 고마운 존재입니다. 저는 파이썬을 정말 사랑합니다. 파이썬은 제가 만들고 싶은 것을 만들게 해줬고, 또한 누군가가 만들고 싶어 하는 것을 제가 대신 만들 수 있게 도와줬기 때문입니다. 파이썬의 매력은 비교적 쉬운 문법에 파워풀한 라이브러리를 대량으로 보유하고 있다는 점입니다. 라이브러리만 잘 갖다 써도 만들 수 있는 것이 정말 무궁무진하게 많습니다. 이 책에서 여러분은 파이썬으로 정말 재미있고 쓸모있는 일을 많이 할 수 있다는 것을 알게 될 것입니다. 이 책의 내용에 여러분의 상상력과 응용력을 첨가한다면 멋진 프로그램을 많이 만들어낼 수 있을 것입니다. 파이썬으로 여러분의 삶을 더욱더 윤택하게 만드는 데 이 책이 조금이라도 보탬이 된다면 저자인 저로서는 더 바랄 것이 없습니다.

감사의 글

이 책을 출판하기까지 제게 도움을 주신 분들에게 감사를 표하고자 합니다. 우선 출판을 제안해주시고 원고를 꼼꼼히 피드백해주신 로드북 출판사의 임성춘 편집장님과 책의 디자인과 편집을 도맡아주신 홍원규 실장님에게 감사합니다.

또한, 이 책을 쓸 수 있도록 많은 시간을 양보해준 사랑하는 아내와 귀염둥이 두 딸에게 고마움을 전하고 싶습니다. 저를 위해 매일 새벽에 기도해주시고 응원해주시는 양가 부모님과 조부모님들에게 감사의 말씀을 드리고 싶습니다. 그분들의 사랑과 은혜를 저는 갚을 수 없습니다. 무엇보다도 항상 제 삶을 선하게 인도해주시는 하나님께 감사드립니다.

2023년 6월
심교훈

notice 이 책의 활용 방법

대상 독자

이 책은 이런 분이 읽으면 좋습니다.

1. 파이썬 기본서를 읽었지만 파이썬으로 무엇을 할 수 있는지 잘 모르겠다는 분
2. 파이썬 문법을 공부할 시간은 없지만 일단 코딩으로 뭐라도 만들어보고 싶은 분
3. 파이썬 개발자의 실무 노하우를 얻고 싶은 분
4. 파이썬을 통해 업무 효율을 높이고 싶은 분
5. 파이썬으로 돈을 벌고 싶은 분

Q&A

저는 독자 여러분들이 이 책을 완독하는 데 도움을 주고자 다음과 같은 채널을 통해 여러분과 소통하려고 합니다. 책을 따라하다가 막히는 부분이 있으면 언제든지 질문해주세요. 최대한 빠르게 답변하도록 노력하겠습니다.

다음 중 여러분이 사용하기 편한 채널로 연락주세요.

1_ 깃허브 https://github.com/kyohoonsim/useful_python_program_40

책 예제 소스코드는 여기에 있습니다. 소스코드 중에 에러가 있거나 개선 사항이 있다면 계속해서 수정 반영할 것입니다. 따라서 이 책을 공부하면서 자주 이 레포지토리에 들어와서 코드를 확인해주세요. 또한 깃허브 이슈를 열어서 궁금한 부분에 대해 질문해도 좋습니다.

2_ 블로그 https://bskyvision.com

책에서의 설명이 부족했다고 판단되는 부분은 블로그 포스팅을 통해서 보충 설명하겠습니다.

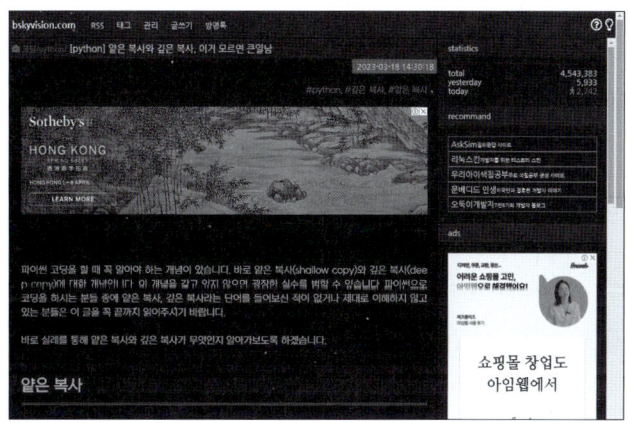

3_ 백견불여일타 카페에서 함께 공부합시다 https://cafe.naver.com/codefirst

백견불여일타 시리즈는 '만들어 보는 것만이 학습의 가장 빠른 지름길'이라는 콘셉트로 만들어진 실습 위주의 책입니다. HTML5와 안드로이드 앱 개발에서 없어서는 안 될 파이어베이스, C#, Vue.js 등의 다양한 주제로 많은 독자분들이 백견불여일타 카페에서 도움을 받고 있습니다. 외롭게 홀로 고군분투하며 어렵게 학습하는 입문자들에게 힘이 되는 공간으로 발전시켜 나가겠습니다.

contents 차례

서문 4
이 책의 활용 방법 6

Part 1_파이썬으로 쓸모 있고 재미난 일을 하기 위한 준비운동

Chapter 1_ 파이썬 설치 25
1.1 파이썬 다운로드 25
1.2 파이썬 설치하기 26
1.3 메모장으로 코딩하기 27
1.4 파이썬이 제공하는 코드 편집 및 실행기, IDLE 30

Chapter 2_ 비주얼 스튜디오 코드 설치 33
2.1 비주얼 스튜디오 코드 다운로드 33
2.2 비주얼 스튜디오 코드 설치하기 34
2.3 비주얼 스튜디오 코드에 추가로 설정하기 37
2.4 비주얼 스튜디오 코드 사용해보기 38

Chapter 3_ 외부 라이브러리 설치 40
3.1 외부 라이브러리 목록 확인하기 40
3.2 외부 라이브러리 설치하기 41
3.4 외부 라이브러리 제거하기 42

Chapter 4_ 가상환경 생성 44
4.1 virtualenv 가상환경 사용하기 45

Part 2_파이썬으로 쓸모 있고 재미난 일 하기

Chapter 1_ 기념일 계산하기 — 51
    1.1 실습 준비 — 51
    1.2 만난 지/결혼한 지 며칠인지 계산하기 — 52
    1.3 만난 지/결혼한 지 2000일이 언제인지 계산하기 — 53
    1.4 이모지 터미널에 출력되게 하기 — 54
    1.5 정리하며 — 55

Chapter 2_ 코딩으로 프러포즈하기 — 56
    2.1 실습 준비 — 56
    2.2 웹 브라우저를 실행하여 URL 열기 — 57
    2.3 상대방의 대답에 따라 보여줄 영상 다르게 하기 — 58
    2.4 애인에게 프러포즈 프로그램 전달하기 — 60
    2.5 정리하며 — 61

Chapter 3_ 로또 번호 자동 생성하기 — 62
    3.1 실습 준비 — 62
    3.2 무작위로 숫자 6개 선택하기 — 63
    3.3 숫자 6개 조합 5세트 만들기 — 64
    3.4 정리하며 — 64

Chapter 4_ 숫자 야구 게임 만들기 — 65
    4.1 실습 준비 — 65
    4.2 숫자 야구 게임 규칙 — 66

4.3 중복되지 않는 랜덤 숫자 세 개 생성하기 66
4.4 제시한 숫자에 대해서 스트라이크, 볼 판정하기 67
4.5 맞출 때까지 게임이 진행되게 하기 68
4.6 중복된 숫자를 입력했을 때 발생하는 문제 70
4.7 정리하며 72

Chapter 5_ 웹 사이트 홍보를 위한 QR 코드 만들기 73

5.1 실습 준비 73
5.2 QR 코드 만들기 74
5.3 정리하며 75

Chapter 6_ PDF 파일 추출, 병합하기 76

6.1 실습 준비 76
6.2 PDF 파일 내에서 특정 페이지 추출하기 77
6.3 PDF 파일에서 여러 페이지 추출하기 78
6.4 여러 개의 PDF 파일 병합하기 79
6.5 PDF 파일에서 텍스트 추출하기 79
6.6 정리하며 81

Chapter 7_ 웹 페이지를 캡처하여 이미지로 저장하기 82

7.1 실습 준비 82
7.2 웹 페이지 캡처하기 83
7.3 한 번에 여러 페이지 캡처하기 84
7.4 직접 작성한 html, css를 이미지 파일로 만들기 85
7.5 정리하며 87

Chapter 8_ 메모장에서 주민등록번호와 전화번호 추출하기 ─ 88

  8.1 실습 준비 ─ 88
  8.2 정규식 없이 주민등록번호 추출하기 ─ 89
  8.3 정규식으로 주민등록번호 추출하기 ─ 91
  8.4 주민등록번호와 전화번호 추출하기 ─ 92
  8.5 정리하며 ─ 93

Chapter 9_ Hex 코드를 RGB 색상으로 변환하기 ─ 94

  9.1 실습 준비 ─ 94
  9.2 Hex 코드를 RGB 색상으로 변환하기 ─ 95
  9.3 RGB 색상을 Hex 코드로 변환하기 ─ 96
  9.4 Hex 코드, RGB 색상 변환 프로그램 ─ 97
  9.5 Hex 코드, RGB 색상 변환 프로그램을 정교하게 만들기 ─ 99
  9.6 정리하며 ─ 103

Chapter 10_ 특정 시간마다 반복해서 실행되는 프로그램 만들기 ─ 104

  10.1 실습 준비 ─ 104
  10.2 1초마다 100원을 버는 프로그램 ─ 105
  10.3 두 시간마다 물을 마시라고 알려주는 프로그램 ─ 107
  10.4 매일 0시마다 정기 결제를 하게 만드는 프로그램 ─ 108
  10.5 정리하며 ─ 109

Chapter 11_ 사내 방송 프로그램 만들기 ─ 110

  11.1 실습 준비 ─ 110
  11.2 텍스트를 음성으로 변환하기 ─ 111

11.3 텍스트를 음성으로 변환한 후 바로 재생하기	112
11.4 예약된 시간에 음성 알림을 해주는 프로그램 만들기	112
11.5 정리하며	114

Chapter 12_ 현재 날씨 정보 가져오기 — 115

12.1 실습 준비	115
12.2 OpenWeather API key 얻기	116
12.3 위도, 경도 좌표 얻기	117
12.4 현재 기온 정보 얻기	120
12.5 원하는 도시의 현재 기온이 맞는지 확인하기	123
12.6 우리가 입력한 도시의 기온이 맞는지 확인하기	126
12.7 정리하며	128

Chapter 13_ SMS 문자 보내기 — 129

13.1 실습 준비	129
13.2 문자 전송 API	130
13.3 다른 사람에게 문자 메시지 보내기(유료)	135
13.4 엑셀 파일에 있는 회원에게 일괄적으로 문자 보내기	137
13.5 정리하며	139

Chapter 14_ 코딩으로 주식 매매하기 — 140

14.1 실습 준비	140
14.2 한국투자증권 API 사용 준비하기	141
14.3 특정 종목 현재 주가 확인하기	142
14.4 현재 계좌에 있는 현금 잔고 확인하기	147

14.5 주식 시장가로 매수하기 — 148
14.6 보유 주식 확인하기 — 151
14.7 주식 시장가로 매도하기 — 154
14.8 간단한 주식 매매 프로그램 — 156
14.9 정리하며 — 163

Chapter 15_ 수학 시험 문제 출제용 그래프 그리기 164

15.1 실습 준비 — 164
15.2 1차 함수 그래프 그리기 — 165
15.3 x축, y축 위치 바꾸기 — 166
15.4 x축, y축 눈금 스케일을 동일하게 만들기 — 167
15.5 그래프에 함수식 및 x축, y축 정보 넣기 — 168
15.6 2차 함수 그래프 그리기 — 170
15.7 정리하며 — 171

Chapter 16_ CPU, 메모리 사용량 모니터링 프로그램 만들기 172

16.1 실습 준비 — 172
16.2 실시간 CPU, 메모리 사용량 체크하기 — 173
16.3 실시간 CPU, 메모리 사용량 그래프 그리기 — 174
16.4 실시간 CPU, 메모리 사용량 그래프 그리기(개선) — 176
16.5 그래프 꾸미기 — 178
16.6 메모리나 CPU의 사용이 많을 경우에 경고음 나게 하기 — 181
16.7 정리하며 — 182

Chapter 17_ 맛집 추천 지도 만들기 183

   17.1 실습 준비 183
   17.2 맛집 목록 엑셀에 정리하기 184
   17.3 웹 지도 만들기 184
   17.4 도로명 주소를 위도, 경도 좌표로 변환하기 186
   17.5 엑셀에 있는 도로명 주소를 위도, 경도 좌표로 변환하기 189
   17.6 지도에 맛집 마커 찍기 191
   17.7 정리하며 193

Chapter 18_ 고객들에게 이벤트 당첨 이메일 보내기 194

   18.1 실습 준비 194
   18.2 코드로 네이버 이메일을 보내기 위해 설정하기 195
   18.3 네이버 이메일 보내기 196
   18.4 파일을 첨부해서 이메일 보내기 198
   18.5 이메일 내용을 예쁘게 꾸미기 199
   18.6 엑셀 파일에 있는 데이터를 파이썬으로 가져오기 201
   18.7 엑셀 파일에 있는 고객 중 당첨 고객에게 이메일 보내기 203
   18.8 정리하며 205

Chapter 19_ 임시 비밀번호를 이메일로 발송하기 206

   19.1 실습 준비 206
   19.2 랜덤 비밀번호 생성하기 207
   19.3 이메일로 임시 비밀번호 전송하기 209
   19.4 정리하며 211

Chapter 20_ 엑셀 파일 꾸미기 — 212

    20.1 실습 준비 — 212

    20.2 특정 셀에 배경색 넣기 — 213

    20.3 값에 따라 셀마다 다른 배경색 넣기 — 214

    20.4 글자 크기 변경하기 — 215

    20.5 정리하며 — 217

Chapter 21_ 로또 당첨번호를 크롤링하여 통계내기 — 218

    21.1 실습 준비 — 218

    21.2 가장 최근 회차의 낭첨번호를 일부 크돌링하기 — 219

    21.3 가장 최근 회차의 당첨번호와 보너스번호 크롤링하기 — 222

    21.4 가장 자주 당첨된 번호 확인하기(번호별 당첨 빈도 파악) — 224

    21.5 정리하며 — 227

Chapter 22_ 커쇼와 류현진 선수의 MLB 데이터 비교하기 — 228

    22.1 실습 준비 — 228

    22.2 파이썬과 Sqlite3 데이터베이스 연동하기 — 229

    22.3 조회한 데이터를 보기 좋은 형태로 변환하기 — 230

    22.4 류현진 선수의 승, 패, ERA, 딜심진, 볼넷, 피인타 평균 구하기 — 232

    22.5 류현진 선수의 시즌별 ERA를 선 그래프로 그리기 — 234

    22.6 류현진 선수와 클레이튼 커쇼 선수의 데이터 비교하기 — 238

    22.7 정리하며 — 243

Chapter 23_ 머신러닝으로 타이타닉호 생존자 예측하기   244

23.1 실습 준비   244
23.2 타이타닉 데이터셋   245
23.3 불필요한 컬럼 제거하기   247
23.4 null 값 처리하기   248
23.5 문자 데이터를 숫자로 바꿔주기   250
23.6 분류에 유용한 특성 선택하기   252
23.7 kNN 분류 모델 훈련 및 테스트   253
23.8 정리하며   256

Chapter 24_ 이미지에 워터마크 넣기   257

24.1 실습 준비   257
24.2 이미지에 워터마크 넣기   258
24.3 원하는 위치에 워터마크 넣기   261
24.4 폴더에 있는 모든 이미지에 워터마크 처리하기   263
24.5 코드 수정 없이 워터마크 적용하기   267
24.6 정리하며   269

Chapter 25_ 사진을 이용해서 웹툰 만들기   270

25.1 실습 준비   270
25.2 사진을 만화로 바꾸기   271
25.3 이미지에 말풍선 넣기   272
25.4 말풍선에 텍스트 넣기   274
25.5 세 컷 웹툰 만들기   276
25.6 정리하며   278

Chapter 26_ 사진에서 명함 부분만 잘라서 저장하기 — 279

26.1 실습 준비 — 279
26.2 사진에서 명함 영역을 찾기 위한 전처리 — 280
26.3 이미지에서 명함 부분의 후보 바운딩 박스 찾아내기 — 284
26.4 명함 바운딩 박스만 남기고 명함 윤곽 그리기 — 286
26.5 명함 부분만 잘라서 직사각형으로 만들기 — 289
26.6 다른 명함 사진들로 테스트해보기 — 295
26.7 정리하며 — 297

Chapter 27_ 사진에서 사람 얼굴을 검출하여 모자이크로 처리하기 — 298

27.1 실습 준비 — 298
27.2 사람 얼굴 검출하기 — 299
27.3 사람 얼굴에 모자이크로 처리하기 — 300
27.4 주인공이 아닌 사람의 얼굴만 모자이크로 처리하기 — 302
27.5 정리하며 — 304

Chapter 28_ 손으로 쓴 전화번호를 인식하는 프로그램 만들기 — 305

28.1 실습 준비 — 305
28.2 MNIST 데이터셋 — 306
28.3 간단하게 딥러닝 모델 학습시키기 — 308
28.4 우리가 직접 손으로 쓴 숫자 인식하기 — 310
28.5 손으로 쓴 전화번호 인식하기 — 311
28.6 정리하며 — 315

contents 차례

Chapter 29_ 사람 얼굴 분석하기 — 316

29.1 실습 준비 — 316
29.2 사진 속 인물 분석하기 — 317
29.3 분석 결과를 이미지에 쓰기(CIA 관련 영화 흉내내기) — 319
29.4 정리하며 — 323

Chapter 30_ 마스크 착용 유무 판별하기 — 324

30.1 실습 준비 — 324
30.2 마스크 착용 얼굴 및 미착용 얼굴 이미지 수집하기 — 325
30.3 마스크 착용을 판별하는 딥러닝 모델 만들기 — 330
30.4 훈련된 마스크 착용 판별 모델로 테스트해보기 — 333
30.5 정리하며 — 337

Chapter 31_ Flask로 API 서버 만들기 — 338

31.1 실습 준비 — 338
31.2 아주 간단한 웹 사이트 만들기 — 339
31.3 조선시대 왕 목록 얻기 — 340
31.4 조선시대 왕 추가하기 — 342
31.5 조선시대 왕 추가하기(잘못된 요청 처리) — 345
31.6 조선시대 왕 수정하기 — 349
31.7 조선시대 왕 삭제하기 — 351
31.8 Access Token을 발급 받은 경우에만 API 사용 허가하기 — 354
31.9 정리하며 — 358

Chapter 32_ 번역 사이트 만들기 — 359

- 32.1 실습 준비 — 359
- 32.2 번역 기능 만들기 — 360
- 32.3 아주 간단한 웹 사이트 만들기 — 361
- 32.4 html 문서가 127.0.0.1:5000에 접속했을 때 나오게 하기 — 363
- 32.5 웹 사이트에서 입력한 문장이 번역되어 웹 사이트에서 보이게 하기 — 365
- 32.6 CSS로 심파고를 파파고처럼 디자인하기 — 369
- 32.7 정리하며 — 374

Chapter 33_ Flask, Django 없이 웹 애플리케이션 만들기 — 375

- 33.1 실습 준비 — 375
- 33.2 파이썬만으로 웹 사이트 띄우기 — 376
- 33.3 웹 페이지에 그래프 띄우기 — 377
- 33.4 matplotlib으로 그린 그래프 띄우기 — 381
- 33.5 사용자가 업로드한 엑셀 파일 시각화하기 — 382
- 33.6 번역 웹 사이트 만들기 — 384
- 33.7 정리하며 — 386

Chapter 34_ 백색 소음을 내는 GUI 프로그램 만들기 — 387

- 34.1 실습 준비 — 387
- 34.2 GUI 프로그램 윈도우 띄우기 — 388
- 34.3 윈도우에 버튼 추가하기 — 389
- 34.4 버튼에 기능 부여하기 — 392
- 34.5 버튼 클릭 시 음악 재생되게 하기 — 394
- 34.6 버튼 클릭 시 음악 재생되게 하기(멀티 프로세스 활용) — 396
- 34.7 정리하며 — 399

contents 차례

Chapter 35_ 갹출 금액 랜덤 분할 프로그램 만들기 — 400

- 35.1 실습 준비 — 400
- 35.2 금액 인원에 따라 랜덤 분할하기 — 401
- 35.3 갹출 금액 랜덤 분할 프로그램 UI 만들기 — 402
- 35.4 갹출 금액 랜덤 분할 프로그램에 기능 부여하기 — 406
- 35.5 exe 실행 파일 만들기 — 411
- 35.6 프로그램 아이콘 바꾸기 — 412
- 35.7 정리하며 — 413

Chapter 36_ 감사 일기 프로그램 만들기 — 414

- 36.1 실습 준비 — 414
- 36.2 sqlite3 데이터베이스 설정하기 — 415
- 36.3 감사 일기 테이블 생성하기 — 415
- 36.4 입력한 감사제목을 GUI 창에 띄우기 — 418
- 36.5 감사제목을 입력하는 기능 추가하기 — 421
- 36.6 입력한 감사제목을 수정/삭제 기능 추가하기 — 426
- 36.7 프로그램 빌드하기 — 435
- 36.8 정리하며 — 436

Chapter 37_ 객체 지향 프로그래밍하기 — 437

- 37.1 실습 준비 — 437
- 37.2 클래스 만들기 — 438
- 37.3 상속 — 441
- 37.4 정리하며 — 446

Chapter 38_ 로그 예쁘게 찍기 — 447

- 38.1 실습 준비 — 447
- 38.2 원래 찍히는 평범한 로그 — 448
- 38.3 컬러로 로그 표현하기 — 448
- 38.4 로그 메시지 포맷 바꾸기 — 451
- 38.5 메모장에 로그 찍어 주기 — 454
- 38.6 정리하며 — 455

Chapter 39_ 타입 힌트 사용하여 코드의 가독성 높이기 — 456

- 39.1 실습 준비 — 456
- 39.2 타입 힌트 — 457
- 39.3 함수의 출력에도 타입 힌트를 주자 — 459
- 39.4 정리하며 — 460

Chapter 40_ 최적화된 서비스를 위해 캐싱 처리하기 — 461

- 40.1 실습 준비 — 461
- 40.2 캐싱이란 — 462
- 40.3 데코레이터란 — 462
- 40.4 파이썬에서 캐싱 처리하기 — 464
- 40.5 @cache 데코레이터와 @lru_cache 데코레이터 — 467
- 40.6 정리하며 — 470

찾아보기 — 471

나도 모르게 파이썬에 홀딱 빠지는

쓸모있는 파이썬 프로그램 40개

1부

파이썬으로 쓸모 있고 재미난 일을 하기 위한 준비운동

나도 모르게 파이썬에 홀딱 빠지는

재밌있는 파이썬 프로그램 40개

1장. 파이썬 설치

프로그래밍 언어는 컴퓨터와 사람이 서로 소통할 수 있게 도와주는 매개체입니다. 세상에는 정말 많은 프로그래밍 언어가 존재합니다. C/C++, C#, 자바, 자바스크립트, PHP, 루비, Matlab, 코틀린, Go, 러스트 등등. 오늘도 어떤 개발자는 골방에서 새로운 프로그래밍 언어를 만들어내고 있을 것입니다. 우리는 수많은 프로그래밍 언어 중 파이썬이라는 언어를 재미를 위해, 공부를 위해, 밥벌이를 위해 선택했습니다. 이제 그 시작으로 파이썬을 PC에 설치해보겠습니다. 여기서는 윈도우즈 PC를 기준으로 설명합니다.

1.1 파이썬 다운로드

먼저 파이썬 공식 홈페이지(https://www.python.org/)에 접속합니다. 메뉴바에 있는 [Downloads]에 마우스 커서를 올리면 나오는 화면에서 [Python 3.10.5] 버튼을 클릭합니다. Python 3.10.5는 제가 집필하고 있는 시점에서는 최신 버전이지만, 여러분이 이 책을 읽는 시점에는 또 다른 최신 버전이 배포되어 있을 것입니다. 그 버전을 설치하면 됩니다. 버전 차이로 인해서 생길 수도 있는 조금의 에러(?)가 두렵다면, 그냥 3.10.5 버전을 설치해주세요.

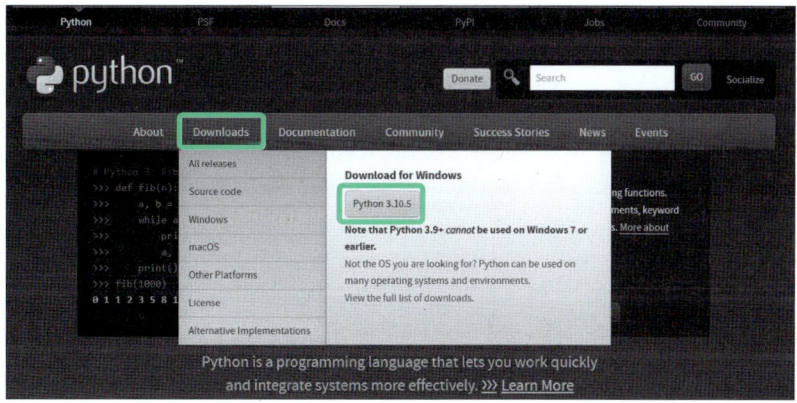

[그림 1-1]

다운로드가 완료된 설치 프로그램은 Downloads 폴더에 들어 있습니다. 만약, 크롬 브라우저를 사용하고 있다면, 브라우저 하단에서 다운로드가 완료된 설치 파일 [python-3.10.5-amd64.exe]를 바로 클릭할 수 있습니다.

1.2 파이썬 설치하기

이제 본격적으로 파이썬을 설치하겠습니다. 설치 창 하단에 있는 [Add Python 3.10 to PATH]를 체크한 후에 [Install Now]를 클릭합니다. [Add Python 3.10 to PATH]를 꼭 체크해야 합니다. 그래야만 PC의 어떤 위치에서도 파이썬이라는 도구를 쉽게 사용할 수 있습니다.

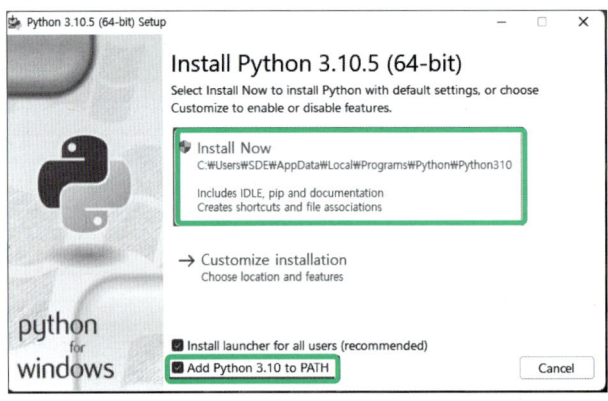

[그림 1-2]

조금만 기다리면 설치가 완료되었다는 내용을 담은 창이 나옵니다. [Close] 버튼을 클릭하여 설치를 완료합니다.

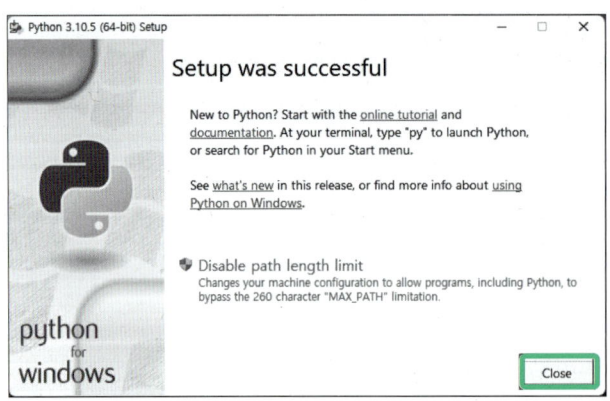

[그림 1-3]

파이썬이 제대로 설치되었는지 확인하기 위해 명령 프롬프트를 엽니다. 명령 프롬프트는 키보드에서 〈Windows〉를 누른 후에 검색 창에 cmd를 입력한 후 〈Enter〉를 누르면 열립니다. 명령 프롬프트에 python이라고 타이핑한 후에 〈Enter〉를 눌렀을 때 다음과 같은 화면이 나온다면 제대로 설치된 것입니다.

[그림 1-4]

위와 같은 화면이 나오지 않는다면, 앞서 설치할 때 [Add Python 3.10 to PATH]를 선택하지 않고 진행했을 가능성이 큽니다. 이 경우에는 귀찮더라도 다시 설치하는 것을 권합니다. 파이썬이 제대로 설치된 분들은 기념으로 print("안녕, 파이썬!")이라고 입력해볼까요?

[그림 1-5]

1.3 메모장으로 코딩하기

파이썬을 설치했으니, 이제 우리는 코딩을 시작할 수 있습니다. 모든 윈도우즈 PC에 기본으로 설치되어 있는 메모장을 이용해서도 파이썬 코딩이 가능하다는 사실을 아나요? 생각보다 메모장은 대단한 친구랍니다. 그럼 한 번 메모장을 이용해서 파이썬 코딩을 해보겠습니다.

바탕화면에 test라는 이름의 폴더를 만든 후에 텍스트 문서를 하나 추가하는데, test.py라는 이름으로 추가하겠습니다. 파일명에 .py 확장자가 붙어있으면 해당 문서는 파이썬으로 작성된다는 뜻입니다.

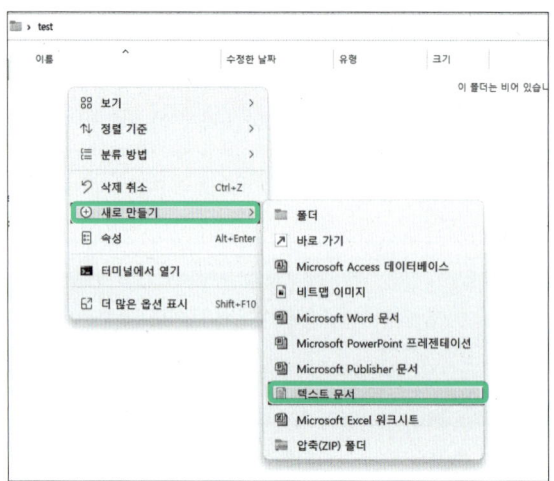

[그림 1-6]

.py 확장자를 넣을 때 다음과 같은 경고 메시지가 뜰 수 있는데, [예(Y)] 버튼을 클릭합니다. 그러면 test.py 파일 생성이 완료됩니다.

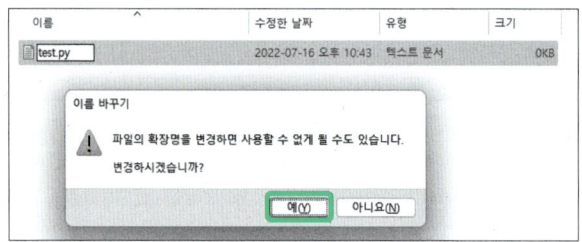

[그림 1-7]

이제 test.py를 마우스 오른쪽 버튼을 클릭한 후에 연결 프로그램을 메모장으로 선택합니다.

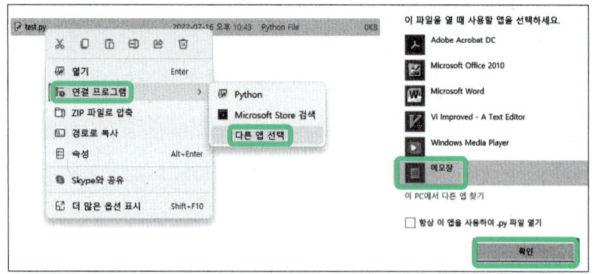

[그림 1-8]

그러면 메모장에서 파이썬 코드를 작성할 수 있습니다. 간단한 코드를 작성해보겠습니다.

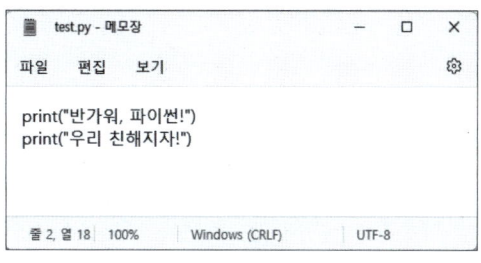

[그림 1-9]

이제 코드를 실행할 차례입니다. 명령 프롬프트를 엽니다(《Windows》 누른 후 `cmd` 입력). 이제 test.py가 들어 있는 test 폴더의 경로를 복사해옵니다.

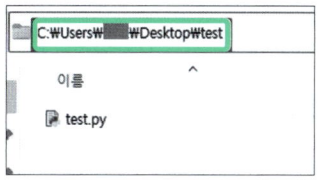

[그림 1-10]

명령 프롬프트에서 해당 경로로 이동하기 위한 명령어를 입력합니다.

`cd 절대경로`

cd는 Change Directory의 머리글자로, 디렉터리(폴더)를 변경할 때 명령 프롬프트에서 사용하는 명령어입니다.

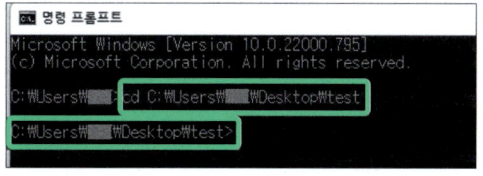

[그림 1-11]

"C:\Users\사용자이름"에서 "C:\Users\사용자이름\Desktop\test"로 경로가 잘 바뀐 것을 확인할 수 있습니다. 이제 명령 프롬프트에 `python test.py`를 입력한 후 〈Enter〉를 누릅니다. "python아, test.py를 실행해줘!"라는 의미의 명령입니다. 우리가 메모장을 이용해서 test.py에 입력했던 코드가 잘 실행된 것을 확인할 수 있습니다. "반가워, 파이썬! 우리 친해지자!"라는 문구가 잘 출력되었죠?

```
python test.py
```

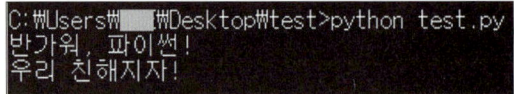

[그림 1-12]

제가 메모장으로도 코딩을 할 수 있다는 것을 보여준 이유는 실무에서 급한 경우에 메모장을 이용해서 파이썬 스크립트 파일을 열어서 코드를 수정하거나 추가해야 하는 경우도 종종 있기 때문입니다.

1.4 파이썬이 제공하는 코드 편집 및 실행기, IDLE

메모장과 명령 프롬프트를 활용하여 코드를 작성하고 코드를 실행한다는 것은 코딩 초보자에게는 다소 어려운 일입니다. 그래서 파이썬은 자신만의 코드 실행기와 코드 편집기를 제공합니다. 그것이 바로 IDLE입니다. 참고로 IDLE는 Integrated Development and Learning Environment의 머리글자입니다. [시작 메뉴] → [Python 3.10]에 들어가서 IDLE(Python 3.10 64-bit)를 클릭합니다.

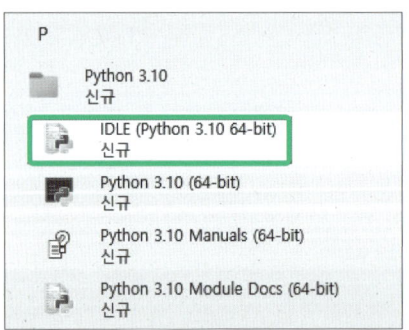

[그림 1-13]

IDLE Shell 3.10.5라는 이름의 프로그램이 실행되었을 것입니다. 실행된 프로그램에서 [File] → [New File] 메뉴를 선택하면 코드 편집기가 열립니다.

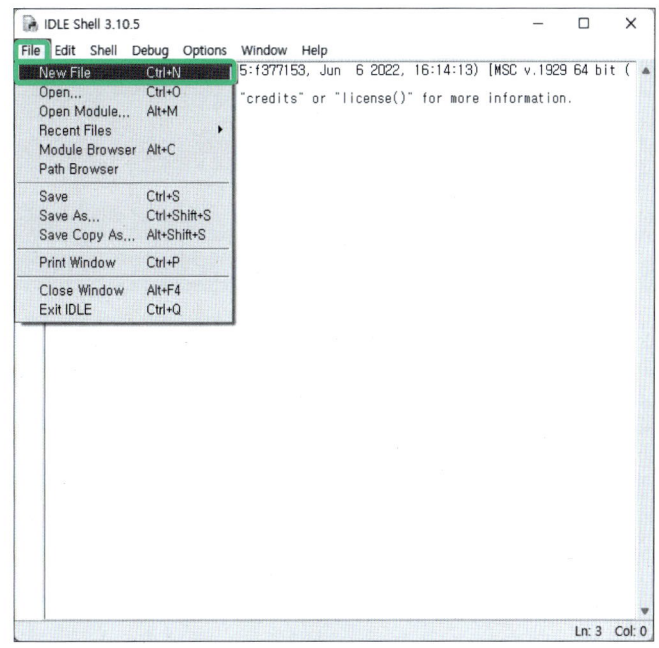

[그림 1-14]

여기에 간단한 코드를 작성해보겠습니다.

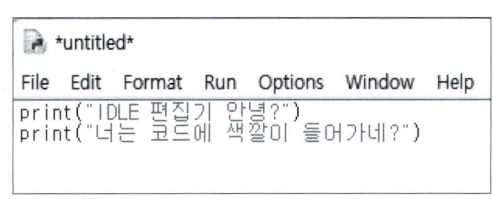

[그림 1-15]

IDLE 편집기는 메모장과 달리 코드에 색상을 넣어줘서 print라는 함수와 문자열이 서로 잘 구분될 수 있도록 도와줍니다. 이제 파일을 앞서 바탕화면에 만든 test 폴더에 test1.py라는 이름으로 저장하 겠습니다.

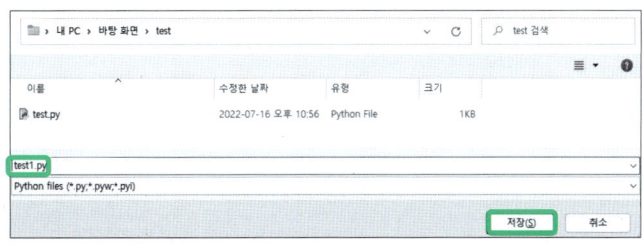

[그림 1-16]

저장했으면, [Run] → [Run Module] 메뉴를 선택하여 코드를 실행합니다.

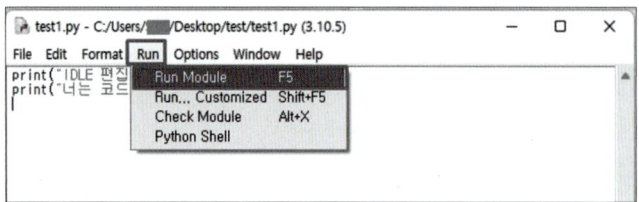

[그림 1-17]

실행 결과는 IDLE shell에서 확인할 수 있습니다.

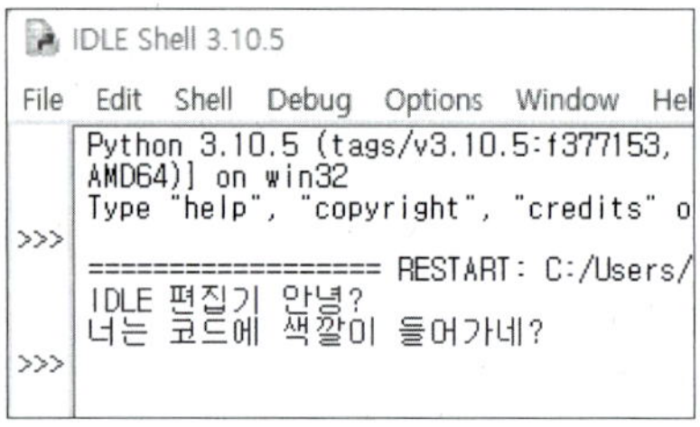

[그림 1-18]

이렇게 파이썬을 설치할 때 기본으로 제공되는 파이썬 IDLE를 이용해서도 우리는 코드를 작성하고 코드를 실행할 수 있습니다. 하지만, 시중에는 워낙 발전된 코드 편집기가 많기 때문에 파이썬 IDLE는 사실상 거의 쓰이지 않습니다. 우리는 개발자들 사이에서 가장 많이 사용되는 코드 편집기인 비주얼 스튜디오 코드(Visual Studio Code)를 설치하여 사용하겠습니다.

2장. 비주얼 스튜디오 코드 설치

Feat. Python

비주얼 스튜디오 코드(Visual Studio Code, 보통 줄여서 VSCODE라고 함)는 파이썬 IDLE에서와 같이 코드에 색상을 부여하는 것은 물론이고, 함수명을 조금만 입력해도 자동으로 함수명을 완성해주는 등의 코드 자동 완성 기능이 있기 때문에 훨씬 더 빠르게 코드를 작성할 수 있습니다. 또한 명령 프롬프트와 같은 코드 실행기도 같은 화면 내에서 편하게 이용할 수 있습니다. 그러면 비주얼 스튜디오 코드를 함께 설치해보겠습니다.

2.1 비주얼 스튜디오 코드 다운로드

먼저 비주얼 스튜디오 코드의 공식 홈페이지(https://code.visualstudio.com/)에 접속해서 메인 페이지에 있는 [Download for Windows] 버튼을 클릭합니다.

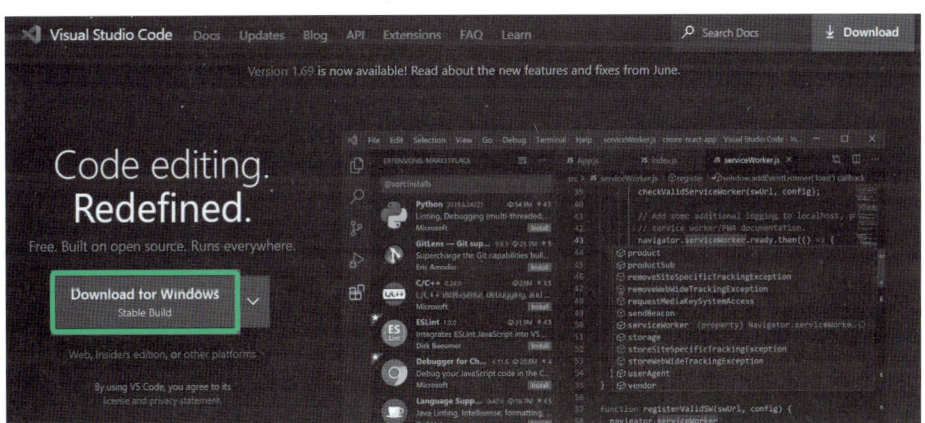

[그림 2-1]

2.2 비주얼 스튜디오 코드 설치하기

다운로드가 완료된 설치 파일인 [VSCodeUserSetup-x64-1.69.1.exe]를 실행합니다. 비주얼 스튜디오 코드의 버전에 따라 파일명은 다를 수 있습니다. 사용권 계약과 관련된 내용이 나오면 [동의합니다]를 체크한 후 [다음] 버튼을 클릭합니다.

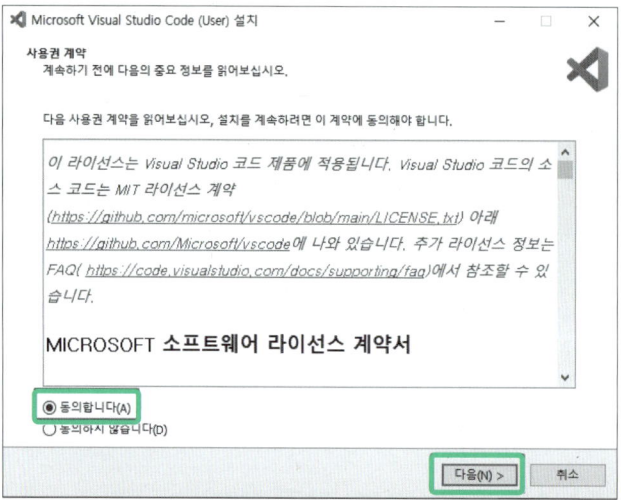

[그림 2-2]

설치할 위치 선택과 관련된 화면이 나오면 [다음] 버튼을 클릭하여 넘어갑니다. 사용하고 있는 PC에 충분한 여유 공간이 있는지 확인한 후 진행하세요.

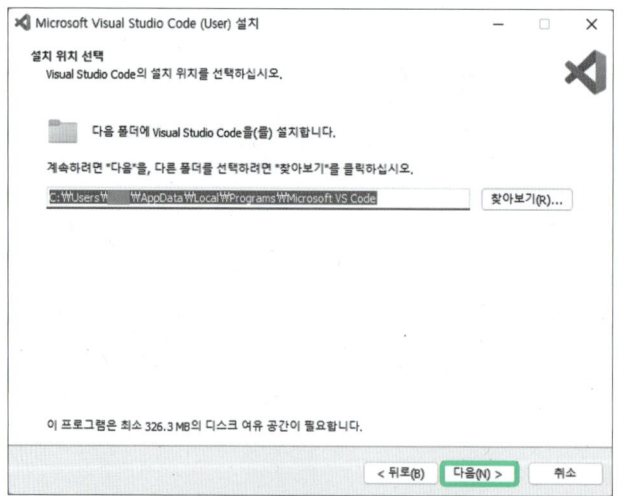

[그림 2-3]

시작 메뉴 폴더 선택 화면도 [다음] 버튼을 클릭하여 넘어갑니다.

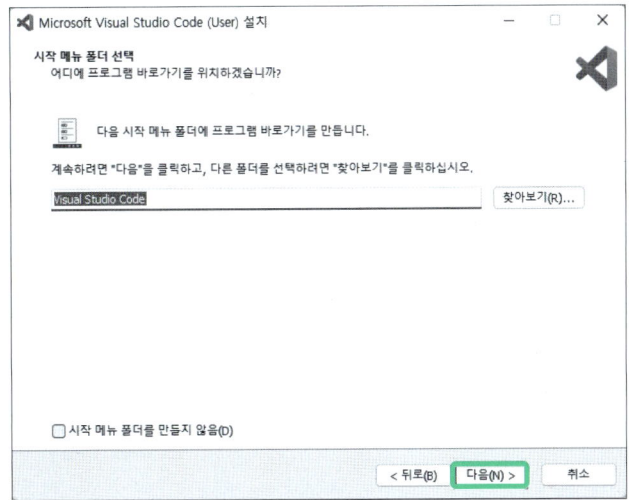

[그림 2-4]

추가 작업 선택 화면에서는 [바탕 화면에 바로가기 만들기]에 추가로 체크하고 [다음] 버튼을 클릭합니다.

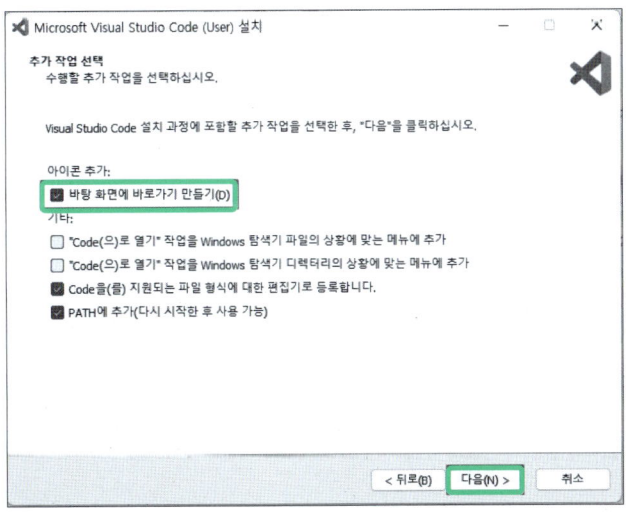

[그림 2-5]

이제 설치 준비가 완료되었다는 내용의 화면이 나올 것입니다. [설치] 버튼을 클릭하여 넘어갑니다.

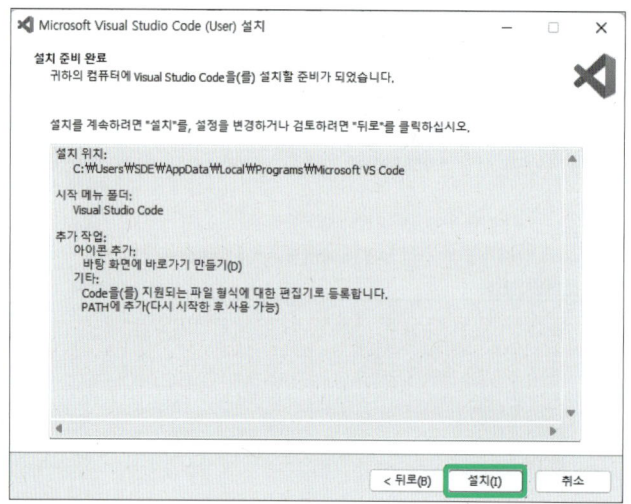

[그림 2-6]

설치가 완료되었으면, [Visual Studio Code 실행]에 체크가 된 상태로 [종료] 버튼을 클릭합니다. 그러면 비주얼 스튜디오 코드가 실행됩니다.

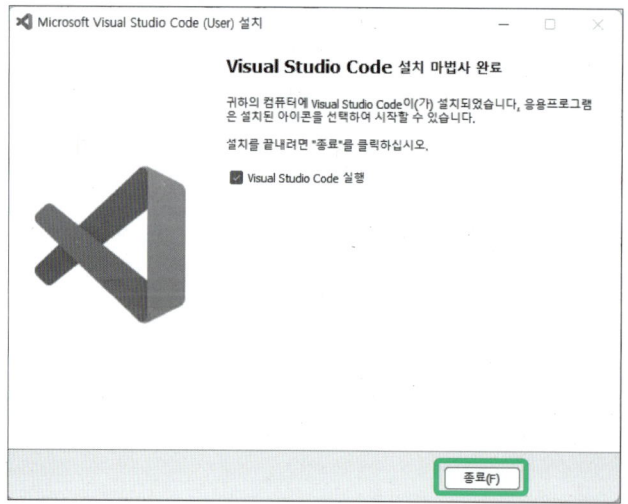

[그림 2-7]

설치하는 과정이 제 경우와 조금씩은 다를 수 있습니다. 하지만, 걱정하지 말고 과감히 [다음] 버튼을 클릭하면서 진행하면 됩니다.

2.3 비주얼 스튜디오 코드에 추가로 설정하기

비주얼 스튜디오 코드를 실행하면, 우측 하단에 "언어 팩을 설치하여 표시 언어를 한국어(으)로 변경합니다"라는 메시지가 출력될 것입니다. 영어로 보이는 표시 언어를 한글로 변경해주면 아무래도 사용하는 데 편리할 것입니다. 영어가 편한 분은 표시 언어를 그대로 영어로 놔둬도 좋습니다. 표시 언어를 한글로 변경하고자 하는 분은 [설치 및 다시 시작] 버튼을 클릭합니다.

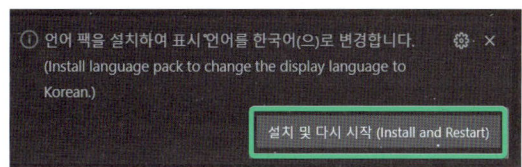

[그림 2-8]

다시 실행된 비주얼 스튜디오 코드에서는 표시 언어가 한글로 변경되어 있습니다.

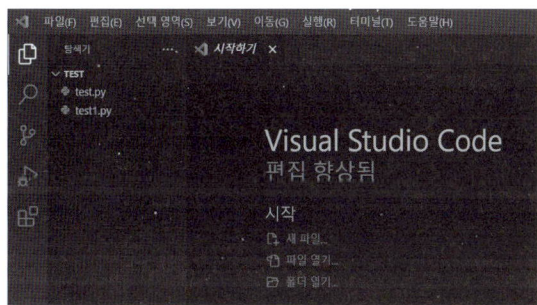

[그림 2-9]

만약, 비주얼 스튜디오 코드를 실행했는데 우측 하단에 "언어 팩을 설치하여 표시 언어를 한국어(으)로 변경합니다"라는 팝업 메시지가 출력되지 않은 분은 좌측에서 [확장] 아이콘을 클릭한 후에 검색 창에 korean을 입력합니다. 검색 결과 중 첫 번째 것을 선택하여 설치하면 됩니다.

[그림 2-10]

2장. 비주얼 스튜디오 코드 설치

또한 [확장: 마켓플레이스]에서 python을 검색하여 나오는 첫 번째 확장 플러그인도 추가로 설치합니다. 파이썬 코딩을 하는 데 있어서 유용한 기능을 지원해주기 때문입니다. 이처럼 유용한 확장 플러그인이 굉장히 많다는 것도 많은 개발자가 비주얼 스튜디오 코드를 선택한 이유 중 하나입니다.

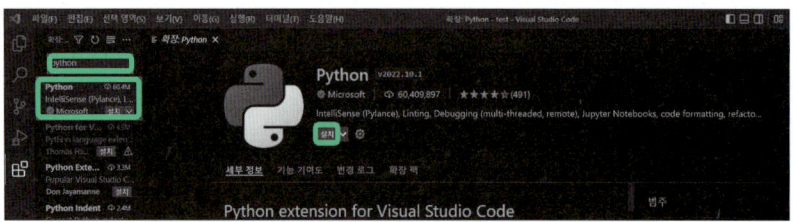

[그림 2-11]

2.4 비주얼 스튜디오 코드 사용해보기

자, 이제 비주얼 스튜디오 코드를 사용하기 위한 설정이 끝났습니다. 바탕화면에 생성한 test 폴더를 열어보겠습니다.

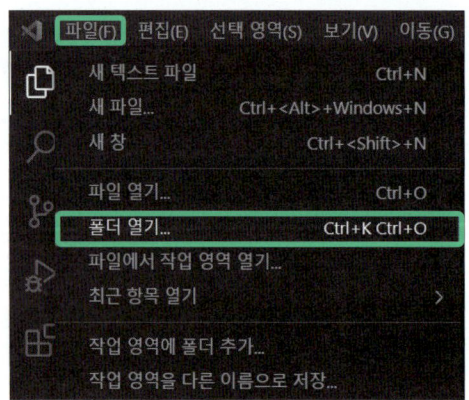

[그림 2-12]

좌측 탐색기에 있는 test.py를 더블 클릭하면 우측 편집 화면에 test.py의 코드가 보입니다.

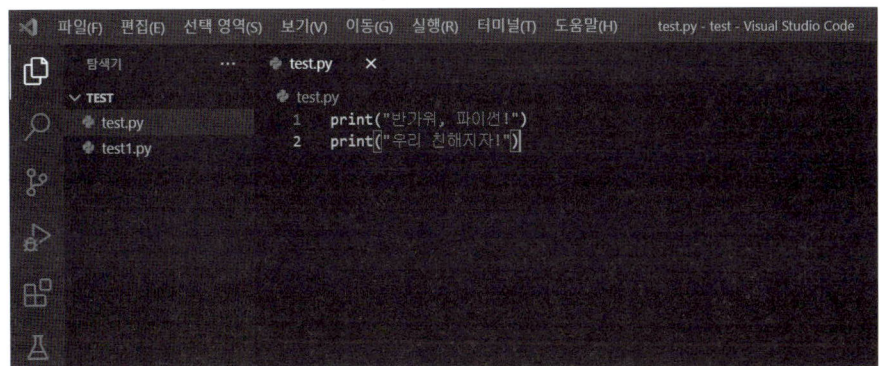

[그림 2-13]

이 코드를 실행하려면 코드 실행기가 필요하겠죠? [터미널] → [새 터미널] 메뉴를 선택하면, 하단에 터미널 화면이 보입니다. 이렇게 현재 작업 디렉터리, 코드, 터미널 세 개의 화면으로 구성되어 있는 것이 이 책의 예제를 실습하기 위한 기본 화면 설정입니다.

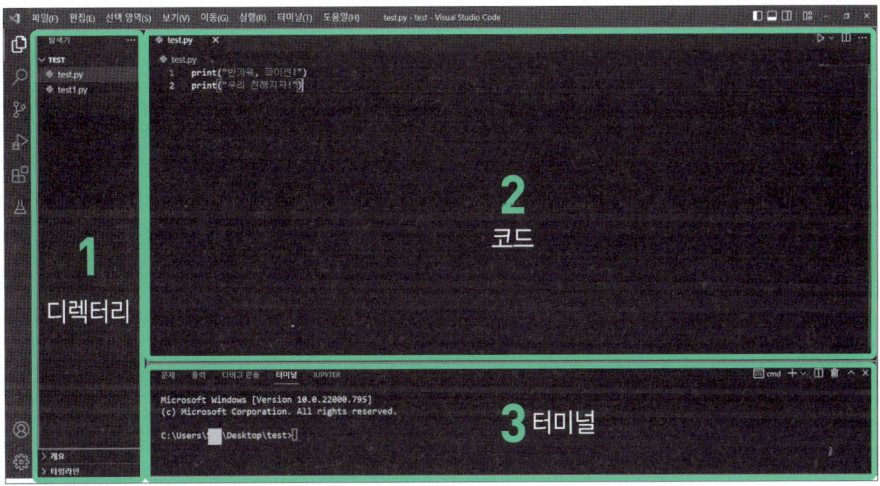

[그림 2-14]

터미널에 `python test.py`를 입력하여 test.py를 실행해보겠습니다. 아래와 같은 메시지가 출력된다면 test.py가 제대로 실행된 것입니다.

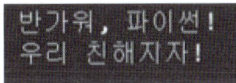

[그림 2-15]

3장. 외부 라이브러리 설치

Feat. Python

이 책에서 우리는 파이썬으로 쓸모 있고 재밌는 다양한 프로젝트를 진행합니다. 그 과정 속에서 많은 외부 라이브러리를 설치하게 됩니다. 영상 처리와 관련한 프로젝트에서는 opencv-python과 같은 외부 라이브러리가 필요하고, 딥러닝 관련된 프로젝트에서는 tensorflow, pytorch 등의 라이브러리가 필요합니다. 또한 데이터 분석과 관련해서는 pandas 라이브러리가 필요합니다. 그리고 데이터 시각화를 위해서는 matplotlib, seaborn 등의 라이브러리가 필요합니다. 이 장에서는 외부 라이브러리를 다루는 방법을 설명합니다.

3.1 외부 라이브러리 목록 확인하기

파이썬에는 다양한 표준 라이브러리와 외부 라이브러리가 있습니다. 표준 라이브러리의 경우 파이썬을 설치할 때 기본적으로 제공되는 라이브러리이기 때문에 별도의 설치 과정이 필요 없습니다. 반면, 외부 라이브러리들은 별도로 설치해줘야 사용할 수 있습니다. 파이썬 라이브러리들의 저장소인 https://pypi.org/에 있는 라이브러리들은 `pip` 명령어로 설치할 수 있습니다. `pip`는 파이썬으로 작성된 패키지를 관리하는 시스템을 의미합니다.

현재 개발환경에 설치되어 있는 외부 라이브러리의 목록은 다음 명령어로 확인할 수 있습니다.

```
pip list
```

비주얼 스튜디오 코드의 cmd 터미널에 `pip list` 명령을 실행해보겠습니다. 다음과 같이 패키지(라이브러리) 목록에 pip와 setuptools만 있을 것입니다.

[그림 3-1]

그런데 여기서 저와 같이 pip 버전과 관련해서 경고 메시지가 뜬 분은 아래 명령으로 pip의 버전을 업그레이드합니다.

```
python -m pip install –upgrade pip
```

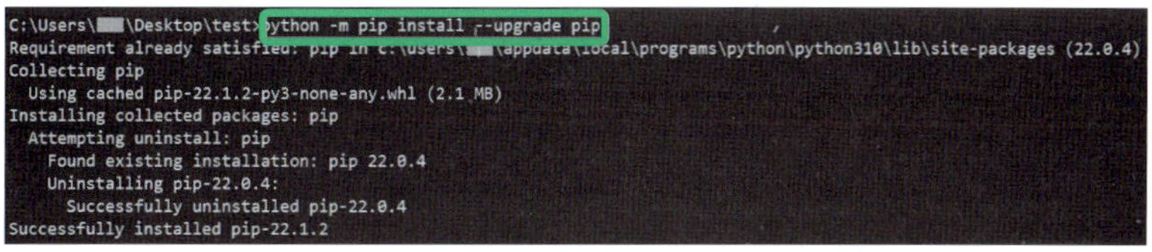

[그림 3-2]

이제 다시 한 번 `pip list` 명령을 실행해보면, 더 이상 경고 메시지가 뜨지 않을 것입니다.

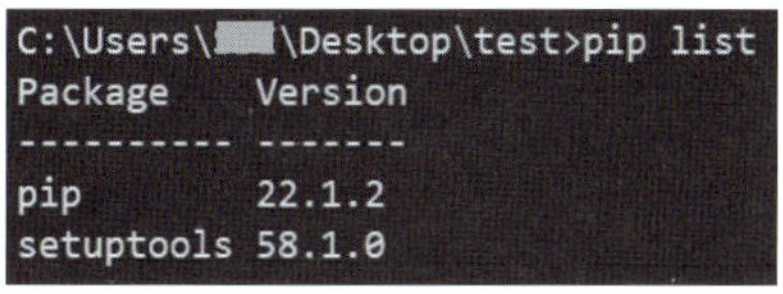

[그림 3-3]

3.2 외부 라이브러리 설치하기

이제 개발환경에 외부 라이브러리를 설치해보겠습니다. 외부 라이브러리 설치를 위한 명령은 다음과 같습니다.

```
pip install 라이브러리명
```

영상 처리에 많이 사용되는 opencv-python 라이브러리를 설치해보겠습니다 `pip install opencv-python`으로 설치할 수 있습니다.

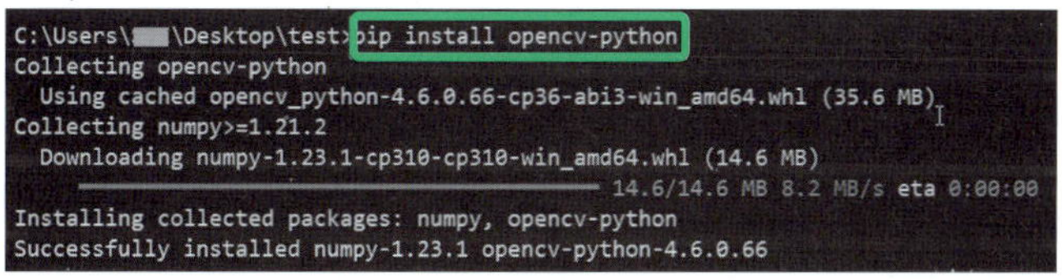

[그림 3-4]

3장. 외부 라이브러리 설치 41

성공적으로 설치되었다면, `pip list` 명령으로 다시 한 번 라이브러리 목록을 확인해보겠습니다. '왜 나는 opencv-python을 설치했는데, 왜 numpy라는 것도 같이 설치되었지?'라고 의아해하는 분도 있을 것 같습니다. 그 이유는 opencv-python 라이브러리가 numpy 라이브러리에 의존하기 때문입니다. 다른 말로 opencv-python은 numpy 없이는 작동할 수 없기 때문에 같이 설치되는 것입니다.

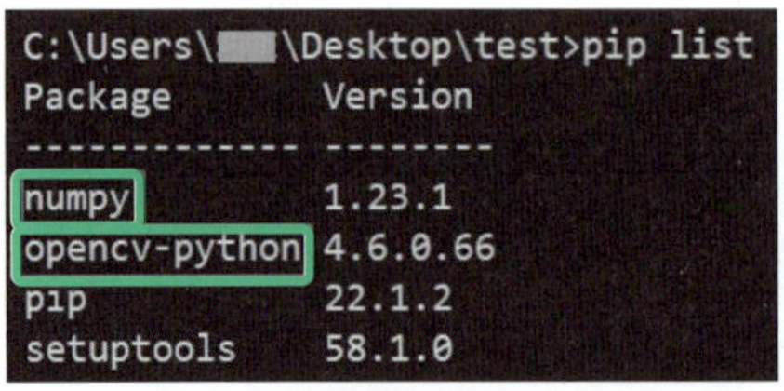

```
C:\Users\▇▇▇\Desktop\test>pip list
Package      Version
------------ -------
numpy        1.23.1
opencv-python 4.6.0.66
pip          22.1.2
setuptools   58.1.0
```

[그림 3-5]

참고로 라이브러리를 설치할 때 최신 버전이 아니라 특정 버전을 지정해서 설치하고 싶을 때는 다음과 같은 명령을 실행하면 됩니다.

```
pip install 라이브러리명==버전
```

예를 들어, opencv-python의 4.5.3.56 버전을 설치하려면, `pip install opencv-python==4.5.3.36` 명령을 실행하면 됩니다.

3.3 외부 라이브러리 제거하기

설치한 외부 라이브러리를 제거도 해보겠습니다. 제거 명령에는 `uninstall`이라는 키워드가 포함됩니다.

```
pip uninstall 라이브러리명
```

opencv-python 라이브러리를 제거해보겠습니다. 라이브러리를 제거하는 과정 중에 정말 제거할 것인지 묻습니다. Y를 입력한 후 ⟨Enter⟩를 누르면 됩니다. 그러면 성공적으로 라이브러리가 제거됩니다.

```
C:\Users\■■\Desktop\test>pip uninstall opencv-python
Found existing installation: opencv-python 4.6.0.66
Uninstalling opencv-python-4.6.0.66:
  Would remove:
    c:\users\■■\appdata\local\programs\python\python310\lib\site-packages\cv2\*
    c:\users\■■\appdata\local\programs\python\python310\lib\site-packages\opencv_python-4.6.0.66.dist-info\*
Proceed (Y/n)? y
  Successfully uninstalled opencv-python-4.6.0.66
```

[그림 3-6]

잘 제거되었는지 확인하기 위해서 `pip list` 명령을 실행해보겠습니다. opencv-python 라이브러리를 설치할 때 같이 설치되었던 numpy 라이브러리는 남아 있는 것을 확인할 수 있습니다. 설치될 때는 같이 설치되어도 제거할 때는 같이 제거되지 않습니다.

```
C:\Users\■■\Desktop\test>pip list
Package    Version
---------- -------
numpy      1.23.1
pip        22.1.2
setuptools 58.1.0
```

[그림 3-7]

`pip uninstall numpy` 명령으로 numpy도 제거해보겠습니다.

[그림 3-8]

`pip list`로 numpy 라이브러리도 잘 제거되었는지 확인해보겠습니다. 설치했던 외부 라이브러리가 모두 잘 제거되었고, 원래대로 pip와 setuptools만 남았습니다.

```
C:\Users\■■\Desktop\test>pip list
Package    Version
---------- -------
pip        22.1.2
setuptools 58.1.0
```

[그림 3-9]

4장. 가상환경 생성

Feat. Python

> 프로젝트별로 필요한 라이브러리는 다릅니다. 때로는 필요한 라이브러리는 같지만 다른 버전의 라이브러리가 필요할 수도 있습니다. 다행히도 우리에겐 가상환경이라는 기술이 있습니다. 가상의 독립적인 환경을 만들어서 프로젝트를 위해 필요한 라이브러리를 별도로 설치해서 프로그램을 실행할 수 있습니다.

프로젝트별로 필요한 라이브러리는 다릅니다. 때로는 필요한 라이브러리는 같지만 다른 버전의 라이브러리가 필요할 수도 있습니다. 예를 들어, A 프로젝트에서는 opencv-python 라이브러리의 4.6.0 버전이 필요할 수 있고, B 프로젝트에서는 3.5.0 버전이 필요할 수도 있습니다. 만약, A 프로젝트를 위해서 4.6.0 버전의 opencv-python을 설치하면, B 프로젝트의 코드는 제대로 실행되지 않을 수도 있습니다. B 프로젝트를 위해서 3.5.0 버전의 opencv-python을 설치하면, 이번에는 A 프로젝트가 망가질 수도 있습니다. A 프로젝트와 B 프로젝트를 동시에 진행하는 것이 불가능한 상황입니다. 이 상황을 해결할 수 있는 한 가지 방법은 또 다른 PC를 구입해서 1번 PC에서는 A 프로젝트를, 2번 PC에서는 B 프로젝트를 진행하는 것입니다. 하지만, 동시에 진행해야 하는 프로젝트가 10개라면 10개의 PC를 사용해야 한다는 뜻인데, 생각만 해도 통장 잔고가 떨어지는 소리가 들립니다.

다행히도 우리에겐 가상환경이라는 기술이 있습니다. 가상의 독립적인 환경을 만들어서 프로젝트를 위해 필요한 라이브러리를 설치해서 프로그램을 실행할 수 있습니다. A 가상환경에는 opencv-python 4.6.0을 설치하고 B 가상환경에는 opencv-python 3.5.0을 설치하여, A 가상환경에서 A 프로젝트를 진행하고, B 가상환경에서 B 프로젝트를 진행하는 것이 가능합니다. 하나의 PC 안에 10개, 100개의 가상환경도 만들 수 있기 때문에 하나의 PC로도 매우 많은 프로젝트를 관리할 수 있습니다.

> **참고** ┃ 물론, 가상환경 대신에 도커(docker)와 같은 컨테이너 기술을 활용해도 한 개의 PC에서도 여러 프로젝트를 관리할 수 있습니다. 이 책에서는 도커를 다루지 않습니다.

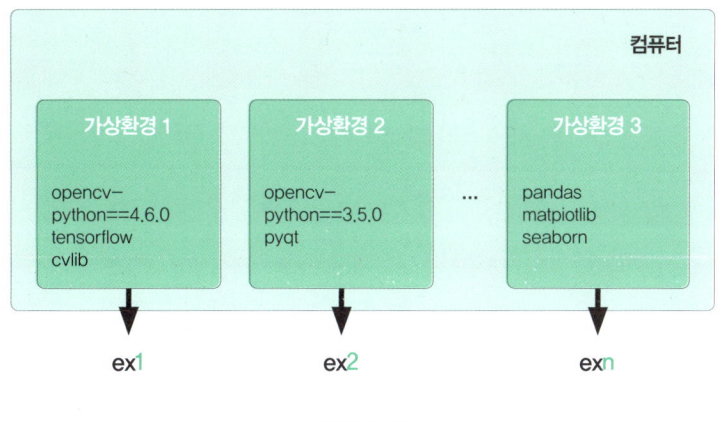

[그림 4-1]

파이썬에는 venv, virtualenv, conda, pyenv, poetry 등 가상환경을 지원하는 다양한 도구가 있습니다. 저는 그중에서 virtualenv 라이브러리를 사용하겠습니다. 다른 가상환경 방식을 사용해도 이 책의 내용을 따라가는 데 전혀 문제가 없습니다.

4.1 virtualenv 가상환경 사용하기

virtualenv 역시 외부 라이브러리이기 때문에 우선 **pip**를 이용해서 설치해야 합니다.

```
pip install virtualenv
```

[그림 4-2]

이제 바탕화면에 enjoy_python이라는 폴더를 하나 만들고, 그 안에 ex1, ex2, ex3 등 예제 실습을 위한 폴더를 만들겠습니다.

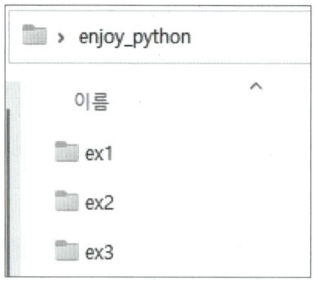

[그림 4-3]

이 중에서 ex1을 위한 가상환경을 만들겠습니다. 다른 예제에 대한 가상환경도 동일한 방식으로 생성해서 사용하면 됩니다. 먼저 비주얼 스튜디오 코드에서 ex1 폴더를 엽니다. 그리고 터미널을 명령 프롬프트(command prompt, 줄여서 보통 cmd로 부름)로 설정합니다.

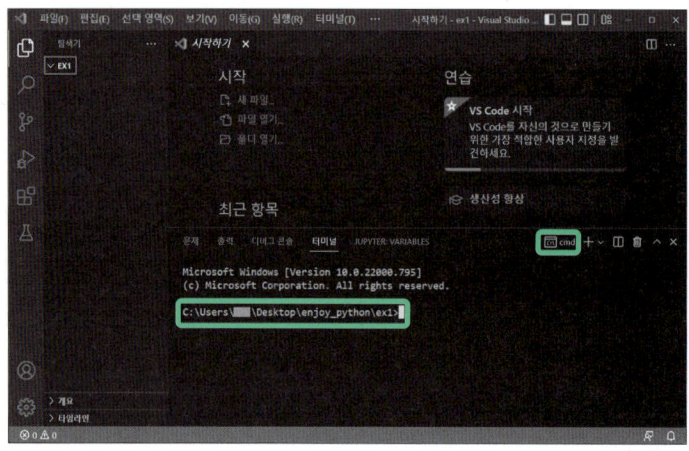

[그림 4-4]

cmd에 다음과 같은 명령을 주면 가상환경이 생성됩니다. .venv 대신 다른 이름을 써도 상관은 없지만, 개인적으로는 가상환경의 이름을 .venv로 해주는 것이 .git과 같이 개발환경 설정을 위한 폴더라는 정체성을 보여주기 때문에 좋다고 생각합니다. 아래 명령을 실행하면 ex1 폴더 안에 .venv라는 폴더가 생성될 것입니다.

```
virtualenv .venv
```

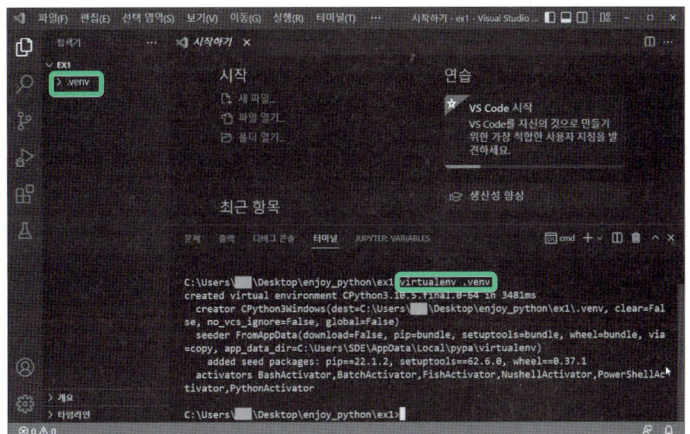

[그림 4-5]

가상환경을 생성했다고 가상환경 안에 들어간 것은 아닙니다. 가상환경을 활성화하기 위해서는 다음과 같은 명령을 실행해야 합니다. .venv 폴더 아래 Scripts 폴더 안에 있는 activate 파일을 실행하라는 뜻입니다. 가상환경이 활성화되면 cmd의 현재 작업 경로 앞에 (.venv)가 표시될 것입니다. 가상환경 안에 들어왔다는 뜻입니다.

```
call .venv/Scripts/activate
```

[그림 4-6]

이 가상환경에 opencv-python 라이브러리를 설치한 후 pip list로 라이브러리 목록을 확인해보겠습니다. opencv-python 라이브러리가 잘 설치되었죠?

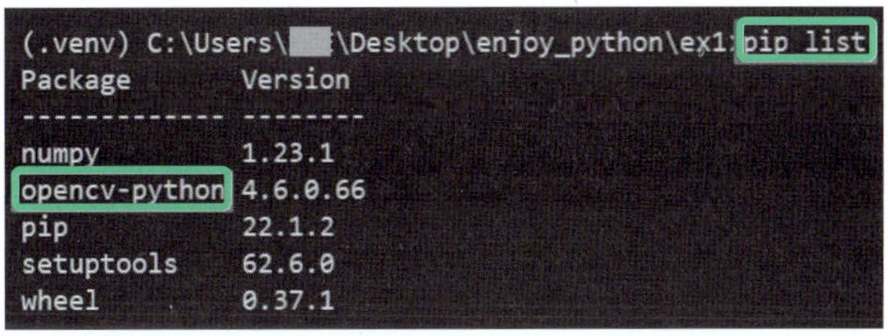

[그림 4-7]

이제 이 가상환경에서 나가겠습니다(비활성화). 활성되어 있는 가상환경의 비활성화는 cmd에 간단히 **deactivate**만 입력해주면 됩니다. 현재 작업 경로 앞에 있던 (.venv)가 없어졌으면 가상환경이 제대로 비활성화된 것입니다.

```
deactivate
```

```
(.venv) C:\Users\■\Desktop\enjoy_python\ex1>deactivate
C:\Users\■\Desktop\enjoy_python\ex1>
```

[그림 4-8]

이번에는 비주얼 스튜디오 코드에서 ex2 폴더를 연 후에 ex2를 위한 가상환경을 생성하겠습니다. 가상환경 활성화까지 진행한 이후의 화면입니다.

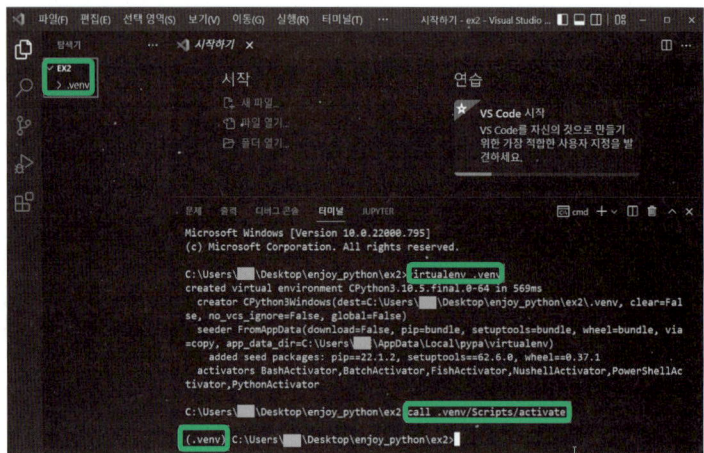

[그림 4-9]

이 ex2를 위한 가상환경에서 외부 라이브러리 목록을 확인해보겠습니다. ex1을 위해 생성한 가상환경에 설치한 opencv-python 라이브러리가 이 가상환경에는 없죠? 이처럼 ex1을 위한 가상환경은 ex2를 위한 가상환경과 완전히 독립적인 것입니다.

```
(.venv) C:\Users\■\Desktop\enjoy_python\ex2>pip list
Package    Version
---------- -------
pip        22.1.2
setuptools 62.6.0
wheel      0.37.1
```

[그림 4-10]

이제 실습을 위한 모든 준비가 끝났습니다. 저와 함께 파이썬으로 쓸모 있고 재미난 일들을 만들어볼 마음의 준비가 됐나요?

2부

파이썬으로 쓸모 있고 재미난 일 하기

나도 모르게 파이썬에 홀딱 빠지는
쓸모있는 파이썬 프로그램 40개

1장. 기념일 계산하기

많은 분이 두려워하는 애인의 질문 중 하나가 다음 질문일 것입니다. "오늘 무슨 날인줄 알아?" 이 질문에 항상 잘 대비하고 있어야 합니다. 캘린더 앱을 의지하는 것도 하나의 방법이겠지만, 간단한 코딩으로도 쉽게 기념일을 계산할 수 있습니다.

1.1 실습 준비

이전 실습에 사용했던 가상환경이 활성화되어 있다면 먼저 deactivate 명령으로 비활성화해주세요.

```
deactivate
```

그 다음에 바탕화면에 있는 enjoy_python 폴더 내에 anniversary라는 폴더를 만든 후 VSCODE에서 해당 폴더를 열고 cmd 터미널에서 아래 명령을 실행하여 .venv 가상환경을 만들어주세요. 가상환경이 잘 생성되었다면, anniversary 폴더 안에 .venv 폴더가 생성되었을 것입니다.

```
virtualenv .venv
```

그리고 가상환경에 진입해주세요.

```
call .venv/Scripts/activate
```

이제 폴더 안에 .py 파일 등을 따라 만들어가면서 실습을 진행하면 됩니다. 참고로 .venv 폴더 안에 파일을 만들지 마세요.

1.2 만난 지/결혼한 지 며칠인지 계산하기

파이썬 표준 라이브러리인 datetime을 활용하여 결혼한 지 며칠인지 계산하는 코드를 작성해보겠습니다. datetime은 이름에서 알 수 있듯이 날짜, 시간과 관련된 여러 다양한 기능을 지원하는 라이브러리입니다. 아직 미혼인 분들은 사귄 지 며칠인지를 계산하는 코드로 응용하면 되겠습니다. 여자친구나 남자친구가 없는 분들은 자신이 태어나고 며칠이 지났는지를 구하는 것도 좋겠습니다.

anniversary_1.py

```
01  from datetime import datetime
02
03  now = datetime.now()
04  wedding_day = datetime(2017, 7, 22)
05  wedding_days = now - wedding_day
06  print(f"우리 결혼한지 +{wedding_days.days}일째")
```

- 01행 datetime 라이브러리에서 datetime 클래스를 가져옵니다.
- 03행 현재 일시를 담은 now라는 이름의 datetime 객체를 생성합니다.
- 04행 결혼일자를 담은 wedding_day라는 이름의 wedding_day 객체를 생성합니다.
- 05행 결혼한 지 며칠이 지났는지 계산합니다. 단순히 빼기 연산으로 구할 수 있습니다.
- 06행 wedding_days.days 속성을 문자열에 넣어서 터미널에 출력합니다.

우리 결혼한지 +1982일째

[그림 1-1]

이처럼 결혼한 지 며칠이 지났는지를 쉽게 계산합니다. 이제 2000일이 얼마 안 남았네요. 잘 준비해야겠습니다. 제 두 딸이 생후 며칠이 되었는지도 추적하기 위해 다음과 같이 몇 줄의 코드를 추가해봤습니다.

anniversary_2.py

```
01  from datetime import datetime
02
03  now = datetime.now()
04  wedding_day = datetime(2017, 7, 22)
05  roa_birth = datetime(2018, 5, 7)
06  ina_birth = datetime(2019, 7, 27)
07
```

```
08  wedding_days = now - wedding_day
09  roa_days = now - roa_birth
10  ina_days = now - ina_birth
11
12  print(f"우리 결혼한지 +{wedding_days.days}일째")
13  print(f"로아 태어난지 +{roa_days.days}일째")
14  print(f"인아 태어난지 +{ina_days.days}일째")
```

05~06행 두 딸의 생일을 담은 datetime 객체를 추가합니다.
09~10행 두 딸이 살아온 날 수를 계산하기 위해 빼기 연산을 수행합니다.

```
우리 결혼한지 +1982일째
로아 태어난지 +1693일째
인아 태어난지 +1247일째
```

[그림 1-2]

1.3 만난 지/결혼한 지 2000일이 언제인지 계산하기

이번에는 특정 일자로부터 며칠이 지난 날이 언제인지를 계산해주도록 코드를 짜보겠습니다. 저는 결혼일자로부터 2000일이 지난 날이 언제인지 알려주는 코드를 작성하겠습니다.

anniversary_3.py
```
01  from datetime import datetime, timedelta
02
03  plus_days = 2000
04  wedding_day = datetime(2017, 7, 22)
05  the_day = wedding_day + timedelta(days=plus_days)
06  print(f"우리 결혼한지 +{plus_days}일은 {the_day.year}년
        {the_day.month}월 {the_day.day}일")
```

01행 datetime 라이브러리에서 timedelta 클래스를 불러옵니다.
03행 더해 줄 일수를 담은 변수 plus_days를 만듭니다.
05행 결혼일자에 입력한 일수를 timedelta를 활용하여 더합니다.
06행 터미널에 계산한 결과를 출력합니다. datetime 객체에서 년, 월, 일은 the_day.year, the_day.month, the_day.day와 같이 각각 빼올 수 있습니다.

```
우리 결혼한지 +2000일은 2023년 1월 12일
```

[그림 1-3]

1.4 이모지 터미널에 출력되게 하기

터미널에 출력되는 결과물을 조금 더 예쁘게 만들겠습니다. emoji 라이브러리를 활용하여 이모지가 텍스트에 함께 출력되게 하겠습니다. emoji 라이브러리를 설치하기 위해 VSCODE cmd 터미널에서 다음 명령을 실행해주세요.

```
pip install emoji
```

anniversary_4.py

```python
01  from datetime import datetime, timedelta
02  import emoji
03
04  plus_days = 2000
05  wedding_day = datetime(2017, 7, 22)
06  the_day = wedding_day + timedelta(days=plus_days)
07  result = emoji.emojize(f":ring: 우리 결혼한지 +{plus_days}일은
        {the_day.year}년 {the_day.month}월 {the_day.day}일")
08  print(result)
```

- **02행** emoji 라이브러리를 불러옵니다.
- **07행** emoji 라이브러리의 emojize 함수를 사용하여 이모지가 추가된 문자열을 만들어냅니다. 여기에서 :ring: 이 반지 이모지를 나타냅니다.
- **08행** 이모지가 포함된 문자열을 터미널에 출력합니다.

💍 우리 결혼한지 +2000일은 2023년 1월 12일

[그림 1-4]

반지가 들어가니 훨씬 더 느낌이 살죠?

> **참고**
> 사용 가능한 이모지 리스트에 대해서는 https://carpedm20.github.io/emoji/를 참고하세요.

1.5 정리하며

코딩을 배울 때는 배운 것을 끊임없이 일상생활에 적용할 만한 거리를 찾는 게 중요합니다. 그냥 단순히 문법만 익히고 남이 만들어준 예제만 풀고 넘어가면 안 됩니다. 본인의 문제에 코딩을 활용해봐야 진짜 자신의 것이 됩니다. 허접해보이더라도 자신의 문제를 해결하는 데 코딩을 활용해보세요. 그런 과정 가운데 코딩 실력이 한 뼘 한 뼘 성장해 갈 것입니다.

2장. 코딩으로 프러포즈하기

Feat. webbrowser + time + pyinstaller

혹시 천재 해커로 불리는 개발자 이두희 님이 아이돌 그룹 레인보우의 지숙 님과 결혼하게 된 것을 보고 '나도 코딩 공부를 해야겠다'라고 마음먹은 분이 있을지 모르겠습니다. 코딩은 단순히 밥벌이에만 활용하라고 있는 것이 아닙니다. 우리의 삶 전반에 활용할 수 있는 것이 바로 코딩입니다. 여자친구 또는 남자친구에게 프러포즈할 때 코딩을 활용해보는 것은 어떨까요? 식상한 그 어떤 프러포즈보다 색다른 감동을 안겨줄 수 있을 것입니다.

2.1 실습 준비

이전 실습에 사용했던 가상환경이 활성화되어 있다면 먼저 deactivate 명령으로 비활성화해주세요.

```
deactivate
```

그 다음에 바탕화면에 있는 enjoy_python 폴더 내에 propose라는 폴더를 만든 후 VSCODE에서 해당 폴더를 열고 cmd 터미널에서 아래 명령을 실행하여 .venv 가상환경을 만들어주세요. 가상환경이 잘 생성되었다면, propose 폴더 안에 .venv 폴더가 생성되었을 것입니다.

```
virtualenv .venv
```

그리고 가상환경에 진입해주세요.

```
call .venv/Scripts/activate
```

이제 폴더 안에 .py 파일 등을 따라 만들어가면서 실습을 진행하면 됩니다. 참고로 .venv 폴더 안에 파일을 만들지 마세요.

2.2 웹 브라우저를 실행하여 URL 열기

프러포즈를 할 때 꼭 필요한 것 중 하나가 프러포즈 영상이죠. 영상을 만들어서 유튜브에 업로드했다고 가정하겠습니다. 그러면 URL 주소가 있을 것입니다. 해당 URL을 파이썬 코드로 열어보겠습니다. 가수 노을의 곡 '청혼'이 있는 URL을 열어보겠습니다. 혹시 이 유튜브 링크가 사라졌다면, 다른 주소를 넣어서 테스트하면 됩니다. webbrowser 라이브러리를 사용하면, 파이썬으로 웹 브라우저를 열어 URL을 호출하는 일을 해낼 수 있습니다. webbrowser 라이브러리도 표준 라이브러리기 때문에 별도로 설치할 필요가 없습니다.

propose_1.py

```
01  import webbrowser
02
03  url = 'https://www.youtube.com/watch?v=DgcBfR7Wjzw'
04  webbrowser.open(url)
```

01행 webbrowser 라이브러리를 불러옵니다.
03행 필요한 url 주소를 복사해서 붙여 넣습니다.
04행 webbrower 라이브러리의 open 함수를 사용하여 해당 url을 기본 웹 브라우저로 엽니다. 노을의 '청혼'이 있는 유튜브 페이지가 제 PC의 기본 브라우지인 그림으로 열렸습니다.

[그림 2-1]

2.3 상대방의 대답에 따라 보여줄 영상 다르게 하기

이제 고백 문구들을 작성하고, 문구들이 3초에 하나씩 터미널 창에 띄워지게 하겠습니다. 그리고 마지막에 결혼하겠냐고 물은 후에 할 거면 Y, 아니면 N을 입력하게 하여, 대답에 따라서 각기 다른 영상 URL이 웹 브라우저를 통해 열리게 하겠습니다. 3초에 하나씩 메시지가 출력되게 하기 위해서 time 라이브러리의 sleep 함수를 사용하겠습니다.

```python
# propose_2.py
import time
import webbrowser
from datetime import datetime

start_date = datetime(2020, 8, 15)
now = datetime.now()
days_in_love = now - start_date

message_list = ["안녕, 희야.\n",
                "우리가 만난지 어느새 " + str(days_in_love.days) + "일이 되었네.\n",
                "너를 만나고 난 후,\n",
                "나는 완전히 다른 사람이 되었어..\n",
                "앞으로 더 많은 행복을 함께 만들어가고 싶어.\n",
                "우리 결혼하자!\n"]

for message in message_list:
    print(message)
    time.sleep(3)

while True:
    answer = input("[선택] 프로포즈 수락은 Y, 거절은 N을 입력>>")
    if answer in ['Y', 'y']:
        url1 = 'https://www.youtube.com/watch?v=DgcBfR7Wjzw'
        webbrowser.open(url1)
        break
    elif answer in ['N', 'n']:
        url2 = 'https://www.youtube.com/watch?v=7hgJz4_SWbc'
        webbrowser.open(url2)
        break
    else:
        print('\n[경고] 제발 Y 또는 N을 입력해줘....
               그렇지 않으면 이 프로포즈는 끝나지 않아...\n')
```

01행~03행	필요한 라이브러리들을 불러옵니다.
05행~07행	datetime 라이브러리를 활용하여 사귄 날 수를 구합니다(자세한 내용은 1장을 참고합니다). 2020년 8월 15일부터 사귀었다고 가정하겠습니다.
09행~14행	고백에 사용할 문구들을 리스트에 담습니다.
10행	days_in_love.days는 숫자 데이터이기 때문에 문자열들을 연결해주는 + 연산자를 사용할 수 없기에, str 함수를 활용하여 문자열로 변환합니다.
16행~18행	반복문을 통해 리스트 내 문자열을 하나씩 터미널에 출력합니다. time.sleep(3)으로 3초 간의 여유를 두고 문자열이 출력되게 합니다.
20행	while True:로 무한루프를 하나 만듭니다.
21행	프러포즈 대상에게 대답을 요청합니다. 대답한 내용은 answer 변수에 담깁니다.
22행~25행	Y 또는 y라고 대답했을 때는 노을의 '청혼' 노래 영상 URL을 웹 브라우저로 열어줍니다. 그리고 break로 무한 반복문을 탈출합니다.
26행~29행	N 또는 n이라고 대답했을 때는 "가! 가란 말이야!" 예전 CF 영상 URL을 웹 브라우저로 열어줍니다. 그리고 break로 무한 반복문을 탈출합니다.
30행~31행	Y, y, N, n 외의 대답을 한 경우에는 경고 메시지를 띄운 후, 21행으로 가서 다시 대답을 요구합니다.

VSCODE cmd 터미널에서 python propose_2.py를 실행해보겠습니다. 다음과 같이 고백 메시지가 3초의 간격을 두고 터미널에 출력될 것입니다. 메시지가 모두 출력되고 나면 여자친구 또는 남자친구에게 답을 요구합니다.

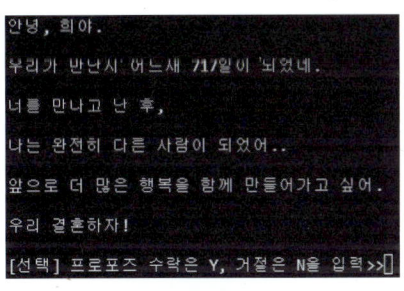

[그림 2-2]

Y를 입력하고 〈Enter〉 키를 누르면, 노을의 '청혼' 동영상 페이지가 웹 브라우저에서 열리고, N이라고 답변하면, "가! 가란 말이야!" CF 동영상이 열립니다. 그리고 Y도 N도 아닌 다른 것을 입력하면 다음과 같이 다시 답변을 요구합니다.

[그림 2-3]

이 프로그램은 제대로 된 답변을 할 때까지 종료되지 않습니다. "생각 좀 해볼게"가 안 됩니다. ..

2.4 애인에게 프러포즈 프로그램 전달하기

이제 프러포즈 프로그램을 만들었으니 애인에게 전달해야 합니다. 그런데 지금 우리는 파이썬 코드를 담고 있는 .py 파일을 갖고 있기 때문에 이 파일을 실행하려면 애인 PC에 파이썬이 설치되어 있어야 합니다. 하지만 파이썬이 설치되어 있지 않은 경우가 더 많을 것이기 때문에, 우리는 이 파이썬 파일을 exe 실행 파일로 변환해서 전달하겠습니다. 그러면, 파이썬이 설치되어 있지 않은 PC에서도 이 프로그램을 쉽게 실행할 수 있을 것입니다. python 스크립트 파일을 exe 실행 파일로 변환할 때는 pyinstaller 라이브러리를 사용합니다. pyinstaller 라이브러리를 설치하기 위해 다음 명령을 cmd 터미널에서 실행합니다.

```
pip install pyinstaller
```

pyinstaller 설치가 완료되었으면 propose_2.py를 실행 파일로 변환해보겠습니다. cmd 터미널에서 실행해야 할 명령은 다음과 같습니다. 실행 파일명을 -n 옵션을 통해 설정해줄 수 있습니다. -n 옵션을 사용하지 않으면 propose_2가 실행 파일명이 됩니다. 그러면 안 되겠죠? 그리고 --onefile 옵션을 붙여줘야 단 하나의 실행 파일만 생성됩니다.

```
pyinstaller --onefile -n="비밀프로그램" propose_2.py
```

위 명령을 실행하면 다음처럼 propose 디렉터리 안에 build와 dist 디렉터리가 생성되었을 것입니다.

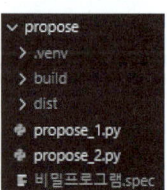

[그림 2-4]

그리고 dist 디렉터리에 들어가면 방금 생성한 [비밀프로그램.exe]라는 실행 파일이 있습니다. 이것을 여자친구 또는 남자친구에게 보내면 됩니다.

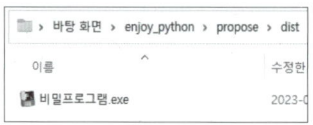

[그림 2-5]

실행 파일을 더블 클릭해서 실행해보면 프러포즈 프로그램이 동일한 방식으로 잘 작동하는 것을 확인할 수 있습니다.

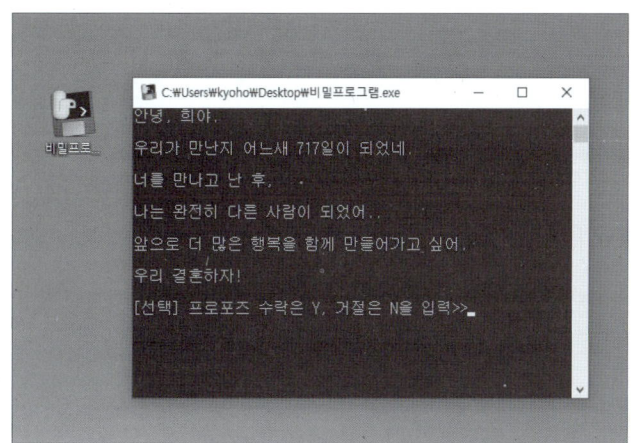

[그림 2-6]

2.5 정리하며

pyinstaller로 우리가 짠 프러포즈용 파이썬 코드를 누구나 간단히 실행할 수 있는 실행 파일로 변환해봤습니다. pyinstaller를 활용하면, 재밌는 프로그램을 간단히 만들어서 친구들에게 보낼 수 있습니다. 일부러 상대방 PC에 바이러스를 주입하는 것도 가능할 것입니다. 실행 파일을 더블 클릭했는데 음산한 소리와 함께 귀신 이미지가 튀어나오게 하는 것도 재밌겠네요. 저는 사실 프러포즈를 할 때 코딩을 활용하지는 못했습니다. 그 당시에도 생각은 했지만 실천을 못했네요. 여러분 중에 결혼을 원하는 분들은 코딩 프러포즈로 결혼에 골인하게 되길 바랍니다.

3장. 로또 번호 자동 생성하기

Feat. random

직장인들의 평생 소원은 퇴사입니다. 단, 평생 먹고 살 돈이 충분히 있는 상황에서의 퇴사죠. 주식, 비트코인이 대박나거나 로또에 당첨되야 합니다. 이 장에서는 6개 숫자를 찍어주는 로또 번호 생성 프로그램을 만들겠습니다. 내가 코딩으로 생성한 랜덤 번호로 로또를 사보면 더 재밌지 않을까요? 단, 당첨은 보장할 수 없습니다.

3.1 실습 준비

이전 실습에 사용했던 가상환경이 활성화되어 있다면 먼저 deactivate 명령으로 비활성화해주세요.

```
deactivate
```

그 다음에 바탕화면에 있는 enjoy_python 폴더 내에 lotto라는 폴더를 만든 후 VSCODE에서 해당 폴더를 열고 cmd 터미널에서 아래 명령을 실행하여 .venv 가상환경을 만들어주세요. 가상환경이 잘 생성되었다면, lotto 폴더 안에 .venv 폴더가 생성되었을 것입니다.

```
virtualenv .venv
```

그리고 가상환경에 진입해주세요.

```
call .venv/Scripts/activate
```

이제 폴더 안에 .py 파일 등을 따라 만들어가면서 실습을 진행하면 됩니다. 참고로 .venv 폴더 안에 파일을 만들지 마세요.

3.2 무작위로 숫자 6개 선택하기

우리는 1부터 45까지의 숫자 중 6개의 숫자를 선택해야 합니다. 로또에서는 숫자 중복 선택이 허용되지 않습니다. 즉, 6개의 숫자를 1, 1, 2, 2, 3, 3 이런 식으로 조합할 수 없다는 뜻입니다. 파이썬 표준 라이브러리인 random 라이브러리를 사용하면 숫자를 무작위로 선택하는 일을 할 수 있습니다. 참고로 표준 라이브러리는 별도의 설치 과정이 필요하지 않기 때문에, 바로 import해서 쓸 수 있습니다. 저는 1부터 45까지 숫자 리스트를 준비한 다음에 그 안에서 6개의 숫자를 무작위로 선택하는 방식을 취하겠습니다.

lotto_1.py

```
01  import random
02
03  numbers = list(range(1, 46))
04  print(numbers)
05
06  selected_numbers = random.sample(numbers, 6)
07  print(selected_numbers)
08
09  selected_numbers.sort()
10  print(selected_numbers)
```

01행   random 라이브러리를 불러옵니다.

03행~04행 1부터 45까지의 숫자 리스트를 생성합니다. range 함수의 두 번째 인자를 46으로 해줘야 거기서 하나를 뺀 45까지의 리스트가 된다는 점에 주의하세요.

06행~07행 random 라이브러리의 sample 함수를 사용하여 1부터 45까지의 숫자 리스트에서 6개의 숫자를 무작위로 선택합니다. 무작위로 선택된 6개 숫자는 다음과 같습니다.

[19, 26, 25, 5, 23, 28]

[그림 3-1]

09행~10행 list 객체의 sort 메서드를 활용하여 선택된 로또 번호들을 보기 좋게 작은 숫자부터 큰 숫자 순으로 오름차순 정렬을 합니다.

[5, 19, 23, 25, 26, 28]

[그림 3-2]

3.3 숫자 6개 조합 5세트 만들기

로또 한 장을 구매하면 다섯 게임에 참가할 수 있기 때문에 6개 숫자 조합 5개 세트를 한 번에 생성해 보겠습니다. 6개 랜덤 숫자 생성을 5번 반복하도록 해주면 되겠죠? 우리에게 필요한 것은 반복문입니다.

lotto_2.py
```
01  import random
02
03  numbers = list(range(1, 46))
04
05  for i in range(1, 6):
06      selected_numbers = random.sample(numbers, 6)
07      selected_numbers.sort()
08      print(str(i) + "게임: ", selected_numbers)
```

05행 for문을 활용하여 로또 번호 생성을 5번 반복합니다.
08행 str 함수를 사용하면 정수를 문자열로 바꿀 수 있습니다. + 연산자는 문자열과 문자열을 이어주는 역할을 하기 때문에 "1게임: ", "2게임: " 등이 됩니다. 랜덤하게 생성된 로또 번호 5개 세트는 다음과 같습니다.

```
1게임:  [12, 16, 29, 39, 40, 45]
2게임:  [10, 19, 23, 26, 33, 43]
3게임:  [12, 13, 16, 24, 33, 40]
4게임:  [2, 9, 15, 25, 29, 38]
5게임:  [2, 7, 15, 26, 38, 40]
```

[그림 3-3]

3.4 정리하며

무작위로 숫자를 생성하거나 선택하는 일은 코딩의 곳곳에서 매우 중요하게 사용되는 기법입니다. 예를 들어, RPG 게임에서 몹(mob)이 출현하는 위치가 항상 정해져 있다면 재미가 없겠죠. 하지만, 보통 몹의 출현 위치가 랜덤으로 정해지기 때문에 훨씬 더 긴장감 있게 게임을 즐길 수 있는 것입니다.

04장. 숫자 야구 게임 만들기

Feat. random

학창 시절에 학우들과 정말 많이 했던 게임이 있습니다. 바로 숫자 야구 게임입니다. 한 명이 세 개의 숫자를 준비하면, 그 숫자를 상대방이 맞추는 게임입니다. 상대방보다 더 빨리 맞추는 사람이 이기는 게임이었죠. 우리는 컴퓨터에게 세 개의 숫자를 생성하라고 하고, 그것을 맞춰보는 게임을 만들겠습니다.

4.1 실습 준비

이전 실습에 사용했던 가상환경이 활성화되어 있다면 먼저 **deactivate** 명령으로 비활성화해주세요.

```
deactivate
```

그 다음에 바탕화면에 있는 enjoy_python 폴더 내에 baseball_game이라는 폴더를 만든 후 VSCODE에서 해당 폴더를 열고 cmd 터미널에서 아래 명령을 실행하여 .venv 가상환경을 만들어주세요. 가상환경이 잘 생성되었다면, baseball_game 폴더 안에 .venv 폴더가 생성되었을 것입니다.

```
virtualenv .venv
```

그리고 가상환경에 진입해주세요.

```
call .venv/Scripts/activate
```

이제 폴더 안에 .py 파일 등을 따라 만들어가면서 실습을 진행하면 됩니다. 참고로 .venv 폴더 안에 파일을 만들지 마세요.

4.2 숫자 야구 게임 규칙

게임 규칙을 명확하게 이해해야만 프로그램을 제대로 만들 수 있습니다. 숫자 야구 게임의 규칙은 다음과 같습니다. 0에서 9 사이의 중복되지 않는 숫자 세 개를 출제합니다.

[그림 4-1]

상대방은 한 번의 기회가 주어질 때마다 세 개의 숫자를 말합니다. 만약, 2, 9, 7을 말했다면, 1스트라이크입니다. 한 개의 숫자를 맞췄기 때문입니다. 위치와 숫자 모두 맞춘 경우에 1스트라이크가 올라갑니다. 만약, 0, 3, 4를 말했다면, 1볼입니다. 하나의 숫자는 맞췄지만 자리가 다르기 때문입니다. 0, 3, 5는 무엇일까요? 1스트라이크 1볼입니다. 이런 식으로 해서 최종적으로 3, 9, 5를 맞추면 되는 게임입니다.

4.3 중복되지 않는 랜덤 숫자 세 개 생성하기

컴퓨터가 세 개의 숫자를 먼저 출제하겠습니다. 0부터 9까지의 숫자 리스트에서 세 개를 랜덤하게 추출하겠습니다. 그것이 바로 컴퓨터가 낸 문제입니다.

baseball_game_1.py

```
01  import random
02
03  numbers = list(range(0, 10))
04  print(numbers)
05
06  three_numbers = random.sample(numbers, 3)
07  print("맞춰야할 숫자:", three_numbers)
```

01행   random 라이브러리를 불러옵니다.
03행~04행   0부터 9까지 숫자를 담은 리스트를 생성합니다.

```
[0, 1, 2, 3, 4, 5, 6, 7, 8, 9]
```
[그림 4-2]

06~07행 리스트에서 세 개의 숫자를 랜덤하게 추출합니다.

```
맞춰야할 숫자: [7, 6, 3]
```

[그림 4-3]

4.4 제시한 숫자에 대해서 스트라이크, 볼 판정하기

이제 맞춰야 할 사람이 제시한 숫자에 대해서 스트라이크, 볼 판정하는 코드를 짜보겠습니다. 자리와 숫자가 같은 경우에 스트라이크 개수가 +1이 되고, 다른 자리에 숫자가 있는 경우에는 볼 개수가 +1이 되도록 하겠습니다.

baseball_game_2.py
```python
01  import random
02
03  numbers = list(range(0, 10))
04  print(numbers)
05
06  three_numbers = random.sample(numbers, 3)
07  print("맞춰야할 숫자:", three_numbers)
08
09  num1, num2, num3 = map(int, input("0-9 사이의 숫자 세 개 입력(중복 안됨).
      ex)3 6 9 >>").split())
10
11  strike = 0
12  ball = 0
13
14  if three_numbers[0] == num1:
15      strike += 1
16  if three_numbers[1] == num2:
17      strike += 1
18  if three_numbers[2] == num3:
19      strike += 1
20
21  if three_numbers[1] == num1 or three_numbers[2] == num1:
22      ball += 1
23  if three_numbers[0] == num2 or three_numbers[2] == num2:
24      ball += 1
```

```
25    if three_numbers[0] == num3 or three_numbers[1] == num3:
26        ball += 1
27
28 print(strike, "strike", ball, "ball")
```

09행	숫자 세 개를 입력받아서 각각 num1, num2, num3 변수에 담아줍니다. map 함수를 사용하면 입력받은 것을 int 타입으로 변환해 줄 수 있습니다.
11행~12행	우선 스트라이크 개수와 볼 개수를 0으로 설정합니다.
14행~19행	num1이 three_numbers 리스트의 첫 번째 숫자와 같다면 스트라이크 개수를 하나 높여줍니다. 마찬가지로 num2, num3이 스트라이크인지 확인합니다.
21행~26행	num1이 three_numbers 리스트의 두 번째 또는 세 번째 숫자와 같다면 볼 개수를 하나 높여줍니다. 마찬가지로 num2, num3이 볼인지 확인합니다.
28행	스트라이크, 볼 판정 결과를 확인합니다. 컴퓨터가 1 9 7이라는 숫자를 출제했는데, 사용자가 1 0 9를 답으로 제시했으니 1스트라이크, 1볼로 판정되는 것이 맞습니다.

```
[0, 1, 2, 3, 4, 5, 6, 7, 8, 9]
맞춰야할 숫자: [1, 9, 7]
0-9 사이의 숫자 세 개 입력(중복 안됨). ex)3 6 9 >>1 0 9
1 strike 1 ball
```

[그림 4-4]

4.5 맞출 때까지 게임이 진행되게 하기

이제 세 개의 숫자를 모두 맞출 때까지 게임이 진행되도록 만들겠습니다. 무한 반복을 시키다가 스트라이크가 세 개가 될 때 탈출하게 하면 되겠죠?

baseball_game_3.py
```
01 import random
02
03 numbers = list(range(0, 10))
04 three_numbers = random.sample(numbers, 3)
05 print("맞춰야할 숫자:", three_numbers)
06
07 round = 1
08
09 while True:
10     strike = 0
11     ball = 0
12
```

```python
13      print("\n[" + str(round) + "라운드]\n")
14
15      num1, num2, num3 = map(int, input("0-9 사이의 숫자 세 개 입력(중복 안됨).
            ex)3 6 9 >>").split())
16
17      if three_numbers[0] == num1:
18          strike += 1
19      if three_numbers[1] == num2:
20          strike += 1
21      if three_numbers[2] == num3:
22          strike += 1
23
24      if three_numbers[1] == num1 or three_numbers[2] == num1:
25          ball += 1
26      if three_numbers[0] == num2 or three_numbers[2] == num2:
27          ball += 1
28      if three_numbers[0] == num3 or three_numbers[1] == num3:
29          ball += 1
30
31      print(strike, "strike", ball, "ball\n")
32
33      if strike == 3:
34          print("[게임 끝]", round, "라운드만에 맞추셨습니다.")
35          break
36
37      round += 1
```

07행 라운드 정보를 나타내기 위한 변수를 준비합니다. 1로 시작합니다.
09행 무한 반복문이 실행됩니다.
13행 라운드 정보를 보여줍니다.
33행~35행 스트라이크가 세 개면 반복문을 탈출하면서 게임을 종료시킵니다.
37행 숫자 세 개를 아직 맞추지 못했다면, round에 1 더해주면서 다음 라운드로 넘어갑니다.

코드를 다 작성했으니 게임을 실행해보겠습니다.

```
맞춰야할 숫자: [9, 5, 7]

[1라운드]

0-9 사이의 숫자 세 개 입력(중복 안됨). ex)3 6 9 >>0 3 6
0 strike 0 ball

[2라운드]

0-9 사이의 숫자 세 개 입력(중복 안됨). ex)3 6 9 >>0 7 5
0 strike 2 ball

[3라운드]

0-9 사이의 숫자 세 개 입력(중복 안됨). ex)3 6 9 >>9 5 7
3 strike 0 ball

[게임 끝] 3 라운드만에 맞추셨습니다.
```

[그림 4-5]

테스트 해본 결과 알고리즘에 문제가 없는 것 같기 때문에 이제 5번째 행을 지우고 숫자 야구 게임을 마음껏 즐깁니다. 답을 아는 상태에서 맞추면 재미가 없으니까요.

4.6 중복된 숫자를 입력했을 때 발생하는 문제

위 게임을 하다보면 문제를 발견할 것입니다. 사용자가 규칙을 잘못 이해해서 중복된 숫자를 제시하는 경우에는 이상해집니다. 분명 "중복 안 됨"이라고 적어놨지만, 사용자들은 언제 어떻게 튈지 모르는 존재들입니다.

```
맞춰야할 숫자: [3, 7, 9]

[1라운드]

0-9 사이의 숫자 세 개 입력(중복 안됨). ex)3 6 9 >>3 3 3
1 strike 2 ball
```

[그림 4-6]

3, 7, 9가 답인 상황에서 3, 3, 3을 입력했더니 1스트라이크, 2볼 판정을 받았습니다. 물론 게임은 큰 문제없이 계속 이어갈 수 있겠지만, 중복된 숫자를 입력한 경우에는 숫자를 다시 입력하게 하는 것이 좋을 것 같습니다. 다양한 방식으로 해결할 수 있겠지만 저는 입력받은 숫자 세 개를 비교한 후 같은 것이 있으면 continue를 사용하여 반복문 내 나머지 부분을 실행하지 않고 다시 반복문 처음으로 돌아오게 하겠습니다. 그리고 중복 숫자가 있는지 여부는 set을 활용하여 해결해보겠습니다. 파이썬에서 여러 개의 값을 담을 수 있는 자료형에는 list, tuple, dictionary 외에도 set이라는 자료형이 있답니다. set은 집합을 위한 자료형으로 중복된 숫자를 자동으로 제거해버립니다. set의 요소 개수가 3이 아니면 중복 숫자가 있는 것이겠죠? 그런 방식으로 중복된 숫자 유무를 판단하겠습니다.

baseball_game_4.py

```python
import random

numbers = list(range(0, 10))
three_numbers = random.sample(numbers, 3)
print("맞춰야할 숫자:", three_numbers)


round = 1

while True:
    strike = 0
    ball = 0
    
    print("\n[" + str(round) + "라운드]\n")
    
    num1, num2, num3 = map(int, input("0-9 사이의 숫자 세 개 입력(중복 안됨).
        ex)3 6 9 >>").split())
    
    if len(set([num1, num2, num3])) != 3:
        print("중복된 숫자를 입력하지 마세요!\n")
        continue
    
    if three_numbers[0] == num1:
        strike += 1
    if three_numbers[1] == num2:
        strike += 1
    if three_numbers[2] == num3:
        strike += 1
    
    if three_numbers[1] == num1 or three_numbers[2] == num1:
        ball += 1
    if three_numbers[0] == num2 or three_numbers[2] == num2:
        ball += 1
    if three_numbers[0] == num3 or three_numbers[1] == num3:
        ball += 1
    
    print(strike, "strike", ball, "ball\n")
    
    if strike == 3:
        print("[게임 끝]", round, "라운드만에 맞추셨습니다.")
        break
```

| 41 | `round += 1` |

> 17~19행 num1, num2, num3 중 서로 같은 것이 있다면, "중복된 숫자를 입력하지 마세요!"라는 문구와 함께 반복문 내 아래 코드를 실행하지 않고 다시 반복문 처음으로 돌아갑니다.

```
맞춰야할 숫자 : [2, 8, 3]

[1라운드]
0-9 사이의 숫자 세 개 입력(중복 안됨). ex)3 6 9 >>2 2 2
중복된 숫자를 입력하지 마세요!

[1라운드]
0-9 사이의 숫자 세 개 입력(중복 안됨). ex)3 6 9 >>2 0 3
2 strike 0 ball

[2라운드]
0-9 사이의 숫자 세 개 입력(중복 안됨). ex)3 6 9 >>2 8 3
3 strike 0 ball

[게임 끝] 2 라운드만에 맞추셨습니다.
```

[그림 4-7]

이제 조금 더 정교한 프로그램이 되었습니다. 혹시 또 다른 문제점을 발견했다면, 개선해보기 바랍니다. 아마 세 개의 숫자가 아닌 두 개의 숫자를 입력하면 프로그램이 정상적으로 작동하지 않을 것입니다. 그에 대해서 어떻게 해결해야 할지는 스스로 고민해보기 바랍니다.

4.7 정리하며

코딩을 하다 보면, 코드를 작성하는 것보다 그 이전에 알고리즘을 잘 짜는 것이 훨씬 더 중요한 일임을 깨닫게 됩니다. 코드를 짜기 전에 먼저 손으로 어떤 논리적 흐름이 있어야 할지에 대해 노트에 적어보며 간단하게 순서도를 그려보면 어떻게 코드로 구현해야 할지 길이 보일 것입니다. 바쁠수록 돌아가라는 말이 있죠. 거창하게 설계할 필요가 없습니다. 잠깐 생각을 정리하고 코드를 짜면 됩니다.

5장. 웹 사이트 홍보를 위한 QR 코드 만들기

웹 사이트를 개발하고 나면 마케팅/홍보가 필수입니다. 웹 페이지 주소를 브라우저에 직접 입력하는 것은 생각보다 꽤 귀찮은 일입니다. 그래서 잠재 고객들이 비교적 쉽게 우리가 홍보하고자 하는 웹 페이지에 접근이 가능하게 하기 위해 요즘은 QR 코드를 많이 활용합니다. 네이버 등에서 QR 코드를 만들어주는 페이지를 제공하지만, 코딩을 배운 우리는 '저거 나도 할 수 있지 않을까?' 이런 생각을 한 번쯤은 해봐야 합니다.

5.1 실습 준비

이전 실습에 사용했던 가상환경이 활성화되어 있다면 먼저 **deactivate** 명령으로 비활성화해주세요.

```
deactivate
```

그 다음에 바탕화면에 있는 enjoy_python 폴더 내에 qrcode라는 폴더를 만든 후 VSCODE에서 해당 폴더를 열고 cmd 터미널에서 아래 명령을 실행하여 .venv 가상환경을 만들어주세요. 가상환경이 잘 생성되었다면, qrcode 폴더 안에 .venv 폴더가 생성되었을 것입니다.

```
virtualenv .venv
```

그리고 가상환경에 진입해주세요.

```
call .venv/Scripts/activate
```

이제 폴더 안에 .py 파일 등을 따라 만들어가면서 실습을 진행하면 됩니다. 참고로 .venv 폴더 안에 파일을 만들지 마세요.

5.2 QR 코드 만들기

QR 코드를 생성하기 위해서는 qrcode 라이브러리가 필요합니다. '이런 라이브러리도 있어?' 하고 놀라는 분도 있을 것 같습니다. 파이썬 라이브러리 세계에는 정말 없는 거 빼고는 다 있답니다. 먼저 qrcode 라이브러리를 설치하겠습니다. 또한 qrcode 라이브러리는 이미지 처리에 사용되는 pillow 라이브러리에 의존하기 때문에 함께 설치해줘야 합니다. VSCODE cmd 터미널에서 아래 명령을 실행해주세요.

```
pip install qrcode
pip install pillow
```

저는 제 블로그(https://bskyvision.com)로 이동이 가능한 QR 코드로 만들겠습니다. 단 4줄의 코드면 됩니다.

qrcode_1.py

```python
01  import qrcode
02
03  url = 'https://bskyvision.com'
04  qrcode_img = qrcode.make(url)
05  qrcode_img.save('./my_qrcode.png')
```

- 01행 qrcode 라이브러리를 불러옵니다.
- 03행 QR 코드와 연결시킬 url 주소를 준비합니다. url 주소를 입력할 때 앞에 https:// 또는 http://를 붙여주는 것이 좋습니다. 그렇지 않으면 단순 텍스트 정보로 인식해버릴 수 있습니다. 제가 http:// 없이 127.0.0.1과 같은 IP 주소를 넣어봤었는데 웹 페이지 주소로 인식을 못하더라고요.
- 04행 qrcode 라이브러리의 make 함수를 활용하여 url 주소를 QR 코드로 변환합니다.
- 05행 생성된 QR 코드를 my_qrcode.png라는 이미지 파일로 저장합니다. qrcode 폴더 내에 my_qrcode.png라는 이미지 파일이 생성되었을 것입니다.

[그림 5-1]

만들어진 QR 코드를 스마트폰 카메라로 촬영해봅니다. 해당 사이트로 잘 이동이 됐나요? 제가 나중에 제 사업을 한다면, 제 명함에 제 블로그로 바로 이동이 가능한 이 QR 코드를 넣는 것도 괜찮을 것 같다는 생각이 드네요. ::

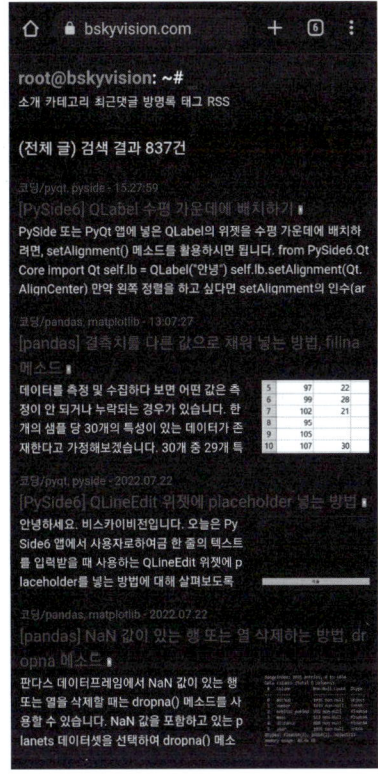

[그림 5-2]

5.3 정리하며

파이썬으로 QR 코드를 만들어보는 실습을 진행했습니다. 미술대학에 다니는 분들은 졸업 작품을 온라인에서 전시하기 위해 웹 사이트를 만들기도 합니다. 이런 경우에 보통 웹 사이트 주소가 복잡하거나 어렵기 때문에, 홍보 포스터에 웹 사이트 주소와 함께 QR 코드를 넣어주는 것이 좋습니다. 그냥 웹 사이트 주소만 제공했을 때보다는 훨씬 더 많은 유입이 있을 것입니다.

또한 요즘 장난감의 포장 케이스에는 QR 코드가 있는 경우가 많습니다. 보통 사용법 또는 관련된 영상이 담긴 웹 페이지와 연결된 QR 코드입니다. 만약, QR 코드가 아니라 웹 페이지 주소가 있었다면, 과연 몇 명의 부모나 들어가 볼까요? 우리는 항상 사용자의 편의를 최우선으로 생각해야 합니다.

6장. PDF 파일 추출, 병합하기

Feat. PyPDF2

회사에서 워드, 한글 등으로 문서 작업을 하고 나면 PDF로 변환해서 배포하는 경우가 많습니다. PDF로 변환하면 다른 사람이 쉽게 수정할 수 없을뿐더러, 워드나 한글과 같은 문서 편집기가 없는 환경에서도 쉽게 내용을 확인할 수 있습니다. 그런데 PDF 파일에서 특정 페이지를 추출하고, 특정 페이지만 따로 모아서 새로운 PDF 파일을 만들고, 여러 PDF 파일을 병합하는 일은 유료 PDF 프로그램 또는 해당 기능을 지원하는 특정 웹 사이트에서만 할 수 있는 일입니다. 하지만 우리의 친구 파이썬을 이용하면 쉽게 해결할 수 있습니다.

6.1 실습 준비

이전 실습에 사용했던 가상환경이 활성화되어 있다면 먼저 deactivate 명령으로 비활성화해주세요.

```
deactivate
```

그 다음에 바탕화면에 있는 enjoy_python 폴더 내에 pdf라는 폴더를 만든 후 VSCODE에서 해당 폴더를 열고 cmd 터미널에서 아래 명령을 실행하여 .venv 가상환경을 만들어주세요. 가상환경이 잘 생성되었다면, pdf 폴더 안에 .venv 폴더가 생성되었을 것입니다.

```
virtualenv .venv
```

그리고 가상환경에 진입해주세요.

```
call .venv/Scripts/activate
```

이제 pdf 폴더 안에 .py 파일 등을 따라 만들어가면서 실습을 진행하면 됩니다. 참고로 .venv 폴더 안에 파일을 만들지 마세요.

6.1 PDF 파일 내에서 특정 페이지 추출하기

저는 테스트를 위해 다음과 같은 PDF 파일을 만들었습니다. 파일명은 pdf_test1.pdf입니다. 이 파일을 pdf 폴더 내에 위치시킵니다. 여러분은 여러분이 가지고 있는 pdf 파일로 실습을 해도 되고, 깃허브 리포지토리에서 해당 파일을 가지고 와서 실습을 해도 좋습니다.

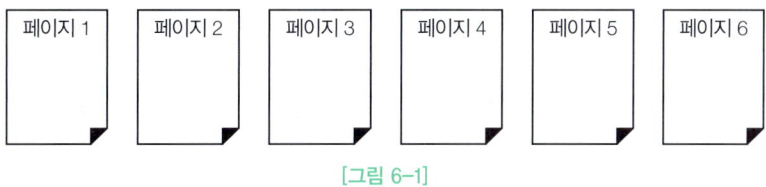

[그림 6-1]

이제 여기서 [페이지 5]만 추출해서 또 다른 PDF 파일로 저장해보겠습니다. 이를 위해 사용할 수 있는 라이브러리는 PyPDF2입니다. VSCODE cmd 터미널에서 다음 명령을 실행하여 해당 라이브러리의 2.11.1 버전을 설치해주세요.

```
pip install PyPDF2==2.11.1
```

아래 코드를 작성한 후 실행합니다.

pdf_1.py

```
01  from PyPDF2 import PdfFileReader, PdfFileWriter
02
03  with open("pdf_test1.pdf", 'rb') as PDFfile:
04      reader = PdfFileReader(PDFfile)
05      writer = PdfFileWriter()
06      writer.addPage(reader.getPage(4))
07      writer.write(open("page5.pdf", 'wb'))
```

- **01행** PyPDF2 라이브러리에서 필요한 클래스들을 가져옵니다.
- **03행** pdf_test1.pdf를 PDFfile이라는 이름으로 엽니다. with 구문으로 열었기 때문에 이후에 따로 닫아줄 필요는 없습니다.
- **04행** 해당 PDF 파일을 읽는 reader 객체를 생성합니다.
- **05행** PDF 파일을 쓰기 위한 writer 객체를 생성합니다.
- **06행** pdf_test1.pdf의 5페이지를 선택하여 writer 객체에 추가합니다. 참고로 1페이지가 0입니다.
- **07행** page5.pdf라는 이름으로 PDF 파일을 생성합니다.

위 코드를 실행하면 작업 중인 pdf 폴더 내에 page5.pdf라는 파일이 생성될 것입니다. 파일을 열어보면, 다음과 같은 내용이 담겨있습니다. 5페이지만 잘 추출된 것을 확인할 수 있습니다.

[그림 6-2]

6.3 PDF 파일에서 여러 페이지 추출하기

이번에는 PDF 파일에서 여러 페이지를 선택 추출해서 또 다른 PDF 파일을 만들겠습니다. 홀수 페이지인 1, 3, 5페이지를 추출해보겠습니다. 방법은 간단합니다. writer 객체의 addPage 메서드를 여러 차례 사용하면 됩니다. 1페이지가 0부터 시작하기 때문에 인덱스만 주의해주면 됩니다.

```
pdf_2.py
01  from PyPDF2 import PdfFileReader, PdfFileWriter
02
03  with open("pdf_test1.pdf", 'rb') as PDFfile:
04      reader = PdfFileReader(PDFfile)
05      writer = PdfFileWriter()
06      writer.addPage(reader.getPage(0))
07      writer.addPage(reader.getPage(2))
08      writer.addPage(reader.getPage(4))
09      writer.write(open("page1_3_5.pdf", 'wb'))
```

> **06행~08행** pdf_test1.pdf 파일의 1, 3, 5페이지를 추출하여 writer 객체에 추가합니다.

위 코드를 실행하면 page1_3_5.pdf가 작업 중인 pdf 폴더 내에 생성될 것이고, 내용은 다음과 같을 것입니다. 아주 간단하죠?

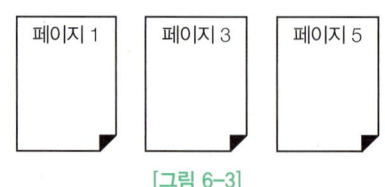

[그림 6-3]

6.4 여러 개의 PDF 파일 병합하기

업무를 보다보면 여러 개의 PDF 파일을 하나로 병합해야 할 일도 종종 있습니다. 그 역시 PyPDF2를 활용하면 쉽게 수행할 수 있습니다. 테스트를 위해 각각 두 개의 페이지로 구성된 file1.pdf 파일과 file2.pdf 파일을 만들었습니다. PDF 파일을 병합하는 코드는 다음과 같습니다.

pdf_3.py

```
01  from PyPDF2 import PdfFileReader, PdfFileMerger
02
03  merger = PdfFileMerger()
04  merger.append(PdfFileReader(open("file1.pdf", 'rb')))
05  merger.append(PdfFileReader(open("file2.pdf", 'rb')))
06  merger.write("file1_2_merge.pdf")
```

- 01행 PyPDF2 라이브러리로부터 필요한 클래스들을 가져옵니다.
- 03행 pdf 파일을 병합하기 위해 merger 객체를 생성합니다.
- 04행~05행 merger 객체의 append 메서드를 이용해서 file1.pdf와 file2.pdf를 순차적으로 추가합니다.
- 06행 file1_2_merge.pdf라는 이름으로 병합된 파일을 생성합니다.

두 개의 PDF 파일이 잘 병합된 것을 확인할 수 있습니다.

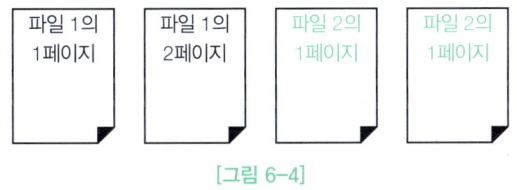

[그림 6-4]

6.5 PDF 파일에서 텍스트 추출하기

PyPDF2로 할 수 있는 일은 다양합니다. 그중에서 한 가지만 더 소개하려고 합니다. PDF 파일 내에 있는 텍스트를 추출할 수 있습니다. 다음과 같이 이미지가 함께 포함되어 있어도 텍스트 정보를 잘 추출해냅니다.

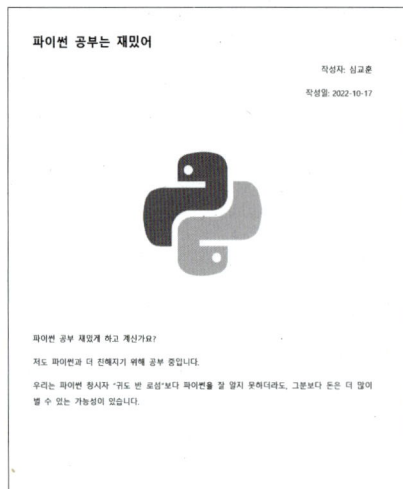 

[그림 6-5]

```
pdf_4.py
01  from PyPDF2 import PdfFileReader
02
03  with open("pdf_test2.pdf", 'rb') as PDFfile:
04      reader = PdfFileReader(PDFfile)
05
06      for i in range(reader.numPages):
07          print(f"{i+1}페이지>>\n")
08
09          pages = reader.getPage(i)
10          extracted_text = pages.extractText()
11          print(extracted_text)
```

06행   페이지 수만큼 반복문을 돌립니다. PdfFileReader 객체의 numPages 속성이 페이지 수를 담습니다.
07행   페이지 번호를 터미널에 출력합니다. i가 0부터 시작하기 때문에 1을 더했습니다.
09행   reader 객체의 getPage 메서드를 활용하여 텍스트를 추출할 페이지를 선택합니다.
10행~11행   선택된 페이지에서 텍스트를 추출한 후 터미널에 출력합니다.

PDF 파일 내 텍스트 정보가 모두 정확하게 추출된 것을 확인할 수 있습니다.

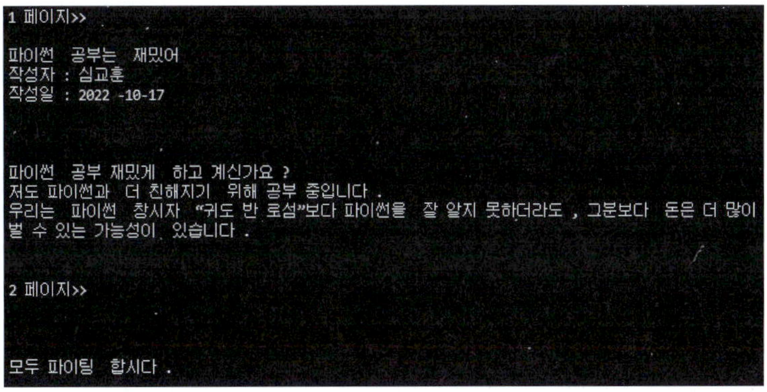

```
1 페이지>>

파이썬 공부는 재밌어
작성자 : 심교훈
작성일 : 2022-10-17


파이썬 공부 재밌게 하고 계신가요?
저도 파이썬과 더 친해지기 위해 공부 중입니다.
우리는 파이썬 창시자 "귀도 반 로섬"보다 파이썬을 잘 알지 못하더라도, 그분보다 돈은 더 많이
벌 수 있는 가능성이 있습니다.

2 페이지>>


모두 파이팅 합시다.
```

[그림 6-6]

6.6 정리하며

파이썬으로 PDF 파일도 다룰 수 있다는 사실이 놀랍지 않은가요? 이처럼 파이썬 라이브러리의 세계는 광대하답니다. 잘 찾아보면 우리의 업무에 도움을 줄 수 있는 라이브러리가 정말 많습니다. 하지만, 항상 기억해야 할 것은 파이썬 자체(바닐라 파이썬)를 잘 알아야만 이러한 라이브러리도 잘 쓸 수 있다는 것입니다. 파이썬의 기초 문법을 알아야 인터넷에 떠도는 수많은 코드를 자신의 상황에 맞게 최적화(커스터마이징, customizing)해서 사용할 수 있기 때문입니다. 다양한 라이브러리 사용법을 익힘과 동시에 파이썬의 자료구조, 조건문, 반복문, 함수, 클래스, 예외 처리 등과 친해져야 합니다.

7장. 웹 페이지를 캡처하여 이미지로 저장하기

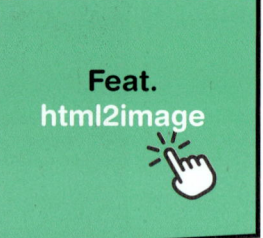

발표 자료, 마케팅 자료 등을 준비할 때 웹 페이지를 캡처해서 사용해야 하는 경우가 있습니다. 물론 PC에서 기본으로 제공하는 캡처 도구를 활용해도 웹 페이지를 캡처할 수 있지만, 코딩으로도 이 작업을 수행할 수 있습니다.

7.1 실습 준비

이전 실습에 사용했던 가상환경이 활성화되어 있다면 먼저 deactivate 명령으로 비활성화해주세요.

```
deactivate
```

그 다음에 바탕화면에 있는 enjoy_python 폴더 내에 web_capture라는 폴더를 만든 후 VSCODE에서 해당 폴더를 열고 cmd 터미널에서 아래 명령을 실행하여 .venv 가상환경을 만들어주세요. 가상환경이 잘 생성되었다면, web_capture 폴더 안에 .venv 폴더가 생성되었을 것입니다.

```
virtualenv .venv
```

그리고 가상환경에 진입해주세요.

```
call .venv/Scripts/activate
```

이제 web_capture 폴더 안에 .py 파일 등을 따라 만들어가면서 실습을 진행하면 됩니다. 참고로 .venv 폴더 안에 파일을 만들지 마세요.

7.2 웹 페이지 캡처하기

제 블로그(https://bskyvision.com)의 메인 페이지를 캡처하여 png 이미지 파일로 저장해보겠습니다. html2image라는 라이브러리의 도움을 받으면 됩니다. html2image는 다음 명령을 VSCODE cmd 터미널에 실행하여 설치할 수 있습니다.

```
pip install html2image
```

라이브러리 설치가 완료되었다면, 다음 코드를 작성한 후 실행해봅니다.

web_capture_1.py

```
01  from html2image import Html2Image
02
03  html = Html2Image()
04  html.screenshot(url="https://bskyvision.com", save_as="bskyvision.png")
```

- **01행** html2image 라이브러리에서 Html2Image 클래스를 불러옵니다.
- **03행** Html2Image 객체를 생성합니다.
- **04행** Html2Image 객체의 screenshot 메서드를 활용하여 입력된 url 주소를 캡처하여 png 파일로 저장합니다. 현재 작업 폴더 안에 다음과 같은 이미지가 생성되어 있을 것입니다. 웹 페이지가 잘 캡처되어 이미지 파일로 저장되었죠?

[그림 7-1]

7.3 한 번에 여러 페이지 캡처하기

이번에는 한 번에 여러 페이지를 캡처하여 각각의 이미지 파일로 저장해보겠습니다. 리스트의 형태로 url 주소들과 저장할 이미지 파일명을 각각 전달하면 됩니다.

```
web_capture_2.py
01  from html2image import Html2Image
02
03  html = Html2Image()
04  html.screenshot(url=["https://www.google.com/", "https://www.naver.com/",
      "https://www.daum.net/"],
05                  save_as=['google.png', 'naver.png', 'daum.png'])
```

> **04행~05행** 캡처할 URL 주소와 저장할 이미지 파일명을 각각 리스트의 형태로 전달합니다.

web_capture 폴더 내에 생성된 google.png, naver.png, daum.png 이미지들은 다음과 같습니다.

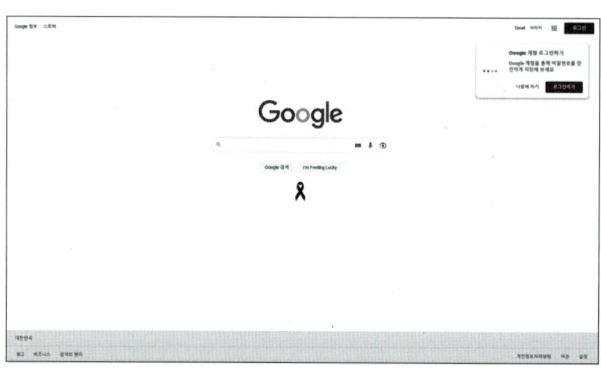

[그림 7-2]

7.4 직접 작성한 html, css를 이미지 파일로 만들기

인터넷상의 웹 페이지를 이미지로 캡처하는 것 외에도 직접 작성한 html, css를 이미지 파일로 만드는 것도 할 수 있습니다.

web_capture_3.py

```python
from html2image import Html2Image

html = Html2Image()
html_src = "<div>Hello World!</div>"
css_src = '''
    div {
        width: 1200px;
        height: 1200px;
        background-color: blue;
        color: white;
        font-size: 100px;
        text-align: center;
    }
'''
html.screenshot(html_str=html_src, css_str=css_src, save_as="custom.png")
```

04행   html 소스를 문자열로 작성합니다.
05행~14행   css 소스를 문자열로 작성합니다. div 요소의 가로와 세로 너비를 1200px, 배경색을 파랑으로, 글자 색은 흰색으로, 글자 크기는 100px로, 텍스트는 가운데로 정렬해주겠다고 디자인합니다.

15행 html_str, css_str 매개변수에 각각 html 문자열과 css 문자열을 전달하여 이미지를 생성합니다.

[그림 7-3]

이러한 방식으로 우크라이나 국기를 그려보겠습니다.

```
web_capture_4.py
01  from html2image import Html2Image
02
03  html = Html2Image()
04  html_src = '''
05      <div>
06          <div id="top"></div>
07          <div id="bottom"></div>
08      </div>
09  '''
10  css_src = '''
11      #top {width: 1000px; height: 300px; background-color: #0058b5;}
12      #bottom {width: 1000px; height: 300px; background-color: #f7ce00;}
13  '''
14  html.screenshot(html_str=html_src, css_str=css_src, save_as="ukraine.png")
```

04행~09행 div 요소를 만든 후 그 안에 두 개의 자식 div 요소를 넣어서 각각 국기의 상단, 하단이 되게 합니다.

10행~13행 상단 영역, 하단 영역 각각 가로 1000px, 세로 300px를 부여하고, 우크라이나 국기 색상을 각각 적용합니다.

[그림 7-4][1]

우크라이나 국기가 잘 그려졌습니다.

7.5 정리하며

웹 프런트엔드를 개발하는 분들은 매일매일 웹 페이지가 어떻게 변해갔는지 추적하는 용도로 이 장에서 소개한 html2image 라이브러리를 활용해도 좋을 것 같습니다. 일련의 기능 또는 디자인을 수정할 때마다 해당 페이지를 캡처해놓는다면 상사에게 내가 얼마나 열심히 일했는지 어필할 수 있는 좋은 자료가 되지 않을까요? 또한 "원래 이랬던 걸 이렇게 바꾸라고 해서 바꿨는데 왜 또 이렇게 바꾸라는 거예요?"라고 항변할 수도 있을 것 같습니다. :-)

---

[1] 실제 우크라이나의 국기는 상단에 파란색, 하단에 노란색으로 되어 있습니다. 여기서는 지면의 한계로 표현하지 못했습니다.

8장.
메모장에서 주민등록번호와 전화번호 추출하기

사람 입장에서 어떤 패턴을 갖는 문자열을 추출하는 것은 비교적 쉽습니다. 1000페이지의 워드 파일에서 주민등록번호 또는 전화번호 정보만 모두 찾아서 정리하는 것은 어렵지 않은 일입니다. 다만 시간이 오래 걸릴 뿐이죠. 반면 패턴을 갖고 있는 정보를 추출하는 일을 컴퓨터에게 맡긴다면 컴퓨터는 매우 빠르게 처리해낼 수 있습니다. 물론, 컴퓨터는 우리가 정의해준 패턴에 의해서만 찾아낼 것입니다.

8.1 실습 준비

이전 실습에 사용했던 가상환경이 활성화되어 있다면 먼저 deactivate 명령으로 비활성화해주세요.

```
deactivate
```

그 다음에 바탕화면에 있는 enjoy_python 폴더 내에 regex라는 폴더를 만든 후 VSCODE에서 해당 폴더를 열고 cmd 터미널에서 아래 명령을 실행하여 .venv 가상환경을 만들어주세요. 가상환경이 잘 생성되었다면, regex 폴더 안에 .venv 폴더가 생성되었을 것입니다.

```
virtualenv .venv
```

그리고 가상환경에 진입해주세요.

```
call .venv/Scripts/activate
```

이제 regex 폴더 안에 .py 파일 등을 따라 만들어가면서 실습을 진행하면 됩니다. 참고로 .venv 폴더 안에 파일을 만들지 마세요.

8.2 정규식 없이 주민등록번호 추출하기

우선 정규식이라는 기술을 모르는 상황에서 주민등록번호를 추출해보겠습니다. 다음과 같은 메모장에 주민등록번호가 있다고 가정하겠습니다.

```
regex_test1.txt - 메모장
파일   편집   보기

심교훈 880211-1234567
홍길동171231-1111111
변사또, 600101-2222222
```

[그림 8-1]

여기서 우리가 원하는 것은 주민등록번호만 딱 추출해서 리스트로 만드는 것입니다.

regex_1.py

```python
01  with open('regex_test1.txt', 'r') as File:
02      data = File.readlines()
03
04  print(data)
05
06  rrn_list = []
07
08  for line in data:
09      line_split = line.split('-')
10      print(line_split)
11
12      rrn_front = line_split[0][-6:]
13      rrn_back = line_split[1][:7]
14      rrn = rrn_front + '-' + rrn_back
15      rrn_list.append(rrn)
16
17  print(rrn_list)
```

01행~02행 regex_test.txt 파일을 열어서 써 있는 내용물을 얻습니다.
04행   메모장의 각 행이 리스트의 각 요소로 담겼습니다.

```
['심교훈 880211-1234567\n', '홍길동171231-1111111\n', '변사또, 600101-2222222']
```

[그림 8-2]

- 06행 추출할 주민등록번호를 담을 빈 리스트를 준비합니다.
- 08행~15행 메모장의 데이터가 담겨있는 data 리스트의 요소에서 주민등록번호 부분만 추출하여 rrn_list에 담습니다.
- 09행 – 문자를 기준으로 메모장 한 줄의 데이터를 분할합니다.
- 10행 분할된 데이터는 line_split 리스트에 담깁니다. 첫 번째 반복 루프일 때 터미널에 출력된 결과입니다.

```
['심교훈 880211', '1234567\n']
```
[그림 8-3]

- 12행 line_split 리스트에서 첫 번째 요소에서 뒷 6자리가 주민등록번호 앞부분이므로 그 부분만 슬라이싱해서 잘라냅니다.
- 13행 line_split 리스트에서 두 번째 요소에서 첫 7자리가 주민등록번호 뒷부분이므로 그 부분만 슬라이싱해서 잘라냅니다.
- 14행 주민등록번호 앞부분과 뒷부분을 – 문자와 함께 이어줍니다.
- 15행 완성된 주민등록번호를 rrn_list에 담습니다.
- 17행 추출된 주민등록번호 리스트를 확인합니다.

```
['880211-1234567', '171231-1111111', '600101-2222222']
```
[그림 8-4]

위와 같은 코드로 주민등록번호만 잘 추출하긴 했습니다만, 메모장 내용이 조금만 달라져도 제대로 추출하지 못할 위험성이 있습니다. 메모장 파일을 다음과 같이 살짝 수정한 후 다시 코드를 실행해보겠습니다.

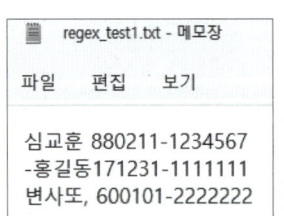

[그림 8-5]

코드를 실행했더니 두 번째 홍길동의 주민등록번호가 이상하게 추출된 것을 알 수 있습니다. – 문자를 기준으로 분할을 하는 부분에서 – 문자가 홍길동 앞에도 존재하면서 발생한 문제입니다.

```
['880211-1234567', '-홍길동1712', '600101-2222222']
```
[그림 8-6]

이런 경우에 비교적 강건하게(robust) 데이터를 추출하려면 정규식을 활용하면 됩니다.

8.3 정규식으로 주민등록번호 추출하기

이번에는 정규식을 활용하여 주민등록번호를 추출하겠습니다. 파이썬에서 정규식을 사용하려면 re 라이브러리를 활용하면 됩니다. 표준 라이브러리이므로 별도의 설치가 필요하지 않습니다. 정규식을 활용하려면 우선 패턴을 정의해야 합니다. 주민등록번호의 패턴은 다음과 같이 정의할 수 있습니다.

6개의 숫자 - 7개의 숫자

이것을 정규식 패턴으로 나타내면 다음과 같습니다.

\d{6}[-]\d{7}

여기서 \d는 0~9의 숫자를 의미합니다. 그리고 {6}은 6번 반복된다는 뜻입니다. 따라서 숫자가 6번 반복되고, - 문자가 있고, 숫자가 7번 반복되는 패턴이라는 의미가 됩니다. 그러면 이렇게 만든 패턴으로 메모장 데이터에서 주민등록번호만 추출해보겠습니다.

regex_2.py

```
01  import re
02
03  with open('regex_test1.txt', 'r') as File:
04      data = File.read()
05
06  print(data)
07
08  p = re.compile(r'\d{6}[-]\d{7}')
09  rrn_list = re.findall(p, data)
10  print(rrn_list)
```

01행 정규식 사용을 위해 re 라이브러리를 불러옵니다.
03행 메모장 데이터를 읽어서 하나의 문자열에 대입합니다.
08행 주민등록번호 패턴을 만듭니다.
09행 문자열에서 패턴에 일치하는 문자열만 모두 찾아서 리스트로 반환합니다.
10행 추출된 주민등록번호 리스트를 확인합니다. 홍길동 앞에 -가 있든 없든 주민등록번호를 잘 추출해냅니다.

['880211-1234567', '171231-1111111', '600101-2222222']

[그림 8-7]

메모장 파일의 내용을 좀 더 복잡하게 만들겠습니다. 패턴이 비슷한 전화번호도 들어가 있습니다.

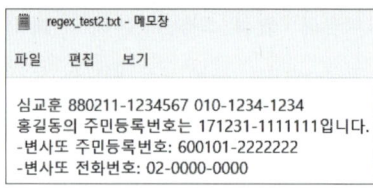

[그림 8-8]

이런 상황에서도 주민등록번호만 잘 추출해냅니다. 이것이 바로 정규식의 강력함입니다.

8.4 주민등록번호와 전화번호 추출하기

이번에는 주민등록번호와 전화번호를 동시에 추출할 수 있도록 코드를 작성해보겠습니다. 일종의 개인정보 탈취 프로그램이죠(나쁜 데 쓰지 맙시다). 주민등록번호 패턴은 이미 만들었으니 이번에는 전화번호 패턴을 만들겠습니다.

> 2개 또는 3개의 숫자 – 4개의 숫자 – 4개의 숫자

정규식으로 나타내면 다음과 같습니다.

> \d{2,3}[-]\d{4}[-]\d{4}

여기서 \d{2,3}은 두 자리 또는 세 자리의 숫자를 의미합니다.

```
regex_3.py
01  import re
02
03  with open('regex_test2.txt', 'r') as File:
04      data = File.read()
05
06  print(data)
07
08  p1 = re.compile(r'\d{6}[-]\d{7}')
09  rrn_list = re.findall(p1, data)
```

```
10  print(rrn_list)
11
12  p2 = re.compile(r'\d{2,3}[-]\d{4}[-]\d{4}')
13  phone_list = re.findall(p2, data)
14  print(phone_list)
```

12행 　전화번호를 추출하기 위한 정규식을 만듭니다.
13행 　메모장 데이터에서 전화번호만 찾아내서 리스트에 담습니다.
14행 　추출된 전화번호 리스트를 확인합니다.

```
['010-1234-1234', '02-0000-0000']
```

[그림 8-9]

8.5 정리하며

보이스 피싱 범죄 단체들이 크롤링과 정규식을 활용하여 이런 식으로 웹상에 누출되어 있는 개인정보를 탈취하고 있을 것 같습니다. 아마 더 고도화된 방식으로 개인정보를 탈취하려고 무진장 애를 쓰고 있을 것입니다. 개인정보 관리를 더 철저히 잘해야겠죠?

9장.
Hex 코드를 RGB 색상으로 변환하기

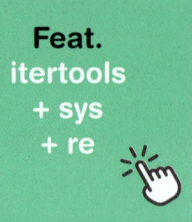

Feat.
itertools
+ sys
+ re

웹 개발, 애플리케이션 등을 개발하다 보면, 많이 하게 되는 일이 색상을 나타내는 Hex 코드를 RGB 색상으로 변환하거나, RGB 색상을 Hex 코드로 변환하는 것입니다. 어떤 프로그램에서는 Hex 코드만 인식하고, 어떤 프로그램에서는 RGB 색상만 인식하기 때문입니다. 우리가 이 변환 기능을 직접 구현해놓고 필요할 때마다 쓴다면 조금 더 뿌듯하겠죠?

9.1 실습 준비

이전 실습에 사용했던 가상환경이 활성화되어 있다면 먼저 **deactivate** 명령으로 비활성화해주세요.

```
deactivate
```

그 다음에 바탕화면에 있는 enjoy_python 폴더 내에 hex2rgb라는 폴더를 만든 후 VSCODE에서 해당 폴더를 열고 cmd 터미널에서 아래 명령을 실행하여 .venv 가상환경을 만들어주세요. 가상환경이 잘 생성되었다면, hex2rgb 폴더 안에 .venv 폴더가 생성되었을 것입니다.

```
virtualenv .venv
```

그리고 가상환경에 진입해주세요.

```
call .venv/Scripts/activate
```

이제 hex2rgb 폴더 안에 .py 파일 등을 따라 만들어가면서 실습을 진행하면 됩니다. 참고로 .venv 폴더 안에 파일을 만들지 마세요.

9.2 Hex 코드를 RGB 색상으로 변환하기

우선 Hex 코드가 무엇인지 정리하고 가겠습니다. Hex 코드는 색상을 6개의 16진수로 나타내는 코드입니다. #RRGGBB 형태로 처음에는 #이 오고 그 다음 두 자리는 red에 대한 16진수이고, 그 다음 두 자리는 green에 대한 16진수이고, 마지막 두 자리는 blue에 대한 16진수입니다.

RGB 색상은 Red, Green, Blue의 밝기를 각각 0에서 255 사이의 숫자로 (R, G, B)와 같이 나타내는 방식을 뜻합니다. 결국은 Hex 코드를 RGB 색상으로 변환하는 것은 16진수를 10진수로 바꾸는 문제의 일환인 것입니다.

이 프로그램의 입력은 #000000과 같은 Hex 코드가 될 것이고, 출력은 (0, 0, 0)과 같은 RGB 색상이 되어야 할 것입니다. 만약, #FFEEDD라면 RGB 색상으로는 (255, 238, 221)이 됩니다. FF를 십진수로 계산하면, 15 × 16 + 15 = 255가 됩니다. EE는 14 × 16 + 14 = 238이 되고요. 참고로 10진수 0, 1, 2, 3, 4, 5, 6, 7, 8, 9, 10, 11, 12, 13, 14, 15는 16진수에서 각각 0, 1, 2, 3, 4, 5, 6, 7, 8, 9, A, B, C, D, E, F에 해당합니다.

이제 Hex 코드를 RGB로 변환하는 코드를 한 번 구현해보겠습니다. 16진수를 10진수로 직접 계산해서 변환할 수도 있지만, 파이썬에는 관련된 함수가 역시 존재합니다. 문자열을 정수로 바꿀 때 많이 사용되는 int 함수가 16진수로 바꾸는 역할로도 쓰일 수 있습니다. int 함수 두 번째 인자에 16을 넣어주면 됩니다.

hex2rgb_1.py

```
01  print(int('FF', 16))
02  print(int('EE', 16))
03  print(int('DD', 16))
```

> 01행~03행 int 함수를 사용하여 16진수를 10진수로 변환합니다.

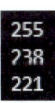

[그림 9-1]

이제 전체 hex 코드를 RGB 색상으로 한 번에 변환해주는 코드를 작성해보겠습니다. itertools라는 이름의 라이브러리가 필요한데, 표준 라이브러리이므로 설치가 필요하지 않습니다.

```
hex2rgb_2.py
01  from itertools import starmap
02
03  hex_code = '#FFEEDD'
04
05  rgb = [(hex_code[1:3], 16), (hex_code[3:5], 16), (hex_code[5:], 16)]
06  rgb_list = list(starmap(int, rgb))
07  print(rgb_list)
08
09  rgb_tuple = tuple(rgb_list)
10  print(rgb_tuple)
11
12  print(hex_code, ' => ', rgb_tuple)
```

01행 itertools 라이브러리에서 starmap 함수를 가져옵니다.

03행 RGB로 변환할 Hex 코드를 hex_code 변수에 담습니다.

05행 R 부분, G 부분, B 부분을 따로 슬라이싱하고 16이라는 숫자와 함께 튜플로 만든 후 그것들의 리스트를 만듭니다.

06~07행 starmap 함수를 활용하여 rgb라는 이름의 리스트에 있는 튜플들을 int 함수의 인자로 넣어줍니다. 결과적으로 이 행에서는 int(hex_code[1:3], 16), int(hex_code[3:5], 16), int(hex_code[5:], 16) 이런 식으로 매핑한 것들의 리스트를 만들어줍니다.

09~10행 rgb_list 리스트를 튜플로 변환합니다.

12행 최종적으로 hex 코드와 그에 해당하는 RGB 색상을 확인합니다.

```
#FFEEDD  =>  (255, 238, 221)
```

[그림 9-2]

9.3 RGB 색상을 Hex 코드로 변환하기

이번에는 반대로 RGB 색상을 Hex 코드로 변환하는 코드를 작성해보겠습니다. 10진수를 16진수로 변환할 때는 hex라는 함수를 사용할 수 있습니다. 주의할 것은 0과 같이 16진수로 변환했을 때 한 자리인 경우에는 00으로 처리되게 해야 합니다.

```
hex2rgb_3.py
01  rgb = (255, 238, 221)
02
```

```
03  hex_code = '#'
04
05  for i in rgb:
06      temp = hex(i)[2:]
07
08      if len(temp) == 1:
09          temp = '0' + temp
10
11      hex_code += temp.upper()
12
13  print(rgb, ' => ', hex_code)
```

01행 rgb 색상을 담은 튜플입니다.
03행 hex_code를 담은 #으로 시작하는 문자열을 준비합니다.
05행~11행 rgb 튜플에 있는 요소 하나씩 반복해가며 hex 함수를 사용해서 16진수로 변환한 다음 앞 부분에 있는 0x를 제외한 것을 대문자로 변환하여 hex_code 문자열에 + 연산자로 연결합니다.
08행~09행 만약, 16진수로 변환한 결과가 1자리인 경우 앞에 0을 붙입니다.
13행 변환된 결과를 출력합니다.

```
(255, 238, 221)  =>  #FFEEDD
```

[그림 9-3]

9.4 Hex 코드, RGB 색상 변환 프로그램

이제 Hex 코드가 입력되면 RGB 색상을 반환해주고, RGB 색상이 입력되면 Hex 코드가 반환되는 프로그램을 만들겠습니다.

hex2rgb_4.py

```
01  from itertools import starmap
02
03  user_input = input(
04  '''[Hex 코드 또는 RGB 색상을 입력해주세요]
05  - Hex 코드 입력 예시: #123456
06  - RGB 색상 입력 예시: 18 52 86
07  >> ''')
08
```

```
09    if user_input[0] == '#':
10        rgb = [(user_input[1:3], 16), (user_input[3:5], 16), (user_input[5:], 16)]
11        rgb_list = list(starmap(int, rgb))
12        rgb_tuple = tuple(rgb_list)
13        print("\n[변환 결과] ", user_input, ' => ', rgb_tuple)
14    else:
15        rgb = user_input.split(" ")
16        rgb_tuple = tuple(map(int, rgb))
17
18        hex_code = '#'
19
20        for i in rgb_tuple:
21            temp = hex(i)[2:]
22
23            if len(temp) == 1:
24                temp = '0' + temp
25
26            hex_code += temp.upper()
27
28        print("\n[변환 결과] ", rgb_tuple, ' => ', hex_code)
```

03~07행   사용자로부터 Hex 코드 또는 RGB 색상을 입력받습니다.

09~12행   만약, 사용자가 입력한 문자열의 첫 글자가 #으로 시작하면 Hex 코드를 RGB 색상으로 변환합니다.

14~26행   만약, 사용자가 입력한 문자열의 첫 글자가 #이 아니면 RGB 색상을 Hex 코드로 변환합니다. 우선 입력받은 문자열을, 공백을 기준으로 분리하여 rgb 리스트에 담습니다. 그 다음 문자열인 요소들을 숫자로 바꿔서 튜플(rgb_tuple)로 변환합니다. 그 다음에 각 요소에 대해 16진수 변환을 진행한 후 합쳐서 최종 hex 코드를 완성합니다.

28행   변환된 결과를 터미널에 출력하여 확인합니다.

Hex 코드를 입력한 경우의 결과 화면입니다.

```
[Hex 코드 또는 RGB 색상을 입력해주세요]
- Hex 코드 입력 예시: #123456
- RGB 색상 입력 예시: 18 52 86
>> #eeffcc

[변환 결과]  #eeffcc  =>  (238, 255, 204)
```

[그림 9-4]

RGB 색상을 입력한 경우의 결과 화면입니다.

```
[Hex 코드 또는 RGB 색상을 입력해주세요]
- Hex 코드 입력 예시: #123456
- RGB 색상 입력 예시: 18 52 86
>> 255 27 128

[변환 결과] (255, 27, 128) => #FF1B80
```

[그림 9-5]

9.5 Hex 코드, RGB 색상 변환 프로그램을 정교하게 만들기

좋은 프로그램은 사용자가 편하게 느끼는 프로그램입니다. 개발자에게도 편하고 사용자에게도 편한 것이 최고이겠지만, 둘이 충돌하는 상황이라면 사용자의 편의를 더 우선해야 합니다. 위 프로그램은 아직 개발자 친화적인 상태입니다. 개발자가 요구한 대로만 사용자가 입력해줘야 제대로 작동하기 때문입니다. RGB 색상을 입력할 때 255 초과인 숫자를 입력해보겠습니다.

```
[Hex 코드 또는 RGB 색상을 입력해주세요]
- Hex 코드 입력 예시: #123456
- RGB 색상 입력 예시: 18 52 86
>> 300 100 200

[변환 결과] (300, 100, 200) => #12C64C8
```

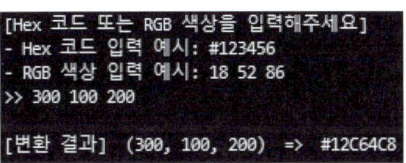

[그림 9-6]

결과가 나오긴 하지만, 잘못된 결과가 나왔습니다. Hex 코드는 #을 제외하고 6자리로 구성되어야 하는데 7자리가 되어버렸습니다. R, G, B의 값의 범위는 0에서 255인데 300이 입력되어 발생한 현상입니다. 따라서 이러한 잘못된 입력들에 대해서 사용자에게 알려줘서 제대로 입력할 수 있게 도와줘야 합니다. 이를 위해서는 다양한 입력 케이스를 예상해서 정리해볼 필요가 있습니다. 그래야지만 그에 맞게 각각 처리를 해줄 수 있기 때문입니다. 제가 예상한 잘못된 입력 케이스는 각각 다음과 같습니다.

[표 9-1]

케이스	처리
hex 코드 입력 시 제대로 입력한 경우 예 #FF39A8	변환 결과 출력
rgb 색상 입력 시 제대로 입력한 경우 예 128 0 255	변환 결과 출력
hex 코드 입력 시 0에서 F(f) 이외의 값을 포함한 경우 예 #GG1234	"Hex 코드 입력 시에는 0에서 F(f) 이외의 문자/숫자가 포함되어서는 안됩니다."라는 메시지 출력
hex 코드 입력 시 #을 제외하고 6자리가 아닌 경우 예 #1234567	"Hex 코드 입력 시에는 # 제외 6자리의 hex 코드를 입력해야 합니다."라는 메시지 출력
rgb 색상 입력 시 0~255 이외의 값을 입력한 경우 예 300, 100, 200	"RGB 색상 입력 시에는 0~255 값을 입력해야 합니다."라는 메시지 출력
rgb 색상 입력 시 세 개의 숫자를 입력하지 않은 경우 예 255 0 또는 AB 15 189	"RGB 색상 입력 시에는 숫자 세 개를 입력해야 합니다."라는 메시지 출력
rgb 색상 입력 시 값을 콤마(,)로 구분한 경우 예 255, 0, 128	충분히 있을 만한 상황이니, 제대로 처리되도록 코드 수정
rgb 색상 입력 시 값 사이를 두 번 띄어 쓴 경우 예 255 0 128	충분히 있을 만한 상황이니 제대로 처리되도록 코드 수정
rgb 색상 입력 시 값을 콤마(,)로 구분하면서 두번 이상 띄어 쓴 경우 예 255, 0, 128	충분히 있을 만한 상황이니 제대로 처리되도록 코드 수정
rgb 색상 입력 시 값을 콤마(,)로 구분하면서 띄어 쓰지 않은 경우 예 255,0,128	충분히 있을 만한 상황이니 제대로 처리되도록 코드 수정

이상의 내용을 전부 반영하여 프로그램을 업그레이드합니다. RGB 색상 입력 시 일어날 수 있는 다양한 상황을 손쉽게 처리하기 위해서 정규식을 활용할 것입니다.

hex2rgb_5.py

```
from itertools import starmap
import sys
import re

user_input = input(
'''[Hex 코드 또는 RGB 색상을 입력해주세요]
- Hex 코드 입력 예시: #123456
- RGB 색상 입력 예시: 18 52 86
```

```python
09  >> ''')
10
11  if user_input[0] == '#':
12      if len(user_input) == 7:
13
14          for i in user_input[1:]:
15              if i not in ['0', '1', '2', '3', '4', '5', '6', '7', '8', '9',
                  'A', 'B', 'C', 'D', 'E', 'F', 'a', 'b', 'c', 'd', 'e', 'f']:
16                  sys.exit('\n[에러] Hex 코드 입력 시에는 0에서 F(f) 이외의 문자/숫자가
                    포함되어서는 안됩니다.')
17
18          rgb = [(user_input[1:3], 16), (user_input[3:5], 16),
            (user_input[5:], 16)]
19          rgb_list = list(starmap(int, rgb))
20          rgb_tuple = tuple(rgb_list)
21          print("\n[변환 결과] ", user_input, ' => ', rgb_tuple)
22      else:
23          sys.exit('\n[에러] Hex 코드 입력 시에는 # 제외 6자리의 hex 코드를 입력해야 합니다.')
24  else:
25      rgb_str_list = re.findall(r'\d+', user_input)
26      rgb_tuple = tuple(map(int, rgb_str_list))
27
28      if len(rgb_tuple) != 3:
29          sys.exit('\n[에러] RGB 색상 입력 시에는 숫자 세 개를 입력해야 합니다.')
30
31      hex_code = '#'
32
33      for i in rgb_tuple:
34          if i >= 0 and i <= 255:
35              temp = hex(i)[2:]
36
37              if len(temp) == 1:
38
39                  temp = '0' + temp
40              hex_code += temp.upper()
41          else:
42              sys.exit('\n[에러] RGB 색상 입력 시에는 0~255 값을 입력해야 합니다.')
43
44      print("\n[변환 결과] ", rgb_tuple, ' => ', hex_code)
```

02행 프로그램을 중간에 종료하게 하기 위해서 sys 라이브러리를 불러옵니다.
03행 정규식을 사용하기 위해 re 라이브러리를 불러옵니다.

11행~23행	사용자가 입력한 문자열이 #으로 시작하는 경우 hex 코드로 간주하고 rgb로의 변환을 실시합니다.
24행~44행	사용자가 입력한 문자열이 #으로 시작하지 않는 경우는 rgb 색상으로 간주하고 hex 코드로의 변환을 실시합니다.
14행~16행	입력된 문자열에 0~F(f) 이외의 문자가 있다면 에러 메시지를 띄우고 프로그램을 종료합니다.
22행~23행	사용자가 입력한 문자열이 #으로 시작하지만 7개의 글자가 아닌 경우에는 에러 메시지를 띄우고 프로그램을 종료합니다.
25행	정규식을 활용해 입력된 문자열에서 \d+ 패턴, 즉 한 자리 이상의 숫자를 찾아서 리스트로 반환합니다.
26행	정규식으로 찾아낸 숫자들은 문자의 형태를 띠고 있기 때문에 모두 숫자로 바꾼 후 튜플에 담습니다.
28행~29행	입력된 숫자가 세 개가 아니면 에러 메시지를 띄우고 프로그램을 종료합니다.
41행~42행	입력된 숫자 중 0 이상 255 이하가 아닌 숫자가 있다면, 에러 메시지를 띄우고 프로그램을 중단합니다.

프로그램을 실행하고 다양한 케이스를 모두 테스트해봅니다. 테스트하는 중에 처리하지 못한 케이스를 발견했다면 이를 반영해서 프로그램의 완성도를 조금 더 높여봅니다.

```
[Hex 코드 또는 RGB 색상을 입력해주세요]
- Hex 코드 입력 예시: #123456
- RGB 색상 입력 예시: 18 52 86
>> #1234567

[에러] Hex 코드 입력시에는 # 제외 6자리의 hex 코드를 입력해야 합니다.
```

[그림 9-7]

```
[Hex 코드 또는 RGB 색상을 입력해주세요]
- Hex 코드 입력 예시: #123456
- RGB 색상 입력 예시: 18 52 86
>> #X23456

[에러] Hex 코드 입력시에는 0에서 F(f) 이외의 문자/숫자가 포함되어서는 안됩니다.
```

[그림 9-8]

```
[Hex 코드 또는 RGB 색상을 입력해주세요]
- Hex 코드 입력 예시: #123456
- RGB 색상 입력 예시: 18 52 86
>> 127 33 456

[에러] RGB 색상 입력시에는 0~255 값을 입력해야 합니다.
```

[그림 9-9]

9.6 정리하며

프로그램을 만들 때는 항상 다양한 경우의 수를 고려해야만 합니다. 그래야 사용자들이 직접 문제를 겪지 않을 수 있습니다. 사용자들은 냉정해서 다양한 에러를 자주 겪게 되면 그 프로그램을 더 이상 사용하지 않을 가능성이 큽니다. 아무리 좋은 기능을 제공하는 프로그램이라도 에러가 많다면 살아남기 힘들 것입니다. 프로그램에 어떤 기능을 하나 추가했다면, 그 기능이 제대로 작동하는지 다양한 케이스에 대해서 테스트하는 테스트 코드를 작성하는 것이 좋습니다. 마치 코딩 테스트의 주최자의 입장이 되어 본다고 생각하면 감이 올 것 같습니다.

10장.
특정 시간마다 반복해서 실행되는 프로그램 만들기

현대인들은 아침에 일어날 때 휴대폰 알람의 도움을 받아 일어납니다. 약을 정해진 시간에 복용해야 하는 환자들 역시 휴대폰에 약을 복용해야 할 시간마다 알람을 설정해서 복용하곤 합니다. 줌으로 화상 미팅을 할 때도 회의 시간을 미리 설정해서 진행할 수 있습니다. 이처럼 스케줄링은 우리 삶에 있어서 빼놓을 수 없는 요소입니다. 파이썬을 이용하면 어떤 프로그램 또는 기능이 특정 시간마다 실행되게 할 수 있습니다.

10.1 실습 준비

이전 실습에 사용했던 가상환경이 활성화되어 있다면 먼저 **deactivate** 명령으로 비활성화해주세요.

```
deactivate
```

그 다음에 바탕화면에 있는 enjoy_python 폴더 내에 schedule이라는 폴더를 만든 후 VSCODE에서 해당 폴더를 열고 cmd 터미널에서 아래 명령을 실행하여 .venv 가상환경을 만들어주세요. 가상환경이 잘 생성되었다면, schedule 폴더 안에 .venv 폴더가 생성되었을 것입니다.

```
virtualenv .venv
```

그리고 가상환경에 진입해주세요.

```
call .venv/Scripts/activate
```

이제 schedule 폴더 안에 .py 파일 등을 따라 만들어가면서 실습을 진행하면 됩니다. 참고로 .venv 폴더 안에 파일을 만들지 마세요.

10.2 1초마다 100원을 버는 프로그램

파이썬의 schedule 라이브러리를 사용하면 정해진 시간에 특정 코드를 반복해서 실행하는 것이 가능합니다. VSCODE cmd 터미널에 아래와 같은 명령을 실행해주세요.

```
pip install schedule
```

먼저 1초마다 100원을 버는 프로그램을 짜보겠습니다(365일 24시간 쉬지 않고 1초마다 100원을 벌면 부자가 되겠네요. 1년에 약 32억 원 정도 벌 수 있습니다).

schedule_1.py

```python
01  import schedule
02  import time
03  import datetime
04
05  my_money = 0
06
07  def earn_money():
08      now = datetime.datetime.now()
09      global my_money
10      my_money += 100
11      print(now, "잔고:", my_money)
12
13  schedule.every(1).seconds.do(earn_money)
14
15  while True:
16      schedule.run_pending()
17      time.sleep(1)
```

- **01행** 특정 시간에 코드를 실행하기 위해 schedule 라이브러리를 불러옵니다.
- **02행** time.sleep 함수를 사용하기 위해 time 라이브러리를 불러옵니다.
- **03행** 현재 시간을 확인하기 위해 datetime 라이브러리를 불러옵니다.
- **05행** 내 잔고를 나타내는 전역변수 my_money를 만듭니다. 0원으로 시작합니다.
- **07행~11행** 100원을 벌어주는 함수 earn_money를 만듭니다. my_money는 전역변수이기 때문에 global my_money 코드를 삽입했습니다. earn_money 함수가 실행될 때마다 my_money는 +100원이 됩니다.
- **13행** 매 1초마다 earn_money 함수를 실행할 스케줄을 만듭니다.
- **15행~17행** 무한루프를 돌면서 잡혀 있는 스케줄이 실행될 때를 기다립니다.

위 코드를 실행하면, 다음과 같이 잔고가 1초마다 100원씩 늘어나는 것을 확인할 수 있습니다.

```
(.venv) C:\Users\SDE\Desktop\enjoy_python\ex18>python ex18_1.py
2022-09-18 15:13:34.705420 잔고: 100
2022-09-18 15:13:35.720331 잔고: 200
2022-09-18 15:13:36.735278 잔고: 300
2022-09-18 15:13:37.749730 잔고: 400
2022-09-18 15:13:38.763707 잔고: 500
2022-09-18 15:13:39.765280 잔고: 600
2022-09-18 15:13:40.766476 잔고: 700
2022-09-18 15:13:41.768996 잔고: 800
2022-09-18 15:13:42.784007 잔고: 900
2022-09-18 15:13:43.788714 잔고: 1000
2022-09-18 15:13:44.792721 잔고: 1100
2022-09-18 15:13:45.806658 잔고: 1200
```

[그림 10-1]

시간이 잠시 흘렀을 뿐인데 벌써 4만 원을 향해 가네요.

```
2022-09-18 15:19:39.355612 잔고: 36300
2022-09-18 15:19:40.366635 잔고: 36400
2022-09-18 15:19:41.378626 잔고: 36500
2022-09-18 15:19:42.381665 잔고: 36600
2022-09-18 15:19:43.396753 잔고: 36700
2022-09-18 15:19:44.397117 잔고: 36800
2022-09-18 15:19:45.409347 잔고: 36900
2022-09-18 15:19:46.423453 잔고: 37000
2022-09-18 15:19:47.435026 잔고: 37100
2022-09-18 15:19:48.449215 잔고: 37200
2022-09-18 15:19:49.450288 잔고: 37300
2022-09-18 15:19:50.459160 잔고: 37400
2022-09-18 15:19:51.461963 잔고: 37500
2022-09-18 15:19:52.466971 잔고: 37600
2022-09-18 15:19:53.469786 잔고: 37700
2022-09-18 15:19:54.483728 잔고: 37800
2022-09-18 15:19:55.499072 잔고: 37900
2022-09-18 15:19:56.507419 잔고: 38000
2022-09-18 15:19:57.509723 잔고: 38100
2022-09-18 15:19:58.511603 잔고: 38200
```

[그림 10-2]

참고 |

돈을 그만벌고 싶다면 〈Ctrl〉+〈C〉로 프로그램을 종료하면 됩니다. 스케줄 라이브러리의 더 자세한 사용법은 다음의 공식 문서에서 확인할 수 있습니다.

- https://schedule.readthedocs.io/en/stable/index.html

10.3 두 시간마다 물을 마시라고 알려주는 프로그램

이번에는 두 시간마다 물을 마시라고 알려주는 프로그램을 만들겠습니다. schedule_1.py를 조금만 수정하면 됩니다.

schedule_2.py

```
01  import schedule
02  import time
03  import datetime
04
05  def drink_water():
06      now = datetime.datetime.now()
07      print(now, "주인님, 물 마실 시간입니다.")
08
09  schedule.every(2).hours.do(drink_water)
10
11  while True:
12      schedule.run_pending()
13      time.sleep(1)
```

05행~07행 drink_water라는 이름의 함수를 만듭니다. 실행될 때마다 "주인님, 물 마실 시간입니다."라는 메시지를 현재 시간과 함께 터미널에 출력합니다.

09행 매 두 시간마다 drink_water 함수를 실행해주는 스케줄을 생성합니다. every(2).hours.do(함수)는 두 시간마다 해당 함수를 실행하라는 의미입니다.

위 코드를 실행하면, 다음과 같이 두 시간마다 물을 마시라고 친절하게 알려줍니다. 두 시간 동안 기다리기 지루하면 hours 대신에 minutes로 변경해서 테스트해봐도 좋습니다.

```
(.venv) C:\Users\SDE\Desktop\enjoy_python\ex18>python ex18_2.py
2022-09-18 17:38:26.969401 주인님, 물 마실 시간입니다.
2022-09-18 19:38:27.331047 주인님, 물 마실 시간입니다.
```

[그림 10-3]

10.4 매일 0시마다 정기 결제를 하게 만드는 프로그램

정기구독 시스템을 갖고 있는 사이트 또는 앱을 운영하고 있다면, 정기구독 회원들마다 결제일에 맞춰서 결제를 시켜줘야 합니다. 저는 매일 0시마다 정기구독자 중에서 결제가 필요한 사람들의 결제를 돕는 프로그램을 만들겠습니다.

schedule_3.py

```python
import schedule
import time
import datetime

users = [
    ('김개똥', 19),
    ('이말똥', 2),
    ('박새똥', 29),
    ('최소똥', 19),
    ('김닭똥', 7),
]

def pay():
    for user in users:
        now = datetime.datetime.now()

        if now.day == user[1]:
            print(user[0] + "님, 결제 실시", now)

schedule.every().day.at('00:00').do(pay)

while True:
    schedule.run_pending()
    time.sleep(1)
```

05행~11행   유료회원 리스트입니다. 이름과 결제일이 튜플의 형태로 들어가 있습니다. 예를 들어, 김개똥 회원은 19일마다 정기 결제가 이뤄집니다. 보통은 이러한 정보가 어떠한 데이터베이스에 들어가 있겠죠?

13행~18행   pay 함수가 호출되면, 회원 리스트에서 결제일이 오늘인 회원들에 대해 결제를 실시합니다. 만약, 오늘이 19일이라면, 김개똥, 최소똥 회원에 대해서 결제를 진행해야 합니다. 다른 회원에 대해서 결제가 진행되면 큰일납니다.

20행   매일 자정에 pay 함수를 실행하여 수금합니다.

```
(.venv) C:\Users\SDE\Desktop\enjoy_python\ex18>python ex18_3.py
김개똥님, 결제 실시 2022-09-19 00:00:00.853874
최소똥님, 결제 실시 2022-09-19 00:00:00.853874
```

[그림 10-4]

10.5 정리하며

스케줄 라이브러리는 우리의 업무를 자동화하는 데 있어서 굉장히 유용하게 쓸 수 있는 라이브러리입니다. 예약을 걸어놓고, 그 시간이 되면 알아서 정해진 일을 하게 해주는 것이죠. 웹 사이트에서 특정 정보를 스크래핑해오는 크롤링 프로그램을 만든 후에는 보통 스케줄을 걸어서 정해진 시간에 일을 반복적으로 수행하도록 하곤 합니다. 여러분의 업무 중 정해진 시간에 반복적으로 수행해야 하는 일이 있다면 코드로 한 번 구현해보고, 스케줄을 걸어보세요. 삶의 질이 조금 더 좋아질 것입니다. 그 시간에 조금 더 생산적인 일을 할 수 있으니까요.

11장. 사내 방송 프로그램 만들기

2008년, 군 복무를 할 때 텍스트를 입력하면 그것을 사람의 목소리로 알림 방송을 해주는 프로그램이 있었습니다. 그 당시만 해도 지금에 비하면 기술이 덜 발전해서 입력한 문장을 기계가 상당히 어색하게 읽어줬습니다. 하지만 그때는 그것도 꽤 비싼 프로그램이라고 들었는데, 이제는 우리도 그런 프로그램을 쉽게 만들어낼 수 있습니다.

11.1 실습 준비

이전 실습에 사용했던 가상환경이 활성화되어 있다면 먼저 deactivate 명령으로 비활성화해주세요.

```
deactivate
```

그 다음에 바탕화면에 있는 enjoy_python 폴더 내에 broadcasting이라는 폴더를 만든 후, VSCODE에서 해당 폴더를 열고 cmd 터미널에서 아래 명령을 실행하여 .venv 가상환경을 만들어주세요. 가상환경이 잘 생성되었다면, broadcasting 폴더 안에 .venv 폴더가 생성되었을 것입니다.

```
virtualenv .venv
```

그리고 가상환경에 진입해주세요.

```
call .venv/Scripts/activate
```

이제 broadcasting 폴더 안에 .py 파일 등을 따라 만들어가면서 실습을 진행하면 됩니다. 참고로 .venv 폴더 안에 파일을 만들지 마세요.

11.2 텍스트를 음성으로 변환하기

gtts라는 라이브러리를 설치하면, 텍스트 정보를 음성으로 쉽게 변환할 수 있습니다. 참고로 gtts는 Google Text-To-Speech의 머리글자입니다. VSCODE cmd 터미널에 다음 명령을 실행하여 gtts를 설치해주세요.

```
pip install gtts
```

broadcasting_1.py

```python
01  from gtts import gTTS
02
03  text = "저희는 지금 파이썬을 공부하고 있습니다."
04  tts = gTTS(text, lang='ko')
05  tts.save('result.mp3')
```

- 01행 gtts 라이브러리에서 gTTS를 불러옵니다.
- 03행 음성파일로 변환할 텍스트를 준비합니다.
- 04행~05행 텍스트가 한글임을 알려준 후 음성파일로 만들어서 result.mp3라는 이름으로 저장합니다.

위 스크립트를 실행한 후에 broadcasting 폴더를 살펴보면, result.mp3 파일이 생성되어 있을 것입니다. 더블 클릭해서 실행해보면 해당 텍스트를 읽어주는 남자 목소리가 들립니다.

이번에는 영어 텍스트를 음성파일로 변환해보겠습니다.

broadcasting_2.py

```python
01  from gtts import gTTS
02
03  text = "We are studying Python right now."
04  tts = gTTS(text, lang='en')
05  tts.save('result1.mp3')
```

- 04행 lang 매개변수를 en으로 변경합니다.
- 05행 result1.mp3에 해당 텍스트에 대한 영어 음성이 들어갑니다. 생성된 result1.mp3를 실행해보면 매우 자연스러운 영어 음성을 들을 수 있습니다.

11.3 텍스트를 음성으로 변환한 후 바로 재생하기

mp3 파일을 바로 파이썬에서 재생해보겠습니다. playsound 라이브러리를 활용하면 mp3 파일과 같은 오디오 파일을 쉽게 재생할 수 있습니다. VSCODE cmd 터미널에 다음 명령을 실행하여 playsound 라이브러리를 설치하겠습니다. playsound 라이브러리의 경우 1.2.2 버전으로 설치하는 것이 정신 건강에 좋습니다.

```
pip install playsound==1.2.2
```

broadcasting_3.py

```python
from gtts import gTTS
from playsound import playsound

text = "저희는 지금 파이썬을 공부하고 있습니다."
tts = gTTS(text, lang='ko')
tts.save('result.mp3')
playsound('result.mp3')
```

02행 playsound 라이브러리에서 playsound를 불러옵니다.
07행 result.mp3 파일을 재생합니다. 오디오 플레이어를 열지 않았지만 오디오 파일이 잘 재생되죠?

11.4 예약된 시간에 음성 알림을 해주는 프로그램 만들기

텍스트 정보를 음성파일로 변환하여 재생하는 기능을 구현했습니다. 이제 예약된 시간에 사내 방송을 하는 프로그램을 만들겠습니다. 낮 12시에 점심식사를 하러 구내 식당으로 이동하라는 방송을 매일 실행하도록 프로그램을 만들어볼까요? schedule 라이브러리를 활용하여 정해진 시간마다 자동으로 방송이 되도록 하겠습니다. VSCODE cmd 터미널에 아래와 같은 명령을 실행하여 schedule 라이브러리를 설치합니다.

```
pip install schedule
```

broadcasting_4.py

```
01  from gtts import gTTS
02  from playsound import playsound
03  from datetime import datetime
04  import schedule
05  import time
06
07  text = '''
08  임직원 여러분 점심시간입니다.
09  오전 내내 일하시느라 고생하셨습니다.
10  구내 식당에 맛있는 점심을 준비해놨으니 식사하러 이동하세요.
11  '''
12
13  tts = gTTS(text, lang='ko')
14  tts.save('result.mp3')
15
16  def broadcast():
17      now = datetime.now()
18      print(now, "방송 시작")
19      playsound('result.mp3')
20
21  schedule.every().day.at("12:00").do(broadcast)
22
23  while True:
24      schedule.run_pending()
25      time.sleep(1)
```

03행~05행 datetime, schedule, time 라이브러리를 불러옵니다.
07행~11행 방송할 문구를 준비합니다.
16행~19행 음성파일을 실행할 함수 broadcast를 정의합니다.
  21행   매일 낮 12시마다 broadcast 함수가 실행되게 합니다.
23행~25행 무한루프를 돌면서 잡혀 있는 스케줄이 실행될 때를 기다립니다.

이 프로그램은 PC가 꺼지지만 않는다면, 365일 24시간 내내 실행될 것입니다. 그리고 매일 낮 12시가 되면, 점심식사를 하라는 알림 방송을 해줄 것입니다. 만약, 강제로 종료하고 싶다면, ⟨Ctrl⟩+⟨C⟩를 콘솔에 입력하면 됩니다.

11.5 정리하며

우리 실생활에 필요한 프로그램을 만드는 것이 개발자에게 있어서 가장 큰 보람을 느끼게 하는 일입니다. 여러분이 고등학생이라면, 학교 컴퓨터에 이와 같은 알림 프로그램을 실행하여 점심시간 알림 방송을 직접 실행해보는 것은 어떨까요?

12장. 현재 날씨 정보 가져오기

Feat. requests + argparse

출근을 할 때, 나들이를 갈 때, 여행을 갈 때 옷을 어떻게 입어야 할지 결정하기 위해 우리는 날씨 정보를 하루에도 몇 번씩 확인합니다. 우리가 스마트폰으로 현재 날씨를 손쉽게 확인할 수 있는 이유는 날씨 정보를 제공해주는 API 서버가 어딘가에 존재하기 때문입니다. 날씨 정보를 제공해주는 OpenWeather라는 API 서비스를 이용해보겠습니다.

12.1 실습 준비

이전 실습에 사용했던 가상환경이 활성화되어 있다면 먼저 deactivate 명령으로 비활성화해주세요.

```
deactivate
```

그 다음에 바탕화면에 있는 enjoy_python 폴더 내에 weather라는 폴더를 만든 후 VSCODE에서 해당 폴더를 열고 cmd 터미널에서 아래 명령을 실행하여 .venv 가상환경을 만들어주세요. 가상환경이 잘 생성되었다면, weather 폴더 안에 .venv 폴더가 생성되었을 것입니다.

```
virtualenv .venv
```

그리고 가상환경에 진입해주세요.

```
call .venv/Scripts/activate
```

이제 weather 폴더 안에 .py 파일 등을 따라 만들어가면서 실습을 진행하면 됩니다. 참고로 .venv 폴더 안에 파일을 만들지 마세요.

12.2 OpenWeather API key 얻기

우선 OpenWeather 사이트에 접속합니다.

```
https://home.openweathermap.org/
```

회원가입을 진행해주세요. 회원가입은 간단하니 가입 절차는 생략하겠습니다. 회원가입을 하고 나면, 기입한 이메일 주소로 다음과 같은 이메일이 왔을 것입니다. [Verify your email] 버튼을 클릭해서 인증해주세요.

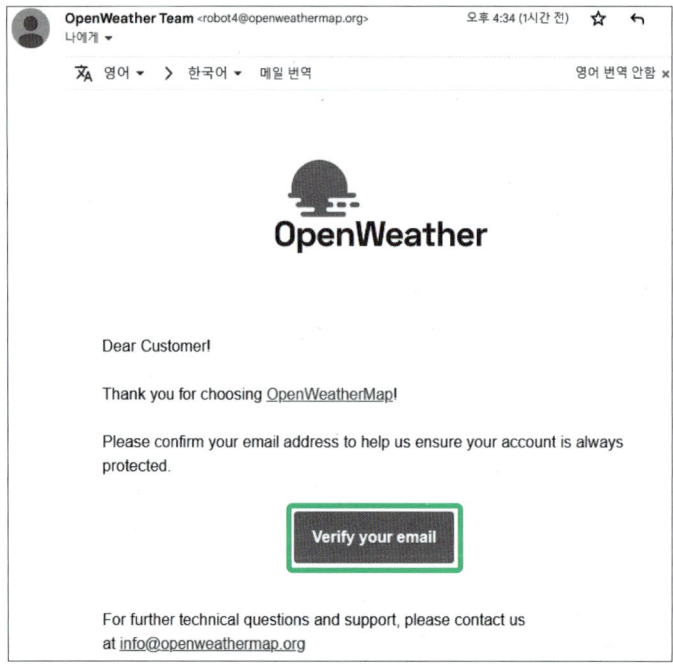

[그림 12-1]

보통의 API 서비스와 같이 OpenWeather API를 활용하려면 API key가 필요합니다. 어떤 API 서비스에서는 인증키(Authorization Key)라고 부르기도 합니다. 발급받은 API key를 확인하려면 사이트 상단의 네비게이션 바에서 [Support] 왼쪽에 있는 사용자 이름을 클릭한 후에 [My API Keys]를 클릭하면 됩니다.

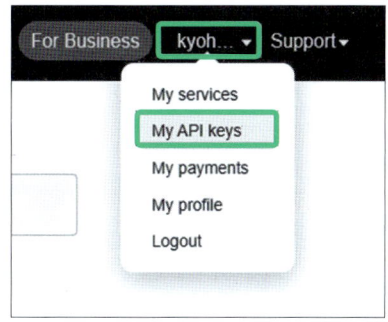

[그림 12-2]

다음과 같이 API Key가 잘 발급되어 있을 것입니다. 이 API Key를 복사하여 메모장 같은 곳에 저장해둡니다.

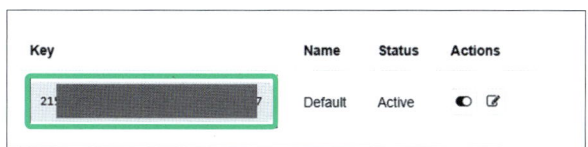

[그림 12-3]

방금 전에 받은 이메일에서 인증 버튼을 누르지 않은 분들은 API key가 발급되었어도 활성화되어 있지 않기 때문에 요청에 실패합니다. 꼭 인증 버튼을 클릭해주세요.

12.3 위도, 경도 좌표 얻기

OpenWeather에서 어떤 지역의 날씨 정보를 얻으려면 해당 지역의 위도(latitude), 경도(longitude) 좌표가 필요합니다. OpenWeather의 Geocoding API는 요청한 지명에 대한 위도, 경도 좌표를 알려줍니다.

```
https://openweathermap.org/api/geocoding-api1
```

위 링크에서 우리가 주목해서 봐야 할 내용은 어떻게 API 요청을 만들어내는지에 대한 설명입니다.

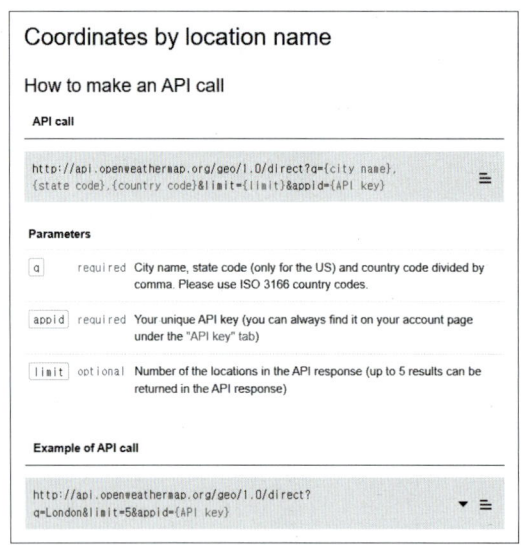

[그림 12-4]

여기에서 확인한 API 호출을 위한 URL은 다음과 같습니다.

```
http://api.openweathermap.org/geo/1.0/direct?q={city name}&limit={limit}&appid={API key}
```

쿼리 매개변수에서 {city_name} 위치에 도시명을 넣고, {limit}에는 API 응답의 위치 수를 정합니다. 같은 이름을 가진 지역이 여러 곳일 수 있기 때문입니다. 5로 설정하면 해당 이름을 가진 5개 도시(5개가 있다면)에 대한 정보가 나옵니다. {API key}에는 발급받은 API key를 넣습니다. 파이썬으로 요청 코드를 작성하기 전에 웹 브라우저에서 이 요청이 제대로 작동하는지 확인해보겠습니다. 크롬 등의 웹 브라우저의 주소 창에 다음과 같이 입력해보겠습니다. {city name}에 Seoul을 넣고, {limit}에는 1을 넣고, {API key}에는 발급받은 key를 넣어서 URL을 완성하겠습니다.

```
http://api.openweathermap.org/geo/1.0/direct?q=Seoul&limit=1&appid=********1234
```

다음과 같은 내용이 웹 페이지에 나온다면 요청에 제대로 응답한 것입니다. 우리에게 필요한 위도, 경도 좌표도 포함되어 있습니다.

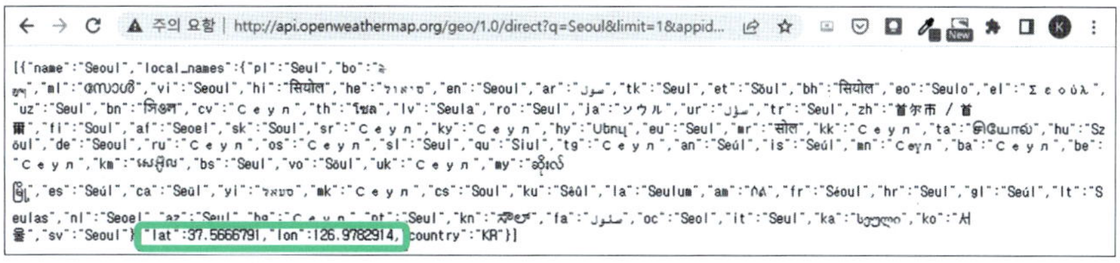

![그림 12-5]

[그림 12-5]

이제 파이썬으로 특정 도시에 대한 위도, 경도 좌표 값을 얻어내는 코드를 작성해보겠습니다. 우선, API 서버에 HTTP 요청을 줄 때 자주 쓰이는 requests 모듈을 설치하기 위해 VSCODE cmd 터미널에 다음 명령을 실행해주세요.

```
pip install requests
```

weather_1.py

```python
01  import requests
02
03  url_front = "http://api.openweathermap.org/geo/1.0/direct?"
04  url_q = "q="
05  q = "Seoul"
06  url_limit = "&limit=1"
07  url_appid = "&appid="
08  appid = "여러분이 발급받은 API 키"
09
10  url = url_front + url_q + q + url_limit + url_appid + appid
11  print(url, "\n")
12
13  result = requests.get(url)
14  json_data = result.json()
15  print(json_data, "\n")
16
17  x, y = json_data[0]['lon'], json_data[0]['lat']
18  print(f"{q}의 위도(y), 경도(x) 좌표: ({y}, {x})")
```

01행   http 요청에 필요한 requests 라이브러리를 불러옵니다.
03행   URL 주소의 전반부를 작성합니다.
04행~08행 쿼리 스트링의 매개변수에 대한 내용을 작성합니다.
08행   이곳에는 본인이 발급받은 API 키를 넣어줘야 합니다.
10행~11행 문자열들을 + 연산자로 연결하여, GET 메서드 요청을 보내기 위한 URL을 완성합니다.

12장. 현재 날씨 정보 가져오기

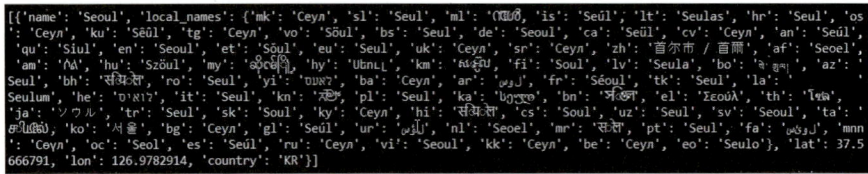

[그림 12-6]

- 13행   API 서버에 GET 요청을 보냅니다.
- 14행~15행   응답 형식을 json으로 변경합니다.

```
[{'name': 'Seoul', 'local_names': {'mk': 'Сеул', 'sl': 'Seul', 'ml': 'സോൾ', 'is': 'Seúl', 'lt': 'Seulas', 'hr': 'Seul', 'os': 'Сеул', 'ku': 'Sêûl', 'tg': 'Сеул', 'vo': 'Sõul', 'bs': 'Seul', 'de': 'Seoul', 'ca': 'Seül', 'cv': 'Сеул', 'an': 'Seül', 'qu': 'Siul', 'en': 'Seoul', 'et': 'Sŏul', 'eu': 'Seul', 'uk': 'Сеул', 'sr': 'Сеул', 'zh': '首尔市 / 首爾', 'af': 'Seoel', 'am': 'ሶል', 'hu': 'Szöul', 'my': 'ဆိုးလ်', 'hy': 'Սեուլ', 'km': 'សេអ៊ូល', 'fi': 'Soul', 'lv': 'Seula', 'bo': 'སེའུ་', 'az': 'Seul', 'bh': 'सियोल', 'ro': 'Seul', 'yi': 'סעאול', 'ba': 'Сеул', 'ar': 'سيول', 'fr': 'Séoul', 'tk': 'Seul', 'la': 'Seulum', 'he': 'סאול', 'it': 'Seul', 'kn': 'ಸಿಯೋಲ್', 'pl': 'Seul', 'ka': 'სეული', 'bn': 'সিওল', 'el': 'Σεούλ', 'th': 'โซล', 'ja': 'ソウル', 'tr': 'Seul', 'sk': 'Soul', 'ky': 'Сеул', 'hi': 'सियोल', 'sn': 'Soul', 'uz': 'Seul', 'sv': 'Seoul', 'ta': 'சியோல்', 'ko': '서울', 'bg': 'Сеул', 'gl': 'Seúl', 'ur': 'سیول', 'nl': 'Seoel', 'mr': 'सेऊल', 'pt': 'Seul', 'fa': 'سئول', 'mnn': 'Сеул', 'oc': 'Seol', 'es': 'Seúl', 'ru': 'Сеул', 'vi': 'Seoul', 'kk': 'Сеул', 'be': 'Сеул', 'eo': 'Seulo'}, 'lat': 37.5666791, 'lon': 126.9782914, 'country': 'KR'}]
```

[그림 12-7]

- 17행   응답 내용에서 위도, 경도 좌표 값을 선택하여 x, y 변수에 각각 담습니다.
- 18행   5번 행에서 입력한 도시명의 위도, 경도 좌표 값을 확인합니다.

```
Seoul의 위도(y), 경도(x) 좌표: (37.5666791, 126.9782914)
```

[그림 12-8]

서울의 위도, 경도 좌표를 API 서버로부터 잘 얻어낸 것을 확인할 수 있습니다.

12.4 현재 기온 정보 얻기

어떤 지역의 위도, 경도 좌표 값을 얻는 방법에 대해 알았으니, 이제 그 지역의 현재 날씨 정보를 가져오겠습니다. 현재 날씨 정보를 얻는 방법은 아래 링크를 참고하면 됩니다.

```
https://openweathermap.org/current
```

현재 날씨 정보를 요청하기 위한 URL은 다음과 같습니다.

```
https://api.openweathermap.org/data/2.5/weather?lat={lat}&lon={lon}&units=metric&appid={API key}
```

{lat}에 위도를, {lon}에 경도를, {API key}에 발급받은 API key를 넣습니다. 이번에도 파이썬으로 요청 코드를 작성하기 전에 웹 브라우저에서 이 요청이 제대로 작동하는지 확인해보겠습니다. 위 예제에서 얻은 서울의 위도, 경도 좌표를 넣어서 서울의 현재 날씨 정보를 요청하겠습니다.

https://api.openweathermap.org/data/2.5/weather?lat=37.5666791&lon=126.9782914&units=metric&appid=********1234

기온, 기압, 습도, 풍속 등의 날씨 정보를 응답받은 것을 확인할 수 있습니다.

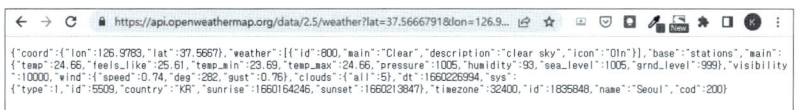

[그림 12-9]

현재 온도가 24.66℃라고 하는데 구글에서 현재 서울 기온을 검색한 것과 비교해보겠습니다. 구글에서도 비슷한 기온을 알려주고 있는 것으로 봐서, 이 API가 알려준 날씨 정보는 믿을만 합니다.

[그림 12-10]

이제 도시명만 입력하면, 그 도시의 위도, 경도 좌표를 API로부터 얻어내고, 또 그 위도, 경도 좌표에 대한 현재 기온 정보를 API로부터 얻어내는 코드를 작성해보겠습니다.

weather_2.py
```
01  import requests
02
03  url_front = "http://api.openweathermap.org/geo/1.0/direct?"
04  url_q = "q="
05  q = "Seoul"
06  url_limit = "&limit=1"
07  url_appid = "&appid="
08  appid = "여러분이 발급받은 API 키"
09
10  url = url_front + url_q + q + url_limit + url_appid + appid
11  print(url, "\n")
12
13  result = requests.get(url)
14  json_data = result.json()
```

```
15  print(json_data, "\n")
16
17  x, y = json_data[0]['lon'], json_data[0]['lat']
18  print(f"{q}의 위도(y), 경도(x) 좌표: ({y}, {x})")
19
20  url_front1 = "https://api.openweathermap.org/data/2.5/weather?"
21  url_lat = "lat="
22  lat = str(y)
23  url_lon = "&lon="
24  lon = str(x)
25  url_units = "&units=metric"
26
27  url1 = url_front1 + url_lat + lat + url_lon + lon + url_units + url_appid + appid
28  print(url1, "\n")
29
30  result1 = requests.get(url1)
31  json_data1 = result1.json()
32  print(json_data1, "\n")
33
34  temperature = json_data1['main']['temp']
35  print(f"현재 {q} 기온은 섭씨 {temperature}도입니다.")
```

20행   현재 날씨 정보를 얻기 위해 필요한 URL 주소의 전반부를 작성합니다.
21행~24행 위에서 API로 얻은 위도, 경도 정보를 쿼리 스트링 매개변수에 넣어줍니다.
25행   units를 metric으로 설정해줘야 기온의 단위가 섭씨도가 됩니다.
27행~28행 GET 메서드로 요청을 보내기 위한 URL을 완성합니다.
30행   requests 라이브러리의 get 함수를 사용하여 API 서버에 GET 요청을 보냅니다.
31행~32행 API 서버로부터 받은 응답 내용을 json 형식으로 변환합니다.

{'coord': {'lon': 126.9778, 'lat': 37.5683}, 'weather': [{'id': 800, 'main': 'Clear', 'description': 'clear sky', 'icon': '01n'}], 'base': 'stations', 'main': {'temp': 24.66, 'feels_like': 25.61, 'temp_min': 23.69, 'temp_max': 24.66, 'pressure': 1005, 'humidity': 93, 'sea_level': 1005, 'grnd_level': 999}, 'visibility': 10000, 'wind': {'speed': 0.74, 'deg': 283, 'gust': 0.76}, 'clouds': {'all': 5}, 'dt': 1660227633, 'sys': {'type': 1, 'id': 5509, 'country': 'KR', 'sunrise': 1660164246, 'sunset': 1660213847}, 'timezone': 32400, 'id': 1835848, 'name': 'Seoul', 'cod': 200}

[그림 12-11]

34행~35행 응답 내용 중에 기온에 해당하는 부분만 선택하여 해당 도시에 대한 현재 기온 정보를 터미널에 출력합니다.

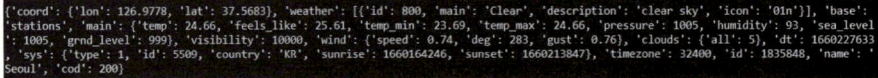

[그림 12-12]

12.5 원하는 도시의 현재 기온이 맞는지 확인하기

weather_2.py의 5행에서 Seoul 대신에 다른 도시명을 입력하면 그 도시의 현재 기온을 확인할 수 있습니다. 그런데 weather_2.py를 실행하는 시점에 그 도시의 이름을 결정할 수는 없을까요? argparse 라이브러리를 활용하면 가능합니다. argparse는 표준 라이브러리이기 때문에 설치할 필요가 없습니다. argparse 라이브러리를 사용하면 **python** 파이썬파일.**py**를 실행할 때 뒤에 인자를 추가하여 실행할 수 있습니다. 날씨를 알려주는 프로그램이니 weather_2.py 파일명을 NalseeGo.py로 변경하고 필요한 코드를 추가하고 불필요한 print 함수 관련 코드들을 제거하겠습니다.

NalseeGo.py

```
01  import requests
02  import argparse
03
04  parser = argparse.ArgumentParser
        (description="날씨고는 입력한 도시의 현재 기온을 알려주는 프로그램입니다.")
05  parser.add_argument('--city', required=True, help='현재 기온을 알고 싶은 도시명')
06  args = parser.parse_args()
07  city = args.city
08
09  url_front = "http://api.openweathermap.org/geo/1.0/direct?"
10  url_q = "q="
11  q = city
12  url_limit = "&limit=1"
13  url_appid = "&appid="
14  appid = "여러분이 발급받은 API 키"
15
16  url = url_front + url_q + q + url_limit + url_appid + appid
17
18  result = requests.get(url)
19  json_data = result.json()
20
21  x = json_data[0]['lon']
22  y = json_data[0]['lat']
23
24  url_front1 = "https://api.openweathermap.org/data/2.5/weather?"
25  url_lat = "lat="
26  lat = str(y)
27  url_lon = "&lon="
28  lon = str(x)
```

```
29  url_units = "&units=metric"
30
31  url1 = url_front1 + url_lat + lat + url_lon + lon + url_units + url_appid +
    appid
32
33  result1 = requests.get(url1)
34  json_data1 = result1.json()
35
36  temperature = json_data1['main']['temp']
37  print(f"현재 {q} 기온은 섭씨 {temperature}도입니다.")
```

02행 argparse 라이브러리를 탑재합니다.
04행 이 프로그램에 대한 설명(description)을 넣어줍니다.
05행 --city 인자는 필수로 입력되어야 합니다.
06행~07행 입력된 인자에서 city 인자를 city 변수에 담아줍니다.
11행 q 변수에 city를 담아줍니다.

위 파이썬 스크립트를 실행하기 위해 종전에 하던 방식으로 VSCODE cmd 터미널에서 다음 명령을 실행해보겠습니다.

```
python NalseeGo.py
```

```
(.venv) C:\Users\    \Desktop\enjoy_python\weather>python NalseeGo.py
usage: NalseeGo.py [-h] --city CITY
NalseeGo.py: error: the following arguments are required: --city
```

[그림 12-13]

--city 인자가 입력되어야 한다는 에러 메시지가 반환되면서 프로그램이 실행되지 않습니다. 그리고 위에 친절하게 사용법이 나옵니다. 사용법에 대한 자세한 설명을 확인하고 싶다면 --help 또는 -h 옵션을 붙여준 명령을 실행하면 됩니다.

```
python NalseeGo.py --help
```

다음과 같이 프로그램에 대한 설명과 함께 어떤 인자들을 전달해줘야 하는지도 확인할 수 있습니다. 이 프로그램의 경우 실행할 때 --city 인자를 전달해줘야 한다고 알려줍니다.

```
(.venv) C:\Users\   \Desktop\enjoy_python\weather>python NalseeGo.py --help
usage: NalseeGo.py [-h] --city CITY

날씨고는 입력한 도시의 현재 기온을 알려주는 프로그램입니다.

options:
  -h, --help   show this help message and exit
  --city CITY  현재 기온을 알고 싶은 도시명
```

[그림 12-14]

그러면 이제 제대로 날씨고(NalseeGo.py)를 실행해보겠습니다. 먼저 현재 프랑스 파리 기온을 확인해보겠습니다.

```
python NalseeGo.py --city=Paris
```

```
현재 Paris 기온은 섭씨 22.7도입니다.
```

[그림 12-15]

날씨고가 현재 프랑스 파리의 기온을 잘 알려주었습니다(뒤에서 확인하게 되겠지만, 사실 이것은 프랑스 파리의 기온이 아닙니다). 이번에는 일본 도쿄의 기온을 확인해볼까요?

```
python NalseeGo.py --city=Tokyo
```

```
현재 Tokyo 기온은 섭씨 32.76도입니다.
```

[그림 12-16]

도시명을 한글로 기입해도 OpenWeather API 서버는 작동합니다. 도시명을 다양한 나라의 언어로 저장해놓았기 때문입니다. --city를 Tokyo 대신 도쿄라고 설정해보겠습니다.

```
python NalseeGo.py --city=도쿄
```

```
현재 도쿄 기온은 섭씨 32.77도입니다.
```

[그림 12-17]

12.6 우리가 입력한 도시의 기온이 맞는지 확인하기

OpenWeather API에서 도시명으로 도시를 검색할 때 우리가 생각한 도시가 맞는지를 확인할 필요가 있습니다. 나는 프랑스의 파리를 생각하고 Paris라고 입력한 것인데, 다른 나라의 Paris라는 도시가 검색되었을 수도 있습니다. 따라서 도시명으로 검색했을 때 최상단에 위치한 1건의 조회 결과만 보여주는 기존의 방식을 최대 N건의 결과를 보여주는 방식으로 업그레이드하겠습니다. 쿼리 스트링의 limit 매개변수에 종전 1의 값이 들어갔던 것을 N이 들어가도록 코드를 수정하겠습니다. --city 하나의 옵션이 사용되었던 것에, --num을 추가하여 최대 몇 개가 조회되게 할지를 파이썬 파일을 실행할 때 결정할 수 있게 하겠습니다. 그리고 API 서버에 조회할 때 사용된 도시명이 아닌 실제로 검색된 결과의 도시명을 보여주도록 하겠습니다.

NalseeGo_v2.py

```
01  import requests
02  import argparse
03
04  parser = argparse.ArgumentParser
        (description="날씨고는 입력한 도시의 현재 기온을 알려주는 프로그램입니다.")
05  parser.add_argument('--city', required=True, help='현재 기온을 알고 싶은 도시명')
06  parser.add_argument('--num', required=False, default=1, help='조회 결과 수')
07  args = parser.parse_args()
08  city = args.city
09  num = args.num
10
11  url_front = "http://api.openweathermap.org/geo/1.0/direct?"
12  url_q = "q="
13  q = city
14  url_limit = "&limit=" + str(num)
15  url_appid = "&appid="
16  appid = "여러분이 발급받은 API 키"
17
18  url = url_front + url_q + q + url_limit + url_appid + appid
19
20  result = requests.get(url)
21  json_data = result.json()
22
23  print(f"날씨고에게 {q}의 현재 기온을 물어본 결과({len(json_data)}건)입니다")
24
25  url_front1 = "https://api.openweathermap.org/data/2.5/weather?"
```

```
26  url_lat = "lat="
27  url_lon = "&lon="
28  url_units = "&units=metric"
29
30  for i, data in enumerate(json_data, 1):
31      x, y = data['lon'], data['lat']
32
33      lat = str(y)
34      lon = str(x)
35
36      url1 = url_front1 + url_lat + lat + url_lon + lon + url_units + url_appid + appid
37
38      result1 = requests.get(url1)
39      json_data1 = result1.json()
40
41      temperature = json_data1['main']['temp']
42      name = json_data1['name']
43      country = json_data1['sys']['country']
44      print(f"{i}. 현재 {name} ({country}) 기온은 섭씨 {temperature}도입니다.")
```

06행   --num 인자를 추가합니다. required를 False로 설정했기 때문에 필수로 입력해야 하는 것은 아닙니다. 입력되지 않으면 default로 설정된 1이 값으로 설정됩니다.

09행   입력된 인자에서 num 인자를 num 변수에 담아줍니다.

14행   num을 문자열로 변경하여 쿼리 스트링의 limit 매개변수의 값으로 넣어줍니다.

23행   어떤 도시명을 검색했고, 몇 건의 결과가 검색되었는지를 콘솔에 출력합니다.

30행   json_data에 담겨 있는 도시의 수만큼 반복을 실행합니다.

42행~43행   도시명과 나라 코드를 json_data1에서 별도로 꺼내옵니다.

44행   검색 결과를 기준으로 도시명과 나라 코드, 현재 기온을 보여줍니다.

이제 파리의 현재 기온을 날씨고_v2에게 물어보겠습니다. 조회 결과는 최대 4개로 한정하겠습니다. 이때 필요한 명령은 다음과 같습니다.

```
python NalseeGo.py --city=Paris --num=4
```

[그림 12-18]

가장 상단에 있는 결과는 우리가 생각한 프랑스의 파리가 아니었습니다. 프랑스의 팔레 루아얄이라는 장소였습니다. 우리가 필요로 하는 프랑스 파리의 현재 기온은 두 번째 결과에 있습니다. 이렇게 국가 코드도 함께 나오니 우리가 원하는 도시의 날씨 정보가 나온 것이 맞는지를 조금 더 분명하게 확인할 수 있죠? API 서버를 활용할 때는 API 문서에 따라 다양한 방법으로 요청해보면서 이 API의 응답 방식에 익숙해질 필요가 있습니다. 그래야 우리가 원하는 기능을 정확하게 구현할 수 있습니다.

12.7 정리하며

현재 날씨 정보를 API 서버로부터 얻어내는 실습을 하고 나니, 날씨 관련 애플리케이션을 만들어보고 싶다는 의욕이 불타지 않는가요? 그런 분들은 자신만의 날씨 앱을 꼭 한 번 만들어보세요. API 서버마다 사용자들이 API 서비스를 통해 얻은 데이터를 사용할 수 있는 권한과 요청 횟수 등 정책이 다릅니다. 어떤 API 서비스는 실시간으로 데이터를 확인하는 것만 허용하고, 데이터베이스에 저장하는 것은 불허합니다. 어떤 API 서비스는 하루에 1000회, 5000회만 데이터를 요청할 수 있게 제한을 둡니다. 따라서 API 서비스를 이용해서 스마트폰 앱이나 웹 서비스를 만들려고 하는 분들은 이런 부분을 꼭 확인해야 합니다.

13장.
SMS 문자 보내기

Feat.
twilio + pandas

누군가에게 어떤 정보를 알리는 방법 중에 가장 좋은 방법 중 하나는 휴대폰으로 문자를 보내는 것입니다. 우리는 다양한 기관으로부터 하루에도 수십 통, 수백 통의 문자 메시지를 받곤 합니다. 이럴 때 궁금증이 들 겁니다. 이것을 과연 사람들이 손으로 한 명, 한 명 보냈을까요? 그럴 리가 없겠죠. 분명 프로그래밍으로 해결했을 것입니다. 우리가 지금 배우고 있는 파이썬으로도 사람들에게 문자를 보낼 수 있습니다. 다만, 이를 위해서는 돈을 조금 써야 합니다.

13.1 실습 준비

이전 실습에 사용했던 가상환경이 활성화되어 있다면 먼저 deactivate 명령으로 비활성화해주세요.

```
deactivate
```

그 다음에 바탕화면에 있는 enjoy_python 폴더 내에 sms라는 폴더를 만든 후 VSCODE에서 해당 폴더를 열고 cmd 터미널에서 아래 명령을 실행하여 .venv 가상환경을 만들어주세요. 가상환경이 잘 생성되었다면, sms 폴더 안에 .venv 폴더가 생성되었을 것입니다.

```
virtualenv .venv
```

그리고 가상환경에 진입해주세요.

```
call .venv/Scripts/activate
```

이제 sms 폴더 안에 .py 파일 등을 따라 만들어가면서 실습을 진행하면 됩니다. 참고로 .venv 폴더 안에 파일을 만들지 마세요.

13.2 문자 전송 API

문자를 전송해주는 API 서비스가 있습니다. 여러 서비스가 있지만, 우리는 그중에서 twilio를 사용하 겠습니다.

```
https://www.twilio.com/
```

[그림 13-1]

우선 twilio 사이트에 회원가입부터 합니다. [Sign up] 버튼을 클릭한 후 회원가입 양식을 채우고 회원가입 신청을 합니다. 이메일로 인증을 요청할텐데, 인증을 마치면 전화번호를 입력하는 양식이 나옵니다. 본인의 전화번호를 기입합니다. 그러면 휴대폰으로 인증코드가 전송될 것입니다.

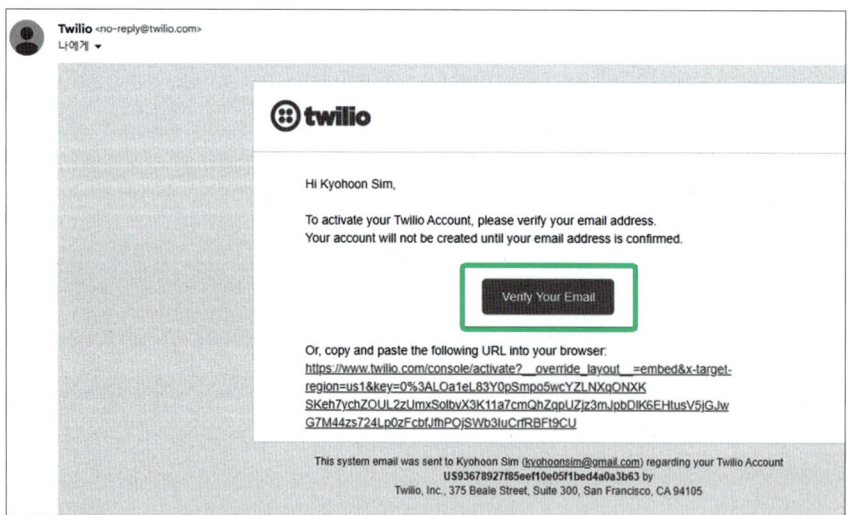

[그림 13-2]

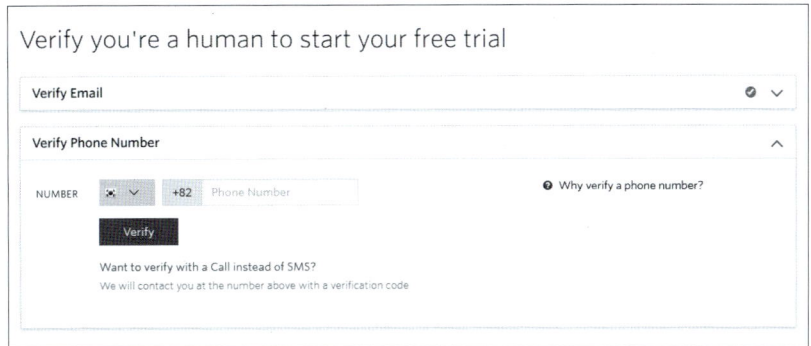

[그림 13-3]

그 다음에 나오는 화면에서는 다음과 같이 선택한 후에 [Get Started with Twilio] 버튼을 클릭합니다.

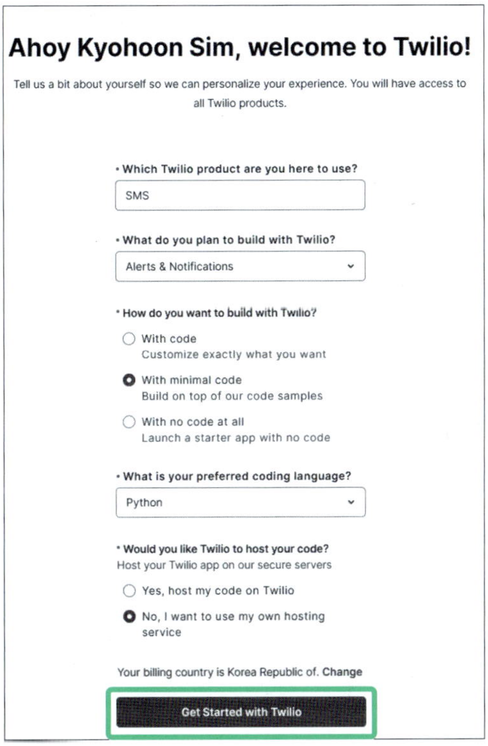

[그림 13-4]

그 다음에는 페이지 중간에 있는 [Get a Twilio phone number] 버튼을 클릭합니다.

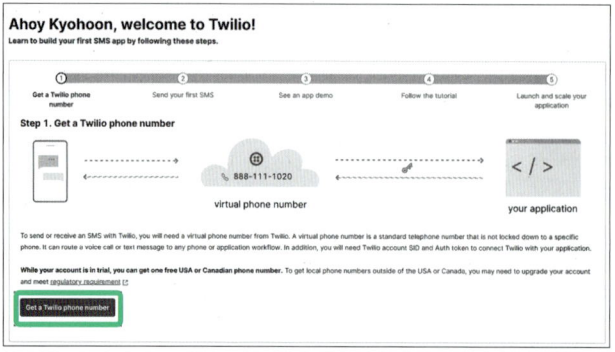

[그림 13-5]

[Account Info]에 있는 Account SID, Auth Token, My Twilio phone number를 잘 메모해둡니다. 나중에 API를 사용할 때 필요한 정보들입니다.

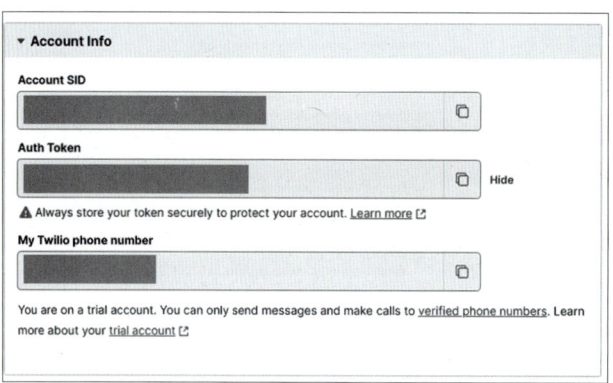

[그림 13-6]

이제 파이썬으로 어떻게 문자 메시지를 보낼 수 있는지와 관련된 가이드 문서를 확인합니다. 우측에 있는 [Helpful links]에서 [SMS Quickstart guides] 링크를 클릭합니다.

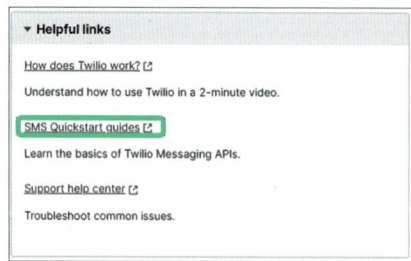

[그림 13-7]

여러 종류의 프로그래밍 언어 중에서 우리는 [Python] 링크를 클릭합니다.

[그림 13-8]

그러면 파이썬으로 작성된 예시 코드를 확인할 수 있습니다.

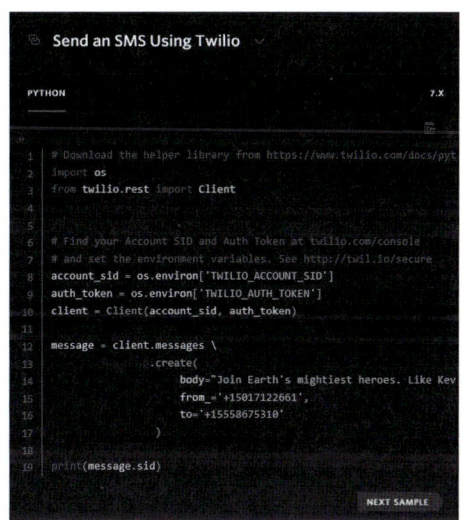

[그림 13-9]

이 예시 코드를 우리 상황에 맞게 수정해서 문자 메시지를 실제로 보내겠습니다. 먼저 twilio 라이브러리 설치가 필요합니다. 다음 명령을 VSCODE cmd 터미널에서 실행해주세요.

```
pip install twilio
```

라이브러리 설치가 완료되었다면, sms_1.py 파일을 생성한 후 아래 코드를 입력하고 실행합니다.

```python
# sms_1.py
01  from twilio.rest import Client
02
03  account_sid = '여러분이 발급받은 SID'
04  auth_token = '여러분이 발급받은 Auth Token'
05  client = Client(account_sid, auth_token)
06
07  message = client.messages \
08              .create(
09                  body="twilio 문자 메시지 전송 테스트입니다",
10                  from_='+여러분이 발급받은 twilio 전화번호',
11                  to='+82여러분의 휴대폰 번호'
12              )
13
14  print(message.sid)
```

01행   twilio 라이브러리에서 필요한 기능을 가져옵니다.
03행~04행   각자 발급받은 Account SID와 Auth Token을 입력합니다.
05행   SID와 Auth Token을 전달하여 client 인스턴스를 하나 생성합니다.
07행~12행   SMS 메시지를 body에 있는 내용으로 to에 있는 전화번호로 전송합니다. from에는 발급받은 twilio 번호를 기입해야 합니다. to에는 여러분의 전화번호를 기입해야 합니다.

위 코드를 실행했더니, 다음과 같이 문자 메시지가 제 휴대폰으로 잘 전송되었습니다. [Web발신]으로 시작하는 문자 메시지를 우리도 보낼 수 있다는 것이 신기하죠?

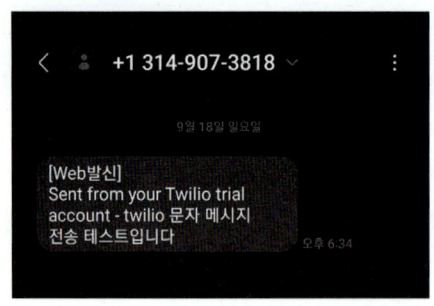

[그림 13-10]

하지만, 트라이얼(Trial) 버전이기 때문에 인증받은 번호(자기 번호)에 한해서만 문자 메시지를 보낼 수 있습니다. 다른 사람 번호로 문자 메시지를 보내려면, 돈을 내야 합니다. 세상에 공짜는 없죠.

13.3 다른 사람에게 문자 메시지 보내기(유료)

저는 다른 사람들에게도 문자 메시지를 보내기 위해 돈을 지불하겠습니다. 이 부분은 굳이 따라할 필요는 없습니다. 나중에 실제로 서비스를 위해 필요할 때 결제해서 사용해보기 바랍니다. 그래도 지금 직접 어떻게 작동하는지 확인해보고 싶은 분들이 있다면 결제하고 따라해도 좋습니다.

우선 상단 네비게이션 바에서 [Billing]을 클릭한 후 [Upgrade]를 클릭합니다.

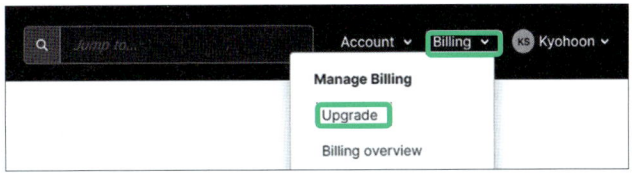

[그림 13-11]

그 다음에 영문 주소를 입력하고 나면, 다음과 같은 화면으로 넘어갈 것입니다. 가능한 최소 금액인 20달러를 기입하겠습니다. 그리고 나서 [Continue] 버튼을 클릭합니다.

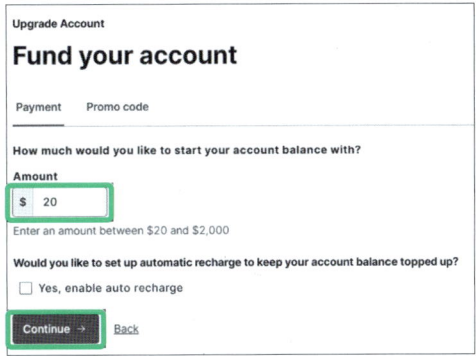

[그림 13-12]

이제 신용카드 정보를 기입하고 결제 버튼을 클릭합니다. 결제에 성공하면, 다음과 같은 화면이 보입니다.

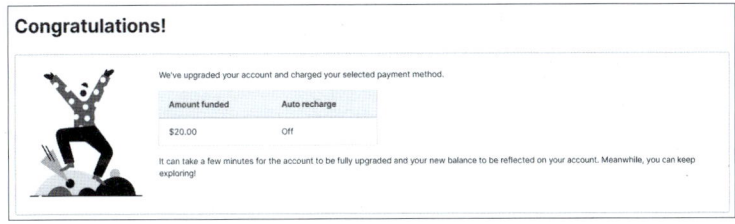

[그림 13-13]

우리는 20달러만큼 서비스를 이용할 수 있습니다. 그런데 한 건의 SMS 메시지를 보낼 때 대체 얼마의 비용이 차감되는 것일까요? 아래 링크를 확인하면 정보를 얻을 수 있습니다.

```
https://www.twilio.com/sms/pricing/kr
```

1건의 메시지를 보낼 때 0.0494달러가 차감된다고 합니다. 대략 0.05달러라고 생각한다면, 약 400건 정도의 SMS 메시지를 보낼 수 있을 것 같습니다.

자, 이제 나 말고 다른 사람 번호로 문자 메시지 전송을 시도해보겠습니다. 절대로 장난으로 문자를 보내면 안 됩니다. :-

sms_2.py

```python
from twilio.rest import Client

account_sid = '여러분이 발급받은 SID'
auth_token = '여러분이 발급받은 Auth Token'
client = Client(account_sid, auth_token)

message = client.messages \
                .create(
                    body="사랑하는 누구누구야, 너와 함께 해서 행복해. 그런데 내가 누구게?",
                    from_='+여러분이 발급받은 twilio 전화번호',
                    to='+82문자 받을 사람 휴대폰 번호'
                )

print(message.sid)
```

09행 메시지를 수정했습니다.
11행 받는 사람의 번호를 다른 사람의 번호로 바꿔줍니다.

저는 아내 번호로 문자 메시지를 보냈습니다. 전송이 잘 되었네요. 보이스피싱을 하는 사람들이 이 기술을 많이 사용하고 있을 텐데, 약간 섬뜩하죠?

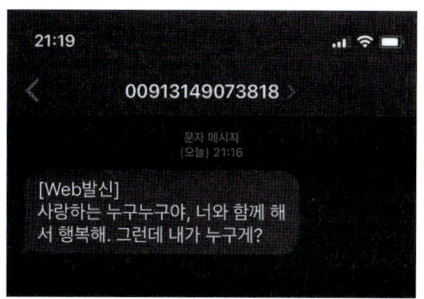

[그림 13-14]

13.4 엑셀 파일에 있는 회원에게 일괄적으로 문자 보내기

이번에는 엑셀 파일에 있는 회원들에게 일괄적으로 공지 문자 메시지를 보내겠습니다. 저는 다음과 같은 엑셀 파일을 하나 만들었습니다. 여러분도 여러분 지인의 번호로 만들어보세요. 엑셀 파일의 형태를 저와 완전히 똑같이 해야 합니다. 회원번호, 이름, 전화번호 컬럼을 만들고 전화번호 형식은 010-xxxx-xxxx로 해주세요.

[그림 13-15]

이 엑셀 파일을 pandas 데이터프레임으로 변환한 후 한 명씩 문자 메시지를 보내는 코드를 작성해보겠습니다. 우선 pandas 라이브러리 설치가 필요합니다. 또한 파이썬에서 엑셀 파일을 읽고 쓸 때 필요한 openpyxl 라이브러리도 설치해줘야 합니다. VSCODE cmd 터미널에서 다음 명령을 실행하세요.

```
pip install pandas
pip install openpyxl
```

두 라이브러리의 설치가 모두 완료되었다면, 다음 코드를 작성합니다.

sms_3.py

```python
from twilio.rest import Client
import pandas as pd

account_sid = '여러분이 발급받은 SID'
auth_token = '여러분이 발급받은 Auth Token'
client = Client(account_sid, auth_token)

df = pd.read_excel('./회원정보.xlsx')
print(df, "\n")

for idx, row in df.iterrows():
    try:
        phone_num = row['전화번호'].replace("-", "")

        message = client.messages \
                        .create(
                            body=f'''안녕하십니까. {row['이름']} 회원님.
                            두사랑산악회 회장 심교훈입니다.

2022년 9월 24일 토요일 오전 8시에 북한산 등반이 예정되어 있사오니, 모두들 참석해주기 바랍니다.''',
                            from_='+여러분이 발급받은 twilio 전화번호',
                            to='+82' + phone_num
                        )

        print(message.status)
    except Exception as e:
        print(e)
```

- **02행** pandas 라이브러리를 pd라는 별칭으로 불러옵니다.
- **08행~09행** 회원정보.xlsx를 pandas 데이터프레임으로 변환합니다.

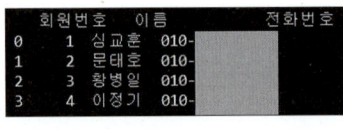

[그림 13-16]

- **11행** 데이터프레임의 row들을 하나씩 반복(iteration)합니다. 데이터프레임의 iterrows() 메서드를 활용하면 데이터프레임에서 하나의 row들을 반복해서 빼올 수 있습니다.
- **13행** 전화번호 컬럼에 있는 데이터에서 하이픈을 제거하고 이어줍니다. 그러면 010-1234-5678과 같은 번호가 01012345678로 변환됩니다.

15행~22행   메시지 내용에 회원의 이름을 넣어줘서 문자열을 완성합니다. 그리고 to 매개변수에 회원번호를 넣어줍니다.

24행   응답에 대한 status를 콘솔에 출력합니다.

25행~26행   문자를 전송하는 코드 부분에서 예외가 발생했다면, 예외 메시지를 출력합니다.

이 코드를 실행했더니 엑셀 파일에 있는 회원들에게 문자 메시지가 잘 전송되었습니다.

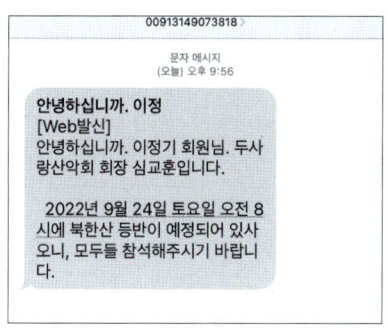

[그림 13-17]

13.5 정리하며

이 장에서는 twilio라는 API 서비스를 활용하여 SMS 문자 메시지를 보내봤습니다. 우리가 매일 수없이 받는 [Web발신]으로 시작하는 문자 메시지를 우리도 파이썬으로 보낼 수 있다는 것이 신기하죠? 이처럼 코딩이라는 것이 막상 해보면 쉽지만, 안 해보면 어려운 것입니다. 다양한 문제를 해결해가면, 점차적으로 우리의 문제해결 능력은 증진될 것입니다. 중요한 것은 이전에 해결해봤던 문제보다 조금씩 더 어려운 문제들을 해결해보기 위해 노력하는 것입니다. 매일 쉬운 문제만 해결하면, 문제 해결 능력이 커질 수가 없습니다. 되려 퇴보할 수 있습니다. 웹/앱 개발에 관심 있는 분들은 회원이 있는 서비스를 만들어보고, twilio 등의 문자 메시지 전송 API로 고객들에게 문자 메시지를 보내보는 것은 어떨까요?

14장. 코딩으로 주식 매매하기

Feat. requests + json + pyyaml

투자를 안 하는 것이 가장 나쁜 투자라고 하죠? 우리가 쉽게 해볼 수 있을 만한 투자 방식에는 주식이 있습니다. 스마트폰 앱을 통해 주식 거래가 쉬워진 세상이지만, 코딩으로 주식을 매매할 수도 있습니다. 또 코딩을 배운 입장에서 나만의 주식 매매 프로그램을 만든다면 훨씬 더 재밌게 투자에 임할 수 있겠죠? 이번 시간에는 파이썬으로 주식을 매매하는 방법을 알아보겠습니다.

14.1 실습 준비

이전 실습에 사용했던 가상환경이 활성화되어 있다면 먼저 **deactivate** 명령으로 비활성화해주세요.

```
deactivate
```

그 다음에 바탕화면에 있는 enjoy_python 폴더 내에 trading이라는 폴더를 만든 후 VSCODE에서 해당 폴더를 열고 cmd 터미널에서 아래 명령을 실행하여 .venv 가상환경을 만들어주세요. 가상환경이 잘 생성되었다면, trading 폴더 안에 .venv 폴더가 생성되었을 것입니다.

```
virtualenv .venv
```

그리고 가상환경에 진입해주세요.

```
call .venv/Scripts/activate
```

이제 trading 폴더 안에 .py 파일 등을 따라 만들어가면서 실습을 진행하면 됩니다. 참고로 .venv 폴더 안에 파일을 만들지 마세요.

14.2 한국투자증권 API 사용 준비하기

한국투자증권에서는 주식 매매를 위한 REST API를 제공합니다. 아래는 API 문서 링크입니다.

```
https://apiportal.koreainvestment.com/apiservice/
```

스마트폰에 한국투자증권 앱을 설치하고, 계좌를 만든 분들만 이 예제를 따라할 수 있습니다. 앱을 설치했고 계좌를 만들었다면, 다음 링크에 들어가서 [API 신청] 버튼을 클릭합니다.

```
https://apiportal.koreainvestment.com/intro
```

[그림 14-1]

아래 같은 화면이 나오면 인증번호 요청 후에 인증번호 입력을 마친 후에 [다음] 버튼을 클릭합니다.

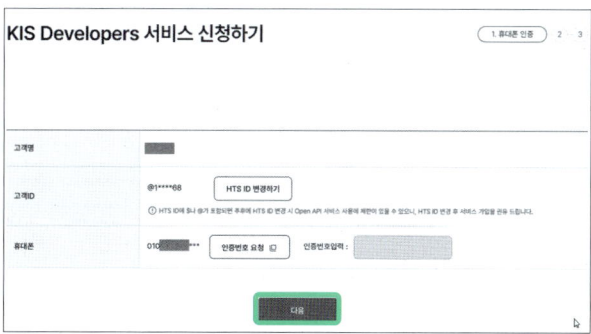

[그림 14-2]

14장. 코딩으로 주식 매매하기 141

API 신청이 완료되면 다음과 같은 화면이 나옵니다. APP Key와 APP Secret을 복사해서 메모장 등에 저장해두세요. 나중에 API 서버에 요청할 때 필요합니다. 계좌번호도 잘 알아둬야 합니다.

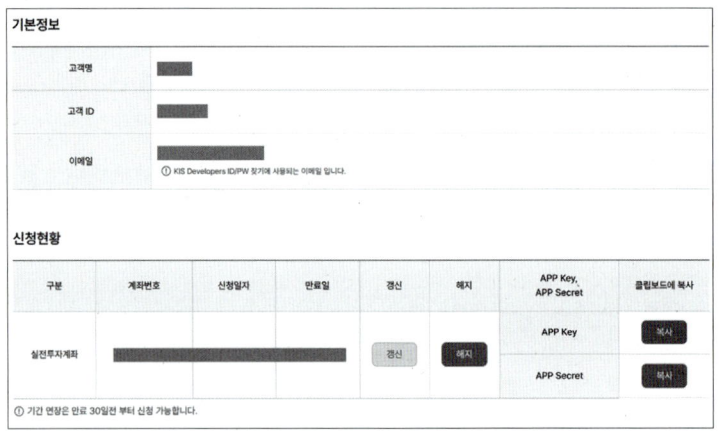

[그림 14-3]

14.3 특정 종목 현재 주가 확인하기

이제 모든 준비가 끝났으니 특정 종목의 현재 주가를 확인하는 코드를 작성해보겠습니다. API 문서 좌측 메뉴에서 [국내주식시세] → [주식현재가 시세] 부분을 참고하면 됩니다. 일단 API 서비스를 이용하려면 항상 접근 토큰(access_token)을 발급하고 시작해야 합니다. 또한 주가를 확인하려면 종목코드를 알아야 합니다. 종목코드는 주식거래 앱뿐만 아니라 네이버 금융(https://finance.naver.com/), 다음 금융(https://finance.daum.net/)과 같은 웹 사이트에서도 확인이 가능합니다.

[그림 14-4]

접근 토큰을 발급받고 "삼성전자우"의 현재 주가를 확인하는 코드는 다음과 같습니다. 아래 코드를 실행하려면 우선 API 서버에 데이터를 요청할 때 필요한 requests 라이브러리를 설치해줘야 합니다. 또한 yaml 파일에서 설정값을 파싱하기 위해서 pyyaml 라이브러리도 설치합니다. yaml 파일은 설정값 관리 등에 많이 사용되는 파일 형식입니다.

```
pip install requests
pip install pyyaml
```

config.yaml

```
01  APP_KEY: "여러분이 발급받은 APP Key"
02  APP_SECRET: "여러분이 발급받은 APP Secret"
03
04  CANO: "계좌번호 앞 8자리"
05  ACNT_PRDT_CD: "계좌번호 뒤 2자리"
06
07  URL_BASE: "https://openapi.koreainvestment.com:9443"
```

위와 같이 설정 파일을 작성한 후에 아래 코드를 실행합니다. 두 파일은 같은 경로에 있어야 합니다.

trading_1.py

```
01  import yaml
02  import requests
03  import json
04  from datetime import datetime
05
06  with open('config.yaml') as f:
07      cfg = yaml.load(f, Loader=yaml.FullLoader)
08
09  APP_KEY = cfg['APP_KEY']
10  APP_SECRET = cfg['APP_SECRET']
11  CANO = cfg['CANO']
12  ACNT_PRDT_CD = cfg['ACNT_PRDT_CD']
13  URL_BASE = cfg['URL_BASE']
14
15  def get_access_token():
16      PATH = "oauth2/tokenP"
17      URL = f"{URL_BASE}/{PATH}"
18      headers = {"content-type": "application/json"}
19      body = {
20          "grant_type": "client_credentials",
21          "appkey": APP_KEY,
22          "appsecret": APP_SECRET
23      }
```

```python
24      res = requests.post(URL, headers=headers, data=json.dumps(body))
25      ACCESS_TOKEN = res.json()["access_token"]
26      return ACCESS_TOKEN
27
28  def get_current_price(code: str) -> int:
29      PATH = "uapi/domestic-stock/v1/quotations/inquire-price"
30      URL = f"{URL_BASE}/{PATH}"
31      headers = {
32          "Content-Type": "application/json",
33          "authorization": f"Bearer {ACCESS_TOKEN}",
34          "appKey": APP_KEY,
35          "appSecret": APP_SECRET,
36          "tr_id": "FHKST01010100" # 주식 현재가 시세
37      }
38      params = {
39          "fid_cond_mrkt_div_code": "J", # 주식, ETF, ETN
40          "fid_input_iscd": code,
41      }
42      res = requests.get(URL, headers=headers, params=params)
43      current_price = int(res.json()['output']['stck_prpr'])
44      return current_price
45
46  ACCESS_TOKEN = get_access_token()
47  print(f"접근 토큰: {ACCESS_TOKEN}")
48
49  stock_code = '005935'
50  current_price = get_current_price(stock_code)
51
52  print(f"현재 시간: {datetime.now()}")
53  print(f"현재 주가: {current_price}원")
```

01행~04행 필요한 라이브러리들을 불러옵니다.

06행~13행 각종 설정값들을 config.yaml에서 파싱해옵니다.

15행~26행 접근 토큰을 발급받기 위한 함수입니다.

28행~44행 매개변수로 넘겨받은 종목 코드에 대한 현재 주가를 조회해주는 함수입니다. 요청 시 header에 App Key, App Secret 외에도 접근 토큰이 들어가야 함을 확인할 수 있습니다.

46행~47행 접근 토큰을 발급받습니다.

49행 현재 주가를 알고 싶은 종목 코드를 입력합니다.

50행 입력한 종목 코드에 대한 현재 주가 정보를 얻습니다.

52행~53행 현재 시간과 해당 종목의 현재 주가를 출력합니다.

```
현재 시간: 2022-10-27 18:00:56.536058
현재 주가: 53400원
```

[그림 14-5]

무한루프를 걸어주면 실시간으로 계속해서 변화되는 주가를 확인할 수 있습니다.

trading_2.py

```python
01  import yaml
02  import requests
03  import json
04  from datetime import datetime
05  import time
06
07  with open('config.yaml') as f:
08      cfg = yaml.load(f, Loader=yaml.FullLoader)
09
10  APP_KEY = cfg['APP_KEY']
11  APP_SECRET = cfg['APP_SECRET']
12  CANO = cfg['CANO']
13  ACNT_PRDT_CD = cfg['ACNT_PRDT_CD']
14  URL_BASE = cfg['URL_BASE']
15
16  def get_access_token():
17      PATH = "oauth2/tokenP"
18      URL = f"{URL_BASE}/{PATH}"
19      headers = {"content-type": "application/json"}
20      body = {
21          "grant_type": "client_credentials",
22          "appkey": APP_KEY,
23          "appsecret": APP_SECRET
24      }
25      res = requests.post(URL, headers=headers, data=json.dumps(body))
26      ACCESS_TOKEN = res.json()["access_token"]
27      return ACCESS_TOKEN
28
29  def get_current_price(code: str) -> int:
30      PATH = "uapi/domestic-stock/v1/quotations/inquire-price"
31      URL = f"{URL_BASE}/{PATH}"
32      headers = {
33          "Content-Type": "application/json",
34          "authorization": f"Bearer {ACCESS_TOKEN}",
```

```python
35          "appKey": APP_KEY,
36          "appSecret": APP_SECRET,
37          "tr_id": "FHKST01010100" # 주식 현재가 시세
38      }
39      params = {
40          "fid_cond_mrkt_div_code": "J", # 주식, ETF, ETN
41          "fid_input_iscd": code,
42      }
43      res = requests.get(URL, headers=headers, params=params)
44      current_price = int(res.json()['output']['stck_prpr'])
45      return current_price
46
47  ACCESS_TOKEN = get_access_token()
48  print(f"접근 토큰: {ACCESS_TOKEN}")
49
50  stock_code = '005935'
51
52  while True:
53      current_price = get_current_price(stock_code)
54      print(f"현재 시간: {datetime.now()}")
55      print(f"현재 주가: {current_price}원")
56
57      time.sleep(2)
```

- 05행: 추가로 time 라이브러리를 불러옵니다.
- 52행: 무한루프를 만듭니다.
- 53행~57행: 현재 주가를 확인한 후 2초 쉰 다음에 또 다시 주가를 확인합니다. 이것이 무한대로 반복됩니다. 프로그램을 종료하려면 터미널에서 〈Ctrl〉+〈C〉를 입력하면 됩니다.

```
현재 시간: 2022-10-28 09:34:36.872579
현재 주가: 52400원
현재 시간: 2022-10-28 09:34:38.933487
현재 주가: 52400원
현재 시간: 2022-10-28 09:34:40.983610
현재 주가: 52600원
현재 시간: 2022-10-28 09:34:43.036459
현재 주가: 52600원
현재 시간: 2022-10-28 09:34:45.104062
현재 주가: 52500원
현재 시간: 2022-10-28 09:34:47.154217
현재 주가: 52500원
현재 시간: 2022-10-28 09:34:49.215424
현재 주가: 52500원
```

[그림 14-6]

14.4 현재 계좌에 있는 현금 잔고 확인하기

주식을 구매하려면 증권계좌에 현금이 있어야겠죠? 얼마의 현금 잔고가 있는지 확인하는 코드를 작성해보겠습니다. API 문서에서는 [국내주식주문] → [매수가능조회] 부분을 참고하면 됩니다.

trading_3.py

```python
import yaml
import requests
import json
from datetime import datetime

with open('config.yaml') as f:
    cfg = yaml.load(f, Loader=yaml.FullLoader)

APP_KEY = cfg['APP_KEY']
APP_SECRET = cfg['APP_SECRET']
CANO = cfg['CANO']
ACNT_PRDT_CD = cfg['ACNT_PRDT_CD']
URL_BASE = cfg['URL_BASE']

def get_access_token():
    PATH = "oauth2/tokenP"
    URL = f"{URL_BASE}/{PATH}"
    headers = {"content-type": "application/json"}
    body = {
        "grant_type": "client_credentials",
        "appkey": APP_KEY,
        "appsecret": APP_SECRET
    }
    res = requests.post(URL, headers=headers, data=json.dumps(body))
    ACCESS_TOKEN = res.json()["access_token"]
    return ACCESS_TOKEN

def get_cash_balance() -> int:
    PATH = "uapi/domestic-stock/v1/trading/inquire-psbl-order"
    URL = f"{URL_BASE}/{PATH}"
    headers = {
        "Content-Type": "application/json",
        "authorization": f"Bearer {ACCESS_TOKEN}",
        "appKey": APP_KEY,
```

```
35              "appSecret": APP_SECRET,
36              "tr_id": "TTTC8908R",  # 실전투자
37              "custtype": "P",  # 개인
38          }
39          params = {
40              "CANO": CANO,
41              "ACNT_PRDT_CD": ACNT_PRDT_CD,
42              "PDNO": "005935",  # 현금 잔고 조회 목적이므로 아무 종목번호를 입력해도 됨
43              "ORD_UNPR": "50000",  # 현금 잔고 조회 목적이므로 1주당 가격을 아무렇게나 입력해도 됨
44              "ORD_DVSN": "01",  # 시장가
45              "CMA_EVLU_AMT_ICLD_YN": "Y",  # CMA평가금액포함
46              "OVRS_ICLD_YN": "Y"  # 해외포함
47          }
48          res = requests.get(URL, headers=headers, params=params)
49          cash_balance = int(res.json()['output']['ord_psbl_cash'])
50          return cash_balance
51
52      ACCESS_TOKEN = get_access_token()
53      print(f"접근 토큰: {ACCESS_TOKEN}")
54
55      cash_balance = get_cash_balance()
56
57      print(f"현재 시간: {datetime.now()}")
58      print(f"현재 현금 잔고: {cash_balance}원")
```

28행~50행 현재 현금 잔고를 확인하기 위한 함수입니다. 이 함수는 현금 잔고 데이터를 int 타입으로 반환합니다.

55행 현재 현금 잔고를 얻습니다.

57행~58행 현재 시간과 현재 현금 잔고를 출력합니다. 7만 원의 현금 잔고가 있는 것을 확인할 수 있습니다.

```
현재 시간: 2022-10-27 18:25:16.745333
현재 현금 잔고: 70000원
```

[그림 14-7]

14.5 주식 시장가로 매수하기

현금이 조금 있는 것을 확인했으니 해당 종목을 시장가로 매수하는 코드를 작성해보겠습니다. 주식을 매수하는 일은 보안의 측면에서 매우 중요한 일이기 때문에 POST 요청의 body 부분을 해시키를 활용하여 암호화합니다. 해시키와 관련해서는 API 문서에서 [OAuth인증] → [Hashkey] 부분을 참고하

세요. 또한 주식 매수와 관련해서는 [국내주식주문] → [주식주문(현금)]을 참고하세요.

우리 부모님이 매번 꾸준히 모으라고 강조하는 "삼성전자우"를 한 주 구매해보겠습니다. 이 부분은 그대로 따라하지 말고, 각자 원하는 주식을 사세요. 테스트 용도이니 제일 싼 주식을 찾아서 테스트해봐도 됩니다. 투자의 책임은 온전히 본인이 지는 것입니다.

trading_4.py

```
01  import yaml
02  import requests
03  import json
04  from datetime import datetime
05
06  with open('config.yaml') as f:
07      cfg = yaml.load(f, Loader=yaml.FullLoader)
08
09  APP_KEY = cfg['APP_KEY']
10  APP_SECRET = cfg['APP_SECRET']
11  CANO = cfg['CANO']
12  ACNT_PRDT_CD = cfg['ACNT_PRDT_CD']
13  URL_BASE = cfg['URL_BASE']
14
15  def get_access_token():
16      PATH = "oauth2/tokenP"
17      URL = f"{URL_BASE}/{PATH}"
18      headers = {"content-type": "application/json"}
19      body = {
20          "grant_type": "client_credentials",
21          "appkey": APP_KEY,
22          "appsecret": APP_SECRET
23      }
24      res = requests.post(URL, headers=headers, data=json.dumps(body))
25      ACCESS_TOKEN = res.json()["access_token"]
26      return ACCESS_TOKEN
27
28  def hash_key(body):
29      PATH = "uapi/hashkey"
30      URL = f"{URL_BASE}/{PATH}"
31      headers = {
32          'content-Type': 'application/json',
33          'appKey': APP_KEY,
34          'appSecret': APP_SECRET,
```

```python
    }
    res = requests.post(URL, headers=headers, data=json.dumps(body))
    hashkey = res.json()["HASH"]
    return hashkey

def buy_stock(code: str, qty: int):
    PATH = "uapi/domestic-stock/v1/trading/order-cash"
    URL = f"{URL_BASE}/{PATH}"
    body = {
        "CANO": CANO,
        "ACNT_PRDT_CD": ACNT_PRDT_CD,
        "PDNO": code,
        "ORD_DVSN": "01", # 시장가
        "ORD_QTY": str(qty),
        "ORD_UNPR": "0",
    }
    headers = {
        "Content-Type":"application/json",
        "authorization": f"Bearer {ACCESS_TOKEN}",
        "appKey": APP_KEY,
        "appSecret": APP_SECRET,
        "tr_id": "TTTC0802U", # 주식 현금 매수 주문
        "custtype": "P", # 개인
        "hashkey": hash_key(body)
    }
    print(body)
    res = requests.post(URL, headers=headers, data=json.dumps(body))

    success = res.json()['rt_cd']
    print(f"{res.json()['msg1']}")

    if success == '0':
        print(f"종목 코드 {code} {qty}주 매수에 성공하셨습니다.")
    else:
        print(f"종목 코드 {code} {qty}주 매수에 실패하셨습니다.")

ACCESS_TOKEN = get_access_token()
print(f"접근 토큰: {ACCESS_TOKEN}")

stock_code = '005935'
qty = 1
```

```
77    print(f"현재 시간: {datetime.now()}")
78    buy_stock(stock_code, qty)
```

- 28행~38행   post 요청의 바디 부분을 해시키로 암호화해주는 함수입니다.
- 40행~69행   주식 매수를 위한 함수입니다. 종목 코드와 매수 수량에 대한 정보를 매개변수로 전달받습니다. hash_key 함수로 body 부분을 암호화한 것을 header에 포함하는 것을 주목하세요.
- 63행~69행   매수에 성공하면 응답 받은 내용 중 rt_cd의 값이 "0"입니다. 그러면 매수에 성공했다는 메시지를 출력합니다. rt_cd의 값이 "0"이 아니면 매수에 실패했다는 메시지를 띄웁니다.
- 74행~75행   종목 코드와 수량을 기입합니다.
- 78행   주식 매수를 시도합니다.

위 코드를 실행했더니 아래 보는 것처럼 주식 매수에 성공했다는 메시지가 출력되었습니다.

```
현재 시간: 2022-10-28 09:42:06.736386
주문 전송 완료 되었습니다.
종목 코드 005935 1주 매수에 성공하셨습니다.
```

[그림 14-8]

제대로 매수가 된 것이 맞는지 한국투자증권 애플리케이션에서도 확인해보겠습니다. "삼성전자우"가 1주 있는 게 보이죠?

[그림 14-9]

14.6 보유 주식 확인하기

주식을 구매했으니 보유 주식을 확인하는 코드를 작성해보겠습니다. 주식잔고조회는 API 문서에서 [국내주식주문] → [주식잔고조회]를 참고하면 됩니다. 저 같은 경우는 "삼성전자우" 1주를 매수한 상황이니 그에 대한 정보가 출력되어야 합니다. 각 보유 주식마다 종목코드, 종목명, 보유수량, 평가금액, 매입금액, 평가손익금액이 출력되게 하겠습니다.

trading_5.py

```python
import yaml
import requests
import json
from datetime import datetime

with open('config.yaml') as f:
    cfg = yaml.load(f, Loader=yaml.FullLoader)

APP_KEY = cfg['APP_KEY']
APP_SECRET = cfg['APP_SECRET']
CANO = cfg['CANO']
ACNT_PRDT_CD = cfg['ACNT_PRDT_CD']
URL_BASE = cfg['URL_BASE']

def get_access_token():
    PATH = "oauth2/tokenP"
    URL = f"{URL_BASE}/{PATH}"
    headers = {"content-type": "application/json"}
    body = {
        "grant_type": "client_credentials",
        "appkey": APP_KEY,
        "appsecret": APP_SECRET
    }
    res = requests.post(URL, headers=headers, data=json.dumps(body))
    ACCESS_TOKEN = res.json()["access_token"]
    return ACCESS_TOKEN

def get_stock_balance():
    PATH = "uapi/domestic-stock/v1/trading/inquire-balance"
    URL = f"{URL_BASE}/{PATH}"
    headers = {
        "Content-Type": "application/json",
        "authorization": f"Bearer {ACCESS_TOKEN}",
        "appKey": APP_KEY,
        "appSecret": APP_SECRET,
        "tr_id": "TTTC8434R", # 실전투자 - 주식 잔고 조회
        "custtype": "P", # 개인
    }
    params = {
        "CANO": CANO,
        "ACNT_PRDT_CD": ACNT_PRDT_CD,
```

```
42              "AFHR_FLPR_YN": "N",
43              "OFL_YN": "",
44              "INQR_DVSN": "02", # 조회구분 - 종목별
45              "UNPR_DVSN": "01",
46              "FUND_STTL_ICLD_YN": "N", # 펀드결제분포함여부 - 포함하지 않음
47              "FNCG_AMT_AUTO_RDPT_YN": "N",
48              "PRCS_DVSN": "00", # 처리구분 - 전일매매미포함
49              "CTX_AREA_FK100": "",
50              "CTX_AREA_NK100": "",
51         }
52         res = requests.get(URL, headers=headers, params=params)
53         stock_list = res.json()['output1']
54
55         for i, stock in enumerate(stock_list, 1):
56             print(f"{i}. {stock['prdt_name']}({stock['pdno']})")
57             print(f"\t보유수량: {stock['hldg_qty']}주")
58             print(f"\t평가금액: {stock['evlu_amt']}원")
59             print(f"\t매입금액: {stock['pchs_amt']}원")
60             print(f"\t평가손익금액: {stock['evlu_pfls_amt']}원\n")
61
62 ACCESS_TOKEN = get_access_token()
63 print(f"접근 토큰: {ACCESS_TOKEN}")
64
65 print(f"현재 시간: {datetime.now()}")
66 get_stock_balance()
```

- 28행~60행 get_stock_balance는 주식잔고조회를 위한 함수입니다.
- 53행 보유 주식에 관한 정보는 output1 요소에 리스트의 형태로 들어가 있습니다. 리스트의 한 개 요소마다 하나의 종목에 관련된 정보가 들어가 있습니다.
- 66행 현재 주식 잔고를 확인합니다.

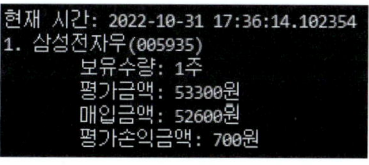

[그림 14-10]

현재 700원의 이익을 보고 있네요.

14.7 주식 시장가로 매도하기

이번에는 주식을 시장가로 매도하는 코드를 작성해보겠습니다. 보유하고 있던 "삼성전자우" 1주를 팔아보겠습니다. 주식 매도는 주식 매수와 마찬가지로 API 문서에서 [국내주식주문] → [주식주문(현금)]을 참고하면 됩니다.

trading_6.py

```python
import yaml
import requests
import json
from datetime import datetime

with open('config.yaml') as f:
    cfg = yaml.load(f, Loader=yaml.FullLoader)

APP_KEY = cfg['APP_KEY']
APP_SECRET = cfg['APP_SECRET']
CANO = cfg['CANO']
ACNT_PRDT_CD = cfg['ACNT_PRDT_CD']
URL_BASE = cfg['URL_BASE']

def get_access_token():
    PATH = "oauth2/tokenP"
    URL = f"{URL_BASE}/{PATH}"
    headers = {"content-type": "application/json"}
    body = {
        "grant_type": "client_credentials",
        "appkey": APP_KEY,
        "appsecret": APP_SECRET
    }
    res = requests.post(URL, headers=headers, data=json.dumps(body))
    ACCESS_TOKEN = res.json()["access_token"]
    return ACCESS_TOKEN

def hash_key(body):
    PATH = "uapi/hashkey"
    URL = f"{URL_BASE}/{PATH}"
    headers = {
        'content-Type': 'application/json',
        'appKey': APP_KEY,
```

```python
        'appSecret': APP_SECRET,
    }
    res = requests.post(URL, headers=headers, data=json.dumps(body))
    hashkey = res.json()["HASH"]
    return hashkey

def sell_stock(code: str, qty: int):
    PATH = "uapi/domestic-stock/v1/trading/order-cash"
    URL = f"{URL_BASE}/{PATH}"
    body = {
        "CANO": CANO,
        "ACNT_PRDT_CD": ACNT_PRDT_CD,
        "PDNO": code,
        "ORD_DVSN": "01", # 시장가
        "ORD_QTY": str(qty),
        "ORD_UNPR": "0",
    }
    headers = {
        "Content-Type":"application/json",
        "authorization": f"Bearer {ACCESS_TOKEN}",
        "appKey": APP_KEY,
        "appSecret": APP_SECRET,
        "tr_id": "TTTC0801U", # 주식 현금 매도 주문
        "custtype": "P", # 개인
        "hashkey": hash_key(body)
    }
    res = requests.post(URL, headers=headers, data=json.dumps(body))

    success = res.json()['rt_cd']
    print(f"{res.json()['msg1']}")

    if success == '0':
        print(f"종목 코드 {code} {qty}주 매도에 성공하셨습니다.")
    else:
        print(f"종목 코드 {code} {qty}주 매도에 실패하셨습니다.")

ACCESS_TOKEN = get_access_token()
print(f"접근 토큰: {ACCESS_TOKEN}")

stock_code = '005935'
qty = 1

```

```
76    print(f"현재 시간: {datetime.now()}")
77    sell_stock(stock_code, qty)
```

> **40행~68행** 주식 매도를 위한 함수 sell_stock입니다.
> **56행** 주식 매수일 때 TTTC0802U라고 기입되어 있던 것을 이번에는 TTTC0801U라고 입력해야 합니다.

```
현재 시간: 2022-10-31 17:47:07.907206
장운영시간이 아닙니다.(정규시장(112) 시간 주문불가)
종목 코드 005935 1주 매도에 실패하셨습니다.
```

[그림 14-11]

장 운영 시간이 아닐 때 위 스크립트를 실행했더니 다음과 같은 메시지가 출력되면서 매도에 실패했습니다. 장이 열린 시간에 실행하면 매도가 제대로 진행될 것입니다.

14.8 간단한 주식 매매 프로그램

이제 지금껏 만든 기능을 하나로 합쳐서 간단한 주식 매매 프로그램을 만들겠습니다. 이 프로그램의 이름은 my_stock_trader.py라고 하겠습니다. 1을 입력하면 현재 주가 확인, 2는 현재 주식 잔고 조회, 3은 현재 현금 잔고 조회, 4는 주식 매수, 5는 주식 매도가 되도록 하겠습니다. 그런데 지금까지 위에서 짠 코드를 하나의 파일로 통합하면 코드가 너무 길어집니다. 기능들을 별도의 파이썬 파일 trade_funcs.py에 두고 필요한 것을 가지고 와서 쓰는 형태로 만들겠습니다. 결과적으로 이 프로그램이 작동하려면 config.yaml, trade_funcs.py, my_stock_trader.py가 필요합니다.

trading_funcs.py

```
01    import yaml
02    import requests
03    import json
04
05    with open('config.yaml') as f:
06        cfg = yaml.load(f, Loader=yaml.FullLoader)
07
08    APP_KEY = cfg['APP_KEY']
09    APP_SECRET = cfg['APP_SECRET']
10    CANO = cfg['CANO']
11    ACNT_PRDT_CD = cfg['ACNT_PRDT_CD']
```

```python
12  URL_BASE = cfg['URL_BASE']
13
14  def get_access_token():
15      PATH = "oauth2/tokenP"
16      URL = f"{URL_BASE}/{PATH}"
17      headers = {"content-type": "application/json"}
18      body = {
19          "grant_type": "client_credentials",
20          "appkey": APP_KEY,
21          "appsecret": APP_SECRET
22      }
23      res = requests.post(URL, headers=headers, data=json.dumps(body))
24      ACCESS_TOKEN = res.json()["access_token"]
25      return ACCESS_TOKEN
26
27  def hash_key(body):
28      PATH = "uapi/hashkey"
29      URL = f"{URL_BASE}/{PATH}"
30      headers = {
31          'content-Type': 'application/json',
32          'appKey': APP_KEY,
33          'appSecret': APP_SECRET,
34      }
35      res = requests.post(URL, headers=headers, data=json.dumps(body))
36      hashkey = res.json()["HASH"]
37      return hashkey
38
39  def get_current_price(code):
40      PATH = "uapi/domestic-stock/v1/quotations/inquire-price"
41      URL = f"{URL_BASE}/{PATH}"
42      headers = {
43          "Content-Type": "application/json",
44          "authorization": f"Bearer {ACCESS_TOKEN}",
45          "appKey": APP_KEY,
46          "appSecret": APP_SECRET,
47          "tr_id": "FHKST01010100" # 주식 현재가 시세
48      }
49      params = {
50          "fid_cond_mrkt_div_code": "J", # 주식, ETF, ETN
51          "fid_input_iscd": code,
52      }
53      res = requests.get(URL, headers=headers, params=params)
```

```python
54      current_price = int(res.json()['output']['stck_prpr'])
55      return current_price
56
57  def get_cash_balance():
58      PATH = "uapi/domestic-stock/v1/trading/inquire-psbl-order"
59      URL = f"{URL_BASE}/{PATH}"
60      headers = {
61          "Content-Type": "application/json",
62          "authorization": f"Bearer {ACCESS_TOKEN}",
63          "appKey": APP_KEY,
64          "appSecret": APP_SECRET,
65          "tr_id": "TTTC8908R", # 실전투자
66          "custtype": "P", # 개인
67      }
68      params = {
69          "CANO": CANO,
70          "ACNT_PRDT_CD": ACNT_PRDT_CD,
71          "PDNO": "005935", # 현금 잔고 조회 목적이므로 아무 종목번호를 입력해도 됨
72          "ORD_UNPR": "50000", # 현금 잔고 조회 목적이므로 1주당 가격을 아무렇게나 입력해도 됨
73          "ORD_DVSN": "01", # 시장가
74          "CMA_EVLU_AMT_ICLD_YN": "Y", # CMA평가금액포함
75          "OVRS_ICLD_YN": "Y" # 해외포함
76      }
77      res = requests.get(URL, headers=headers, params=params)
78      cash_balance = int(res.json()['output']['ord_psbl_cash']) # 보유 현금
79      return cash_balance
80
81  def get_stock_balance():
82      PATH = "uapi/domestic-stock/v1/trading/inquire-balance"
83      URL = f"{URL_BASE}/{PATH}"
84      headers = {
85          "Content-Type": "application/json",
86          "authorization": f"Bearer {ACCESS_TOKEN}",
87          "appKey": APP_KEY,
88          "appSecret": APP_SECRET,
89          "tr_id": "TTTC8434R", # 실전투자 - 주식 잔고 조회
90          "custtype": "P", # 개인
91      }
92      params = {
93          "CANO": CANO,
94          "ACNT_PRDT_CD": ACNT_PRDT_CD,
95          "AFHR_FLPR_YN": "N",
```

```
            "OFL_YN": "",
            "INQR_DVSN": "02", # 조회구분 - 종목별
            "UNPR_DVSN": "01",
            "FUND_STTL_ICLD_YN": "N", # 펀드결제분포함여부 - 포함하지 않음
            "FNCG_AMT_AUTO_RDPT_YN": "N",
            "PRCS_DVSN": "00", # 처리구분 - 전일매매미포함
            "CTX_AREA_FK100": "",
            "CTX_AREA_NK100": "",
        }
    res = requests.get(URL, headers=headers, params=params)
    stock_list = res.json()['output1']

    for i, stock in enumerate(stock_list):
        print(f"{i+1}. {stock['prdt_name']}({stock['pdno']})")
        print(f"\t보유수량: {stock['hldg_qty']}주")
        print(f"\t평가금액: {stock['evlu_amt']}원")
        print(f"\t매입금액: {stock['pchs_amt']}원")
        print(f"\t평가손익금액: {stock['evlu_pfls_amt']}원\n")

def buy_stock(code, qty):
    PATH = "uapi/domestic-stock/v1/trading/order-cash"
    URL = f"{URL_BASE}/{PATH}"
    body = {
        "CANO": CANO,
        "ACNT_PRDT_CD": ACNT_PRDT_CD,
        "PDNO": code,
        "ORD_DVSN": "01", # 시장가
        "ORD_QTY": str(qty),
        "ORD_UNPR": "0",
    }
    headers = {
        "Content-Type":"application/json",
        "authorization": f"Bearer {ACCESS_TOKEN}",
        "appKey": APP_KEY,
        "appSecret": APP_SECRET,
        "tr_id": "TTTC0802U", # 주식 현금 매수 주문
        "custtype": "P", # 개인
        "hashkey": hash_key(body)
    }
    res = requests.post(URL, headers=headers, data=json.dumps(body))

    success = res.json()['rt_cd']
```

```python
138         print(f"{res.json()['msg1']}")
139
140     if success == '0':
141         print(f"종목 코드 {code} {qty}주 매수에 성공하셨습니다.")
142     else:
143         print(f"종목 코드 {code} {qty}주 매수에 실패하셨습니다.")
144
145 def sell_stock(code, qty):
146     PATH = "uapi/domestic-stock/v1/trading/order-cash"
147     URL = f"{URL_BASE}/{PATH}"
148     body = {
149         "CANO": CANO,
150         "ACNT_PRDT_CD": ACNT_PRDT_CD,
151         "PDNO": code,
152         "ORD_DVSN": "01", # 시장가
153         "ORD_QTY": str(qty),
154         "ORD_UNPR": "0",
155     }
156     headers = {
157         "Content-Type":"application/json",
158         "authorization": f"Bearer {ACCESS_TOKEN}",
159         "appKey": APP_KEY,
160         "appSecret": APP_SECRET,
161         "tr_id": "TTTC0801U", # 주식 현금 매도 주문
162         "custtype": "P", # 개인
163         "hashkey": hash_key(body)
164     }
165     res = requests.post(URL, headers=headers, data=json.dumps(body))
166
167     success = res.json()['rt_cd']
168     print(f"{res.json()['msg1']}")
169
170     if success == '0':
171         print(f"종목 코드 {code} {qty}주 매도에 성공하셨습니다.")
172     else:
173         print(f"종목 코드 {code} {qty}주 매도에 실패하셨습니다.")
174
175 ACCESS_TOKEN = get_access_token()
```

트레이드와 관련된 기능을 따로 trading_funcs.py에 담았습니다. 그리고 아래 my_stock_trader.py에는 프로그램의 메인 로직만 담았습니다. 이렇게 분리해줘야 가독성도 좋아지고, 관리도 쉬워집니다.

my_stock_trader.py

```python
01  from datetime import datetime
02  import time
03  from trading_funcs import get_current_price, get_stock_balance,
    get_cash_balance, buy_stock, sell_stock
04
05  while True:
06      try:
07          print(f"\n\n[나만의주식매매프로그램 v0.1]")
08          print(f"******* 메뉴 *******")
09          print(f"1. 현재 주가 확인")
10          print(f"2. 주식 잔고 조회")
11          print(f"3. 현금 잔고 조회")
12          print(f"4. 주식 매수")
13          print(f"5. 주식 매도")
14          print(f"0. 프로그램 종료")
15          print(f"*******************")
16
17          choice = int(input("원하는 작업을 선택하세요> "))
18
19          if choice == 0:
20              print(f"\n[프로그램 종료]")
21              break
22          elif choice == 1:
23              print(f"\n[주가 확인]")
24              code = input("종목 코드를 입력하세요> ")
25              current_price = get_current_price(code)
26              print(f"현재 시간: {datetime.now()}")
27              print(f"현재 주가: {current_price}원")
28          elif choice == 2:
29              print(f"\n[주식 잔고 조회]")
30              print(f"현재 시간: {datetime.now()}")
31              get_stock_balance()
32          elif choice == 3:
33              print(f"\n[현금 잔고 조회]")
34              cash_balance = get_cash_balance()
35              print(f"현재 시간: {datetime.now()}")
36              print(f"현재 현금 잔고: {cash_balance}원")
37          elif choice == 4:
38              print(f"\n[주식 매수]")
39              code = input("종목 코드를 입력하세요> ")
40              qty = int(input("매수 수량을 입력하세요> "))
```

```
41            print(f"현재 시간: {datetime.now()}")
42            buy_stock(code, qty)
43        elif choice == 5:
44            print(f"\n[주식 매도]")
45            code = input("종목 코드를 입력하세요> ")
46            qty = int(input("매도 수량을 입력하세요> "))
47            print(f"현재 시간: {datetime.now()}")
48            sell_stock(code, qty)
49
50        time.sleep(3)
51    except:
52        pass
```

03행 trading_funcs.py에서 get_current_price, get_stock_balance, get_cash_balance, buy_stock, sell_stock 함수를 가져옵니다.

05행 무한루프를 하나 만듭니다.

06행~52행 try, except문으로 예외가 발생하더라도 프로그램이 중단되지 않고 계속해서 실행되게 합니다.

07행~15행 메뉴를 보여줍니다.

17행 사용자가 원하는 메뉴를 선택합니다.

19행~48행 선택한 메뉴에 따라 주가 확인, 주식 잔고 조회 등의 작업이 실시됩니다.

50행 하나의 기능을 수행한 후 3초간 기다린 후 메뉴가 출력되게 합니다.

```
[나만의주식매매프로그램 v0.1]
******* 메뉴 *******
1. 현재 주가 확인
2. 주식 잔고 조회
3. 현금 잔고 조회
4. 주식 매수
5. 주식 매도
0. 프로그램 종료
********************
원하는 작업을 선택하세요> 1

[주가 확인]
종목 코드를 입력하세요> 005935
현재 시간: 2022-10-31 18:37:25.831048
현재 주가: 53300원


[나만의주식매매프로그램 v0.1]
******* 메뉴 *******
1. 현재 주가 확인
2. 주식 잔고 조회
3. 현금 잔고 조회
4. 주식 매수
5. 주식 매도
0. 프로그램 종료
********************
원하는 작업을 선택하세요> 2

[주식 잔고 조회]
현재 시간: 2022-10-31 18:37:31.832250
1. 삼성전자우(005935)
        보유수량: 1주
        평가금액: 53300원
        매입금액: 52600원
        평가손익금액: 700원
```

[그림 14-12]

사용자가 0을 입력할 때까지 이 프로그램은 반복해서 사용자가 선택한 기능을 수행합니다.

14.9 정리하며

이 장에서 배운 코드들을 잘 조합하고 응용한다면, 나만의 멋진 주식 매매 프로그램을 만들 수 있을 것입니다. 물론 원하는 기능을 구체적으로 구현하려면 API 문서를 잘 읽어야 합니다. 각자만의 매수, 매도 타이밍이 있다면 그것을 알고리즘으로 만들어서 자동으로 매수, 매도가 될 수 있게 해보세요. 아니면 한 주씩 꾸준히 모으고 싶은 주식을 매수하도록 프로그램을 만들어도 될 것 같습니다.

15장.
수학 시험 문제 출제용 그래프 그리기

Feat. matplotlib + numpy

코딩이라는 것은 결코 개발자들의 전유물이 아닙니다. 수학 과외를 하는 분들과 학교, 학원에서 학생을 가르치는 분들도 현업에서 파이썬을 활용할 수 있습니다. 수학을 가르치는 분들이라면 시험 문제를 출제할 때 각종 그래프를 정확하게 그려내야 하는데, 파이썬을 활용하면 멋지게 그래프를 그려낼 수 있습니다.

15.1 실습 준비

이전 실습에 사용했던 가상환경이 활성화되어 있다면 먼저 **deactivate** 명령으로 비활성화해주세요.

```
deactivate
```

그 다음에 바탕화면에 있는 enjoy_python 폴더 내에 math_graph라는 폴더를 만든 후, VSCODE에서 해당 폴더를 열고 cmd 터미널에서 아래 명령을 실행하여 .venv 가상환경을 만들어주세요. 가상환경이 잘 생성되었다면, math_graph 폴더 안에 .venv 폴더가 생성되었을 것입니다.

```
virtualenv .venv
```

그리고 가상환경에 진입해주세요.

```
call .venv/Scripts/activate
```

이제 math_graph 폴더 안에 .py 파일 등을 따라 만들어가면서 실습을 진행하면 됩니다. 참고로 .venv 폴더 안에 파일을 만들지 마세요.

15.2 1차 함수 그래프 그리기

그래프를 그리기 위해 numpy 라이브러리와 matplotlib 라이브러리를 활용하겠습니다. numpy는 한글로 보통 '넘파이'라고 부르고, matplotlib은 '맷플롯립'이라고 부릅니다. VSCODE cmd 터미널에서 두 라이브러리를 설치하기 위해 다음 명령을 실행해주세요. matplotlib를 설치하면 numpy 라이브러리도 함께 설치된답니다. matplotlib이 numpy에 의존하는 라이브러리이기 때문에 그렇습니다.

```
pip install matplotlib
```

matplotlib을 설치한 후 `pip list` 명령으로 현 가상환경에 설치되어 있는 라이브러리 리스트를 확인해보면 numpy 라이브러리도 설치되어 있는 것을 확인할 수 있습니다.

[그림 15-1]

우선 간단하게 1차 함수인 y=2x-4의 그래프를 그려보겠습니다.

math_graph_1.py

```python
01  import numpy as np
02  import matplotlib.pyplot as plt
03
04  x = np.arange(-5, 5, 0.01)
05  y = 2*x - 4
06
07  fig, ax = plt.subplots()
08  ax.plot(x, y)
09  plt.show()
```

01행 numpy 라이브러리를 불러옵니다.
02행 matplotlib의 pyplot을 plt라는 별칭으로 줄여서 불러옵니다.
04행 numpy의 arange 함수를 활용하여 그래프에 그려질 x의 범위를 설정합니다. -5부터 5까지 0.01의 간격으로 시퀀스를 생성합니다.

05행 　함수식을 세웁니다.

07행~08행 　y = 2x – 4 의 그래프를 그립니다.

09행 　그래프를 창을 열어 보여줍니다. 띄워진 창 하단 가장 우측에 있는 디스크 모양의 버튼을 클릭하면 생성된 그래프를 저장할 수 있습니다.

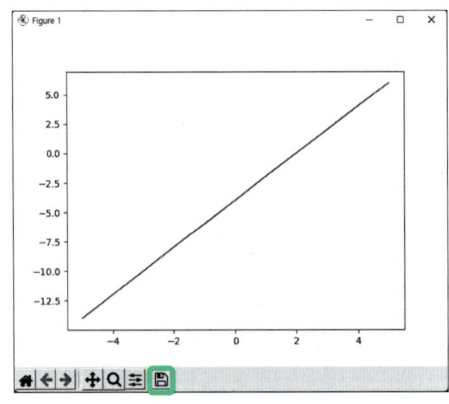

[그림 15-2]

그래프가 잘 그려졌지만, 우리가 중고등학교 시절에 문제집에서 보던 그래프의 형태가 아니라서 이질감이 듭니다. 우리에게 익숙한 형태가 되도록 조금씩 수정해보겠습니다.

15.3　x축, y축 위치 바꾸기

matplotlib로 그래프를 그리면 기본적으로 위와 같이 그래프를 감싸는 사각형이 그려지고, 거기에 x축, y축 눈금 정보가 담깁니다. 우리는 여기서 위에 있는 선과 우측에 있는 선을 제거하고, 왼쪽에 있는 선을 x = 0 위치로, 아래에 있는 선을 y = 0 위치로 이동시키겠습니다. 참고로 이 선들을 matplotlib에서는 spine이라고 부릅니다.

math_graph_2.py

```
01  import numpy as np
02  import matplotlib.pyplot as plt
03
04  x = np.arange(-5, 5, 0.01)
05  y = 2*x - 4
06
07  fig, ax = plt.subplots()
```

```
08  ax.spines['right'].set_color('none')
09  ax.spines['top'].set_color('none')
10  ax.spines['bottom'].set_position(('data', 0))
11  ax.spines['left'].set_position(('data', 0))
12  ax.plot(x, y)
13  plt.show()
```

08행~09행 오른쪽 spine과 상단 spine을 안 보이게 합니다.
10행~11행 하단 spine과 왼쪽 spine을 0의 위치로 옮깁니다.

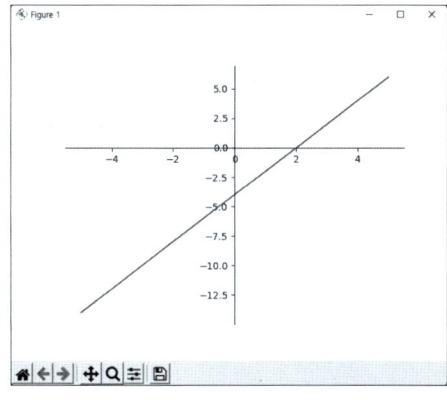

[그림 15-3]

이렇게 x축, y축을 그리고 보니 우리에게 한결 익숙한 형태가 되었습니다. 그렇지만 아직 아쉬운 부분이 있습니다. x축의 눈금들과 y축의 눈금들의 스케일이 동일하지 않다는 점입니다. 그래서 실제로는 기울기가 2인 1차 함수인데, 기울기가 2인 것처럼 보이지가 않습니다.

15.3 x축, y축 눈금 스케일을 동일하게 만들기

x축, y축의 눈금 스케일을 동일하게 만들고 그래프가 자연스럽게 보이게 하기 위해서 x축은 −5에서 5까지, y축도 −5에서 5까지만 보이게 하겠습니다.

math_graph_3.py
```
01  import numpy as np
02  import matplotlib.pyplot as plt
03
```

```
04  x = np.arange(-5, 5, 0.01)
05  y = 2*x - 4
06
07  fig, ax = plt.subplots()
08  ax.spines['right'].set_color('none')
09  ax.spines['top'].set_color('none')
10  ax.spines['bottom'].set_position(('data', 0))
11  ax.spines['left'].set_position(('data', 0))
12  ax.plot(x, y)
13  plt.ylim(-5, 5)
14  plt.xlim(-5, 5)
15  plt.gca().set_aspect('equal', adjustable='box')
16  plt.show()
```

13행~14행 그래프에 그려질 x축, y축의 범위를 각각 -5에서 5로 지정합니다.
15행 x축과 y축의 눈금 스케일을 동일하게 합니다.

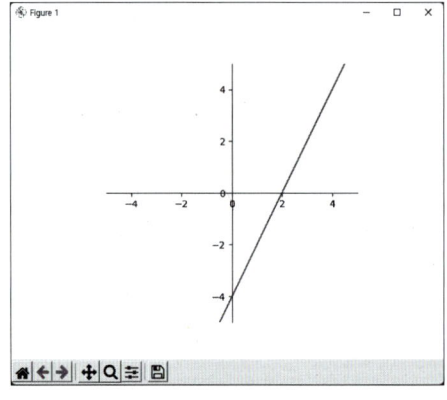

[그림 15-4]

그래프가 많이 예뻐졌죠? 스케일을 동일하게 맞추니 x가 1만큼 증가할 때 y가 2씩 증가하는 기울기 2인 1차 함수의 그래프가 제대로 표현되었습니다.

15.4 그래프에 함수식 및 x축, y축 정보 넣기

이제 마지막으로 그래프 위에 함수식과 x축, y축 정보를 추가하여 완성도를 더 높이겠습니다. annotate 함수를 사용하면 그래프에 텍스트 정보를 넣을 수 있습니다.

```
math_graph_4.py
01  import numpy as np
02  import matplotlib.pyplot as plt
03
04  x = np.arange(-5, 5, 0.01)
05  y = 2*x - 4
06
07  fig, ax = plt.subplots()
08  ax.spines['right'].set_color('none')
09  ax.spines['top'].set_color('none')
10  ax.spines['bottom'].set_position(('data', 0))
11  ax.spines['left'].set_position(('data', 0))
12  ax.plot(x, y)
13  plt.ylim(-5, 5)
14  plt.xlim(-5, 5)
15  plt.gca().set_aspect('equal', adjustable='box')
16  plt.annotate('y = 2x - 4', xy=(1, 3), fontsize=12)
17  plt.annotate('x', xy=(5, -0.5), fontsize=12)
18  plt.annotate('y', xy=(-0.5, 5), fontsize=12)
19  plt.show()
```

16행 y = 2x - 4라는 텍스트를 (1, 3) 좌표에 추가합니다. 폰트 크기는 12px로 지정했습니다.

17행~18행 x, y라는 텍스트를 각각 (5, -0.5)와 (-0.5, 5)에 추가합니다.

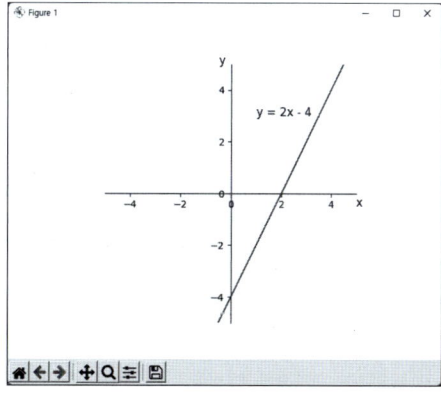

[그림 15-5]

이제 시험 문제 출제에 사용할 만한 그래프가 된 것 같습니다.

15.5 2차 함수 그래프 그리기

위 실습에서는 1차 함수의 그래프를 그려봤습니다. 2차 함수, 3차 함수라고 해서 그래프를 그리는 데 있어 특별히 어려울 것은 없습니다. 함수식만 변경해주면 됩니다. 만약, $y=x^2+2x-3$이라는 2차 함수를 그리고 싶다면, 함수식을 다음과 같이 바꿔주고 나머지 관련된 코드를 적절히 수정해주면 됩니다.

```
y = x**2 + 2*x - 3
```

그리고 2차 함수식을 그래프에 넣을 때 수식의 형태로 넣어줘야 제곱을 제대로 나타낼 수가 있습니다. matplotlib에서는 논문 작성에 쓰이는 LaTeX의 수식 삽입 방식과 유사하게 수식을 표현할 수 있습니다. 수식의 시작과 끝에 $ 기호를 추가한 후 문자열 앞에 r을 넣어주면 됩니다. 문자열 앞에 r이 붙으면 raw 문자열이라는 의미를 갖게 됩니다.

```
plt.annotate(r'$y = x^2 - 2x + 3$', xy=(1, 3), fontsize=12)
```

> **참고**
> 수식 표현 관련 자세한 내용은 matplotlib 공식 문서를 참고하기 바랍니다.
> https://matplotlib.org/stable/tutorials/text/mathtext.html

math_graph_5.py
```python
01  import numpy as np
02  import matplotlib.pyplot as plt
03
04  x = np.arange(-5, 5, 0.01)
05  y = x**2 + 2*x - 3
06
07  fig, ax = plt.subplots()
08  ax.spines['right'].set_color('none')
09  ax.spines['top'].set_color('none')
10  ax.spines['bottom'].set_position(('data', 0))
11  ax.spines['left'].set_position(('data', 0))
12  ax.plot(x, y)
13  plt.ylim(-5, 5)
14  plt.xlim(-5, 5)
15  plt.gca().set_aspect('equal', adjustable='box')
```

```
16  plt.annotate(r'$y = x^2 - 2x + 3$', xy=(1, 3), fontsize=12)
17  plt.annotate('x', xy=(5, -0.5), fontsize=12)
18  plt.annotate('y', xy=(-0.5, 5), fontsize=12)
19  plt.show()
```

05행 함수식을 새롭게 작성했습니다.

16행 수식이 표현될 수 있도록 annotate 함수의 첫 번째 매개변수를 r'$수식$'의 형태로 넣어줬습니다.

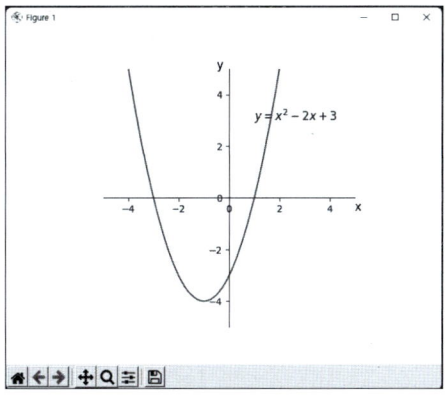

[그림 15-6]

2차 함수도 예쁘게 잘 그려진 것을 확인할 수 있습니다.

15.6 정리하며

이 장의 실습에 사용한 matplotllb은 데이터 시각화에 사용되는 대표적인 라이브러리입니다. numpy 뿐만 아니라 데이터 분석에 널리 사용되는 pandas 라이브러리와도 궁합이 잘 맞습니다. 데이터를 이해하기 좋은 형태로 시각화하는 일은 데이터 분석의 시작이자, 데이터 분석의 꽃이기도 합니다. 데이터 분석을 업으로 삼고 싶은 분들은 pandas와 matplotlib을 깊이 공부해보기 바랍니다.

16장. CPU, 메모리 사용량 모니터링 프로그램 만들기

어떤 프로그램이 어느 정도의 CPU를 소모하고 있고, 메모리를 사용하고 있는지의 여부를 체크해야 하는 경우가 있습니다. 작업 관리자를 열면, 각 프로세스마다 어느 정도 CPU와 메모리를 사용하고 있는지의 여부를 실시간 그래프로 확인할 수 있습니다. 우리도 파이썬으로 그러한 기능을 만들어보면 어떨까요?

16.1 실습 준비

이전 실습에 사용했던 가상환경이 활성화되어 있다면 먼저 **deactivate** 명령으로 비활성화해주세요.

```
deactivate
```

그 다음에 바탕화면에 있는 enjoy_python 폴더 내에 monitoring이라는 폴더를 만든 후, VSCODE에서 해당 폴더를 열고 cmd 터미널에서 아래 명령을 실행하여 .venv 가상환경을 만들어주세요. 가상환경이 잘 생성되었다면, monitoring 폴더 안에 .venv 폴더가 생성되었을 것입니다.

```
virtualenv .venv
```

그리고 가상환경에 진입해주세요.

```
call .venv/Scripts/activate
```

이제 monitoring 폴더 안에 .py 파일 등을 따라 만들어가면서 실습을 진행하면 됩니다. 참고로 .venv 폴더 안에 파일을 만들지 마세요.

16.2 실시간 CPU, 메모리 사용량 체크하기

우선 실시간으로 현재 PC의 CPU, 메모리 사용량을 체크하는 코드를 작성해보겠습니다. 사용량을 %로 나타내겠습니다. 우선 CPU와 메모리 사용량을 체크하기 위해서는 psutil 라이브러리의 도움이 필요합니다. psutil은 python system and process utililties의 머리글자로 작동 중인 프로세스와 시스템 활용(CPU, 메모리, 디스크, 네트워크, 센서)에 관한 정보를 얻을 때 사용하는 라이브러리입니다.

> **참고**
>
> psutil은 실무에서 아주 많이 사용되는 라이브러리 중 하나입니다. 라이브러리에 대한 자세한 소개는 아래의 공식 문서를 참고하기 바랍니다.
> - https://psutil.readthedocs.io/en/latest/

psutil 라이브러리를 설치하기 위해 터미널에 다음 명령을 입력한 후 실행합니다.

```
pip install psutil
```

monitoring_1.py

```python
01  import psutil
02
03  memory_usage = psutil.virtual_memory()
04  print(memory_usage)
05  print(f"메모리 사용량: {memory_usage[2]:.2f}%")
06  print(f"CPU 사용량: {psutil.cpu_percent(interval=0.1):.2f}%")
```

- **01행** psutil 라이브러리를 불러옵니다.
- **03행~04행** 실시간 메모리 사용과 관련된 정보를 얻습니다. 이 중에서 우리는 사용 percent에 대한 정보가 필요한 상황입니다.

```
svmem(total=33736564736, available=22673620992, percent=32.8, used=11062943744, free=22673620992)
```

[그림 16-1]

- **05행** 메모리 사용량을 %로 확인합니다. 형식 지정자 .2f로 소수점 아래 두 자리까지 출력되게 합니다.
- **06행** CPU 사용량을 %로 확인합니다. Interval=0.1은 0.1초 동안의 사용량 평균을 구하겠다는 의미입니다.

```
메모리 사용량: 32.80%
CPU 사용량: 1.80%
```

[그림 16-2]

16.3 실시간 CPU, 메모리 사용량 그래프 그리기

이제 실시간으로 CPU, 메모리 사용량 추이를 선 그래프로 나타내보겠습니다. 실시간 그래프를 그릴 때는 matplotlib.animation.FuncAnimation을 사용할 수 있습니다. 이 클래스를 사용하기 위해서는 파이썬 시각화 라이브러리 중 하나인 matplotlib를 설치해줘야 합니다. VSCODE cmd 터미널에 다음과 같은 명령을 입력한 후 실행합니다.

```
pip install matplotlib
```

monitoring_2.py

```python
import psutil
import matplotlib.pyplot as plt
from matplotlib.animation import FuncAnimation
from itertools import count

index = count()
x, y1, y2 = [], [], []

def check():
    memory_usage = psutil.virtual_memory()
    memory_used_percent = memory_usage[2]
    cpu_used_percent = psutil.cpu_percent(interval=0.5)
    return memory_used_percent, cpu_used_percent

def animate(_):
    memory, cpu = check()

    x.append(next(index))
    y1.append(memory)
    y2.append(cpu)

    plt.cla()
    plt.plot(x, y1, label='memory')
    plt.plot(x, y2, label='CPU')
    plt.legend(loc='best')
    plt.grid(True)
    plt.ylim(0, 120)
    plt.ylabel('usage %')
```

```
29
30  realtime_plot = FuncAnimation(plt.gcf(), animate, interval=1000)
31  plt.show()
```

02행	matplotlib의 pyplot을 이용해서 플롯을 그릴 것입니다.
03행	matplotlib.animation.FuncAnimation 클래스를 불러옵니다.
04행	x축에 넣어 줄 숫자를 만들기 위해 itertools에서 count를 불러옵니다.
06행	0부터 카운트하기 위해 카운트 객체를 생성합니다.
07행	빈 리스트를 세 개 생성합니다.
09행~13행	현재 메모리 사용량과 CPU 사용량을 체크하는 함수입니다.
18행~31행	메모리, CPU 사용량 두 개의 플롯을 함께 그립니다.
16행	현재 메모리, CPU 사용량을 체크합니다.
18행~20행	카운트한 숫자는 x 리스트에 추가하고 y1, y2 리스트에 각각 실시간 메모리, CPU 사용량을 추가합니다.
22행	데이터가 추가되면서 좌표축이 계속해서 바뀌기 때문에, 현재 좌표축을 지웁니다. 이 행이 없으면 범례가 계속 추가됩니다.
23행	메모리 사용 추이에 대한 선 그래프를 그립니다.
24행	CPU 사용 추이에 대한 선 그래프를 그립니다.
25행	범례를 추가하는데, 알아서 최적의 위치에 넣도록 loc='best'로 설정합니다.
26행	그래프에 격자(grid)를 넣어줍니다.
27행	y축의 범위를 0에서 120까지로 설정합니다.
28행	y축의 라벨을 지정합니다.
30행	1초 간격(interval=1000)으로 animate 함수가 실행되게 하고 현재 그려진 그래프를 가져옵니다.
31행	그려진 그래프를 보이게 합니다.

위 코드를 실행하면 실시간으로 변하는 그래프가 잘 그려집니다.

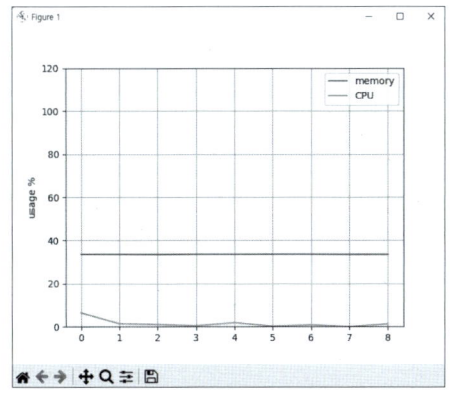

[그림 16-3]

시간이 조금 더 지나면 이런 식으로 실시간 사용량 정보가 누적됩니다.

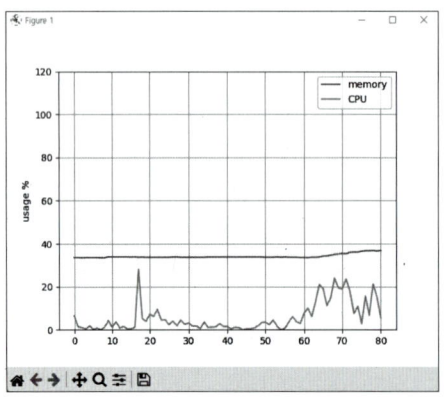

[그림 16-4]

16.4 실시간 CPU, 메모리 사용량 그래프 그리기(개선)

위 코드의 문제는 계속해서 리스트에 쌓인다는 점입니다. 모니터링 프로그램을 실행한 후 어떻게 메모리, CPU 사용 퍼센트가 변했는지를 확인하기에는 좋지만, 대개는 최근 사용량에만 관심이 있습니다. 따라서 각 리스트가 20개 차면 가장 예전에 찬 데이터를 지우는 형식으로 코드를 수정하겠습니다. 리스트로도 그 기능을 구현할 수 있지만, 선입선출(First In First Out)에 더 적합한 자료구조인 큐(queue)를 활용하겠습니다. 이를 위해 collections 라이브러리의 deque 클래스를 가져오겠습니다. deque는 double-endend queue의 약자로 양방향에서 데이터를 삽입하고 추출이 가능한 큐 자료형입니다.

```
monitoring_3.py
01  import psutil
02  import matplotlib.pyplot as plt
03  from matplotlib.animation import FuncAnimation
04  from itertools import count
05  from collections import deque
06
07  index = count()
08
09  x = deque(maxlen=20)
10  y1 = deque(maxlen=20)
```

```
11  y2 = deque(maxlen=20)
12
13  def check():
14      memory_usage = psutil.virtual_memory()
15      memory_used_percent = memory_usage[2]
16      cpu_used_percent = psutil.cpu_percent(interval=0.5)
17      return memory_used_percent, cpu_used_percent
18
19  def animate(_):
20      memory, cpu = check()
21
22      x.append(next(index))
23      y1.append(memory)
24      y2.append(cpu)
25
26      plt.cla()
27      plt.plot(x, y1, label='memory')
28      plt.plot(x, y2, label='CPU')
29      plt.legend(loc='best')
30      plt.grid(True)
31      plt.ylim(0, 120)
32      plt.ylabel('usage %')
33
34  realtime_plot = FuncAnimation(plt.gcf(), animate, interval=1000)
35  plt.show()
```

> **05행** collections 라이브러리에서 deque 클래스를 가져옵니다.
> **09행~11행** 리스트 대신 deque 객체를 생성합니다. 최대 길이를 20으로 제한합니다.

이제 코드를 실행하면 20개까지는 오른쪽에 추가되다가 그 이후부터는 가장 과거 데이터가 하나씩 지워지면서 그래프에 보이지 않습니다. 그래서 마치 왼쪽으로 이동하는 느낌의 그래프가 그려집니다. 지면으로 차이를 보여드리기가 쉽지 않으니 꼭 한 번 코드 실행해보고 눈으로 확인하세요.

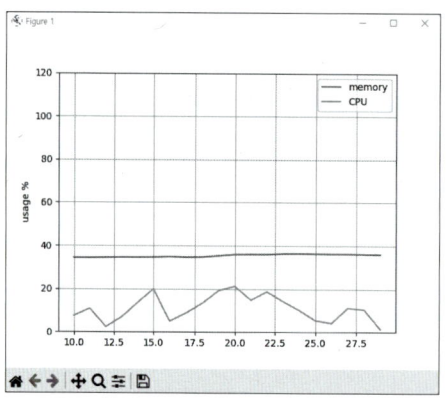

[그림 16-5]

16.5 그래프 꾸미기

조금 더 그래프를 꾸며서 "있어" 보이는 모니터링 프로그램을 만들겠습니다. 플롯의 스타일을 바꿔주면 드라마틱한 변화를 줄 수 있습니다. pyplot에는 다양한 스타일의 그래프를 제공합니다.

[표 16-1]

Solarize_Light2	_classic_test_patch	_mpl-gallery-nogrid	_mpl-gallery-nogrid'
bmh	classic	dark_background	fast
fivethirtyeight	ggplot	grayscale	seaborn
seaborn-bright	seaborn-colorblind	seaborn-dark	seaborn-dark-palette
seaborn-darkgrid	seaborn-deep	seaborn-muted	seaborn-notebook
seaborn-paper	seaborn-pastel	seaborn-poster	seaborn-talk
seaborn-ticks	seaborn-white	seaborn-whitegrid	tableau-colorblind10

이 중에서 저는 dark_background 스타일을 선택하겠습니다. 또한 그래프 선 아래 부분에 옅은 음영이 들어가도록 해주겠습니다. 그 외에도 조금씩 세부내용(detail)을 살린 부분이 있으니 해당 코드의 행 설명을 참고해주세요.

monitoring_4.py

```
01  import psutil
```

```python
import matplotlib.pyplot as plt
from matplotlib.animation import FuncAnimation
from itertools import count
from collections import deque
import numpy as np

index = count()

x = deque(maxlen=20)
y1 = deque(maxlen=20)
y2 = deque(maxlen=20)

plt.style.use('dark_background')

def check():
    memory_usage = psutil.virtual_memory()
    memory_used_percent = memory_usage[2]
    cpu_used_percent = psutil.cpu_percent(interval=0.5)
    return memory_used_percent, cpu_used_percent

def animate(_):
    memory, cpu = check()
    
    x.append(next(index))
    y1.append(memory)
    y2.append(cpu)
    
    plt.cla()
    plt.plot(x, y1, label='memory', linewidth=0.5)
    plt.plot(x, y2, label='CPU', linewidth=0.5)
    plt.legend(loc='best')
    plt.grid(True, color='lightblue', alpha=0.3)
    plt.ylim(0, 120)
    plt.ylabel('usage %')
    plt.xticks(x)
    plt.yticks(np.arange(0, 121, 10))
    plt.fill_between(x, y1, alpha=0.2)
    plt.fill_between(x, y2, alpha=0.2)
    plt.title('Memory/CPU Monitor')

realtime_plot = FuncAnimation(plt.gcf(), animate, interval=1000)
plt.show()
```

06행	numpy 라이브러리가 추가로 필요합니다. 보통 np로 줄여서 사용합니다.
14행	플롯의 스타일을 dark_background로 설정합니다.
30행~31행	선의 두께를 0.5로 설정합니다.
33행	격자 무늬의 색상은 'lightblue'로, 투명도는 0.3으로 설정합니다.
36행~37행	x축, y축 눈금이 그려질 위치를 설정합니다.
38행~39행	선 아래를 색으로 채웁니다. 투명도는 0.2로 설정합니다.
40행	그래프의 제목을 설정합니다.

위 코드를 실행하면 다음과 같이 멋진 실시간 모니터링 그래프가 그려집니다.

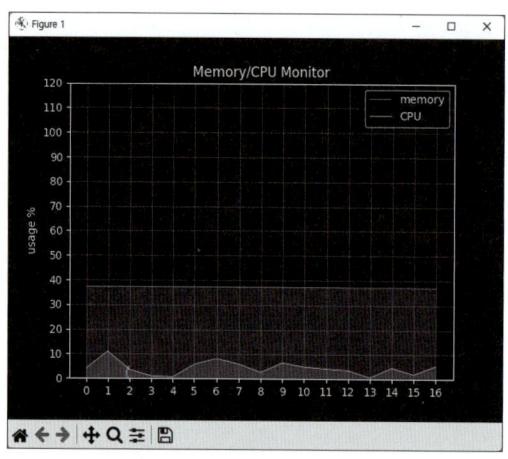

[그림 16-6]

14행에서 dark_background 대신 Solarize_Light2를 선택하면 다음과 같은 느낌으로 그래프가 그려집니다. 다양한 스타일로 그려본 후 원하는 스타일을 선택하면 됩니다.

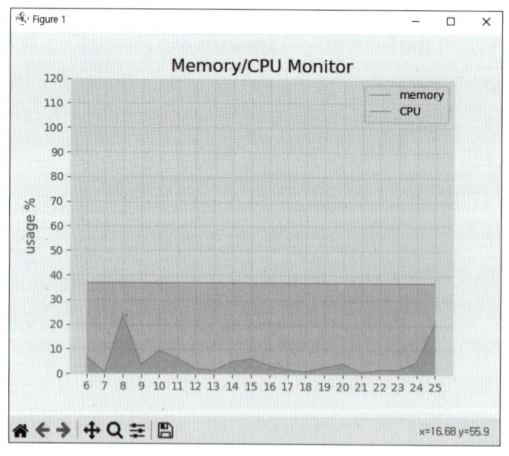

[그림 16-7]

16.6 메모리나 CPU의 사용이 많을 경우에 경고음 내게 하기

이제 마지막으로 메모리 또는 CPU 사용량이 80% 이상일 때 "삑" 하는 경고음이 나오게 만들겠습니다. "삑"을 영어로는 "beep"라고 합니다. beep 소리 출력을 위해서는 winsound 라이브러리를 사용할 수 있습니다. 표준 라이브러리이기 때문에 설치할 필요가 없습니다.

```python
monitoring_5.py
01  import psutil
02  import matplotlib.pyplot as plt
03  from matplotlib.animation import FuncAnimation
04  from itertools import count
05  from collections import deque
06  import numpy as np
07  import winsound as ws
08
09  index = count()
10
11  x = deque(maxlen=20)
12  y1 = deque(maxlen=20)
13  y2 = deque(maxlen=20)
14
15  plt.style.use('dark_background')
16
17  def beep_sound():
18      freq = 2000
19      dur = 200
20      ws.Beep(freq, dur)
21
22  def check():
23      memory_usage = psutil.virtual_memory()
24      memory_used_percent = memory_usage[2]
25      cpu_used_percent = psutil.cpu_percent(interval=0.5)
26      return memory_used_percent, cpu_used_percent
27
28  def animate(_):
29      memory, cpu = check()
30
31      if max(memory, cpu) >= 80:
32          print(beep_sound())
33
```

```
34        x.append(next(index))
35        y1.append(memory)
36        y2.append(cpu)
37
38        plt.cla()
39        plt.plot(x, y1, label='memory', linewidth=0.5)
40        plt.plot(x, y2, label='CPU', linewidth=0.5)
41        plt.legend(loc='best')
42        plt.grid(True, color='lightblue', alpha=0.3)
43        plt.ylim(0, 120)
44        plt.ylabel('usage %')
45        plt.xticks(x)
46        plt.yticks(np.arange(0, 121, 10))
47        plt.fill_between(x, y1, alpha=0.2)
48        plt.fill_between(x, y2, alpha=0.2)
49        plt.title('Memory/CPU Monitor')
50
51   realtime_plot = FuncAnimation(plt.gcf(), animate, interval=1000)
52   plt.show()
```

- **07행**: winsound 라이브러리를 탑재합니다.
- **17행~20행**: beep 소리 재생 관련 함수를 만듭니다.
- **31행~32행**: 메모리 또는 CPU 사용량이 80 이상인 경우 beep_sound() 함수가 실행되게 하여 beep 소리가 출력되게 합니다.

이제 위 코드를 실행한 후에 고사양의 게임이나 포토샵, 영상 편집 프로그램 등을 실행해보세요. 그러면 메모리나 CPU 사용량이 80% 이상인 경우 "삑" 소리가 날 것입니다. 만약, 컴퓨터 사양이 좋다면, 60, 50으로 낮춘 다음에 테스트해도 됩니다.

16.7 정리하며

메모리, CPU 사용량 모니터링 프로그램을 만들어봤습니다. 모니터링은 분야를 막론하고 매우 중요한 업무 중 하나입니다. 공장에서 물건이 잘 생산되고 있는지도 모니터링되어야 하고, 서비스 중인 앱의 서버가 안정적으로 작동하고 있는지도 모니터링해야 합니다. 여러분의 업무에서 모니터링이 필요한 부분을 이 장의 내용을 참고하여 만들어보는 것은 어떨까요?

17장. 맛집 추천 지도 만들기

Feat.
folium
+ requests
+ pandas

제 고향은 산 좋고 물 좋은 충북 제천입니다. 제가 제천 출신이라는 것을 아는 지인들은 제천에 방문할 일이 생기면 저에게 지역 맛집을 추천해달라고 합니다. 지방에 사는 분들은 비슷한 경험이 있을 것입니다. 저는 그때마다 참 고민이 됩니다. '어디를 추천해주면 좋을까?' 반복적으로 요청되는 일이기 때문에 저만의 제천 맛집 지도를 하나 만들어 놓으면 지인들이 요청할 때 쉽게 공유할 수 있을 것입니다. 제 시간도 아낄 수 있고요.

17.1 실습 준비

이전 실습에 사용했던 가상환경이 활성화되어 있다면 먼저 deactivate 명령으로 비활성화해주세요.

```
deactivate
```

그 다음에 바탕화면에 있는 enjoy_python 폴더 내에 make_map이라는 폴더를 만든 후 VSCODE에서 해당 폴더를 열고 cmd 터미널에서 아래 명령을 실행하여 .venv 가상환경을 만들어주세요. 가상환경이 잘 생성되었다면, make_map 폴더 안에 .venv 폴더가 생성되었을 것입니다.

```
virtualenv .venv
```

그리고 가상환경에 진입해주세요.

```
call .venv/Scripts/activate
```

이제 make_map 폴더 안에 .py 파일 등을 따라 만들어가면서 실습을 진행하면 됩니다. 참고로 .venv 폴더 안에 파일을 만들지 마세요.

17.2 맛집 목록을 엑셀에 정리하기

먼저 맛집과 분위기 좋은 카페들을 마이크로소프트 엑셀이나 한셀 등과 같은 스프레드시트 프로그램에 정리합니다. 장소 이름과 도로명 주소를 넣습니다. 정확한 이름을 기입하고 싶지만, 광고가 될 수 있어서 가명 처리하고, 주소의 후반부는 생략하여 보여드리겠습니다. 저는 [제천맛집리스트.xlsx]라는 엑셀 파일을 하나 만들었습니다. 제천 분들은 이렇게만 주소를 보여드려도 어느 식당인지 눈치챘을 것 같네요.

	A	
1	이름	주소(도로명)
2	막국수집	충북 제천시 의병
3	냉면집	충북 제천시 청전
4	파스타집	충북 제천시 풍양
5	장어집	충북 제천시 봉양
6	순대집	충북 제천시 용두
7	돈까스집	충북 제천시 의림
8	카페1	충북 제천시 송학
9	카페2	충북 제천시 의림
10	카페3	충북 제천시 세명

[그림 17-1]

17.3 웹 지도 만들기

이제 제천 지도를 웹의 형태로 하나 만들겠습니다. folium 라이브러리를 활용하면 간단히 웹 형태의 지도를 만들 수 있습니다. folium 라이브러리는 다음과 같이 설치합니다.

```
pip install folium
```

일단 필요한 것은 제천의 대략적인 위도, 경도 좌표입니다. 제천의 대략적인 위도, 경도 좌표는 구글 어스에서 얻을 수 있습니다. 구글 어스 검색 창에 제천을 입력한 후 URL을 보면, 제천의 대략적인 위도, 경도 좌표를 얻을 수 있습니다.

[그림 17-2]

제천의 위도, 경도 좌표는 (37.14315, 128.2016)입니다. 이제 제천의 웹 지도를 생성해보겠습니다.

make_map_1.py

```
01  import folium
02
03  jecheon_map = folium.Map(location=[37.14315, 128.2016], zoom_start=14)
04  jecheon_map.save('jecheon_map.html')
```

- 01행 folium 라이브러리를 불러옵니다.
- 03행 제천 지도를 생성합니다. location 매개변수에 구글 어스에서 읽은 위도, 경도 좌표를 넣어줍니다. zoom_start를 크게 해줄수록 더 상세한 지도를 볼 수 있습니다. 여기서는 zoom_start=14로 설정하니 적절했습니다.
- 04행 생성한 제천 지도를 jecheon_map.html이라는 웹 문서로 저장합니다. 크롬 등의 웹 브라우저에서 해당 문서를 열어 보면 제천 지도가 예쁘게 만들어져 있음을 확인할 수 있습니다.

[그림 17-3]

17.4 도로명 주소를 위도, 경도 좌표로 변환하기

이제 제천 지도에 우리가 만든 맛집 정보를 표시할 차례입니다. 지도에 마커를 찍으려면 각 맛집 위치의 위도, 경도 좌표가 필요합니다. 구글 어스에서 일일이 검색해서 위도, 경도 좌표를 하나씩 얻을 수도 있겠지만, 많이 번거롭습니다. 다행히 도로명 주소를 위도, 경도 좌표로 변환해주는 API 서비스가 있습니다. 공간정보 오픈플랫폼 오픈API 사이트에 접속합니다.

```
https://www.vworld.kr/dev/v4api.do
```

회원가입을 먼저 한 후 인증키 발급 페이지로 들어갑니다.

[그림 17-4]

이용약관에 동의하고 양식을 채웁니다. 우리는 지오코더 API를 사용할 것입니다. 저는 다음과 같이 기입한 후에 [지도 인증키 받기] 버튼을 클릭했습니다.

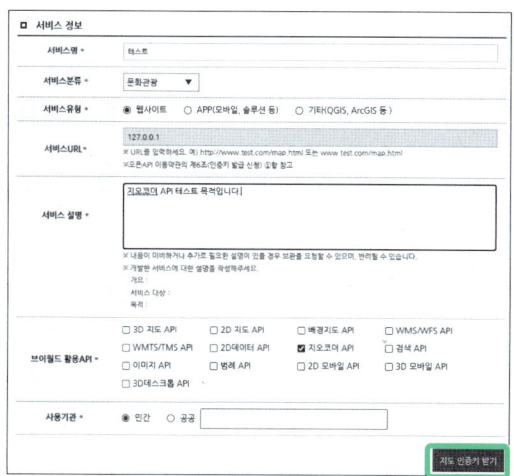

[그림 17-5]

버튼을 클릭하자 곧바로 인증키가 발급되었습니다. 인증키 관리 페이지에 가서 인증키를 확인합니다. 인증키는 절대 다른 사람과 공유하면 안 됩니다.

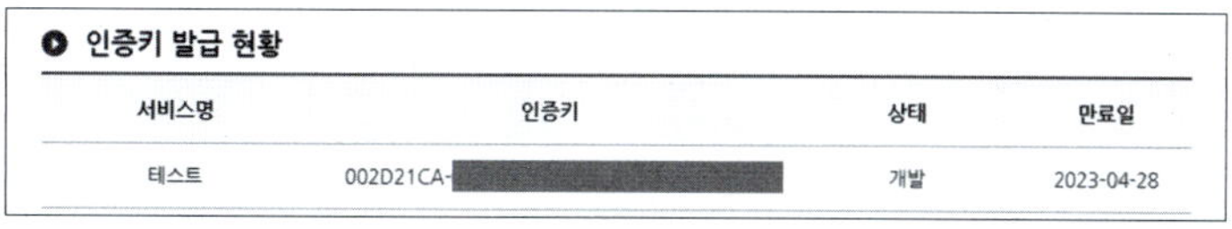

[그림 17-6]

이제 API 서버에 무언가를 요청할 때 자주 쓰이는 requests 라이브러리를 활용하여 도로명 주소를 위도, 경도 좌표로 바꿔보겠습니다. requests 라이브러리를 설치하기 위해 VSCODE cmd 터미널에 다음 명령을 실행해주세요.

```
pip install requests
```

엑셀로 정리했던 맛집 리스트 중 가장 위에 있는 막국수 집의 위도, 경도 좌표를 얻어보겠습니다. 도로명 주소를 위도, 경도 좌표로 바꿔주는 API의 사용법은 아래 링크에 있습니다.

```
https://www.vworld.kr/dev/v4dv_geocoderguide2_s001.do
```

친절하게 주소를 좌표로 바꾸는 파이썬 예제 코드도 소개해주고 있습니다. API 서비스를 사용할 때는 항상 공식 문서를 잘 읽어보는 것이 좋습니다.

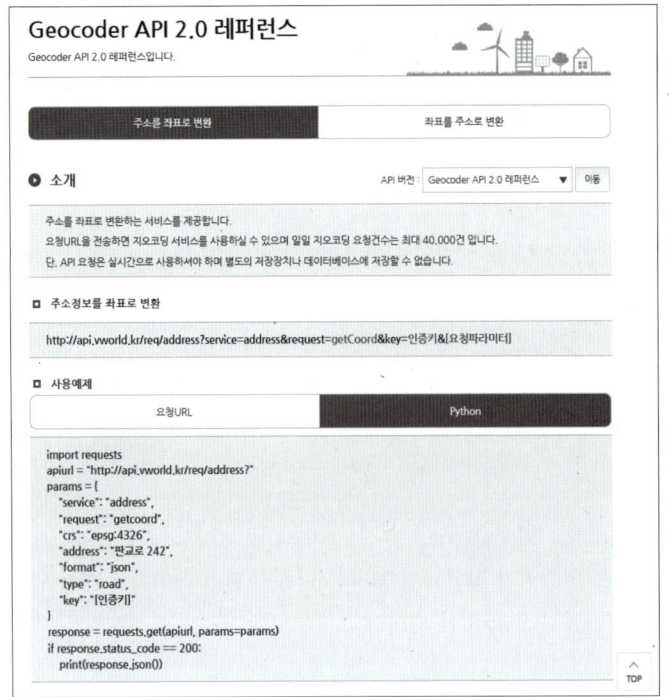

[그림 17-7]

저는 이 코드를 응용하여 아래 코드를 작성했습니다.

make_map_2.py

```
01  import requests
02
03  apiurl = "http://api.vworld.kr/req/address?"
04  params = {
05      "service": "address",
06      "request": "getcoord",
07      "crs": "epsg:4326",
08      "address": "충북 제천시 의병대로 165",
09      "format": "json",
10      "type": "road",
11      "key": "여러분이 발급받은 인증키"
12  }
13
14  response = requests.get(apiurl, params=params)
15
16  if response.status_code == 200:
17      json_data = response.json()
```

```
18      print(json_data)
19
20      x = json_data['response']['result']['point']['x']
21      y = json_data['response']['result']['point']['y']
22      print(f"위도: {y}, 경도: {x}")
```

01행   requests 라이브러리를 불러옵니다.
03행   API 서버에 요청하기 위한 url 주소를 작성합니다.
04행~12행 쿼리 매개변수를 딕셔너리에 하나씩 넣습니다. key에는 여러분이 발급받은 인증키를 넣어주면 됩니다.
14행   지오코더 API에 GET 요청을 보낸 후에 응답을 받습니다.
16행~18행 요청이 성공(상태 코드 200)했다면, API 서버로부터 응답을 받은 내용을 json의 형태로 변환하여 확인합니다. 이 안에 우리에게 필요한 정보가 담겨 있습니다.

```
{'response': {'service': {'name': 'address', 'version': '2.0', 'operation': 'getcoord', 'time': '25(ms)'}, 'status': 'OK', 'input': {'type': 'road', 'address': '충청북도 제천시 의병대로 165'}, 'refined': {'text': '충청북도 제천시 의병대로 165 (동현동)', 'structure': {'level0': '대한민국', 'level1': '충청북도', 'level2': '제천시', 'level3': '동현동', 'level4L': '의병대로', 'level4LC': '', 'level4A': '남현동', 'level4AC': '4315053700', 'level5': '165', 'detail': ''}}, 'result': {'crs': 'EPSG:4326', 'point': {'x': '128.218908067', 'y': '37.133959484'}}}}
위도: 37.133959484, 경도: 128.218908067
```

[그림 17-8]

20행~22행 위도, 경도 정보는 response → result → point → x, y에 있습니다. y가 위도이고, x가 경도입니다.

```
위도: 37.133959484, 경도: 128.218908067
```

[그림 17-9]

17.5 엑셀에 있는 도로명 주소를 위도, 경도 좌표로 변환하기

우리는 엑셀 파일에 있는 도로명 주소들을 모두 위도, 경도 좌표로 변환해 줄 필요가 있습니다. 엑셀 파일을 파이썬으로 가져올 때는 보통 데이터 분석에 많이 쓰이는 라이브러리인 pandas를 활용합니다. 또한 엑셀 파일을 다룰 때는 openpyxl도 함께 설치해줘야 합니다.

```
pip install pandas
pip install openpyxl
```

make_map_3.py
```
01  import requests
02  import pandas as pd
```

```python
03
04  apiurl = "http://api.vworld.kr/req/address?"
05  params = {
06      "service": "address",
07      "request": "getcoord",
08      "crs": "epsg:4326",
09      "format": "json",
10      "type": "road",
11      "key": "여러분이 발급받은 인증키"
12  }
13
14  df = pd.read_excel('제천맛집리스트.xlsx')
15  print(df)
16
17  for idx, row in df.iterrows():
18      address = row['주소(도로명)']
19      params['address'] = address
20
21      response = requests.get(apiurl, params=params)
22
23      if response.status_code == 200:
24          json_data = response.json()
25
26          x = json_data['response']['result']['point']['x']
27          y = json_data['response']['result']['point']['y']
28          print(f"주소: {address}, 위도: {y}, 경도: {x}")
```

- **02행** pandas 라이브러리를 pd로 줄여서 불러옵니다.
- **14행~15행** [제천맛집리스트.xlsx]를 pandas의 데이터프레임 객체로 만듭니다. 데이터프레임에서는 엑셀과 마찬가지로 데이터가 표 형태로 정리됩니다.

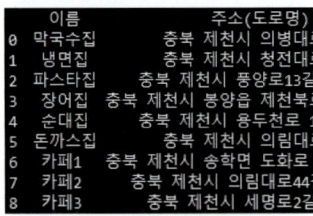

[그림 17-10]

- **17행~28행** 반복문을 활용하여 API 서버에 반복해서 주소 → 위도, 경도 변환을 요청합니다. 데이터프레임에 있는 주소를 모두 위도, 경도 좌표로 변환합니다.

```
주소: 충북 제천시 의병대로 165, 위도: 37.133959484, 경도: 128.218908067
주소: 충북 제천시 청전대로 91, 위도: 37.148687051, 경도: 128.208145312
주소: 충북 제천시 풍양로13길 10-1, 위도: 37.137976130, 경도: 128.211454555
주소: 충북 제천시 봉양읍 제천북로3길 103, 위도: 37.166012077, 경도: 128.169554986
주소: 충북 제천시 용두천로 125-2, 위도: 37.138651167, 경도: 128.213712376
주소: 충북 제천시 의림대로 582, 위도: 37.178242774, 경도: 128.210211506
주소: 충북 제천시 송학면 도화로 38-17, 위도: 37.181245987, 경도: 128.212534423
주소: 충북 제천시 의림대로44길 21, 위도: 37.163572172, 경도: 128.214119901
주소: 충북 제천시 세명로2길 27, 위도: 37.183133123, 경도: 128.204626528
```

[그림 17-11]

19행 params 딕셔너리에 address 키와 값을 추가(또는 갱신)해 줍니다.

17.6 지도에 맛집 마커 찍기

이제 제천 지도에 맛집 위치마다 마커를 찍겠습니다. 또한 마커를 클릭하면 해당 장소명이 팝업으로 뜨도록 하겠습니다.

make_map_4.py

```python
import folium
import requests
import pandas as pd

jecheon_map = folium.Map(location=[37.14315, 128.2016], zoom_start=13)

apiurl = "http://api.vworld.kr/req/address?"
params = {
    "service": "address",
    "request": "getcoord",
    "crs": "epsg:4326",
    "format": "json",
    "type": "road",
    "key": "여러분이 발급받은 인증키"
}

df = pd.read_excel('제천맛집리스트.xlsx')

for idx, row in df.iterrows():
    address = row['주소(도로명)']
    params['address'] = address
```

```
23      response = requests.get(apiurl, params=params)
24
25      if response.status_code == 200:
26          json_data = response.json()
27
28          x = json_data['response']['result']['point']['x']
29          y = json_data['response']['result']['point']['y']
30
31          folium.Marker([y, x], popup=row['이름']).add_to(jecheon_map)
32
33  jecheon_map.save('jecheon_map.html')
```

01행~03행 필요한 라이브러리를 불러옵니다.

05행 제천 웹 지도를 생성합니다.

31행 맛집 위도, 경도 좌표에 마커를 찍습니다. 그리고 마커를 클릭했을 때는 해당 장소의 이름이 팝업으로 뜨게 합니다. 마커는 지도에 추가됩니다.

33행 맛집 위치에 마커가 찍힌 제천 지도를 저장합니다. 이 html 파일을 이제 제천을 방문하게 될 지인들에게 공유해주기만 하면 됩니다.

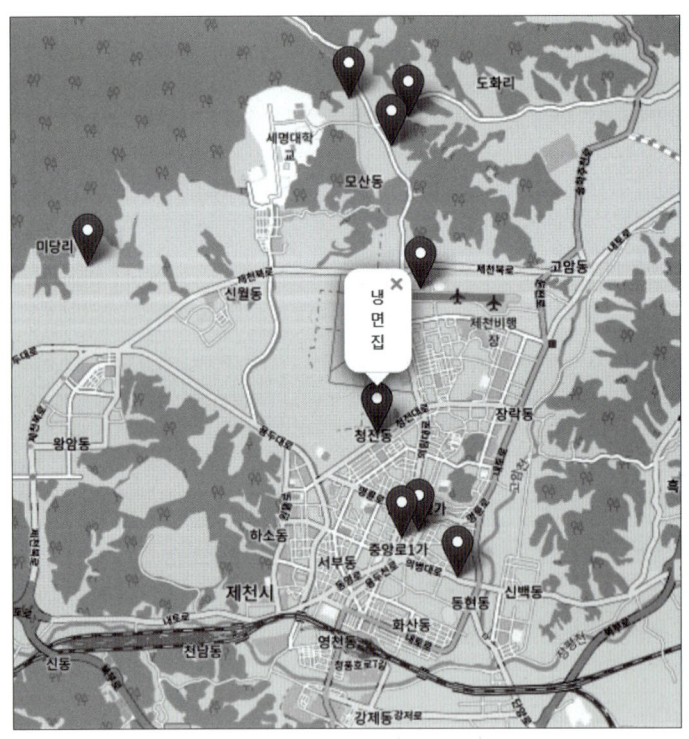

[그림 17-12]

17.7 정리하며

이 장에서는 Open API인 지오코더 API를 활용해봤습니다. 지오코더 API는 전달받은 주소에 대한 위도, 경도 좌표를 알려주는 역할을 합니다. vworld에 회원가입한 김에 다른 API 서비스도 활용해볼 것을 권합니다. API별로 사용법은 조금씩 다르지만, 서버에 데이터를 요청하고 받는 원리는 대체적으로 비슷합니다. 다양한 파이썬 라이브러리와 API들을 잘 활용하면 코딩 초보자들도 멋진 서비스를 만들어낼 수 있습니다. 단 몇 줄의 코드만으로 엄청난 기능을 추가할 수 있다는 사실, 놀랍지 않나요?

18장.
고객들에게 이벤트 당첨 이메일 보내기

Feat.
requests
+ smtplib
+ email
+ pandas

대학교 신입생일 때 한 회사에서 고객 관리 아르바이트를 했던 경험이 있습니다. 하루는 VIP 고객 중 이벤트에 당첨된 분들에게 당첨 사실을 전화로 알려야 하는 업무를 맡았습니다. 그런데 이벤트에 당첨된 분들에게 영화 <섹스 앤 더 시티> 관람권을 준다고 말해야 하는데, 못 알아듣는 분이 많았습니다. 그래서 그 영화 제목을 몇 번씩 반복해서 말해야 해서 민망했던 기억이 있습니다. 아무튼 이번 실습에서는 고객들에게 이벤트 당첨 사실을 알리는 이메일을 발송하는 프로그램을 만들겠습니다.

18.1 실습 준비

이전 실습에 사용했던 가상환경이 활성화되어 있다면 먼저 deactivate 명령으로 비활성화해주세요.

```
deactivate
```

그 다음에 바탕화면에 있는 enjoy_python 폴더 내에 event_email이라는 폴더를 만든 후, VSCODE에서 해당 폴더를 열고 cmd 터미널에서 아래 명령을 실행하여 .venv 가상환경을 만들어주세요. 가상환경이 잘 생성되었다면, event_email 폴더 안에 .venv 폴더가 생성되었을 것입니다.

```
virtualenv .venv
```

그리고 가상환경에 진입해주세요.

```
call .venv/Scripts/activate
```

이제 event_email 폴더 안에 .py 파일 등을 따라 만들어가면서 실습을 진행하면 됩니다. 참고로 .venv 폴더 안에 파일을 만들지 마세요.

18.2 코드로 네이버 이메일을 보내기 위해 설정하기

한국 사람이라면 아마도 네이버와 구글 이메일 계정은 모두 갖고 있을 것입니다. 파이썬으로 네이버 이메일을 보내려면, 먼저 준비해야 할 사항이 몇 가지 있습니다. 먼저 네이버 메일에 들어가서 [내 메일함] 메뉴에 마우스 커서를 갖다 대면 오른쪽에 톱니바퀴 모양의 아이콘이 보일 것입니다. 그것을 클릭해주세요.

[그림 18-1]

그 다음에 나오는 화면에서 [POP3/IMAP 설정]을 클릭하면 [POP3/SMTP 설정]과 [IMAP/SMTP 설정] 탭이 나올 것인데 그중에서 [IMAP/SMTP 설정]을 클릭합니다. [IMAP/SMTP 사용]과 관련된 라디오 버튼에서 [사용함]을 체크합니다. 그리고 마지막으로 [확인] 버튼을 클릭해주면 됩니다.

[그림 18-2]

하단에 있는 [SMTP 서버명]과 [SMTP 포트]를 잘 기억해주세요. 코드로 이메일을 보낼 때 필요한 정보들입니다.

[그림 18-3]

18.3 네이버 이메일 보내기

이제 간단한 내용을 담아서 파이썬으로 네이버 이메일을 보내겠습니다. 이메일을 보낼 때 필요한 라이브러리는 smtplib와 email인데 모두 표준 라이브러리이기 때문에 별도의 설치 과정은 필요하지 않습니다. 참고로 SMTP는 Simple Mail Transfer Protocol의 머리글자로, 인터넷에서 이메일을 보낼 때 사용되는 통신 규약입니다.

event_email_1.py
```
01  import smtplib
02  from email.mime.text import MIMEText
03
04  smpt_server = "smtp.naver.com"
05  smtp_port = 587
06
07  s = smtplib.SMTP(smpt_server, smtp_port)
08  s.starttls()
09
10  email = '여러분의 네이버 메일주소@naver.com'
11  email_pw = '이메일 비밀번호'
12
13  s.login(email, email_pw)
14
```

```
15  recv_email = "받는 사람 이메일 주소" # ex) kyohoonsim@gmail.com
16  subject = "고객 사은 이벤트에 당첨되셨습니다!"
17  text = '''
18  축하드립니다!
19  고객님은 당사의 고객 사은 이벤트에 당첨되셨습니다.
20  '''
21
22  msg = MIMEText(text)
23  msg['From'] = email
24  msg['To'] = recv_email
25  msg['Subject'] = subject
26
27  s.sendmail(email, recv_email, msg.as_string())
28  s.quit()
```

01행~02행   이메일을 보낼 때 필요한 라이브러리를 불러옵니다.
04행~05행   smpt 서버 정보와 포트 번호를 입력합니다.
       07행   이메일을 보내기 위한 세션을 생성합니다.
       08행   TLS 보안을 시작합니다.
10행~13행   자신의 네이버 이메일 주소와 비밀번호로 로그인합니다.
       15행   받는 사람의 이메일 주소를 입력합니다.
16행~20행   이메일의 제목과 내용을 적습니다.
       22행   텍스트를 MIME 형식으로 변환합니다.
       23행   보내는 사람의 이메일 주소를 넣어줍니다.
       24행   받는 사람의 이메일 주소를 넣어줍니다.
       25행   이메일의 제목을 넣어줍니다.
       27행   이메일을 전송합니다.
       28행   이메일의 전송 세션을 종료합니다.

위 코드를 실행한 후 제대로 전송되었는지 확인하겠습니다. 다음과 같이 메일이 잘 전송되었습니다.

[그림 18-4]

만약, 아래와 같은 에러 메시지가 떴다면, 이메일 주소에 대한 비밀번호가 틀린 것이니 주소와 비밀번호를 다시 한 번 확인해 주세요.

```
smtplib.SMTPAuthenticationError: (535, b'5.7.1 Username and Password not accepted I8FmnTlgRX+Pa3e
```

[그림 18-5]

18.4 파일을 첨부해서 이메일 보내기

이벤트 당첨자들이 꼭 읽어야 하는 문서가 있다고 가정하겠습니다. 이번에는 이메일을 전송할 때 파일을 첨부해서 보내는 방법을 살펴보겠습니다. 우선 보내고 싶은 파일을 현재 작업 폴더 안에 넣어주세요. 여기서는 [당첨자분들께.docx]라는 이름의 워드 파일을 하나 준비했습니다.

event_email_2.py

```
01  import smtplib
02  from email.mime.text import MIMEText
03  from email.mime.multipart import MIMEMultipart
04  from email.mime.application import MIMEApplication
05
06  smpt_server = "smtp.naver.com"
07  smtp_port = 587
08
09  s = smtplib.SMTP(smpt_server, smtp_port)
10  s.starttls()
11
12  email = '여러분의 네이버 메일주소@naver.com'
13  email_pw = '이메일 비밀번호'
14
15  s.login(email, email_pw)
16
17  recv_email = "받는 사람 이메일 주소" # ex) kyohoonsim@gmail.com
18  subject = "고객 사은 이벤트에 당첨되셨습니다!"
19  text = '''
20  축하드립니다!
21  고객님은 당사의 고객 사은 이벤트에 당첨되셨습니다.
22  '''
23
```

```
24  msg = MIMEMultipart()
25  msg_text = MIMEText(text)
26  msg.attach(msg_text)
27
28  with open('./당첨자분들께.docx', 'rb') as f:
29      msg_file = MIMEApplication(f.read())
30      msg_file.add_header('Content-Disposition', 'attachment', filename="당첨자분들께.docx")
31      msg.attach(msg_file)
32
33  msg['From'] = email
34  msg['To'] = recv_email
35  msg['Subject'] = subject
36
37  s.sendmail(email, recv_email, msg.as_string())
38  s.quit()
```

03행~04행 파일을 첨부해서 이메일을 보낼 때 필요한 클래스들을 가져옵니다.
24행 파일 첨부도 가능한 MIMEMultipart 객체를 생성합니다.
25행~26행 이메일에 메시지 내용을 첨부합니다.
28행~31행 이메일에 파일을 첨부합니다.

위 파이썬 코드를 실행해보면, 내용뿐만 아니라 첨부파일도 잘 전송된 것을 확인할 수 있습니다.

[그림 18-6]

18.5 이메일 내용을 예쁘게 꾸미기

파이썬으로 이메일을 보내는 경우에도 글자 색상을 변경하고, 글자 크기를 키우는 등 내용을 예쁘게 꾸며주는 것이 가능할까요? 내용을 html 형식으로 작성하여 보내는 것이 가능합니다. html 문서로 작성하면 CSS를 활용할 수 있기 때문에 내용을 예쁘게 꾸미는 것이 가능해집니다.

`event_email_3.py`

```python
import smtplib
from email.mime.text import MIMEText
from email.mime.multipart import MIMEMultipart
from email.mime.application import MIMEApplication

smpt_server = "smtp.naver.com"
smtp_port = 587

s = smtplib.SMTP(smpt_server, smtp_port)
s.starttls()

email = '여러분의 네이버 메일주소@naver.com'
email_pw = '이메일 비밀번호'

s.login(email, email_pw)

recv_email = "받는 사람 이메일 주소" # ex) kyohoonsim@gmail.com
subject = "고객 사은 이벤트에 당첨되셨습니다!"
text = '''
<p style="color: dodgerblue; font-size: 20px;">축하드립니다!</p>
<p>고객님은 당사의 <span style="background-color: hotpink; color: white;">고객 사은 이벤트</span>에 당첨되셨습니다.</p>
<p><span style="font-style: italic;">첨부파일</span>을 꼭 확인해주세요.</p>
'''

msg = MIMEMultipart()
msg_text = MIMEText(text, 'html')
msg.attach(msg_text)

with open('./당첨자분들께.docx', 'rb') as f:
    msg_file = MIMEApplication(f.read())
    msg_file.add_header('Content-Disposition', 'attachment', filename="당첨자분들께.docx")
    msg.attach(msg_file)

msg['From'] = email
msg['To'] = recv_email
msg['Subject'] = subject

s.sendmail(email, recv_email, msg.as_string())
s.quit()
```

> 19행~23행 이메일 내용을 html의 태그들을 이용해서 작성했습니다. style 속성을 이용해서 각 요소를 간단히 꾸몄습니다.
>
> 26행 이메일 내용이 html 문법으로 작성되었다는 것을 알려줍니다.

"축하드립니다!"에 파란색(dodgerblue)이 적용되었고, 글자 크기가 20px로 커졌습니다. "고객 사은 이벤트" 부분에는 분홍색(hotpink)으로 배경을 주었고, 글자는 흰색으로 만들었습니다. 그리고 마지막으로 '첨부파일'이라는 글자에는 이탤릭체를 적용했습니다. 정말 회사에서 공식적으로 보내는 것처럼 하려면 더 예쁘게 만들 필요가 있겠죠? 그것은 여러분에게 맡기겠습니다.

[그림 18-7]

18.6 엑셀 파일에 있는 데이터를 파이썬으로 가져오기

이 회사의 고객 정보가 다음과 같이 엑셀 파일에 정리되어 있다고 가정하겠습니다.

[그림 18-8]

엑셀 파일에 있는 회원 정보(이름, 이메일 주소 등)을 가져와서 이벤트 당첨 여부에 O라고 체크되어 있는 회원에게만 이메일을 보내도록 하겠습니다. 엑셀 파일의 내용을 pandas 라이브러리의 데이터프레임으로 만들어주면 이벤트 당첨 여부 컬럼이 O로 되어 있는 경우를 쉽게 선택할 수 있습니다. 먼저 그 부분에 대한 코드만 작성하겠습니다. pandas 라이브러리는 다음과 같은 명령으로 설치할 수 있습니다. 또한 파이썬에서 엑셀 파일을 읽고 쓸 때 필요한 openpyxl 라이브러리도 함께 설치해주세요.

```
pip install pandas openpyxl
```

event_email_4.py

```python
01  import pandas as pd
02
03  df = pd.read_excel('./회원리스트.xlsx')
04  print(df, "\n")
05
06  df_lucky = df[df['이벤트 당첨 여부']=='O']
07  print(df_lucky, "\n")
08
09  for idx, row in df_lucky.iterrows():
10      print(f"{row['이름']}님의 이메일 {row['이메일주소']}으로 당첨 이메일 전송!")
```

01행 데이터프레임으로 데이터를 관리하기 위해 pandas 라이브러리를 불러옵니다.

03행~04행 회원리스트.xlsx를 파이썬으로 가져와서 pandas 데이터프레임으로 만듭니다. 엑셀 파일의 데이터를 잘 읽어온 것을 확인할 수 있습니다.

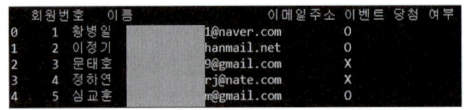

[그림 18-9]

06행~07행 이벤트 당첨 여부가 O로 되어 있는 행들만 남겨놓습니다.

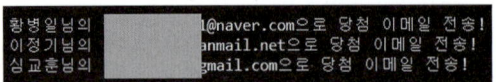

[그림 18-10]

09행~10행 반복문을 활용하여 이벤트에 당첨된 회원들에게 순차적으로 이메일을 보내기 위해 이름과 이메일 주소를 print 해봅니다.

18.7 엑셀 파일에 있는 고객 중 당첨 고객에게 이메일 보내기

이제 엑셀 파일에서 이벤트 당첨 여부에 O라고 적혀있는 회원들에게 이메일을 보내는 코드를 완성해 보겠습니다.

event_email_5.py

```
01  import smtplib
02  from email.mime.text import MIMEText
03  from email.mime.multipart import MIMEMultipart
04  from email.mime.application import MIMEApplication
05  import pandas as pd
06
07  smpt_server = "smtp.naver.com"
08  smtp_port = 587
09
10  email = '여러분의 네이버 메일주소@naver.com'
11  email_pw = '이메일 비밀번호'
12
13  s = smtplib.SMTP(smpt_server, smtp_port)
14  s.starttls()
15  s.login(email, email_pw)
16
17  df = pd.read_excel('./회원리스트.xlsx')
18  df_lucky = df[df['이벤트 당첨 여부']=='O']
19
20  for idx, row in df_lucky.iterrows():
21      recv_name = row['이름']
22      recv_email = row['이메일주소']
23
24      subject = f"{recv_name}님, 고객 사은 이벤트에 당첨되셨습니다!"
25      text = f'''
26      <p>안녕하세요. {recv_name}님.</p>
27      <p style="color: dodgerblue; font-size: 20px;">축하드립니다!</p>
28      <p>고객님은 당사의 <span style="background-color: hotpink; color: white;">
         고객 사은 이벤트</span>에 당첨되셨습니다.</p>
29      <p><span style="font-style: italic;">첨부파일</span>을 꼭 확인해주세요.</p>
30      '''
31
32      msg = MIMEMultipart()
33      msg_text = MIMEText(text, 'html')
```

```
34      msg.attach(msg_text)
35
36      with open('./당첨자분들께.docx', 'rb') as f:
37          msg_file = MIMEApplication(f.read())
38          msg_file.add_header('Content-Disposition', 'attachment',
                    filename="당첨자분들께.docx")
39          msg.attach(msg_file)
40
41      msg['From'] = email
42      msg['To'] = recv_email
43      msg['Subject'] = subject
44
45      s.sendmail(email, recv_email, msg.as_string())
46
47  s.quit()
```

> 21행~22행   당첨자 행에서 이름과 이메일 주소를 가져와서 각각 recv_name 변수, recv_email 변수에 담습니다.
> 24행   이메일 제목에 고객의 이름을 넣어줍니다. f-문자열 포맷팅 방식을 활용했습니다.
> 25행   이메일 내용에도 고객의 이름을 넣어줍니다.

위 파이썬 스크립트를 실행하니 다음과 같은 내용의 이메일이 당첨자들의 이메일 주소로 잘 전송된 것을 확인할 수 있었습니다.

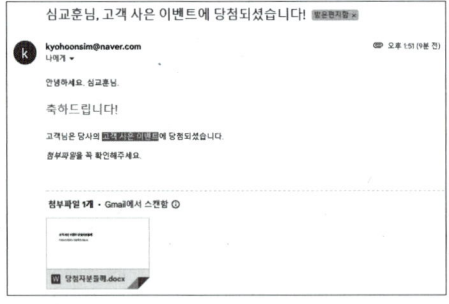

[그림 18-12]

18.8 정리하며

이메일은 우리 삶에서 매우 중요한 정보를 전달하는 수단입니다. 카카오톡, 스카이프, 라인 등의 메신저로 많은 정보를 주고 받더라도, 공식적인 내용은 대개 이메일로 주고 받습니다. 이 장에서 확인했던 것과 같이 코딩을 활용하면 단순 반복적인 일들을, **빠른 시간 내에 쉽게** 처리할 수 있습니다. 엑셀 파일에서 당첨된 회원들을 필터로 걸러내어 그 회원들에게 각각 커스터마이징된 이메일을 보내는 일을 50줄도 안 되는 코드로 처리할 수 있는 것입니다. 이번 실습에서는 네이버 이메일로 메일을 보내는 것을 살펴봤는데, 구글 이메일로 메일을 보내는 것도 이와 크게 다르지 않습니다. 구글 이메일을 보내는 방법도 인터넷에서 자료를 찾아서 한 번 도전해보기 바랍니다. 어렵지 않을 것입니다.

19장.
임시 비밀번호를 이메일로 발송하기

Feat.
string
+ random
+ smtplib
+ email

많은 웹 사이트들은 사용자가 웹 사이트의 비밀번호를 잊어버린 경우 임시 비밀번호를 이메일로 발송하여 그 비밀번호로 접속하게 한 후 사용자가 비밀번호를 재설정하도록 유도하곤 합니다. 이 장에서는 임시 비밀번호를 생성하는 법과 그것을 이메일로 보내는 방법에 대해 살펴보겠습니다.

19.1 실습 준비

이전 실습에 사용했던 가상환경이 활성화되어 있다면 먼저 **deactivate** 명령으로 비활성화해주세요.

```
deactivate
```

그리고 바탕화면에 있는 enjoy_python 폴더 내에 random_password라는 폴더를 만들고, VSCODE 에서 해당 폴더를 열고 cmd 터미널에서 아래 명령을 실행하여 .venv 가상환경을 만들어주세요. 가상환경이 잘 생성되었다면, random_password 폴더 안에 .venv 폴더가 생성되었을 것입니다.

```
virtualenv .venv
```

그리고 가상환경에 진입해주세요.

```
call .venv/Scripts/activate
```

이제 random_password 폴더 안에 .py 파일 등을 따라 만들어가면서 실습을 진행하면 됩니다. 참고로 .venv 폴더 안에 파일을 만들지 마세요.

19.2 랜덤 비밀번호 생성하기

여기서는 영어 대소문자, 숫자, 특수문자가 혼합된 10자리의 랜덤 비밀번호를 생성해보겠습니다. 제가 생각한 알고리즘은 다음과 같습니다.

1. 영어 대소문자에서 5개의 문자를 랜덤하게 선택합니다.
2. 숫자에서 세 개의 문자를 랜덤하게 선택합니다.
3. 특수문자에서 두 개의 문자를 랜덤하게 선택합니다. 특수문자 중 어떤 특수문자는 코딩 세계에서 중요한 의미를 지닌 것들이 있기 때문에 그 친구들은 사용하지 않는 편이 좋을 수 있습니다. 저는 !, @, #, $, %, ^, &, *만 랜덤 비밀번호 생성에 사용되도록 하겠습니다.
4. 선택된 10개의 문자를 연결한 후에 순서를 섞어줍니다.

string이라는 파이썬 표준 라이브러리를 사용하면 쉽게 영어 대소문자 후보, 숫자 후보, 특수문자 후보를 만들 수 있습니다. 우선 어떤 문자들이 랜덤 비밀번호에 사용될 지 확인해보겠습니다.

```
random_password_1.py
01  import string
02
03  print("영어 대소문자 후보> ", string.ascii_letters)
04  print("숫자 후보>", string.digits)
05  print("특수문자 후보> !@#$%^&*")
```

01행 string 라이브러리를 불러옵니다.
03행 string.ascii_letters는 영어 대소문자로 구성된 문자열입니다.
04행 string.digits는 숫자 0에서 9로 구성된 문자열입니다.
05행 비밀번호에 들어가도 괜찮을만한 특수문자들만 구성한 문자열입니다.

```
영어 대소문자 후보>  abcdefghijklmnopqrstuvwxyzABCDEFGHIJKLMNOPQRSTUVWXYZ
숫자 후보> 0123456789
특수문자 후보> !@#$%^&*
```

[그림 19-1]

이 문자들을 조합해서 10자리의 랜덤 비밀번호를 생성하겠습니다.

```
random_password_2.py
01  import string
02  import random
03
04  new_pw = ""
05
06  for i in range(5):
07      new_pw += random.choice(string.ascii_letters)
08
09  for i in range(3):
10      new_pw += random.choice(string.digits)
11
12  for i in range(2):
13      new_pw += random.choice("!@#$%^&*")
14
15  print("생성된 랜덤 비밀번호", new_pw)
16
17  new_pw_shuffle = "".join(random.sample(new_pw, len(new_pw)))
18  print("생성된 랜덤 비밀번호(섞은 후)", new_pw_shuffle)
```

02행   random 라이브러리를 가져옵니다.
04행   임시로 생성할 비밀번호를 담을 빈 문자열 new_pw을 준비합니다.
06행~07행   영어 대소문자에서 5개의 문자를 랜덤 추출해서 문자열 new_pw에 붙입니다.
09행~10행   숫자 0~9에서 세 개의 문자를 랜덤 추출해서 new_pw에 붙입니다.
12행~13행   특수문자 !@#$%^&*에서 두 개의 문자를 랜덤 추출해서 new_pw에 붙입니다.
15행   생성된 랜덤 비밀번호를 확인합니다.
17행~18행   생성된 랜덤 비밀번호 문자열 내 문자들의 순서를 랜덤하게 섞어줍니다.

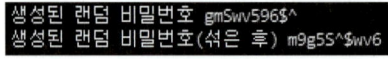

[그림 19-2]

이처럼 우리가 웹 사이트의 비밀번호를 잊었을 때 이메일로 전송되던 임시 비밀번호가 잘 생성되었습니다.

19.3 이메일로 임시 비밀번호 전송하기

이제 이메일로 임시 비밀번호를 전송하겠습니다. 18장에서 네이버 메일로 이메일을 보내는 내용을 다뤘던 것을 참고해주세요. 그리고 임시 비밀번호를 만드는 부분은 make_temp_password라는 이름의 함수로 만들었고, EmailSender라는 클래스를 만들어서 그 안에 임시 비밀번호를 담은 이메일을 전송하는 기능을 가진 send_email 메서드를 만들었습니다. 함수와 클래스를 사용하니 훨씬 더 코드가 구조화된 느낌이 들 겁니다.

random_password_3.py
```
01  import string
02  import random
03  import smtplib
04  from email.mime.text import MIMEText
05
06
07  def make_temp_password():
08      new_pw = ""
09
10      for i in range(5):
11          new_pw += random.choice(string.ascii_letters)
12
13      for i in range(3):
14          new_pw += random.choice(string.digits)
15
16      for i in range(2):
17          new_pw += random.choice("!@#$%^&*")
18
19      new_pw_shuffle = "".join(random.sample(new_pw, len(new_pw)))
20      return new_pw_shuffle
21
22
23  class EmailSender:
24      __smpt_server = "smtp.naver.com"
25      __smtp_port = 587
26
27      def __init__(self, email, email_pw):
28          self.email = email
29          self.email_pw = email_pw
30
```

```
31      def send_email(self, recv_email):
32          s = smtplib.SMTP(EmailSender.__smpt_server,
    EmailSender.__smtp_port)
33          s.starttls()
34
35          s.login(self.email, self.email_pw)
36
37          subject = "임시 비밀번호 발송"
38          text = f"임시 비밀번호: {make_temp_password()}"
39
40          msg = MIMEText(text)
41          msg['From'] = self.email
42          msg['To'] = recv_email
43          msg['Subject'] = subject
44
45          s.sendmail(self.email, recv_email, msg.as_string())
46          s.quit()
47
48
49  email_sender = EmailSender('여러분의 네이버 메일주소@naver.com', '이메일 비밀번호')
50  email_sender.send_email('받는 사람 이메일 주소')
```

- **03행~04행** 이메일 전송에 필요한 라이브러리와 기능을 가져옵니다.
- **07행~20행** 임시 비밀번호를 만들어주는 함수입니다.
- **23행~46행** 이메일 전송 기능을 가진 EmailSender 클래스입니다. smpt_server와 smpt_port는 클래스 인스턴스와 관계없이 동일하기 때문에 클래스 속성으로 만들었습니다. 그리고 EmailSender 클래스의 객체를 생성할 때는 보내는 사람의 이메일 주소와 비밀번호를 매개변수로 전달하게 했습니다. send_email 메서드를 사용할 때는 받는 사람의 이메일 주소를 매개변수로 전달해줘야 합니다.
- **49행** EmailSender 클래스의 객체를 생성합니다.
- **50행** 매개변수로 전달받은 이메일 주소로 이메일을 전송합니다.

위 코드를 실행하니 다음과 같이 임시 비밀번호를 담은 이메일이 잘 전송되었습니다.

[그림 19-3]

19.4 정리하며

회원가입을 요구하는 웹 사이트의 백엔드에서는 이와 유사한 코드가 포함되어 있을 것입니다. 파이썬이 아닌 자바, 자바스크립트, Go 등 다른 언어를 사용하더라도 로직 자체는 크게 다르지 않습니다. 따라서 코딩을 처음 배울 때는 여러 언어를 얕게 접하는 것보다는 하나를 깊이 파는 것이 좋습니다. 하나를 잘하게 되면 다른 것을 배울 때 크게 어렵지 않기 때문입니다. "hello world"를 10개의 프로그래밍 언어로 찍어보는 것보다는 파이썬 하나를 능숙하게 다룰 수 있는 수준까지 만드는 것이 더 능력있는 개발자로 성장하는 데 있어 지름길이 될 것입니다.

20장.
엑셀 파일 꾸미기

Feat. openpyxl

엑셀로 작업을 하다보면 특정값을 가진 셀들에 배경색을 넣어줘야 하는 경우가 있습니다. 필터링해서 해당 값들에 일일이 배경색을 넣는 대신 파이썬을 활용해서 그 작업을 자동화해보는 것은 어떨까요?

20.1 실습 준비

이전 실습에 사용했던 가상환경이 활성화되어 있다면 먼저 deactivate 명령으로 비활성화해주세요.

```
deactivate
```

그 다음에 바탕화면에 있는 enjoy_python 폴더 내에 excel_decorate라는 폴더를 만든 후, VSCODE에서 해당 폴더를 열고 cmd 터미널에서 아래 명령을 실행하여 .venv 가상환경을 만들어주세요. 가상환경이 잘 생성되었다면, excel_decorate 폴더 안에 .venv 폴더가 생성되었을 것입니다.

```
virtualenv .venv
```

그리고 가상환경에 진입해주세요.

```
call .venv/Scripts/activate
```

이제 excel_decorate 폴더 안에 .py 파일 등을 따라 만들어가면서 실습을 진행하면 됩니다. 참고로 .venv 폴더 안에 파일을 만들지 마세요.

20.2 특정 셀에 배경색 넣기

엑셀 메뉴 중에는 다음과 같이 어떤 셀이 나쁨, 보통, 좋음 등의 의미를 갖도록 배경색을 넣어 주는 것이 있습니다. 이렇게 배경색을 넣어주면 범주화 효과로 인해 데이터를 조금 더 이해하기 쉬워집니다.

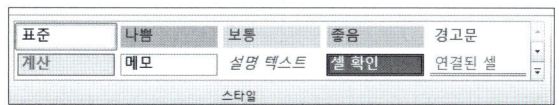

[그림 20-1]

파이썬에서 엑셀 파일을 다룰 때 사용하는 openpyxl 라이브러리를 활용하면 엑셀의 셀에 배경색을 넣을 수 있습니다. openpyxl 라이브러리를 설치하기 위해 VSCODE cmd 터미널에서 다음과 같은 명령을 실행해주세요.

```
pip install openpyxl
```

그리고 다음과 같은 엑셀 파일 [test.xlsx]를 하나 준비하겠습니다.

	A	B	C	D
1				
2		고객명	자산	
3		김부자	100000	
4		이가난	100	
5		박평범	5000	
6		최거지	10	
7				
8				

[그림 20-2]

특정 셀에 배경색을 넣는 코드는 다음과 같습니다. 셀의 위치를 지정해줘야 합니다.

excel_decorate_1.py

```python
import openpyxl
from openpyxl.styles import PatternFill

wb = openpyxl.load_workbook('./test.xlsx', data_only=True)
ws = wb["Sheet1"]
color = PatternFill(start_color='99ff99', end_color='99ff99', fill_type='solid')
ws.cell(3, 3).fill = color
wb.save('test_result.xlsx')
```

01행~02행 openpyxl 라이브러리와 배경색을 넣기 위해 필요한 PatternFill 클래스를 불러옵니다.
04행 [test.xlsx]를 openpyxl의 load_workbook 함수로 읽습니다.
05행 엑셀 파일에서 Sheet1을 선택합니다.
06행 배경색으로 넣어줄 컬러 정보를 만듭니다. 헥사코드로 #99ff99인 초록 계열의 색상을 넣어줄 것입니다.
07행 (3, 3) 위치에 해당하는 셀에 위 행에서 지정한 색을 배경색으로 넣어줍니다.
08행 작업한 결과물을 [test_result.xlsx]로 저장합니다.

현재 작업 폴더 내에 생성된 [test_result.xlsx]를 열어 보면 다음과 같이 김부자 고객의 자산 셀에 배경색이 적용된 것을 확인할 수 있습니다.

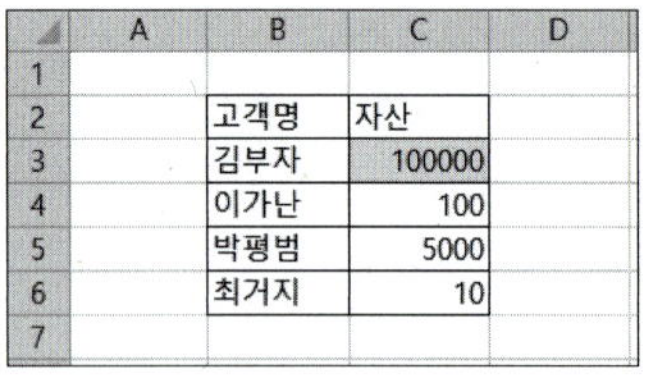

[그림 20-3]

20.3 값에 따라 셀마다 다른 배경색 넣기

이번에는 위치를 직접 지정하는 것이 아닌, 셀의 값을 기준으로 셀마다 다른 배경색을 넣어보겠습니다. C 컬럼의 값이 10000이상이면 초록색, 1000이상이면 노란색, 1000미만이면 빨간색을 넣어주도록 하겠습니다.

excel_decorate_2.py
```
01  import openpyxl
02  from openpyxl.styles import PatternFill
03
04  wb = openpyxl.load_workbook('./test.xlsx', data_only=True)
05  ws = wb["Sheet1"]
06
07  good_color = PatternFill(start_color='99ff99', end_color='99ff99',
       fill_type='solid')
08  normal_color = PatternFill(start_color='ffff99', end_color='ffff99',
       fill_type='solid')
09  bad_color = PatternFill(start_color='ff9999', end_color='ff9999',
       fill_type='solid')
```

```
10
11  cells = ws['C':'C']
12
13  for cell in cells:
14      try:
15          value = int(cell.value)
16
17          if value >= 10000:
18              cell.fill = good_color
19          elif value >= 1000:
20              cell.fill = normal_color
21          else:
22              cell.fill = bad_color
23      except:
24          pass
25
26  wb.save('test_result.xlsx')
```

07행~09행 기준에 따라 사용할 색을 정의합니다.
11행 Sheet1에서 C열 전체를 선택합니다.
13행~24행 C열에 있는 셀의 값이 10000이상인 경우에는 good_color를 셀의 배경색으로, 1000이상인 경우에는 normal_color를 셀의 배경색으로, 그 외의 경우에는 bad_color를 셀의 배경색으로 넣어줍니다.

[test_result.xlsx]를 열어보면 다음과 같이 값에 따라 배경색이 잘 적용된 것을 확인할 수 있습니다.

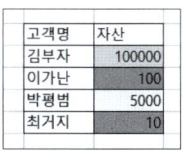

[그림 20-4]

20.4 글자 크기 변경하기

이번에는 특정 조건을 만족하는 셀 안에 글자 크기를 변경해보겠습니다. 화이트리스트 명단이 있는데 그 명단에 속하는 사람의 이름은 20px로 키우고 굵게(bold) 표현되게 하겠습니다.

excel_decorate_3.py

```python
01  import openpyxl
02  from openpyxl.styles import Font
03
04  wb = openpyxl.load_workbook('./test.xlsx', data_only=True)
05  ws = wb["Sheet1"]
06
07  cells = ws['B':'B']
08
09  new_font = Font(size=20, bold=True)
10
11  white_list = ['김부자', '박평범']
12
13  for cell in cells:
14      try:
15          name = cell.value
16          if name in white_list:
17              cell.font = new_font
18      except:
19          pass
20
21  wb.save('test_result.xlsx')
```

01행~02행 openpyxl 라이브러리와 폰트를 변경하기 위해 필요한 Font 클래스를 불러옵니다.
07행 고객명이 있는 B열 전체를 선택합니다.
09행 새롭게 적용할 폰트의 속성을 정의합니다.
11행 화이트리스트 명단입니다.
16행~17행 이름이 화이트리스트 명단에 속하면 새로운 폰트를 적용합니다.

위 코드를 실행했더니 다음과 같이 화이트리스트 명단에 속하는 고객의 이름이 크고 굵게 표현된 것을 확인할 수 있습니다.

고객명	자산
김부자	100000
이가난	100
박평범	5000
최거지	10

[그림 20-5]

20.5 정리하며

업무 자동화와 관련해서 파이썬을 활용할 때는 주의할 점이 있습니다. 업무를 충분히 파악한 후에 자동화를 시도해야 합니다. 그렇지 않으면 되레 역효과가 날 수 있습니다. 코드를 수정하느라 시간을 더 쓸 것이고, 힘들게 짠 코드가 제대로 작동하지 않을 수도 있습니다. 따라서 업무를 수행하던 중에 정말 자주 하는 단순 반복적인 프로세스가 있다면 그 부분에 대해서 자동화를 시도해보는 것이 좋습니다. 칼퇴근을 위한 업무 자동화를 너무 서두르지 마십시오.

21장.
로또 당첨번호를 크롤링하여 통계내기

Feat.
selenium +
webdriver-manager
+ collections

대학을 졸업하고 직장생활을 하다 보면, 밥 벌어먹고 산다는 것이 녹녹치 않다는 것을 깨닫곤 합니다. 그때 우리는 '로또나 당첨되면 좋겠다'라는 생각에 편의점에서 로또를 구매합니다. 그러나 우리의 바람과 다르게 쉽게 당첨되지 않습니다. 궁금증이 생깁니다. '어떤 번호를 선택해야 당첨 확률이 높을까?' '더 당첨이 잘 되는 번호가 존재할까?' 그래서 역대 로또 당첨번호를 확인해봅니다. 그러나 전체 회차가 1000회가 넘어가기 때문에 손수 하나씩 웹 페이지를 이동해가며 정리하려고 하니 시간이 너무 많이 소요될 것 같습니다. 하지만 코딩을 활용하면 훨씬 더 빨리 정리할 수 있습니다.

21.1 실습 준비

이전 실습에 사용했던 가상환경이 활성화되어 있다면 먼저 **deactivate** 명령으로 비활성화해주세요.

```
deactivate
```

그 다음에 바탕화면에 있는 enjoy_python 폴더 내에 lotto_crawling이라는 폴더를 만든 후, VSCODE에서 해당 폴더를 열고 cmd 터미널에서 아래 명령을 실행하여 .venv 가상환경을 만들어주세요. 가상환경이 잘 생성되었다면, lotto_crawling 폴더 안에 .venv 폴더가 생성되었을 것입니다.

```
virtualenv .venv
```

그리고 가상환경에 진입해주세요.

```
call .venv/Scripts/activate
```

이제 lotto_crawling 폴더 안에 .py 파일 등을 따라 만들어가면서 실습을 진행하면 됩니다. 참고로 .venv 폴더 안에 파일을 만들지 마세요.

21.2 가장 최근 회차의 당첨번호를 일부 크롤링하기

일단 웹 사이트에 있는 정보를 자동으로 수집하기 위해서는 크롤링(Crawling)이라는 기술이 필요합니다. 크롤링이란 웹 페이지를 이동해가며, 원하는 정보를 수집해오는 것을 의미합니다. 파이썬에서 크롤링을 할 때 많이 사용하는 라이브러리에는 Selenium과 BeautifulSoup가 있습니다. 우리는 이 중 Selenium을 이용해서 크롤링을 해보겠습니다. 먼저 Selenium 라이브러리를 설치하기 위해 VSCODE cmd 터미널에서 아래 명령을 실행합니다.

```
pip install selenium
```

제 경우에는 4.3.0 버전의 selenium이 설치되었습니다. `pip list` 명령으로 설치된 라이브러리들의 버전을 확인할 수 있습니다. 또한 크롤링을 할 때는 크롬 드라이버가 필요한데, 이 크롬 드라이버를 코드로 설치할 때 필요한 라이브러리인 webdriver-manager를 설치합니다.

```
pip install webdriver-manager
```

이제 가장 최근 회차의 로또 당첨번호와 보너스번호를 크롤링해보겠습니다. 크롤링을 하기 위해서는 해당 정보가 있는 웹 페이지의 주소를 알아야 합니다. 최근 회차의 당첨번호와 보너스번호는 아래 웹 페이지에서 확인할 수 있습니다. 제가 글을 작성하는 시점에는 1024회가 가장 최근 회차였습니다.

```
https://dhlottery.co.kr/gameResult.do?method=byWin&wiselog=C_A_1_2
```

[그림 21-1]

이제 우리는 당첨번호와 보너스번호 정보가 있는 위치를 웹 크롤러에게 알려줘야 합니다. 참고로 크롤링을 하는 프로그램 또는 머신을 '크롤러'라고 합니다. 사람은 웹 페이지를 한 번 훑어보면 어디에 당첨번호들과 보너스번호가 있는지 바로 알 수 있지만 컴퓨터는 모릅니다. 컴퓨터는 우리가 생각하는 것보다 똑똑하지 않답니다. 반복적인 일을 빠르게 할 수 있는 친구지, 추론하는 능력이 뛰어난 친구는 아닙니다. 따라서 크롤러에게 당첨번호와 보너스번호가 어디에 있는지 친절하게 알려줘야 합니다.

해당 웹 페이지에서 키보드의 〈F12〉를 클릭하면 개발자 도구가 열릴 것입니다. ▣를 클릭한 후에 첫 번째 당첨번호가 담긴 노란색 공(9번 공)을 클릭합니다.

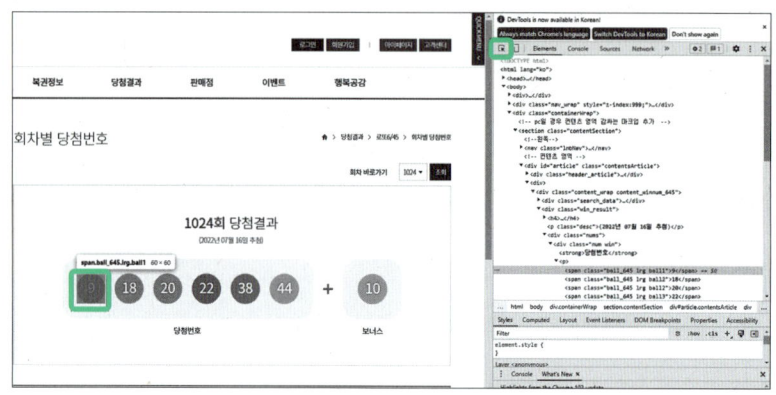

[그림 21-2]

html 문서에서 해당 정보를 담고 있는 요소(element)가 선택됩니다. 그 요소를 오른쪽 클릭한 후에 [Copy] → [Copy selector]를 선택합니다. 그러면 숫자 9가 담긴 요소의 위치 정보가 복사됩니다.

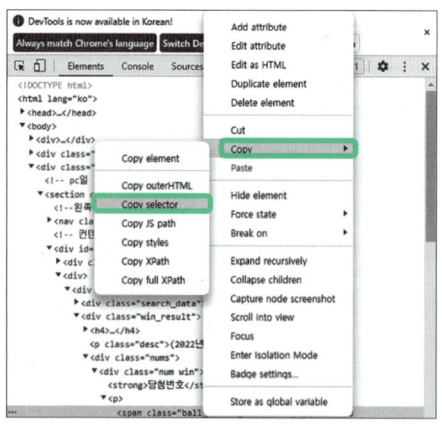

[그림 21-3]

복사한 것을 메모장 등에 붙여 넣어 보면 다음과 같이 뭔가 복잡한 코드가 나옵니다(여러분은 저와 다르게 나올 것입니다. 당황할 필요없이 여러분이 받은 selector를 사용하면 됩니다.)

```
#article > div:nth-child(2) > div > div.win_result > div > div.num.win > p >
span.ball_645.lrg.ball1
```

위 selector는 html 문서 내에서 해당 정보를 담고 있는 위치 정보라고 생각하면 됩니다. 간단하게 설명하면, article이라는 id를 부여 받은 요소 안에 있는 두 번째 div 요소 안에 div 요소 안에 (중략) p 요소 안에 ball_645, lrg, ball1이라는 클래스를 부여 받은 span 요소라는 뜻입니다.

자, 이제 첫 번째 당첨번호인 숫자 9를 크롤링해보겠습니다. lotto_crawling 폴더 내에 lotto_crawling_1.py 파일을 만든 후에 아래 코드를 작성하면 됩니다. 작성 후 코드 실행은 VSCODE cmd 터미널에서 python lotto_crawling_1.py 명령을 실행하면 됩니다.

lotto_crawling_1.py

```
01  from selenium import webdriver
02  from webdriver_manager.chrome import ChromeDriverManager
03  from selenium.webdriver.common.by import By
04
05  driver = webdriver.Chrome(ChromeDriverManager().install())
06  url = 'https://dhlottery.co.kr/gameResult.do?method=byWin&wiselog=C_A_1_2'
07  driver.get(url)
08  rotto_num1 = driver.find_element(By.CSS_SELECTOR, '#article > div:nth-
    child(2) > div > div.win_result > div > div.num.win > p > span.ball_645.
    lrg.ball1').text
09  print(f"당첨번호1: {rotto_num1}")
10  driver.quit()
```

01행 크롬 드라이버 제어에 필요한 webdriver를 selenium 라이브러리에서 가져옵니다.
02행 크롬 드라이버를 설치하기 위해 webdriver_manager에서 ChromeDriverManager를 불러옵니다.
03행 html 요소를 찾는 데 필요한 By를 불러옵니다.
05행 크롬 드라이버를 설치한 후 실행합니다.
06행~07행 가장 최근 회차의 당첨번호와 보너스번호가 담긴 웹 페이지에 크롬 드라이버가 접속하게 합니다.
08행 첫 번째 당첨번호가 담긴 위치를 찾아서 그 안에 있는 text 정보를 rotto_num1이긴 변수에 담습니다.
09행 크롤링으로 얻은 당첨번호 1을 터미널에 출력합니다. 첫 번째 당첨번호인 9를 잘 가져온 것을 확인할 수 있습니다.

당첨번호1: 9

[그림 21-4]

10행 크롤링을 마쳤으므로 크롬 드라이버를 종료합니다.

위 코드를 실행하면 "Chrome이 자동화된 테스트 소프트웨어에 의해 제어되고 있습니다"라는 메시지와 함께 크롬 브라우저가 자동으로 실행될 것입니다. 갑자기 크롬 브라우저가 실행되었다고 놀라지 마세요. 여러분이 코드로 컴퓨터에게 명령한 것입니다.

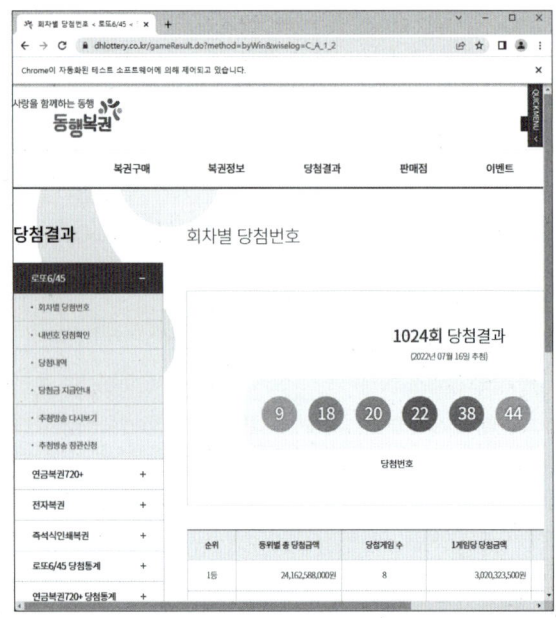

[그림 21-5]

21.3 가장 최근 회차의 당첨번호와 보너스번호 크롤링하기

첫 번째 당첨번호를 가져오는 것에 성공했으니 이제 나머지 당첨번호와 보너스번호도 가져와보겠습니다. 6개의 당첨번호가 담겨있는 부분의 html 코드를 잘 살펴보면 ⟨p⟩⟨/p⟩ 안에 6개의 ⟨span⟩⟨/span⟩이 있는 것을 확인할 수 있습니다. html에서는 꺾쇠로 감싸져 있는 것을 태그(tag)라고 부릅니다. p 태그 요소 안에 6개의 span 태그 요소가 있는 상황입니다.

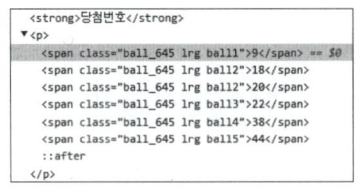

[그림 21-6]

그리고 어떤 요소 안에 있는 첫 번째 span 요소는 span:nth-child(1), 두 번째 span 요소는 span:nth-child(2)로 나타낼 수 있습니다. 그렇다면, 당첨번호1부터 당첨번호6까지의 CSS 셀렉터는 다음과 같이 표현할 수 있게 됩니다. 규칙성이 있기 때문에 반복문을 활용하면 되겠다는 느낌이 강하게 들죠?

```
#article > div:nth-child(2) > div > div.win_result > div > div.num.win > p > span:nth-child(1)

#article > div:nth-child(2) > div > div.win_result > div > div.num.win > p > span:nth-child(2)

#article > div:nth-child(2) > div > div.win_result > div > div.num.win > p > span:nth-child(3)

#article > div:nth-child(2) > div > div.win_result > div > div.num.win > p > span:nth-child(4)

#article > div:nth-child(2) > div > div.win_result > div > div.num.win > p > span:nth-child(5)

#article > div:nth-child(2) > div > div.win_result > div > div.num.win > p > span:nth-child(6)
```

추가로 보너스번호의 CSS 셀렉터를 확인합니다.

```
#article > div:nth-child(2) > div > div.win_result > div > div.num.bonus > p > span
```

이제 모든 번호의 CSS 셀렉터를 알았기 때문에 크롤링하는 것이 가능해졌습니다.

lotto_crawling_2.py

```
01  from selenium import webdriver
02  from webdriver_manager.chrome import ChromeDriverManager
03  from selenium.webdriver.common.by import By
04
05  driver = webdriver.Chrome(ChromeDriverManager().install())
06  url = 'https://dhlottery.co.kr/gameResult.do?method=byWin&wiselog=C_A_1_2'
07  driver.get(url)
08
09  for i in range(1, 7):
10      rotto_num = driver.find_element(By.CSS_SELECTOR, '#article > div:nth-
```

```
            child(2) > div > div.win_result > div > div.num.win > p > span:nth-
            child(' + str(i) + ')').text
11      print(f"당첨번호{i}: {rotto_num}")
12
13  bonus_num = driver.find_element(By.CSS_SELECTOR, '#article > div:nth-
    child(2) > div > div.win_result > div > div.num.bonus > p > span').text
14  print(f"보너스번호: {bonus_num}")
15
16  driver.quit()
```

09행~11행 당첨번호의 CSS 셀렉터에서 맨 끝에 있는 nth-child() 내 숫자만 다른 상황이므로 1부터 6까지 반복되게 반복문을 활용합니다. str() 함수를 사용하여 숫자를 문자로 바꿔준 후 CSS 셀렉터를 완성합니다.

```
당첨번호1: 9
당첨번호2: 18
당첨번호3: 20
당첨번호4: 22
당첨번호5: 38
당첨번호6: 44
```

[그림 21-7]

13행~14행 보너스번호를 크롤링합니다.

```
보너스번호: 10
```

[그림 21-8]

21.4 가장 자주 당첨된 번호 확인하기(번호별 당첨 빈도 파악)

어떤 번호가 더 당첨이 잘 되는지 궁금한 상황에서 이 프로젝트를 시작한 것이기 때문에 최근 한 회차의 데이터만으로는 부족합니다. 모든 회차에서 당첨되었던 번호를 모두 모아서 통계를 내보겠습니다.

회차별 당첨번호 웹 페이지를 보면 회차를 선택할 수 있습니다. 원하는 회차를 셀렉트 박스에서 선택한 후에 [조회] 버튼을 클릭하면 됩니다. 우리는 이것을 크롤러에게 시킬 것입니다. 1회차에 들어가서 당첨번호를 모으고, 2회차에 들어가서 당첨번호를 모으고, …, 1024회차까지 당첨번호를 모을 것입니다. 제가 생각한 전략은 다음과 같습니다.

1. 빈 리스트를 하나 생성합니다.

2. 1회차 당첨번호 페이지에 들어가서 크롤링한 당첨번호와 보너스번호를 리스트에 담습니다.

3. 2회차부터 1024회차까지 2단계를 반복합니다.

4. 리스트 안에 있는 숫자마다 반복된 횟수를 구합니다.

```
lotto_crawling_3.py
01  from selenium import webdriver
02  from webdriver_manager.chrome import ChromeDriverManager
03  from selenium.webdriver.common.by import By
04  from selenium.webdriver.support.ui import Select
05  from selenium.webdriver.common.keys import Keys
06  from collections import Counter
07  import time
08
09  driver = webdriver.Chrome(ChromeDriverManager().install())
10  url = 'https://dhlottery.co.kr/gameResult.do?method=byWin&wiselog=C_A_1_2'
11  driver.get(url)
12
13  num_list = []
14
15  for i in range(1, 1025):
16      select = Select(driver.find_element(By.CSS_SELECTOR, "#dwrNoList"))
17      select.select_by_visible_text(str(i))
18      driver.find_element(By.CSS_SELECTOR, "#searchBtn").send_keys(Keys.ENTER)
19      time.sleep(0.1)
20
21      for j in range(1, 7):
22          rotto_num = driver.find_element(By.CSS_SELECTOR, '#article > div:nth-child(2) > div > div.win_result > div > div.num.win > p > span:nth-child(' + str(j) + ')').text
23          num_list.append(rotto_num)
24
25      bonus_num = driver.find_element(By.CSS_SELECTOR, '#article > div:nth-child(2) > div > div.win_result > div > div.num.bonus > p > span').text
26      num_list.append(bonus_num)
27
28  frequent_num = Counter(num_list)
29  print(frequent_num)
30
```

```
31  frequent_num_dict = dict(frequent_num)
32  sorted_frequent_num = sorted(frequent_num_dict.items(), key=lambda x: x[1],
    reverse=True)
33  print(sorted_frequent_num)
34
35  driver.quit()
```

04행~05행   웹 페이지에서 셀렉트 박스 요소를 선택하고 클릭할 때 필요한 기능을 불러옵니다.

06행   리스트 내 반복된 요소의 횟수를 구할 때 필요한 Counter 클래스를 collections 라이브러리에서 불러옵니다.

07행   코드의 실행을 잠시 멈추기 위해 필요한 sleep 함수 사용을 위해 time 라이브러리를 불러옵니다.

13행   모든 회차에서의 당첨번호와 보너스번호를 담기 위한 빈 리스트를 만듭니다.

15행   1회차부터 1024회차까지 반복하기 위한 반복문을 만듭니다(여러분이 코드를 작성할 시점에 맞게 1025를 "최근 회차 + 1"로 바꿔주면 됩니다).

16행~17행   회차 정보가 담긴 셀렉트 박스에서 i에 해당하는 숫자를 선택합니다. 1부터 1024까지 순차적으로 선택될 것입니다.

18행   조회 버튼을 클릭합니다.

19행   time.sleep(0.1)로 크롤러가 0.1초만큼 쉴 시간을 줍니다. 만약, 제대로 크롤링이 되지 않는 것 같다면 1초 또는 그 이상 코드 실행을 멈추게 하여 페이지 이동이 완벽히 이뤄진 후 정보를 가져오게 합니다.

21행~23행   당첨번호를 크롤링하여 num_list에 담습니다.

25행~26행   보너스번호를 크롤링하여 num_list에 담습니다.

28행~29행   collections 라이브러리의 Counter로 리스트 안에 반복된 요소들의 반복 횟수를 구합니다.

31행~33행   가장 많이 당첨된 숫자들부터 보기 위해 발생 빈도가 많은 순부터 적은 순으로, 즉 내림차순으로 정렬합니다. 43이 가장 많은 180회 당첨되었고, 34가 177회로 그 다음을 기록했습니다. 22가 131회로 가장 적게 당첨된 숫자네요.

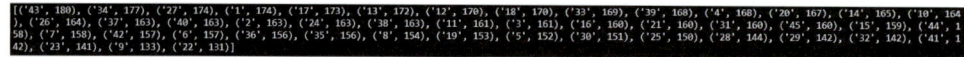

[그림 21-9]

로또 번호별로 당첨 횟수를 정리하자면 다음과 같습니다. 43번, 34번과 같은 번호가 22번, 9번에 비해서는 훨씬 자주 당첨되었다는 것을 확인할 수 있습니다.

[표 21-1]

번호	당첨횟수
43	180
34	177
27	174
1	174
17	173
중략	
29	142
32	142
41	142
9	133
11	131

21.5 정리하며

당첨 빈도가 가장 높았던 6개 번호로 로또 1장, 당첨 빈도가 가장 낮았던 6개 번호로 로또 1장을 구매해봤습니다. 당첨 빈도가 가장 낮은 6개 번호를 선택한 이유는 어차피 랜덤 선택이기 때문에 지금까지 당첨이 잘 안 된 숫자가 뽑힐 확률이 많이 뽑혔던 숫자보다 더 뽑힐 확률이 높지 않을까 싶어서입니다. 과연 결과는 어떻게 되었을까요? 제가 이 책을 끝까지 완성해서 여러분 손에 이 책이 쥐어졌다면 1등 당첨은 되지 않은 것으로 생각하면 됩니다.

크롤링은 단순 반복적인 업무를 자동화할 때 사용하기에 정말 좋은 기술 중 하나입니다. 매일 웹 사이트에서 어떤 정보를 확인한 후에 문서로 정리해야 하는 업무가 있다면, 크롤링 기술을 활용해보세요. 기존에 일주일이 걸려야 해낼 수 있었던 일을 단 2시간 만에도 할 수 있을 것입니다. 실제로 제가 아는 비개발자인 지인은 업무에 크롤링을 활용하여 성과를 내어 상사에게 인정받으며 즐겁게 일하고 있습니다.

22장.
커쇼와 류현진 선수의 MLB 데이터 비교하기

Feat.
sqlite3 + pandas + matplotlib

스포츠 종목 중에서 데이터 분석이 가장 많이 발전된 종목은 야구입니다. 야구 데이터를 활용하여 데이터 분석 공부에 입문하는 것도 좋은 시작점이 될 수 있습니다. 이번 실습에서는 공개된 MLB 데이터베이스인 레먼 데이터베이스에 적재되어 있는 데이터들을 조회해보고, 간단한 통계적 수치들을 계산해보고, 데이터를 시각화해보겠습니다.

22.1 실습 준비

이전 실습에 사용했던 가상환경이 활성화되어 있다면 먼저 deactivate 명령으로 비활성화해주세요.

```
deactivate
```

그 다음에 바탕화면에 있는 enjoy_python 폴더 내에 mlb_data라는 폴더를 만든 후 VSCODE에서 해당 폴더를 열고 cmd 터미널에서 아래 명령을 실행하여 .venv 가상환경을 만들어주세요. 가상환경이 잘 생성되었다면, mlb_data 폴더 안에 .venv 폴더가 생성되었을 것입니다.

```
virtualenv .venv
```

그리고 가상환경에 진입해주세요.

```
call .venv/Scripts/activate
```

이제 mlb_data 폴더 안에 .py 파일 등을 따라 만들어가면서 실습을 진행하면 됩니다. 참고로 .venv 폴더 안에 파일을 만들지 마세요.

22.2 파이썬과 Sqlite3 데이터베이스 연동하기

MLB 데이터베이스 중에 숀 레먼이라는 사람이 쌓은 레먼 데이터베이스가 있습니다. 우리는 이 데이터베이스를 실습에 사용하겠습니다.

```
https://www.seanlahman.com/baseball-archive/statistics/
```

위 웹 사이트에 들어가서, [Download Previous Versions]에 있는 [2019 – SQL Lite]를 클릭합니다.

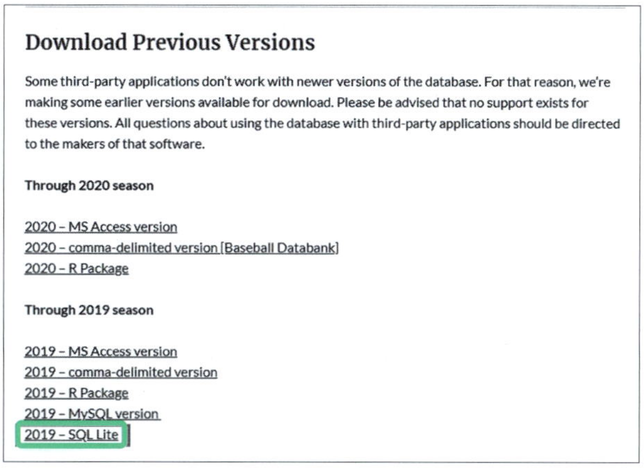

[그림 22-1]

그러면 1871년부터 2019년까지의 MLB 데이터가 들어가 있는 레먼 데이터베이스 파일을 다운로드할 것입니다. 그 파일을 현재 우리가 작업하고 있는 폴더 안에 넣어줍니다.

이제 이 데이터베이스에 있는 MLB 투수 데이터를 파이썬으로 가져오는 코드를 작성해보겠습니다. sqlite3 데이터베이스와 파이썬을 연동하려면, sqlite3 라이브러리가 필요합니다. 표준 라이브러리이므로, 별도의 설치 과정이 필요없습니다. 레먼 데이터베이스에는 다양한 테이블이 있는데 그중에서 매 시즌 투수 개인 성적이 들어있는 pitcher 테이블에서 류현진 선수의 데이터를 읽어보겠습니다.

mlb_data_1.py
```
01  import sqlite3
02
03  with sqlite3.connect("lahmansbaseballdb.sqlite") as con:
04      cur = con.cursor()
05      cur.execute('''
06      SELECT * FROM pitching WHERE playerID = 'ryuhy01';
```

```
07          ''')
08      result = cur.fetchall()
09
10  print(result)
```

- 01행 sqlite3 라이브러리를 불러옵니다.
- 03행 레몬 데이터베이스에 연결합니다.
- 04행 커서 객체를 생성합니다.
- 05행~07행 SQL 쿼리문을 실행합니다. SQL 문법을 몰라도 괜찮습니다. 일단 그냥 따라하세요. SELECT로 시작하는 쿼리는 어떤 데이터를 조회하겠다는 뜻입니다. playerID가 ryuhy01인 선수(류현진)의 투구 데이터를 조회합니다.
- 08행 조회된 모든 행을 result 변수에 담습니다.
- 10행 조회한 결과를 콘솔에 출력합니다. 아래와 같이 뭔지는 모르겠지만 복잡한 내용이 출력되었습니다.

```
[(42452, 'ryuhy01', 2013, 1, 'LAN', 2729, 'NL', 14, 8, 30, 30, 2, 1, 0
, 576, 182, 64, 15, 49, 154, 0.252, 3.0, 4, 5, 1, 0, 783, 0, 67, 7, 3,
 26), (43185, 'ryuhy01', 2014, 1, 'LAN', 2759, 'NL', 14, 7, 26, 26, 0,
 0, 0, 456, 152, 57, 8, 29, 139, 0.257, 3.38, 2, 2, 3, 0, 631, 0, 60,
 6, 2, 12), (44802, 'ryuhy01', 2016, 1, 'LAN', 2819, 'NL', 0, 1, 1, 1,
 0, 0, 0, 14, 8, 6, 1, 2, 4, 0.364, 11.57, 1, 0, 0, 0, 24, 0, 6, 0, 0,
 0), (45629, 'ryuhy01', 2017, 1, 'LAN', 2849, 'NL', 5, 9, 25, 24, 0, 0,
 1, 380, 128, 53, 22, 45, 116, 0.263, 3.77, 3, 4, 4, 1, 541, 1, 58, 4,
 1, 11), (46512, 'ryuhy01', 2018, 1, 'LAN', 2879, 'NL', 7, 3, 15, 15,
 0, 0, 0, 247, 68, 18, 9, 15, 89, 0.221, 1.97, 1, 0, 1, 0, 324, 0, 23,
 1, 0, 8), (47422, 'ryuhy01', 2019, 1, 'LAN', 2909, 'NL', 14, 5, 29, 29
, 1, 1, 0, 548, 160, 47, 17, 24, 163, 0.234, 2.32, 2, 0, 4, 0, 723, 0,
 53, 8, 2, 17)]
```

[그림 22-2]

22.3 조회한 데이터를 보기 좋은 형태로 변환하기

데이터가 조회되긴 했지만, 알아보기 힘든 형태로 데이터가 조회되었습니다. 각 데이터가 무엇을 의미하는지 알 수 있도록 컬럼에 대한 정보가 있으면 좋겠고, 행 별로 나뉘어서 보이면 더 좋을 것 같습니다. 조회된 데이터를 Pandas의 데이터프레임으로 변환해주면, 보기에도 좋고 이후 작업에도 유리한 상태로 만들어줄 수 있습니다. 우선 pandas 라이브러리를 설치합니다. VSCODE cmd 터미널에서 다음 명령을 실행하면 됩니다.

```
pip install pandas
```

pitching 테이블의 모든 컬럼에 대해서 조회하지 않고, 몇몇 관심 있는 컬럼에 대한 데이터만 조회하겠습니다.

```
mlb_data_2.py
```

```python
01  import sqlite3
02  import pandas as pd
03
04  with sqlite3.connect("lahmansbaseballdb.sqlite") as con:
05      cur = con.cursor()
06      cur.execute('''
07      SELECT playerID, yearID, teamID, W, L, G, SV, IPouts, ERA, SO, BB, H
        FROM pitching WHERE playerID = 'ryuhy01';
08      ''')
09      result = cur.fetchall()
10
11  cols = []
12  for column in cur.description:
13      cols.append(column[0])
14
15  df = pd.DataFrame.from_records(data=result, columns=cols)
16  print(df)
```

02행   pandas 라이브러리를 불러옵니다.
06행~08행   쿼리문을 실행합니다. playerID, yearID 등의 몇몇 컬럼에 대해서만 조회합니다.
11행~13행   조회된 데이터와 연관된 컬럼명을 cols 리스트에 남습니다.
15행~16행   조회한 데이터와 컬럼 정보를 가지고 데이터프레임을 생성합니다. 데이터프레임을 콘솔에 출력해보니, 앞서보다 훨씬 보기 좋은 형태로 정렬되어 있습니다. 참고로 W는 승, L은 패, G는 경기수, SV는 세이브, IPouts는 잡아낸 아웃카운트, ERA는 평균자책점, SO는 삼진, BB는 볼넷, H는 안타를 의미합니다.

```
   playerID  yearID teamID   W  L   G  SV  IPouts    ERA   SO  BB    H
0  ryuhy01    2013    LAN   14  8  30   0     576   3.00  154  49  182
1  ryuhy01    2014    LAN   14  7  26   0     456   3.38  139  29  152
2  ryuhy01    2016    LAN    0  1   1   0      14  11.57    4   2    8
3  ryuhy01    2017    LAN    5  9  25   1     380   3.77  116  45  128
4  ryuhy01    2018    LAN    7  3  15   0     247   1.97   89  15   68
5  ryuhy01    2019    LAN   14  5  29   0     548   2.32  163  24  160
```

[그림 22-3]

위 데이터를 보니, 류현진 선수의 경우 2018 시즌에 ERA가 가장 좋았고, 2019 시즌에 가장 많은 탈삼진을 기록했습니다. 참고로 2019 시즌이 류현진 선수의 커리어 하이 시즌으로 불립니다.

22.4 류현진 선수의 승, 패, ERA, 탈삼진, 볼넷, 피안타 평균 구하기

데이터프레임으로 변환해주고 나면, 평균, 최댓값, 최솟값, 중앙값 등과 같은 기초 통계량을 구하는 것이 매우 쉬워집니다. 류현진 선수의 승, 패, ERA, 탈삼진, 볼넷, 피안타의 시즌 평균, 최댓값, 최솟값을 구해보겠습니다.

mlb_data_3.py

```
01  import sqlite3
02  import pandas as pd
03
04  with sqlite3.connect("lahmansbaseballdb.sqlite") as con:
05      cur = con.cursor()
06      cur.execute('''
07      SELECT playerID, yearID, teamID, W, L, G, SV, IPouts, ERA, SO, BB, H
        FROM pitching WHERE playerID = 'ryuhy01';
08      ''')
09      result = cur.fetchall()
10
11  cols = []
12  for column in cur.description:
13      cols.append(column[0])
14
15  df = pd.DataFrame.from_records(data=result, columns=cols)
16  print(df)
17
18  df1 = df[['W', 'L', 'ERA', 'SO', 'BB', 'H']]
19
20  df1_avg = df1.mean()
21  print(f"[류현진 기록 평균]\n{df1_avg}")
22
23  df1_max = df1.max()
24  print(f"[류현진 기록 최댓값]\n{df1_max}")
25
26  df1_min = df1.min()
27  print(f"[류현진 기록 최솟값]\n{df1_min}")
```

18행 승, 패, ERA, 탈삼진, 볼넷, 피안타 컬럼만 선택하여 새로운 데이터프레임 df1을 생성합니다.
20행~21행 데이터프레임의 mean() 메서드를 활용하여 각 기록의 평균을 구합니다.

[그림 22-4]

23행~24행   max() 메서드를 활용하여 각 기록의 최대값을 구합니다.

[그림 22-5]

26행~27행   min() 메서드를 활용하여 각 기록의 최소값을 구합니다.

[그림 22-6]

위와 같이 평균, 최대값, 최소값을 각각 구할 수도 있지만, 데이터프레임의 describe() 메서드를 활용하면 주요 기초통계량을 한 번에 모두 구할 수 있습니다.

mlb_data_4.py

```
01  import sqlite3
02  import pandas as pd
03
04  with sqlite3.connect("lahmansbaseballdb.sqlite") as con:
05      cur = con.cursor()
06      cur.execute('''
07      SELECT playerID, yearID, teamID, W, L, G, SV, IPouts, ERA, SO, BB, H
        FROM pitching WHERE playerID = 'ryuhy01';
08      ''')
09      result = cur.fetchall()
```

```
10
11  cols = []
12  for column in cur.description:
13      cols.append(column[0])
14
15  df = pd.DataFrame.from_records(data=result, columns=cols)
16  print(df)
17
18  df1 = df[['W', 'L', 'ERA', 'SO', 'BB', 'H']]
19
20  df1_statistics = df1.describe()
21  print("\n류현진 기록 기초통계량:\n", df1_statistics)
```

20행~21행 describe() 메서드를 사용하여, 데이터 개수, 평균, 표준편차, 최소값, 제1사분위수, 제2사분위수(중앙값), 제3사분위수, 최대값과 같은 기초통계량을 한 번에 구합니다.

```
[류현진 기록 기초통계량]
              W         L       ERA         SO        BB           H
count  6.000000  6.000000  6.000000    6.000000   6.000000    6.000000
mean   9.000000  5.500000  4.335000  110.833333  27.333333  116.333333
std    5.932959  3.082207  3.605888   58.812980  17.828816   65.877664
min    0.000000  1.000000  1.970000    4.000000   2.000000    8.000000
25%    5.500000  3.500000  2.490000   95.750000  17.250000   83.000000
50%   10.500000  6.000000  3.190000  127.500000  26.500000  140.000000
75%   14.000000  7.750000  3.672500  150.250000  41.000000  158.000000
max   14.000000  9.000000 11.570000  163.000000  49.000000  182.000000
```

[그림 22-7]

판다스가 데이터 분석에 많이 사용되는 이유 중 하나가 이 데이터프레임이라는 객체에 describe() 메서드와 같이 매우 유용한 메서드가 많이 포함되어 있다는 점입니다.

22.5 류현진 선수의 시즌별 ERA를 선 그래프로 그리기

이제 류현진 선수의 시즌별 ERA 추이를 선 그래프로 그려보겠습니다. 그래프로 데이터를 표현하면, 단순히 숫자로 데이터를 나타낼 때보다 조금 더 사람들에게 와닿게 합니다. 그래프를 그리기 위해 matplotlib 라이브러리를 설치하겠습니다. VSCODE cmd 터미널에 다음 명령을 입력합니다.

```
pip install matplotlib
```

mlb_data_5.py

```python
01  import sqlite3
02  import pandas as pd
03  import matplotlib.pyplot as plt
04
05  with sqlite3.connect("lahmansbaseballdb.sqlite") as con:
06      cur = con.cursor()
07      cur.execute('''
08      SELECT playerID, yearID, teamID, W, L, G, SV, IPouts, ERA, SO, BB, H
        FROM pitching WHERE playerID = 'ryuhy01';
09      ''')
10      result = cur.fetchall()
11
12  cols = []
13  for column in cur.description:
14      cols.append(column[0])
15
16  df = pd.DataFrame.from_records(data=result, columns=cols)
17  print(df)
18
19  plt.plot(df['yearID'], df['ERA'])
20  plt.title('류현진 시즌별 ERA 추이')
21  plt.xlabel('시즌')
22  plt.ylabel('ERA')
23  plt.grid(True)
24  plt.show()
```

03행 그래프를 그리기 위해 matplotlib.pyplot을 추가합니다.

19행 시즌 정보를 x축, ERA 정보를 y축으로 해서 선 그래프를 그립니다.

20행 그래프의 제목을 설정합니다.

21행~22행 x축, y축이 의미하는 바를 그래프에 나타냅니다.

23행 그래프에 격자선을 넣어줍니다.

24행 그려진 그래프가 화면에 보이게 합니다.

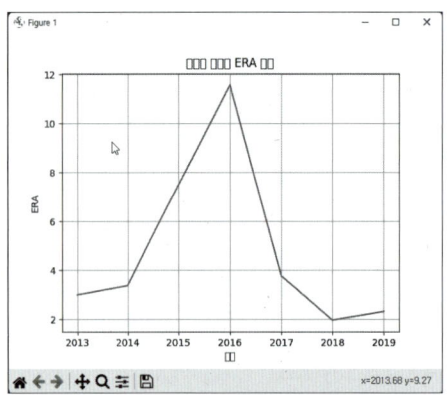

[그림 22-8]

ERA 추이 그래프가 잘 그려지긴 했는데 한글로 표기되어야 할 부분들이 깨져있습니다. 한글 깨짐 문제를 해결하려면 다음과 같은 코드를 상단에 추가해줘야 합니다. 저는 굴림 폰트를 선택했습니다.

```python
from matplotlib import font_manager, rc

font_path = "C:/Windows/Fonts/gulim.ttc"
font = font_manager.FontProperties(fname=font_path).get_name()
rc('font', family=font)
```

위 코드를 추가하기 전에 보통 이런 문제가 발생하면 구글에 검색해야 합니다. "matplotlib pyplot 그래프 한글 깨짐" 등과 같은 키워드로 검색을 하면, 그에 대한 해결법을 찾을 수 있습니다. 내가 원하는 정보를 담고 있을 것 같은 글을 선택해서 천천히 읽어보면 문제에 대한 해결법이 잘 나와 있습니다.

[그림 22-9]

구글은 거의 모든 것을 알고 있는 전지전능한 존재입니다. 개발자들이 구글을 '구글신'이라고 부르는 이유 중 하나입니다(요즘 챗GPT에게 조금 밀리는 감이 있습니다만…).

mlb_data_6.py

```python
import sqlite3
import pandas as pd
import matplotlib.pyplot as plt
from matplotlib import font_manager, rc

font_path = "C:/Windows/Fonts/gulim.ttc"
font = font_manager.FontProperties(fname=font_path).get_name()
rc('font', family=font)

with sqlite3.connect("lahmansbaseballdb.sqlite") as con:
    cur = con.cursor()
    cur.execute('''
    SELECT playerID, yearID, teamID, W, L, G, SV, IPouts, ERA, SO, BB, H
    FROM pitching WHERE playerID = 'ryuhy01';
    ''')
    result = cur.fetchall()

cols = []
for column in cur.description:
    cols.append(column[0])

df = pd.DataFrame.from_records(data=result, columns=cols)
print(df)

plt.plot(df['yearID'], df['ERA'])
plt.title('류현진 시즌별 ERA 추이')
plt.xlabel('시즌')
plt.ylabel('ERA')
plt.grid(True)
plt.show()
```

> **04행~08행** 한글 깨짐 문제를 해결하기 위한 코드입니다. C 드라이브 안에 있는 Windows 폴더 내에 Fonts 폴더가 있는데 그 안에 현재 PC에 설치되어 있는 폰트들이 담겨 있습니다. 저는 그중에서 굴림 폰트(gulim.ttc) 를 선택했습니다.

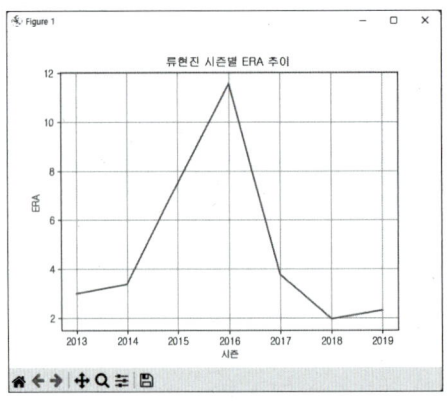

[그림 22-10]

이제 더 이상 한글이 깨지지 않습니다. 한글 깨짐 문제는 한국인으로서 코딩을 하다보면 여러 곳에서 만나게 되는 문제이니 당황하지 말고 거기에 맞는 해법 코드를 찾아서 적용하면 됩니다.

22.6 류현진 선수와 클레이튼 커쇼 선수의 데이터 비교하기

류현진 선수의 데이터만 있으니 류현진 선수가 얼마나 잘한 것인지 평가하기가 힘듭니다. 이번에는 MLB 역대 최고 투수 중 한 명인 클레이튼 커쇼 선수와 류현진 선수의 ERA를 비교하는 그래프를 그려 보겠습니다. SQL 쿼리문부터 수정이 필요합니다. 클레이튼 커쇼 선수의 데이터도 함께 조회해야 하기 때문입니다. 류현진 선수와 커쇼 선수의 기록을 함께 조회한 다음에 데이터프레임으로 변환하여 각 선수의 기록을 두 개의 데이터프레임으로 분할하겠습니다. 그 다음에 두 개의 선 그래프가 한 화면에 그려지게 해서 두 선수의 시즌별 ERA 추이를 비교해보겠습니다.

```
mlb_data_7.py
01  import sqlite3
02  import pandas as pd
03  import matplotlib.pyplot as plt
04  from matplotlib import font_manager, rc
05
06  font_path = "C:/Windows/Fonts/gulim.ttc"
07  font = font_manager.FontProperties(fname=font_path).get_name()
08  rc('font', family=font)
09
10  with sqlite3.connect("lahmansbaseballdb.sqlite") as con:
11      cur = con.cursor()
```

```
12      cur.execute('''
13      SELECT playerID, yearID, teamID, ERA FROM pitching WHERE playerID IN
        ('kershcl01', 'ryuhy01');
14      ''')
15      result = cur.fetchall()
16
17  cols = []
18  for column in cur.description:
19      cols.append(column[0])
20
21  df = pd.DataFrame.from_records(data=result, columns=cols)
22  print(df)
23
24  df_ryu = df[df['playerID'] == 'ryuhy01']
25  print(df_ryu)
26
27  df_kershaw = df[df['playerID'] == 'kershcl01']
28  print(df_kershaw)
29
30  plt.plot(df_ryu['yearID'], df_ryu['ERA'])
31  plt.plot(df_kershaw['yearID'], df_kershaw['ERA'])
32  plt.title('류현진, 커쇼 시즌별 ERA 추이')
33  plt.xlabel('시즌')
34  plt.ylabel('ERA')
35  plt.grid(True)
36  plt.show()
```

13행 류현진 선수와 커쇼 선수의 ERA 기록을 동시에 조회하기 위한 SQL 쿼리문입니다.
21행~22행 류현진 선수와 커쇼 선수의 기록이 함께 조회된 결과를 데이터프레임으로 변환합니다.

	playerID	yearID	teamID	ERA
0	kershcl01	2008	LAN	4.26
1	kershcl01	2009	LAN	2.79
2	kershcl01	2010	LAN	2.91
3	kershcl01	2011	LAN	2.28
4	kershcl01	2012	LAN	2.53
5	kershcl01	2013	LAN	1.83
6	kershcl01	2014	LAN	1.77
7	kershcl01	2015	LAN	2.13
8	kershcl01	2016	LAN	1.69
9	kershcl01	2017	LAN	2.31
10	kershcl01	2018	LAN	2.73
11	kershcl01	2019	LAN	3.03
12	ryuhy01	2013	LAN	3.00
13	ryuhy01	2014	LAN	3.38
14	ryuhy01	2016	LAN	11.57
15	ryuhy01	2017	LAN	3.77
16	ryuhy01	2018	LAN	1.97
17	ryuhy01	2019	LAN	2.32

[그림 22-11]

24행~25행 데이터프레임에서 류현진 선수의 기록만 추출합니다.

```
    playerID  yearID teamID    ERA
12  ryuhy01    2013    LAN    3.00
13  ryuhy01    2014    LAN    3.38
14  ryuhy01    2016    LAN   11.57
15  ryuhy01    2017    LAN    3.77
16  ryuhy01    2018    LAN    1.97
17  ryuhy01    2019    LAN    2.32
```

[그림 22-12]

27행~28행 이번에는 커쇼 선수의 기록만 추출합니다.

```
    playerID   yearID teamID    ERA
0   kershcl01   2008    LAN    4.26
1   kershcl01   2009    LAN    2.79
2   kershcl01   2010    LAN    2.91
3   kershcl01   2011    LAN    2.28
4   kershcl01   2012    LAN    2.53
5   kershcl01   2013    LAN    1.83
6   kershcl01   2014    LAN    1.77
7   kershcl01   2015    LAN    2.13
8   kershcl01   2016    LAN    1.69
9   kershcl01   2017    LAN    2.31
10  kershcl01   2018    LAN    2.73
11  kershcl01   2019    LAN    3.03
```

[그림 22-13]

30행~31행 류현진 선수의 ERA 선 그래프와 커쇼 선수의 ERA 선 그래프를 각각 그려줍니다.

32행 그래프의 제목을 '류현진, 커쇼 시즌별 ERA 추이'라고 명명합니다.

위 코드를 실행하면, 다음과 같이 류현진 선수와 커쇼 선수의 ERA 추이 그래프가 잘 그려진 것을 확인할 수 있습니다.

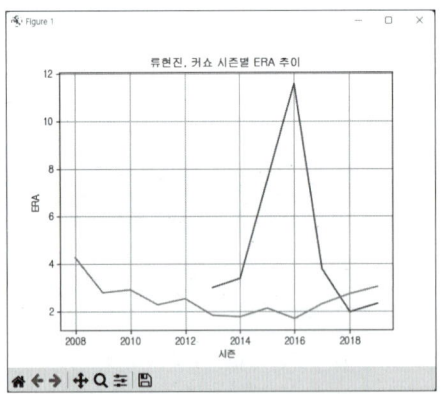

[그림 22-14]

다만, 아쉬운 부분이 있습니다. 어떤 색상의 선 그래프가 어떤 선수에 해당하는 데이터인지 알 수 없다는 점입니다. 범례를 추가해서 명확하게 해주겠습니다. 또한 그래프 모양도 시즌별로 구분이 쉽게 수정해주겠습니다.

```
mlb_data_8.py
```

```python
01  import sqlite3
02  import pandas as pd
03  import matplotlib.pyplot as plt
04  from matplotlib import font_manager, rc
05
06  font_path = "C:/Windows/Fonts/gulim.ttc"
07  font = font_manager.FontProperties(fname=font_path).get_name()
08  rc('font', family=font)
09
10  with sqlite3.connect("lahmansbaseballdb.sqlite") as con:
11      cur = con.cursor()
12      cur.execute('''
13      SELECT playerID, yearID, teamID, ERA FROM pitching WHERE playerID IN ('kershcl01', 'ryuhy01');
14      ''')
15      result = cur.fetchall()
16
17  cols = []
18  for column in cur.description:
19      cols.append(column[0])
20
21  df = pd.DataFrame.from_records(data=result, columns=cols)
22  print(df)
23
24  df_ryu = df[df['playerID'] == 'ryuhy01']
25  print(df_ryu)
26
27  df_kershaw = df[df['playerID'] == 'kershcl01']
28  print(df_kershaw)
29
30  plt.plot(df_ryu['yearID'], df_ryu['ERA'], marker='o', markersize=8)
31  plt.plot(df_kershaw['yearID'], df_kershaw['ERA'], marker='o', markersize=8)
32  plt.legend(labels=['류현진', '커쇼'], loc='best', fontsize=12)
33  plt.title('류현진, 커쇼 시즌별 ERA 추이')
34  plt.xlabel('시즌')
35  plt.ylabel('ERA')
36  plt.grid(True)
37  plt.show()
```

30행~31행 각 시즌별 데이터 포인트가 부각되게 하기 위해서, 마커의 모양을 동그라미로 설정하고 마커의 크기를 8로 설정합니다.

32행 범례(legend)를 추가합니다. 알아서 최적의 위치에 범례가 들어가도록 loc 매개변수의 인자를 'best'로 설정했습니다.

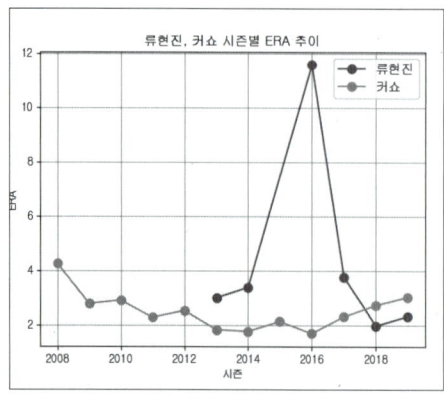

[그림 22-15]

이제 훨씬 더 정보성이 있는 시각 자료가 되었습니다. 위 그래프를 통해서 우리는 이와 같은 점들을 캐치할 수 있습니다.

1. 커쇼 선수가 류현진 선수보다 훨씬 더 오랜 기간 MLB에서 활약을 했다.
2. 커쇼 선수의 기록은 전반적으로 꾸준하다. 반면, 류현진 선수의 ERA는 커쇼 선수에 비해 편차가 큰 편이다.
3. 커쇼 선수가 전반적으로 류현진 선수보다 좋은 ERA를 기록했다.
4. 2018년, 2019년에는 류현진 선수가 커쇼 선수보다 더 나은 ERA를 기록했다.

이처럼 데이터를 적절한 방식으로 시각화를 하고 나면, 데이터에 대한 해석이 훨씬 쉬울뿐더러, 새로운 인사이트를 얻을 수도 있습니다.

22.6 정리하며

Sqlite3 데이터베이스에 있는 데이터를 파이썬으로 가져와서 데이터프레임으로 변환한 후 간단한 통계치를 구해보고, 시각화도 해보았습니다. Sqlite3 외의 다른 데이터베이스에서 데이터를 가져와서 활용하는 것도 원리상 다를 것이 없기 때문에 이 장에서 다룬 내용을 충분히 응용해서 활용할 수 있을 것입니다. 데이터의 기초통계량을 구하고, 적절한 방식으로 시각화하는 것은 데이터 분석의 기초입니다. 특히 적절한 시각화는 사람들로 하여금 데이터를 훨씬 더 쉽게 이해할 수 있게 도와줍니다. 데이터 시각화 라이브러리인 matplotlib에는 선 그래프, 막대 그래프, 파이 차트, 박스 플롯, 산점도 등 무궁무진한 그래프를 제공하니, 해당 데이터를 보여주기에 적절한 그래프 형식을 잘 선택하는 훈련을 할 필요가 있습니다.

23장. 머신러닝으로 타이타닉호 생존자 예측하기

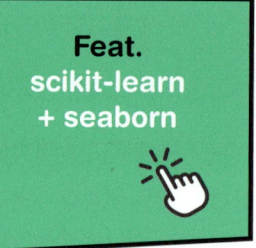

AI, 머신러닝, 딥러닝이라는 단어들을 이곳 저곳에서 많이 접하게 됩니다. 무언가 엄청 어려운 것 같은 포스를 풍기지만, 그렇다고 해서 범접할 수 없는 친구들은 결코 아닙니다. 이 장에서는 머신러닝 알고리즘을 활용하여 타이타닉호에서는 어떤 조건을 가진 사람이 생존할 수 있었는지 예측해보겠습니다.

23.1 실습 준비

이전 실습에 사용했던 가상환경이 활성화되어 있다면 먼저 **deactivate** 명령으로 비활성화해주세요.

```
deactivate
```

그 다음에 바탕화면에 있는 enjoy_python 폴더 내에 titanic라는 폴더를 만든 후 VSCODE에서 해당 폴더를 열고 cmd 터미널에서 아래 명령을 실행하여 .venv 가상환경을 만들어주세요. 가상환경이 잘 생성되었다면, titanic 폴더 안에 .venv 폴더가 생성되었을 것입니다.

```
virtualenv .venv
```

그리고 가상환경에 진입해주세요.

```
call .venv/Scripts/activate
```

이제 titanic 폴더 안에 .py 파일 등을 따라 만들어가면서 실습을 진행하면 됩니다. 참고로 .venv 폴더 안에 파일을 만들지 마세요.

23.2 타이타닉 데이터셋

실습을 위해 타이타닉 데이터셋을 seaborn 라이브러리로부터 가져올 것입니다. 그렇다면 seaborn 라이브러리를 먼저 설치해줘야겠죠? VSCODE cmd 터미널에서 아래 명령을 실행합니다.

```
pip install seaborn
```

보는 것처럼 seaborn 라이브러리를 설치하면, pandas, matplotlib과 같은 라이브러리도 함께 설치됩니다.

```
Installing collected packages: pytz, six, pyparsing, pillow, numpy, kiwisolver, fonttools, cycler, python-dateutil, packaging, contourpy, pandas, matplotlib, seaborn
Successfully installed contourpy-1.0.5 cycler-0.11.0 fonttools-4.37.4 kiwisolver-1.4.4 matplotlib-3.6.0 numpy-1.23.3 packaging-21.3 pandas-1.5.0 pillow-9.2.0 pyparsing-3.0.9 python-dateutil-2.8.2 pytz-2022.4 seaborn-0.12.0 six-1.16.0
```

[그림 23-1]

자, 그럼 이제 타이타닉 데이터셋을 불러와서 어떻게 생겼는지 확인해보겠습니다. 데이터프레임의 info() 메서드를 활용하면, 어떤 컬럼들로 구성되어 있고, 각 컬럼의 (Null이 아닌) 데이터 개수는 몇 개이고, 데이터 유형은 무엇인지를 한 눈에 확인할 수 있습니다.

titanic_1.py

```
01  import seaborn as sns
02
03  df = sns.load_dataset('titanic')
04  print(df, "\n")
05  print(df.info())
```

- **01행** seaborn 라이브러리를 불러옵니다. 보통 sns로 줄여서 불러오곤 합니다.
- **03행** 타이타닉 데이터셋을 불러와서 데이터프레임으로 저장합니다.
- **04행** 타이타닉 데이터셋의 데이터를 확인합니다.

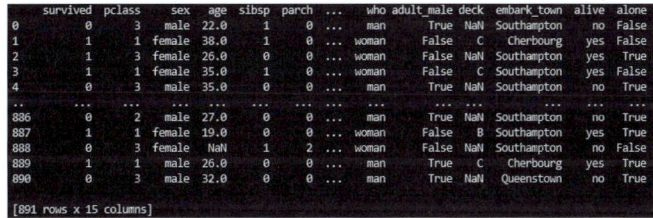

[그림 23-2]

05행　info( ) 메서드로 데이터셋이 어떤 컬럼들로 구성되어 있는지 요약 정보를 확인합니다.

```
<class 'pandas.core.frame.DataFrame'>
RangeIndex: 891 entries, 0 to 890
Data columns (total 15 columns):
 #   Column       Non-Null Count  Dtype
---  ------       --------------  -----
 0   survived     891 non-null    int64
 1   pclass       891 non-null    int64
 2   sex          891 non-null    object
 3   age          714 non-null    float64
 4   sibsp        891 non-null    int64
 5   parch        891 non-null    int64
 6   fare         891 non-null    float64
 7   embarked     889 non-null    object
 8   class        891 non-null    category
 9   who          891 non-null    object
 10  adult_male   891 non-null    bool
 11  deck         203 non-null    category
 12  embark_town  889 non-null    object
 13  alive        891 non-null    object
 14  alone        891 non-null    bool
dtypes: bool(2), category(2), float64(2), int64(4), object(5)
memory usage: 80.7+ KB
None
```

[그림 23-3]

이처럼 타이타닉 데이터셋은 891개 행과 15개 컬럼으로 구성되어 있습니다. 891명의 탑승객에 대해서 각각 15개의 속성이 있다고 보면 됩니다. 각 속성을 간단히 정리하면 다음과 같습니다.

[표 23-1]

No	속성	속성 구분
1	survived	생존 여부. 생존했을 경우 1, 사망했을 경우 0.
2	pclass	객실 등급. 1이면 1등급, 2이면 2등급, 3이면 3등급.
3	sex	성별. male이면 남자, female이면 여자.
4	age	나이.
5	sibsp	함께 탑승한 형제 및 배우자 수.
6	parch	함께 탑승한 자녀 및 부모 수.
7	fare	요금.
8	embarked	탑승지 이름 앞글자. C는 Cherbourg, Q는 Queenstown, S는 Southampton.
9	class	객실 등급. First면 1등급, Second면 2등급, Third면 3등급.
10	who	성인 남자, 성인 여자, 아이 분류. man이면 성인 남자, woman이면 성인 여자, child이면 아이.
11	adult_male	성인 남자인지 여부. True면 성인 남자. False면 그 외.
12	deck	선실 번호 첫 알파벳. A, B, C, D, E, F, G.
13	embarked_town	탑승지 이름. Cherbourg, Queenstown, Southampton.
14	alive	생존여부. no면 사망, yes면 생존.
15	alone	혼자 탑승했는지 여부. True면 홀로 탑승, False면 가족과 함께 탑승.

23.3 불필요한 컬럼 제거하기

우리 목적은 타이타닉호에 탑승했던 사람들 중 어떤 특성을 지닌 사람들이 생존했는지 생존 여부를 예측하는 분류(classfication) 모델을 만들어내는 것입니다. 따라서 라벨값은 생존여부를 담고 있는 survived 컬럼 또는 alive 컬럼을 활용하면 되고, 나머지 컬럼들을 특성으로 삼아서 분류 모델을 학습시켜야 합니다. 그 전에 생존 여부 판단에 도움이 될 만한 컬럼들만 남기고, 사실상 같은 의미의 데이터를 갖고 있는 컬럼은 제거해주겠습니다.

우선 info() 함수로 요약된 정보를 확인했을 때 deck 컬럼의 경우 891명 중에 203명만 그 값을 갖고 있기 때문에, 분류 모델을 훈련시킬 때 사용하기가 어렵습니다. 따라서 deck 컬럼은 제거해주겠습니다. 또한 embarked 컬럼과 embarked_town 컬럼은 같은 의미를 지니기 때문에 둘 중 하나는 필요가 없습니다. 따라서 embarked_town 컬럼을 제거해주겠습니다. pclass 컬럼과 class 컬럼도 의미가 동일하기 때문에 그중 하나인 class 컬럼을 제거해주겠습니다. who 컬럼과 adult_male 컬럼의 경우 sex 컬럼과 age 컬럼의 조합으로 만들어질 수 있기 때문에 두 컬럼도 제거해주겠습니다. alone 컬럼 역시 sibsp 컬럼과 parch 컬럼의 조합으로 만들어질 수 있는 내용을 담고 있기 때문에 제거해주겠습니다. 그리고 생존 여부를 담고 있는 컬럼 중 alive 컬럼을 제거해주겠습니다.

```
titanic_2.py
01  import seaborn as sns
02
03  df = sns.load_dataset('titanic')
04  print(df, "\n")
05  print(df.info())
06
07  df1 = df.drop(['class', 'who', 'adult_male', 'deck', 'embark_town',
        'alive', 'alone'], axis=1)
08  print(df1, "\n")
09  print(df1.info())
```

07행 　불필요한 컬럼들을 제거합니다. axis=1이어야 컬럼이 제거됩니다. axis=0이면 해당 인덱스의 행들이 제거됩니다.

08행~09행 　불필요한 컬럼이 제거된 데이터프레임의 모습을 확인합니다.

```
     survived  pclass     sex   age  sibsp  parch     fare embarked
0           0       3    male  22.0      1      0   7.2500        S
1           1       1  female  38.0      1      0  71.2833        C
2           1       3  female  26.0      0      0   7.9250        S
3           1       1  female  35.0      1      0  53.1000        S
4           0       3    male  35.0      0      0   8.0500        S
..        ...     ...     ...   ...    ...    ...      ...      ...
886         0       2    male  27.0      0      0  13.0000        S
887         1       1  female  19.0      0      0  30.0000        S
888         0       3  female   NaN      1      2  23.4500        S
889         1       1    male  26.0      0      0  30.0000        C
890         0       3    male  32.0      0      0   7.7500        Q

[891 rows x 8 columns]
<class 'pandas.core.frame.DataFrame'>
RangeIndex: 891 entries, 0 to 890
Data columns (total 8 columns):
 #   Column    Non-Null Count  Dtype
---  ------    --------------  -----
 0   survived  891 non-null    int64
 1   pclass    891 non-null    int64
 2   sex       891 non-null    object
 3   age       714 non-null    float64
 4   sibsp     891 non-null    int64
 5   parch     891 non-null    int64
 6   fare      891 non-null    float64
 7   embarked  889 non-null    object
dtypes: float64(2), int64(4), object(2)
memory usage: 55.8+ KB
None
```

[그림 23-4]

불필요한 컬럼들이 제거되어 총 8개의 컬럼만 남은 것을 확인할 수 있습니다.

23.4 null 값 처리하기

이제 null 값들이 있는 컬럼들을 처리해줘야 합니다. age 컬럼과 embarked 컬럼에 null 값들이 포함되어 있는 것을 확인할 수 있습니다. embarked 컬럼의 경우에는 단 두 개의 null 값만 포함되어 있지만, age 컬럼은 177개의 null 값이 포함되어 있습니다. 보통 어떤 컬럼의 값이 미측정 또는 누락되어 있는 경우에는 그 컬럼의 평균값으로 대체해주는 방식 등을 사용할 수 있습니다. 하지만, age 컬럼의 데이터가 생존 여부를 판단하는 데 있어서 중요하다고 판단된다면 그렇게 평균값을 넣어주는 방식은 분류 모델의 성능을 악화시킬 수 있습니다. 따라서 여기서는 그냥 age 컬럼에 null 값이 들어가 있는 행들은 모두 제거하겠습니다. 샘플의 개수가 그만큼 적어져서 모델을 훈련시킬 수 있는 샘플의 양에서 손해를 보긴 하지만, 중요한 특성이라면 차라리 이렇게 해주는 것이 낫습니다. 그리고 embarked 컬럼에 있는 두 개의 null 값에 대해서는 해당 컬럼에서 가장 높은 빈도로 출현한 값으로 대체해주겠습니다.

titanic_3.py

```python
import seaborn as sns

df = sns.load_dataset('titanic')
```

```
04  print(df, "\n")
05  print(df.info())
06
07  df1 = df.drop(['class', 'who', 'adult_male', 'deck', 'embark_town',
       'alive', 'alone'], axis=1)
08  print(df1, "\n")
09  print(df1.info())
10
11  df2 = df1.dropna(subset=['age'], how='any', axis=0)
12  print(df2, "\n")
13  print(df2.info())
14
15  freq_value = df2['embarked'].value_counts(dropna=True).idxmax()
16  print(freq_value)
17
18  df3 = df2.copy()
19  df3['embarked'].fillna(freq_value, inplace=True)
20  print(df3, "\n")
21  print(df3.info())
```

11행~13행 age 컬럼에 null 값을 갖고 있는 행들은 모두 제거합니다. 891개 행 중에서 714개의 행이 남은 것을 확인할 수 있습니다.

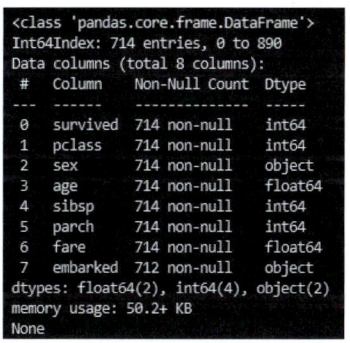

[그림 23-5]

15행~16행 embarked 컬럼에서 가장 많이 출현한 값을 구하여 freq_value 변수에 담습니다.

[그림 23-6]

18행~21행 embarked 컬럼에 있는 null 값들을 모두 freq_value 값으로 채워줍니다. 712였던 embarked 컬럼의 null 값이 null이 아닌 값으로 714가 된 것을 확인할 수 있습니다.

```
<class 'pandas.core.frame.DataFrame'>
Int64Index: 714 entries, 0 to 890
Data columns (total 8 columns):
 #   Column    Non-Null Count  Dtype
---  ------    --------------  -----
 0   survived  714 non-null    int64
 1   pclass    714 non-null    int64
 2   sex       714 non-null    object
 3   age       714 non-null    float64
 4   sibsp     714 non-null    int64
 5   parch     714 non-null    int64
 6   fare      714 non-null    float64
 7   embarked  714 non-null    object
dtypes: float64(2), int64(4), object(2)
memory usage: 50.2+ KB
None
```

[그림 23-7]

23.5 문자 데이터를 숫자로 바꿔주기

숫자 데이터가 아니라 문자 데이터가 들어가 있는 컬럼들은 숫자 데이터가 들어가도록 처리해주겠습니다. 머신러닝 알고리즘은 기본적으로 숫자 데이터로만 학습이 가능하기 때문입니다. 현재 숫자가 아니라 문자 데이터가 들어가 있는 컬럼은 Dtype이 object로 명시되어 있는 sex 컬럼과 embarked 컬럼입니다. sex 컬럼에는 male, female 이렇게 두 개의 값이 들어가 있는데, male은 1로 female은 0으로 바꿔주겠습니다. 그리고 embarked 컬럼에는 S, C, Q 값이 들어가 있는데 각각 0, 1, 2로 바꿔주겠습니다.

titanic_4.py

```
01  import seaborn as sns
02
03  df = sns.load_dataset('titanic')
04  print(df, "\n")
05  print(df.info())
06
07  df1 = df.drop(['class', 'who', 'adult_male', 'deck', 'embark_town',
       'alive', 'alone'], axis=1)
08  print(df1, "\n")
09  print(df1.info())
10
11  df2 = df1.dropna(subset=['age'], how='any', axis=0)
12  print(df2, "\n")
13  print(df2.info())
14
```

```
15  freq_value = df2['embarked'].value_counts(dropna=True).idxmax()
16  print(freq_value)
17
18  df3 = df2.copy()
19  df3['embarked'].fillna(freq_value, inplace=True)
20  print(df3, "\n")
21  print(df3.info())
22
23  df3.loc[df3['sex'] == 'male', 'sex'] = 1
24  df3.loc[df3['sex'] == 'female', 'sex'] = 0
25
26  for idx, item in enumerate(df3['embarked'].unique()):
27      df3.loc[df3['embarked'] == item, 'embarked'] = idx
28
29  df3 = df3.astype({'sex':'int', 'embarked':'int'})
30  print(df3, "\n")
31  print(df3.info())
```

23행~24행 sex 컬럼의 값이 male인 경우에는 sex 컬럼의 값을 1로 변경해주고, female인 경우에는 0으로 변경합니다.

26행~27행 embarked 컬럼의 고유값 리스트를 활용하여 각 값을 0, 1, 2로 변경합니다.

29행~31행 sex 컬럼과 embarked 컬럼의 데이터 타입을 int로 변환합니다. 이제 모든 데이터가 숫자 데이터로 변경되었음을 확인할 수 있습니다.

```
     survived  pclass  sex   age  sibsp  parch     fare  embarked
0           0       3    1  22.0      1      0   7.2500         0
1           1       1    0  38.0      1      0  71.2833         1
2           1       3    0  26.0      0      0   7.9250         0
3           1       1    0  35.0      1      0  53.1000         0
4           0       3    1  35.0      0      0   8.0500         0
..        ...     ...  ...   ...    ...    ...      ...       ...
885         0       3    0  39.0      0      5  29.1250         2
886         0       2    1  27.0      0      0  13.0000         0
887         1       1    0  19.0      0      0  30.0000         0
889         1       1    1  26.0      0      0  30.0000         1
890         0       3    1  32.0      0      0   7.7500         2

[714 rows x 8 columns]

<class 'pandas.core.frame.DataFrame'>
Int64Index: 714 entries, 0 to 890
Data columns (total 8 columns):
 #   Column    Non-Null Count  Dtype
---  ------    --------------  -----
 0   survived  714 non-null    int64
 1   pclass    714 non-null    int64
 2   sex       714 non-null    int32
 3   age       714 non-null    float64
 4   sibsp     714 non-null    int64
 5   parch     714 non-null    int64
 6   fare      714 non-null    float64
 7   embarked  714 non-null    int32
dtypes: float64(2), int32(2), int64(4)
memory usage: 44.6 KB
None
```

[그림 23-8]

23.6 분류에 유용한 특성 선택하기

우선 라벨로 사용할 survived 컬럼을 제외하고 7개의 컬럼이 특성의 후보로 사용될 수 있는 상황입니다. 이 중에서 어떤 특성들이 생존 여부 예측에 도움이 될지는 쉽게 판단하기 어려운 문제입니다. 이런 경우에는 특성의 상대적인 크기를 제거하기 위해 각 특성의 범위를 0~1로 정규화(normalization)해준 후에 클래스별 평균을 내보는 것도 도움이 될 수 있습니다.

titanic_5.py

```
01  import seaborn as sns
02
03  df = sns.load_dataset('titanic')
04  df1 = df.drop(['class', 'who', 'adult_male', 'deck', 'embark_town',
        'alive', 'alone'], axis=1)
05  df2 = df1.dropna(subset=['age'], how='any', axis=0)
06  freq_value = df2['embarked'].value_counts(dropna=True).idxmax()
07  df3 = df2.copy()
08  df3['embarked'].fillna(freq_value, inplace=True)
09  df3.loc[df3['sex'] == 'male', 'sex'] = 1
10  df3.loc[df3['sex'] == 'female', 'sex'] = 0
11
12  for idx, item in enumerate(df3['embarked'].unique()):
13      df3.loc[df3['embarked'] == item, 'embarked'] = idx
14
15  df3 = df3.astype({'sex':'int', 'embarked':'int'})
16
17  df3 = (df3 - df3.min()) / (df3.max() - df3.min())
18  print(df3)
19
20  print(df3.groupby(['survived']).mean())
```

17행~18행 모든 컬럼의 값의 범위가 0~1이 되도록 정규화합니다. 특성 값에서 해당 특성의 최소값을 빼준 것을 해당 특성의 최대값에서 최소값을 빼준 것으로 나눠주면 0~1의 범위를 갖게 됩니다.

```
     survived  pclass  sex       age  sibsp     parch      fare  embarked
0         0.0     1.0  1.0  0.271174    0.2  0.000000  0.014151       0.0
1         1.0     0.0  0.0  0.472229    0.2  0.000000  0.139136       0.5
2         1.0     1.0  0.0  0.321438    0.0  0.000000  0.015469       0.0
3         1.0     0.0  0.0  0.434531    0.2  0.000000  0.103644       0.0
4         0.0     1.0  1.0  0.434531    0.0  0.000000  0.015713       0.0
..        ...     ...  ...       ...    ...       ...       ...       ...
885       0.0     1.0  0.0  0.484795    0.0  0.833333  0.056843       1.0
886       0.0     0.5  1.0  0.334004    0.0  0.000000  0.025374       0.0
887       1.0     0.0  0.0  0.233476    0.0  0.000000  0.058556       0.0
889       1.0     0.0  1.0  0.321438    0.0  0.000000  0.058556       0.5
890       0.0     1.0  1.0  0.396833    0.0  0.000000  0.015127       1.0

[714 rows x 8 columns]
```

[그림 23-9]

> **20행** 생존 여부로 그룹을 지은 후 각 특성별 평균을 구합니다.

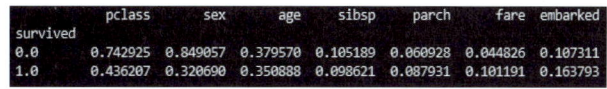

[그림 23-10]

이렇게 생존 여부로 그룹을 지은 후에 각 그룹의 평균을 구해보니 명확한 차이가 보이는 특성이 있습니다. sex 특성과 pclass 특성입니다. sex의 경우 0이 여자이고 1이 남자인데, 여자는 생존할 확률이 높고, 남자는 생존할 확률이 적다는 것을 알 수 있습니다. 또한 pclass로는 객실의 등급이 좋을수록 생존 확률이 높았다는 것도 간파할 수 있습니다. 나머지 특성들도 클래스별로 평균에서 일정값 이상 차이가 나기 때문에 생존 여부를 분류하기 위한 특성으로서 어느 정도의 역할을 할 것으로 보입니다.

23.7 kNN 분류 모델 훈련 및 테스트

머신러닝 알고리즘 중에 분류 문제를 풀기 위해 사용되는 알고리즘에는 여러 가지가 있는데 그중 가장 간단한 알고리즘인 kNN(k-Nearest Neighbors)을 활용하여 타이타닉 생존자를 예측해보겠습니다. kNN의 원리는 다음과 같습니다. 테스트 데이터 포인트에서 가까이 있는 k개 데이터의 클래스(라벨)를 확인하여 가장 빈도가 높은 클래스가 그 테스트 데이터 포인트의 클래스로 여겨주는 것입니다. 데이터도 비슷한 애들끼리 가까이 몰려다닌다고 생각하는 것이죠. 한마디로 유유상종의 진리를 적용한 알고리즘이라고 할 수 있습니다. k가 5로 설정되어 있다면, 테스트 데이터 포인트와 가장 가까이 있는 5개 데이터의 클래스를 확인해봅니다. 그중에서 세 개의 라벨값이 1이고, 두 개의 라벨값이 0이면 그 테스트 데이터의 클래스는 1로 예측되는 것입니다.

kNN과 같은 머신러닝 알고리즘을 활용하기 위해서는 sckit-learn 라이브러리를 설치해줘야 합니다. VSCODE cmd 터미널에서 아래 명령을 실행하면 scikit-learn이 설치됩니다.

```
pip install scikit-learn
```

불필요한 컬럼과 행을 제거하고, 문자 데이터를 숫자로 변환해준 데이터프레임에서 특성으로 삼을 컬럼들과 라벨로 삼을 컬럼을 분리합니다. 각 특성의 값들의 범위가 다르면 범위가 큰 특성이 분류 모델의 분류 작업에 크게 영향을 미칠 수 있기 때문에 모두 비슷한 범위의 값을 갖도록 특성 스케일링을 진행합니다. 그 다음에는 데이터를 훈련셋과 테스트셋으로 랜덤하게 분리합니다. 데이터셋의 70%를 모델 훈련에 사용할 것이고, 나머지 30%를 테스트에 활용할 것입니다. kNN 모델을 준비된 훈련 데이터로 훈련시킵니다. 훈련이 완료되면, 테스트 데이터로 성능을 평가합니다.

```
titanic_6.py
```

```python
01  import seaborn as sns
02  from sklearn import preprocessing
03  from sklearn.model_selection import train_test_split
04  from sklearn.neighbors import KNeighborsClassifier
05  from sklearn import metrics
06
07  df = sns.load_dataset('titanic')
08  df1 = df.drop(['class', 'who', 'adult_male', 'deck', 'embark_town',
      'alive', 'alone'], axis=1)
09  df2 = df1.dropna(subset=['age'], how='any', axis=0)
10  freq_value = df2['embarked'].value_counts(dropna=True).idxmax()
11  df3 = df2.copy()
12  df3['embarked'].fillna(freq_value, inplace=True)
13  df3.loc[df3['sex'] == 'male', 'sex'] = 1
14  df3.loc[df3['sex'] == 'female', 'sex'] = 0
15
16  for idx, item in enumerate(df3['embarked'].unique()):
17      df3.loc[df3['embarked'] == item, 'embarked'] = idx
18
19  df3 = df3.astype({'sex':'int', 'embarked':'int'})
20
21  X = df3[['pclass', 'sex', 'age', 'sibsp', 'parch', 'fare', 'embarked']]
22  y = df3['survived']
23
24  X = preprocessing.StandardScaler().fit(X).transform(X)
25  X_train, X_test, y_train, y_test = train_test_split(X, y, test_size=0.3,
      random_state=10)
26
27  knn = KNeighborsClassifier(n_neighbors=5)
28  knn.fit(X_train, y_train)
29  y_pred = knn.predict(X_test)
30  acc = metrics.accuracy_score(y_test, y_pred)
31  print("예측 정확도:", acc)
```

02행~05행 scikit-learn 라이브러리에서 kNN 모델 훈련과 테스트에 필요한 것들을 가져옵니다.
21행~22행 특성으로 삼을 컬럼들을 변수 X에 담고, 라벨로 삼을 컬럼을 변수 y에 담아줍니다.
24행 StandardScaler를 활용하여 특성 스케일링을 진행합니다.
25행 X, y를 훈련용 데이터와 테스트용 데이터로 랜덤 분할합니다.
27행 k=5로 설정하여 kNN 모델을 하나 준비합니다.
28행 훈련 데이터로 kNN을 학습시킵니다.

| 29행 | 학습된 kNN 모델에 테스트 데이터를 넣어서 테스트 데이터의 라벨값을 예측합니다. |
| 30행~31행 | 예측된 라벨값과 실제 라벨값이 얼마나 일치하는지 예측 정확도를 구합니다. |

```
예측 정확도: 0.813953488372093
```

[그림 23-11]

지금 훈련된 kNN 모델은 약 0.81의 예측 정확도를 보이는 것을 알 수 있습니다. 테스트셋 내에 있는 사람들의 생존여부를 81%의 정확도로 맞춰냈다는 뜻입니다. 지금 선택한 pclass, sex 등의 7가지 특성의 조합이 최적이 아닐 수도 있습니다. 이 중에서 일부만 선택해서 더 나은 조합이 있는지 확인해보세요. 특성이 무조건 많다고 좋은 것은 아닙니다. 위에서 클래스별로 값의 평균의 차이가 꽤 컸던 pclass와 sex 두 개의 특성으로만 kNN을 훈련시켜보겠습니다.

```
X = df3[['pclass', 'sex']]
```

단 두 개의 특성만을 사용했음에도 불구하고 예측 정확도가 0.79에 달하는 것을 알 수 있습니다. 7개 특성을 모두 사용했을 때와 큰 차이가 나지 않습니다. 나머지 5개의 특성이 0.02 정도의 예측 정확도를 높이는 데 기여했다고 볼 수 있습니다.

```
예측 정확도: 0.7906976744186046
```

[그림 23-12]

또한 27행의 n_neighbors를 3, 7, 9 등 다양한 홀수 값으로 바꿔가면서 모델의 성능을 확인해보세요. 더 좋은 예측 성능을 보이는 값이 있을 수도 있습니다. 이런 식으로 최적의 특성 조합을 찾아가야 하고, 또한 알고리즘의 매개변수를 튜닝해가면서 성능을 높여야 합니다. kNN은 k라는 단 하나의 매개변수가 있어서 비교적 매개변수 튜닝이 쉬운 편이지만, 매개변수가 두 개 이상인 경우에는 매개변수 튜닝의 난이도가 조금 올라갈 수 있습니다. 조금은 지루한 과정일 수 있지만, 예측 정확도를 1%, 2%라도 높여야 하는 경우에는 이 지난한 과정을 수행해야 합니다.

n_neighbors, 즉 k를 7로 변경해보겠습니다.

```
knn = KNeighborsClassifier(n_neighbors=7)
```

그러면 예측 정확도는 다음처럼 k가 5일 때보다 조금 더 나은 예측 성능을 보임을 알 수 있습니다.

```
예측 정확도: 0.827906976744186
```

[그림 23-13]

그렇다면 k를 더 높여볼까요? k를 9로 설정해보겠습니다.

```
knn = KNeighborsClassifier(n_neighbors=9)
```

k = 7일 때와 동일한 예측 정확도가 나왔습니다. 11로 설정해도 마찬가지의 결과가 나오는군요. 이 경우에 k는 7이 최적이라고 볼 수 있습니다. 이렇게 매개변수의 최적의 값을 찾아가는 과정을 '매개변수 튜닝'이라고 부릅니다.

23.8 정리하며

과거의 데이터로 미래를 예측할 때 머신러닝이라는 기술이 많이 활용됩니다. 주가 예측, 부동산 가격 예측, 스팸 메일 분류, 암 환자 분류, 강아지/고양이 이미지 분류 등 많은 주제에 머신러닝이 활용될 수 있습니다. 이 장에서는 타이타닉 탑승객들의 생존 여부를 예측하는 문제를 kNN이라는 머신러닝 알고리즘을 이용하여 풀어봤습니다. 탑승객들의 나이, 성별 등의 정보만으로 선박 사고에서의 생존 여부를 예측해낼 수 있다는 것이 신기하지 않나요? 그 정확도가 80% 이상이니 꽤 높은 예측력을 가지고 있다고 볼 수 있습니다.

지도학습, 즉 라벨이 있는 데이터를 가지고 머신을 학습시키는 경우에는 다음과 비슷한 과정으로 문제를 처리합니다.

1. 데이터 전처리
2. 데이터셋 훈련셋/테스트셋 랜덤 분리
3. 훈련셋으로 모델 훈련
4. 훈련된 모델에 테스트 데이터 입력해서 테스트 데이터 라벨 예측
5. 실제 라벨과 예측된 라벨 비교로 성능 평가

참고로 저는 실무에서 야구 구종을 판별하는 일에 머신러닝 분류 알고리즘을 사용하기도 했습니다.

24장. 이미지에 워터마크 넣기

Feat. opencv-python + numpy

뉴스 기사에 사용되는 이미지에는 보통 워터마크가 들어갑니다. 그 이유는 직접 힘들게 찍었거나 혹은 비싼 비용을 주고 구매한 이미지를 누군가 함부로 도용하지 못하게 하기 위해서입니다. 만약, 워터마크가 찍혀 있는 사진을 함부로 블로그, 사이트 등에서 사용하면, 법적 책임을 져야 할 수도 있습니다. 이 장에서는 이미지에 워터마크를 넣는 방법에 대해 살펴보겠습니다.

24.1 실습 준비

이전 실습에 사용했던 가상환경이 활성화되어 있다면 먼저 deactivate 명령으로 비활성화해주세요.

```
deactivate
```

그 다음에 바탕화면에 있는 enjoy_python 폴더 내에 watermark라는 폴더를 만든 후 VSCODE에서 해당 폴더를 열고 cmd 터미널에서 아래 명령을 실행하여 .venv 가상환경을 만들어주세요. 가상환경이 잘 생성되었다면, wate rmark 폴더 안에 .venv 폴더가 생성되었을 것입니다.

```
virtualenv .venv
```

그리고 가상환경에 진입해주세요.

```
call .venv/Scripts/activate
```

이제 watermark 폴더 안에 .py 파일 등을 따라 만들어가면서 실습을 진행하면 됩니다. 참고로 .venv 폴더 안에 파일을 만들지 마세요.

24.2 이미지에 워터마크 넣기

영상 처리에 가장 널리 사용되는 라이브러리는 opencv입니다. opencv 라이브러리의 파이썬 버전은 opencv-python입니다. opencv-python를 설치하기 위해서는 VSCODE cmd 터미널에서 다음과 같은 명령을 실행하면 됩니다.

```
pip install opencv-python
```

이 배가 항구에 정박해 있는 사진에 "코딩재개발"이라는 워터마크를 넣어주겠습니다.

[그림 24-1]

코딩재개발

[그림 24-2]

opencv-python에서 어떤 두 이미지를 병합할 때 사용하는 함수는 cv2.addWeighted입니다. 그런데 이 함수는 두 개의 이미지의 크기가 같은 경우에만 병합합니다. 따라서 워터마크를 넣어줄 이미지와 같은 크기의 빈 이미지를 하나 생성한 후 그 이미지에 워터마크를 넣어준 후에 최종적으로 워터마크를 넣어줄 이미지와 병합해줘야 합니다. 우선 좌측 상단에 워터마크가 삽입되도록 코드를 짜보겠습니다.

watermark_1.py

```
01  import cv2
02  import numpy as np
03
04  img = cv2.imread('test.jpg', cv2.IMREAD_COLOR)
05  watermark = cv2.imread('watermark.png', cv2.IMREAD_COLOR)
06
07  watermark_background = np.zeros_like(img)
08  watermark_background[0:watermark.shape[0], 0:watermark.shape[1]] = watermark
09  cv2.imshow('background', watermark_background)
10
11  result_img = cv2.addWeighted(img, 1.0, watermark_background, 1.0, 0)
12  cv2.imwrite('test_result.png', result_img)
13  cv2.imshow('result', result_img)
14  cv2.waitKey(0)
15  cv2.destroyAllWindows()
```

01행~02행 opencv-python과 numpy 라이브러리를 불러옵니다. cv2가 opencv-python 라이브러리입니다.

04행 워터마크를 넣어줄 이미지를 읽습니다.

05행 워터마크 이미지를 읽습니다.

07행 numpy의 zeros_like 함수를 사용하여 워터마크를 넣어술 이미시와 동일한 크기의 0으로 채워진 3차원 배열 watermark_background을 준비합니다.

08행 watermark_background의 좌측 상단에 워터마크를 넣어줍니다.

09행 검정색 이미지에 워터마크가 들어간 모습은 다음과 같습니다.

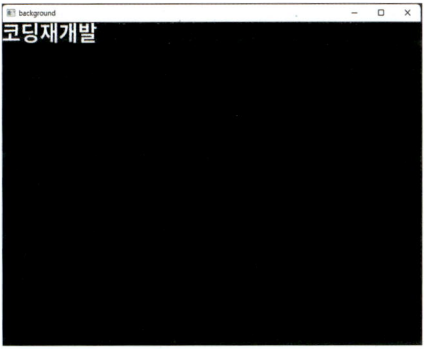

[그림 24-3]

11행 테스트 이미지와 워터마크 이미지를 병합합니다.

12행 워터마크가 들어간 결과물을 test_result.png라는 파일로 저장합니다.

13행 결과 이미지를 result 창에서 보여줍니다.

[그림 24-4]

14행~15행 아무 키나 누르면 열려 있던 모든 창이 닫히고 프로그램이 종료됩니다.

워터마크가 이미지에 잘 삽입된 것을 확인할 수 있습니다. 그런데 너무 끝에 붙어있네요. 조금 여백을 주겠습니다.

watermark_2.py

```
01  import cv2
02  import numpy as np
03
04  MARGIN = 20
05
06  img = cv2.imread('test.jpg', cv2.IMREAD_COLOR)
07  watermark = cv2.imread('watermark.png', cv2.IMREAD_COLOR)
08
09  watermark_background = np.zeros_like(img)
10  watermark_background[MARGIN:watermark.shape[0]+MARGIN, MARGIN:watermark.shape[1]+MARGIN] = watermark
11  cv2.imshow('background', watermark_background)
12
13  result_img = cv2.addWeighted(img, 1.0, watermark_background, 1.0, 0)
14  cv2.imwrite('test_result.png', result_img)
15  cv2.imshow('result', result_img)
16  cv2.waitKey(0)
17  cv2.destroyAllWindows()
```

04행 마진(margin)을 20으로 설정합니다. 파이썬에서 보통 이렇게 상수로 사용되는 변수는 모든 글자를 대문자로 표현합니다.

10행 워터마크를 20씩 띄운 위치에 넣어줍니다.

[그림 24-5]

여백을 주니 조금 더 보기가 좋아졌습니다.

24.3 원하는 위치에 워터마크 넣기

사진에 따라서 적절한 워터마크의 위치를 설정해줄 필요가 있습니다. 워터마크가 삽입될 위치를 좌측 상단, 좌측 하단, 정중앙, 우측 상단, 우측 하단 이렇게 5개의 선택권을 갖게 코드를 짜보겠습니다.

watermark_3.py

```
01  import cv2
02  import numpy as np
03
04  MARGIN = 20
05
06  img = cv2.imread('test.jpg', cv2.IMREAD_COLOR)
07  watermark = cv2.imread('watermark.png', cv2.IMREAD_COLOR)
08  watermark_background = np.zeros_like(img)
09  watermark_position = input("워터마크가 들어갈 위치 지정(LT:좌측 상단, LB:좌측 하단,
    C:정중앙, RT:우측 상단, RB:우측 하단>>")
10
11  if watermark_position == 'LT':
12      watermark_background[MARGIN:watermark.shape[0]+MARGIN,
        MARGIN:watermark.shape[1]+MARGIN] = watermark
13  elif watermark_position == 'LB':
14      watermark_background[watermark_background.shape[0]-watermark.shape[0]-
        MARGIN:watermark_background.shape[0]-MARGIN, MARGIN:watermark.
        shape[1]+MARGIN] = watermark
```

24장. 이미지에 워터마크 넣기

```python
15  elif watermark_position == 'C':
16      watermark_background[
17          int(watermark_background.shape[0]/2)-int(watermark.shape[0]/2)
              : int(watermark_background.shape[0]/2)-int(watermark.
                shape[0]/2)+watermark.shape[0],
18          int(watermark_background.shape[1]/2)-int(watermark.shape[1]/2)
              : int(watermark_background.shape[1]/2)-int(watermark.
                shape[1]/2)+watermark.shape[1],
19      ] = watermark
20  elif watermark_position == 'RT':
21      watermark_background[MARGIN:watermark.shape[0]+MARGIN, watermark_
          background.shape[1]-watermark.shape[1]-MARGIN:watermark_background.
          shape[1]-MARGIN] = watermark
22  elif watermark_position == 'RB':
23      watermark_background[watermark_background.shape[0]-watermark.shape[0]-
          MARGIN:watermark_background.shape[0]-MARGIN, watermark_background.
          shape[1]-watermark.shape[1]-MARGIN:watermark_background.shape[1]-
          MARGIN] = watermark
24
25  result_img = cv2.addWeighted(img, 1.0, watermark_background, 1.0, 0)
26  cv2.imwrite('test_result.png', result_img)
27  cv2.imshow('result', result_img)
28  cv2.waitKey(0)
29  cv2.destroyAllWindows()
```

09행 사용자로부터 워터마크가 들어갈 위치를 입력받습니다.

워터마크가 들어갈 위치 지정(LT:좌측 상단, LB:좌측 하단, C:정중앙, RT:우측 상단, RB:우측 하단>>

[그림 24-6]

11행~23행 사용자가 지정한 위치에 따라 워터마크가 들어갈 위치가 결정됩니다.

C라고 입력하면 다음과 같이 워터마크가 정중앙에 삽입된 이미지가 생성됩니다.

[그림 24-7]

RB라고 입력하면 다음과 같이 우측 하단에 워터마크가 들어갑니다.

[그림 24-8]

24.4 폴더에 있는 모든 이미지에 워터마크 처리하기

여러 이미지에 워터마크 처리를 한꺼번에 해줄 수 있으면 더욱더 편리할 것입니다. 현재 작업 폴더 안에 src라는 폴더를 만들고 그 안에 여러 개의 이미지를 넣겠습니다. 그 이미지들 모두에 대해 한 번에 워터마크를 처리하는 코드를 작성해보겠습니다. 워터마크로 처리된 이미지는 현재 작업 폴더 내 result 폴더에 저장되게 하겠습니다. 그러면 우선 src 폴더 안에 있는 모든 이미지 파일명을 리스트로 담아주는 코드가 필요합니다.

```
watermark_4.py
01  import os
02  import imghdr
```

```
03
04  path_dir = './src'
05  file_list = os.listdir(path_dir)
06  print(file_list)
07
08  img_file_list = []
09  for file in file_list:
10      if imghdr.what(path_dir + '\\' + file):
11          img_file_list.append(file)
12
13  print(img_file_list)
```

01행~02행 디렉터리 내 파일 리스트와 파일의 확장자 체크를 위해 필요한 os, imghdr 라이브러리들을 불러옵니다.
04행~06행 src 폴더 내에 있는 파일 리스트를 구합니다. 일부러 txt 파일도 넣어놨습니다.

```
['img1.jpg', 'img2.jpg', 'img3.jpg', 'img4.jpg', 'img5.jpg', 'text1.txt', 'text2.txt']
```

[그림 24-9]

08행 이미지 파일만 담기 위한 빈 리스트를 생성합니다.
09행 파일 리스트의 요소를 하나씩 체크합니다.
10행~11행 해당 파일이 이미지 파일이 아니라면 None을 반환하고, 이미지 파일이라면 확장자를 반환합니다. 이미지 파일인 경우만 img_file_list에 추가합니다.
13행 이미지 파일들만 잘 담겼는지 확인합니다.

```
['img1.jpg', 'img2.jpg', 'img3.jpg', 'img4.jpg', 'img5.jpg']
```

[그림 24-10]

src 폴더 내 이미지들에 대해서 워터마크로 처리해주려면, watermark_3.py와 watermark_4.py를 적절히 병합(merge)해주면 됩니다.

watermark_5.py

```
01  import cv2
02  import numpy as np
03  import os
04  import imghdr
05
06  MARGIN = 20
07
08  path_dir = './src'
```

```
09  file_list = os.listdir(path_dir)
10
11  try:
12      os.makedirs('result')
13  except FileExistsError:
14      pass
15
16  watermark_position = input("워터마크가 들어갈 위치 지정(LT:좌측 상단, LB:좌측 하단,
    C:정중앙, RT:우측 상단, RB:우측 하단>>")
17
18  img_file_list = []
19  for file in file_list:
20      if imghdr.what(path_dir + '\\' + file):
21          img_file_list.append(file)
22
23  for file in img_file_list:
24      img = cv2.imread(path_dir + '\\' + file, cv2.IMREAD_COLOR)
25      watermark = cv2.imread('watermark.png', cv2.IMREAD_COLOR)
26      watermark_background = np.zeros_like(img)
27
28      if watermark_position == 'LT':
29          watermark_background[MARGIN:watermark.shape[0]+MARGIN,
              MARGIN:watermark.shape[1]+MARGIN] = watermark
30      elif watermark_position == 'LB':
31          watermark_background[watermark_background.shape[0]-watermark.
              shape[0]-MARGIN:watermark_background.shape[0]-MARGIN,
              MARGIN:watermark.shape[1]+MARGIN] = watermark
32      elif watermark_position == 'C':
33          watermark_background[
34              int(watermark_background.shape[0]/2)-int(watermark.shape[0]/2)
                : int(watermark_background.shape[0]/2)-int(watermark.
                shape[0]/2)+watermark.shape[0],
35              int(watermark_background.shape[1]/2)-int(watermark.shape[1]/2)
                : int(watermark_background.shape[1]/2)-int(watermark.
                shape[1]/2)+watermark.shape[1],
36          ] = watermark
37      elif watermark_position == 'RT':
38          watermark_background[MARGIN:watermark.shape[0]+MARGIN, watermark_
              background.shape[1]-watermark.shape[1]-MARGIN:watermark_background.
              shape[1]-MARGIN] = watermark
39      elif watermark_position == 'RB':
40          watermark_background[watermark_background.shape[0]-watermark.
```

```
                shape[0]-MARGIN:watermark_background.shape[0]-MARGIN, watermark_
                background.shape[1]-watermark.shape[1]-MARGIN:watermark_background.
                shape[1]-MARGIN] = watermark
41      else:
42          print("워터마크 위치를 잘못 입력하셨습니다.")
43          break
44
45      result_img = cv2.addWeighted(img, 1.0, watermark_background, 1.0, 0)
46      cv2.imwrite('./result/result_' + file, result_img)
```

> 11행~14행 os.makedirs 함수로 result 폴더를 현재 작업 폴더 내에 생성합니다. 만약, 이미 result 폴더가 있다면 FileExistsError 예외가 발생하여 Except 구문이 실행되어 그냥 넘어갑니다(pass).
>
> 46행 워터마크로 처리된 이미지가 result 폴더에 저장되게 합니다.

위 코드를 실행하고 워터마크가 들어갈 위치를 RB로 입력해주면 다음과 같이 result 폴더 내에 워터마크로 처리된 이미지들이 생성될 것입니다.

[그림 24-11]

24.5 코드 수정 없이 워터마크 적용하기

그런데 지금까지 짠 코드의 단점은 계속해서 상황에 맞게 커스터마이징을 해줘야만 작동된다는 점입니다. 그러면 사용하기에 많이 번거롭겠죠. argparse를 활용해서 코드 내 변화가 필요한 부분은 파이썬 파일을 실행할 때 옵션으로 받을 수 있도록 코드를 수정해보겠습니다.

watermark_6.py

```python
import cv2
import numpy as np
import os
import imghdr
import argparse

MARGIN = 20

parser = argparse.ArgumentParser(description="src 폴더 안에 있는 이미지들에 대해 워터마크 처리를 해주는 프로그램입니다. 워터마킹 처리를 해줄 이미지들을 src 폴더에 모두 넣어주세요.")
parser.add_argument('--watermark', required=True, help='워터마크 이미지 파일명')
parser.add_argument('--position', required=True, help="워터마크가 들어갈 위치 (LT:좌측 상단, LB:좌측 하단, C:정중앙, RT:우측 상단, RB:우측 하단)")
args = parser.parse_args()
watermark_position = args.position
watermark_img = args.watermark

path_dir = './src'
file_list = os.listdir(path_dir)

try:
    os.makedirs('result')
except FileExistsError:
    pass

img_file_list = []
for file in file_list:
    if imghdr.what(path_dir + '\\' + file):
        img_file_list.append(file)

for file in img_file_list:
    img = cv2.imread(path_dir + '\\' + file, cv2.IMREAD_COLOR)
    watermark = cv2.imread(watermark_img, cv2.IMREAD_COLOR)
```

```python
32      watermark_background = np.zeros_like(img)
33
34      if watermark_position == 'LT':
35          watermark_background[MARGIN:watermark.shape[0]+MARGIN,
            MARGIN:watermark.shape[1]+MARGIN] = watermark
36      elif watermark_position == 'LB':
37          watermark_background[watermark_background.shape[0]-watermark.
            shape[0]-MARGIN:watermark_background.shape[0]-MARGIN,
            MARGIN:watermark.shape[1]+MARGIN] = watermark
38      elif watermark_position == 'C':
39          watermark_background[
40              int(watermark_background.shape[0]/2)-int(watermark.shape[0]/2)
                : int(watermark_background.shape[0]/2)-int(watermark.
                shape[0]/2)+watermark.shape[0],
41              int(watermark_background.shape[1]/2)-int(watermark.shape[1]/2)
                : int(watermark_background.shape[1]/2)-int(watermark.
                shape[1]/2)+watermark.shape[1],
42              ] = watermark
43      elif watermark_position == 'RT':
44          watermark_background[MARGIN:watermark.shape[0]+MARGIN, watermark_
            background.shape[1]-watermark.shape[1]-MARGIN:watermark_background.
            shape[1]-MARGIN] = watermark
45      elif watermark_position == 'RB':
46          watermark_background[watermark_background.shape[0]-watermark.
            shape[0]-MARGIN:watermark_background.shape[0]-MARGIN, watermark_
            background.shape[1]-watermark.shape[1]-MARGIN:watermark_background.
            shape[1]-MARGIN] = watermark
47      else:
48          print("워터마크 위치 지정에 관하여 잘못 입력하셨습니다.")
49          break
50
51      result_img = cv2.addWeighted(img, 1.0, watermark_background, 1.0, 0)
52      cv2.imwrite('./result/result_' + file, result_img)
```

05행 argparse 라이브러리를 불러옵니다.

09행 이 프로그램의 용도에 대해 간략히 설명합니다.

10행~11행 워터마크 파일명 정보를 받을 --watermark와 워터마크가 들어갈 위치 정보를 받을 --position 매개변수 입력이 요구됩니다.

12행~14행 입력된 인자들을 통해 워터마크 위치와 워터마크 이미지 파일의 이름 정보를 얻습니다.

31행 워터마크 이미지의 이름을 직접 입력하는 대신에 argparse로 얻은 정보를 활용합니다.

이 코드를 실행하려면 종전 python watermark_6.py 대신에 두 개의 매개변수에 대한 내용을 추가해줘야 합니다. 그 사용법은 터미널에서 다음과 같이 명령해주면 확인할 수 있습니다.

```
python watermark_6.py --help
```

```
usage: watermark_6.py [-h] --watermark WATERMARK --position POSITION
src 폴더 안에 있는 이미지들에 대해 워터마크 처리를 해주는 프로그램입니다. 워터마킹 처리를 해줄 이미지들을 src 폴더에 모두 넣어주세요.

options:
  -h, --help            show this help message and exit
  --watermark WATERMARK
                        워터마크 이미지 파일명
  --position POSITION   워터마크가 들어갈 위치(LT:좌측 상단, LB:좌측 하단, C:정중앙, RT:우측 상단, RB:우측 하단)
```

[그림 24-12]

[그림 24-12]를 보면 가장 윗 부분에 사용법에 대해 나오는 것을 확인할 수 있습니다. 그러면 사용법대로 코드를 실행해보겠습니다. src 폴더 내에 있는 모든 이미지 우측 상단에 watermark.png라는 워터마크 이미지를 넣어주라는 명령이라고 보면 됩니다.

```
python watermark_6.py --watermark watermark.png --position RT
```

실행해보니 src 폴더 내 이미지 파일들에 워터마크가 우측 상단에 잘 들어갔고, 그 결과물들은 result 폴더에 잘 저장되었습니다. 이제는 코드를 수정할 필요없이 옵션만 바꿔가면서 워터마크를 처리해줄 수 있게 되었습니다.

24.6 정리하며

블로그를 운영하다보면, 이미지에 워터마크를 넣어줘야 하는 경우가 종종 있습니다. 파워포인트, 피그마(Figma), 포토샵 등의 도구로 워터마크를 넣어줄 수 있지만, 이런 식으로 본인이 직접 만든 프로그램으로 처리를 해주면 훨씬 더 빠르게 작업을 할 수 있을뿐더러 보람을 느낄 수도 있습니다. 게다가 블로그를 운영하는 다른 지인에게 이렇게 만든 프로그램을 전달하면서 사용법을 알려준다면, 그 지인으로부터 다양한 피드백을 받게 될 것입니다. 내가 발견하지 못했던 에러를 알게 될 것이고, 그러한 에러를 수정해가며 프로그램을 업그레이드해가면 더욱 더 완성도 있는 프로그램으로 거듭날 것입니다.

25장. 사진을 이용해서 웹툰 만들기

Feat. opencv-python + pillow

최근 들어 웹툰 시장이 무척 커졌습니다. 엄청난 수익을 내는 스타 웹툰 작가도 생겨났습니다. 부러워하지만 말고 우리가 직접 웹툰을 만들어보는 것은 어떨까요? 하지만 우리는 그림 그리는 재능이 없으니 사진을 만화처럼 변환한 다음에 거기에 스토리만 부여하는 방식을 취해보겠습니다.

25.1 실습 준비

이전 실습에 사용했던 가상환경이 활성화되어 있다면 먼저 deactivate 명령으로 비활성화해주세요.

```
deactivate
```

그 다음에 바탕화면에 있는 enjoy_python 폴더 내에 webtoon이라는 폴더를 만든 후 VSCODE에서 해당 폴더를 열고 cmd 터미널에서 아래 명령을 실행하여 .venv 가상환경을 만들어주세요. 가상환경이 잘 생성되었다면, webtoon 폴더 안에 .venv 폴더가 생성되었을 것입니다.

```
virtualenv .venv
```

그리고 가상환경에 진입해주세요.

```
call .venv/Scripts/activate
```

이제 webtoon 폴더 안에 .py 파일 등을 따라 만들어가면서 실습을 진행하면 됩니다. 참고로 .venv 폴더 안에 파일을 만들지 마세요.

25.2 사진을 만화로 바꾸기

opencv 라이브러리를 이용하면 사진을 간단히 만화로 바꾸는 것이 가능합니다. opencv는 아주 유명한 영상처리 라이브러리입니다. 그 라이브러리의 파이썬 버전이 opencv-python인 것입니다. opencv의 stylization이란 함수를 사용하면, 입력된 이미지를 간단히 만화 이미지로 변환해준답니다. 며칠 전에 제가 먹었던 짬뽕 사진을 만화 이미지로 변환해보겠습니다.

[그림 25-1]

먼저 opencv-python 라이브러리부터 설치해줘야겠죠? VSCODE cmd 터미널에 다음 명령을 실행합니다.

```
pip install opencv-python
```

webtoon_1.py

```
01  import cv2
02
03  img = cv2.imread('nuddle.jpg', cv2.IMREAD_COLOR)
04  height, width, color = img.shape
05  print(width, height, color)
06
07  new_width = 400
08  new_height = int(height*new_width/width)
```

```
09  img_resized = cv2.resize(img, (new_width, new_height), interpolation=cv2.
    INTER_AREA)
10  img_cartoon = cv2.stylization(img_resized, sigma_s=150, sigma_r=0.25)
11
12  cv2.imshow('test', img_cartoon)
13  cv2.waitKey(0)
```

01행   opencv-python 라이브러리를 불러옵니다. cv2가 opencv-python입니다.
03행   짬뽕 이미지를 읽어서 가져옵니다.
04행~05행 짬뽕 이미지의 크기를 확인합니다.
07행~09행 이미지의 크기를 조절합니다. 가로 크기를 400으로 하고, 거기에 맞춰서 세로 크기가 조정되게 할 것입니다. 웹툰에 사용할 모든 이미지의 가로 크기를 400으로 통일하기 위해서입니다.
10행   이미지를 카툰화합니다. 여기서 sigma_s와 sigma_r이라는 매개변수가 있는데, sigma_s는 값을 크게 설정할수록 이미지가 부드러워집니다(smooth). 그리고 sigma_r은 작게 해줄수록 에지(edge)가 많이 보존됩니다. 다양한 값을 넣어보며 본인 마음에 드는 값을 찾아가면 됩니다.
12행~13행 만화처럼 변한 짬뽕 이미지를 확인해봅니다. 멋진 만화 이미지로 재탄생했죠?

[그림 25-2]

25.3 이미지에 말풍선 넣기

만화 이미지는 준비했고, 이제 이미지에 말풍선을 한 번 넣어보겠습니다. 여기서는 말풍선으로 타원 도형을 이미지에 그리도록 하겠습니다. 타원을 그릴 때는 cv2.ellipse 함수를 사용할 수 있습니다.

webtoon_2.py

```
01  import cv2
02
03  img = cv2.imread('nuddle.jpg', cv2.IMREAD_COLOR)
04  height, width, color = img.shape
05  print(width, height, color)
06
07  new_width = 400
08  new_height = int(height * new_width/width)
09  img_resized = cv2.resize(img, (new_width, new_height), interpolation=cv2.
    INTER_AREA)
10  img_cartoon = cv2.stylization(img_resized, sigma_s=150, sigma_r=0.25)
11  img_cartoon = cv2.ellipse(img_cartoon, (280, 80), (100, 60), 0, 0, 360,
    (230, 230, 230), -1)
12
13  cv2.imshow('test', img_cartoon)
14  cv2.waitKey(0)
```

11행 이미지 위에 타원을 그립니다. cv2.ellipse(이미지, 중심좌표, (중심에서 긴 거리, 짧은 거리), 타원 기울기 각도, 타원 시작 각도, 타원 종료 각도, 색상, 선 두께)와 같이 사용하면 됩니다. 선 두께 위치에 -1을 넣으면 타원이 색으로 채워집니다.

[그림 25-3]

25.4 말풍선에 텍스트 넣기

이제 말풍선도 준비되었으니 그 안에 대사만 넣으면 되겠죠? "아니! 이 맛은!!!!"이라는 대사를 넣어 보겠습니다. cv2.putText 함수를 사용하면 이미지에 문자를 삽입할 수 있습니다. 그런데 cv2.putText 함수를 사용하여 한글을 넣을 경우 한글이 깨집니다. 그래서 대신 다른 영상 처리 라이브러리인 pillow를 활용해서 이미지에 텍스트를 넣어줄 것입니다. 그렇다면, pillow 라이브러리 설치가 필요하겠죠? VSCODE cmd 터미널에서 다음 명령을 실행합니다.

```
pip install pillow
```

말풍선까지 포함된 이미지를 pillow 이미지로 변환한 후 텍스트를 추가하고, 그 다음에 다시 opencv 에서 처리가 가능한 numpy 이미지로 변환해줄 것입니다.

webtoon_3.py

```
01  import cv2
02  from PIL import ImageFont, ImageDraw, Image
03  import numpy as np
04  
05  img = cv2.imread('nuddle.jpg', cv2.IMREAD_COLOR)
06  height, width, color = img.shape
07  print(width, height, color)
08  
09  new_width = 400
10  new_height = int(height * new_width/width)
11  img_resized = cv2.resize(img, (new_width, new_height), interpolation=cv2.INTER_AREA)
12  img_cartoon = cv2.stylization(img_resized, sigma_s=150, sigma_r=0.25)
13  img_cartoon = cv2.ellipse(img_cartoon, (280, 80), (100, 60), 0, 0, 360, (230, 230, 230), -1)
14  print(type(img_cartoon))
15  
16  img_pillow = Image.fromarray(img_cartoon)
17  print(type(img_pillow))
18  
19  fontpath = "fonts/gulim.ttc"
20  font = ImageFont.truetype(fontpath, 24)
21  b,g,r,a = 0,0,0,255
22  draw = ImageDraw.Draw(img_pillow, 'RGBA')
```

```
23   draw.text((200, 70), "아니! 이 맛은!!!!", font=font, fill=(b,g,r,a))
24   img_numpy = np.array(img_pillow)
25   print(type(img_numpy))
26
27   cv2.imshow('test', img_numpy)
28   cv2.waitKey(0)
```

02행~03행   추가로 필요한 pillow 라이브러리와 numpy 라이브러리를 불러옵니다.

14행   말풍선이 추가된 이미지의 타입을 확인해봅니다. numpy 다차원 배열임을 알 수 있습니다. 참고로 opencv에서는 이미지를 numpy 다차원 배열로 표현합니다.

`<class 'numpy.ndarray'>`

[그림 25-4]

16행~17행   opencv에서는 한글 텍스트 삽입이 불가하므로, 이미지를 pillow 이미지로 변환합니다. 데이터 타입을 확인해보면, pillow 이미지임을 확인할 수 있습니다.

`<class 'PIL.Image.Image'>`

[그림 25-5]

19행~21행   넣어줄 텍스트의 폰트와 색상을 지정합니다.

22행~23행   (200, 70) 위치에 "아니! 이 맛은!!!!"이라는 텍스트를 넣어줍니다. (200, 70)이 텍스트의 좌측 상단 시작점이 됩니다.

24행~25행   이제 다시 opencv에서 사용 가능한 numpy 배열 형태로 이미지를 변환합니다.

`<class 'numpy.ndarray'>`

[그림 25-6]

[그림 25-7]

[그림 25-7]에서 보다시피 한글 텍스트가 깨지지 않고 적절한 위치에 잘 삽입된 것을 확인할 수 있습니다. 혹시 제가 제공한 이미지로만 실습하고 있나요? 그 이미지 말고, 다른 이미지에 다른 대사를 넣어보길 권합니다. 스스로 응용해봐야지만, 제대로 배울 수 있습니다.

25.5 세 컷 웹툰 만들기

이제 만화로 처리된 이미지 세 장을 연달아서 아래에 붙여줘서 세 컷 웹툰을 만들겠습니다. 세 장의 이미지를 먼저 준비해주세요. 저는 아래 사진을 활용할 것입니다.

[그림 25-8]

또한 나름대로 스토리도 구성해보세요. 저는 세 컷의 만화 이미지를 수직 방향으로 서로 이어 붙여서 하나의 이미지 파일로 만들어서 저장할 것입니다.

```
webtoon_4.py
01  import cv2
02  from PIL import ImageFont, ImageDraw, Image
03  import numpy as np
04
05  new_width = 400
06  fontpath = "fonts/gulim.ttc"
07  font = ImageFont.truetype(fontpath, 20)
08  b,g,r,a = 0,0,0,255
09
10  script = ["화창한 주말 아침", "타요, 오늘 주말인데\n우리 뭐하고 놀까?",
            "아빠~~~ 우리 같이\n나가서 놀아요~~~"]
11  ellipse_center = [(0, 0), (200, 240), (180, 230)]
12  text_start = [(150, 70), (110, 220), (90, 210)]
13
14  result_img = np.zeros((0, 400, 3), np.uint8)
```

```
15
16  for i in range(1, 4):
17      img = cv2.imread('cut' + str(i) + '.jpg', cv2.IMREAD_COLOR)
18      height, width, color = img.shape
19      new_height = int(height * new_width/width)
20      img_resized = cv2.resize(img, (new_width, new_height),
        interpolation=cv2.INTER_AREA)
21      img_cartoon = cv2.stylization(img_resized, sigma_s=150, sigma_r=0.25)
22
23      if i != 1:
24          img_cartoon = cv2.ellipse(img_cartoon, ellipse_center[i-1],
            (100, 60), 0, 0, 360, (230, 230, 230), -1)
25
26      img_pillow = Image.fromarray(img_cartoon)
27      draw = ImageDraw.Draw(img_pillow, 'RGBA')
28      draw.text(text_start[i-1], script[i-1], font=font, fill=(b,g,r,a))
29      img_numpy = np.array(img_pillow)
30
31      result_img = cv2.vconcat([result_img, img_numpy])
32
33  cv2.imshow('test', result_img)
34  cv2.waitKey(0)
35  cv2.imwrite("3cut_webtoon.jpg", result_img)
```

10행	대사를 담은 리스트를 생성합니다. 대사 중간에 있는 \n은 줄바꿈을 의미합니다.
11행	타원의 센터 좌표를 담은 리스트를 생성합니다.
12행	대사의 시작 좌표를 담은 리스트를 생성합니다.
10행~12행	모두 반복문에서 활용될 것입니다.
14행	세 장의 만화 이미지를 수직 방향으로 붙여주기 위해 세로 길이가 0인 검정 이미지를 하나 준비합니다.
17행	cut1.jpg, cut2.jpg, cut3.jpg를 읽어내야 하기 때문에 숫자 위치에 i, 즉 1, 2, 3이 순차적으로 들어가도록 합니다.
23행~24행	첫 번째 이미지는 대사를 넣지 않고, 상황 정보를 텍스트로 넣을 것이라서 말풍선은 그리지 않습니다.
31행	cv2.vconcat 함수로 만화 이미지들을 수직 방향으로 연결합니다.
35행	완성된 세 컷 웹툰을 이미지 파일로 저장합니다.

[그림 25-9]

아빠들의 비애를 담은 웹툰을 만들어봤습니다. 꽤 그럴듯하지 않나요?

25.6 정리하며

우리는 코딩으로 거의 모든 것을 할 수 있습니다. 이 장에서 확인했던 것처럼 코드로 웹툰을 그리는 것도 가능합니다. 다만, 코딩을 활용했을 때 더 효율적인 것이 있고, 그렇지 않은 것도 있습니다. 사진을 만화 이미지로 변환해주는 것은 분명히 코딩의 덕을 본 것이지만, 코딩으로 자막을 넣는 것은 "굳이 그렇게 해야할까?" 하는 생각이 들 정도로 그다지 효율적이진 않습니다. 일러스트나 포토샵, 파워포인트 같은 도구로 자막을 넣는 것이 훨씬 빠를 것 같다는 생각이 듭니다. 코딩은 문제 해결 방법 중 하나일 뿐입니다. 더 나은 문제 해결 방법이 있다면 그것을 사용하는 편이 현명합니다. 모든 것을 코딩으로 해결하려고 하다보면 오히려 문제 해결 능력이 저하될 수도 있습니다. 코딩을 열심히 배우고 열심히 활용하되 맹신하지는 맙시다.

26장. 사진에서 명함 부분만 잘라서 저장하기

Feat.
opencv-python
+ numpy
+ random
+ math

사회생활을 하다 보면 많은 분을 새롭게 만나게 됩니다. 처음 만나면 서로 교환하는 것이 있는데, 바로 명함입니다. 명함을 주고 받다 보면 금방 수십 개가 쌓입니다. 그래서 받은 명함을 사진으로 저장해두고 명함을 버릴 때도 많습니다. 이렇게 찍은 사진에서 명함 부분만 딱 잘라서 저장하는 프로그램이 있다면 명함을 관리하는 것이 조금 더 편해지겠죠? 함께 만들어봅시다.

26.1 실습 준비

이전 실습에 사용했던 가상환경이 활성화되어 있다면 먼저 **deactivate** 명령으로 비활성화해주세요.

```
deactivate
```

그 다음에 바탕화면에 있는 enjoy_python 폴더 내에 business_card라는 폴더를 만든 후 VSCODE에서 해당 폴더를 열고 cmd 터미널에서 아래 명령을 실행하여 .venv 가상환경을 만들어주세요. 가상환경이 잘 생성되었다면, business_card 폴더 안에 .venv 폴더가 생성되었을 것입니다.

```
virtualenv .venv
```

그리고 가상환경에 진입해주세요.

```
call .venv/Scripts/activate
```

이제 business_card 폴더 안에 .py 파일 등을 따라 만들어가면서 실습을 진행하면 됩니다. 참고로 .venv 폴더 안에 파일을 만들지 마세요.

26.2 사진에서 명함 영역을 찾기 위한 전처리하기

실습을 위해 명함 이미지를 하나 준비해주세요. 너무 큰 이미지라면, 크기를 줄여주는 게 좋습니다. test.jpg로 이름을 지은 후에 실습을 시작하면 됩니다. 현재 작업 디렉터리 안에 test.jpg 이미지가 들어가 있어야 합니다.

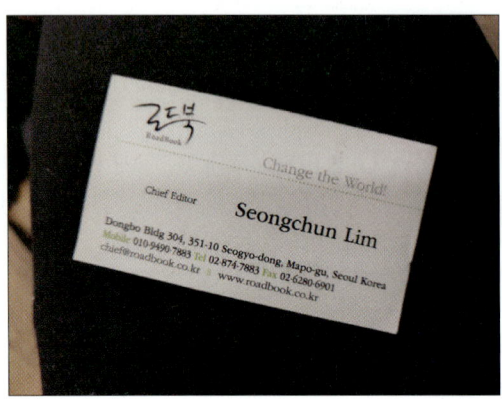

[그림 26-1]

우리는 이러한 사진에서 명함 부분만을 잘라낼 것입니다. 명함 부분을 검출해야 하는데 보통 객체(object) 검출에 많이 사용되는 opencv의 findContours 함수를 활용하여 이미지 내에서 객체들을 검출하겠습니다. 그 객체 중 하나가 명함이길 바라면서 말이죠. 참고로 Contour라는 것은 객체(물체)의 윤곽선을 의미합니다. 먼저 opencv-python 라이브러리를 설치하고 시작하겠습니다. VSCODE cmd 터미널에서 아래 명령을 실행해주세요.

```
pip install opencv-python
```

우선 이미지 내 객체들을 찾는 알고리즘은 다음과 같습니다.

1. 컬러 이미지를 읽습니다.
2. 읽어낸 이미지의 크기가 크면 가로, 세로 각각 반으로 줄입니다. 이미지가 너무 크면 처리하는 데 그만큼 시간이 많이 소요되기 때문입니다.
3. 컬러 이미지를 그레이스케일 이미지로 변환합니다. 컬러 정보가 딱히 필요하지 않기 때문입니다.
4. 그레이스케일 이미지를 이진 이미지(흑백 이미지)로 변환합니다. 윤곽(contour)을 잘 검출하기 위함이라고 생각하면 됩니다.

5. 이제 이미지 내에서 윤곽을 찾습니다.

6. 각 윤곽을 감쌀 수 있는 바운딩 박스들을 그려줍니다.

business_card_1.py

```
01  import cv2
02  import random
03  import numpy as np
04
05  img = cv2.imread('test.jpg', cv2.IMREAD_COLOR)
06  width, height, colors = img.shape
07  print(width, height, colors)
08
09  if width > 1000 or height > 1000:
10      img = cv2.resize(img, None, fx=0.5, fy=0.5, interpolation=cv2.INTER_AREA)
11      width, height, colors = img.shape
12      print(width, height, colors)
13
14  img_gray = cv2.cvtColor(img, cv2.COLOR_BGR2GRAY)
15
16  cv2.imshow("test", img_gray)
17  cv2.waitKey(0)
18
19  img_thresh = cv2.adaptiveThreshold(img_gray, maxValue=255.0,
20                                      adaptiveMethod=cv2.ADAPTIVE_THRESH_GAUSSIAN_C,
21                                      thresholdType=cv2.THRESH_BINARY_INV,
                                        blockSize=19, C=9)
22
23  cv2.imshow("test", img_thresh)
24  cv2.waitKey(0)
25
26  contours, _ = cv2.findContours(img_thresh, cv2.RETR_LIST, cv2.CHAIN_APPROX_SIMPLE)
27
28  img1 = img.copy()
29
30  for i in range(len(contours)):
31      cv2.drawContours(img1, contours[i], -1, (random.randint(0, 255),
        random.randint(0, 255), random.randint(0, 255)), 2)
32
```

```
33    cv2.imshow("test", img1)
34    cv2.waitKey(0)
35
36    img2 = img.copy()
37    img_black = np.zeros((width, height, colors), dtype=np.uint8)
38
39    for contour in contours:
40        x, y, w, h = cv2.boundingRect(contour)
41        cv2.rectangle(img2, pt1=(x,y), pt2=(x+w, y+h), color=(random.randint
          (0, 255), random.randint(0, 255), random.randint(0, 255)), thickness=1)
42        cv2.rectangle(img_black, pt1=(x,y), pt2=(x+w, y+h), color=(random.
          randint(0, 255), random.randint(0, 255), random.randint(0, 255)),
          thickness=1)
43
44    cv2.imshow("test", img2)
45    cv2.waitKey(0)
46
47    cv2.imshow("test", img_black)
48    cv2.waitKey(0)
```

01행~03행   필요한 라이브러리들을 불러옵니다. cv2가 opencv-python 라이브러리입니다.
    05행   cv2.imread 함수로 명함이 담긴 이미지를 읽습니다.
06행~07행   이미지의 크기와 몇 개의 컬러 채널이 있는지 확인합니다. 가로 1080, 세로 1440, 3 채널 컬러 이미지인 것을 확인할 수 있습니다.

```
1080 1440 3
```

[그림 26-2]

09행~12행   이미지의 가로나 세로가 1000보다 크면, 가로를 반으로 세로를 반으로 줄여줍니다. 결과적으로 이미지가 1/4 크기로 작아집니다. 그리고 다시 이미지의 크기를 확인합니다. 가로, 세로 모두 반으로 줄어든 것을 확인할 수 있습니다.

```
540 720 3
```

[그림 26-3]

14행~17행   3 채널 컬러 이미지를 그레이스케일 이미지로 변환한 후 창을 띄워 확인합니다.

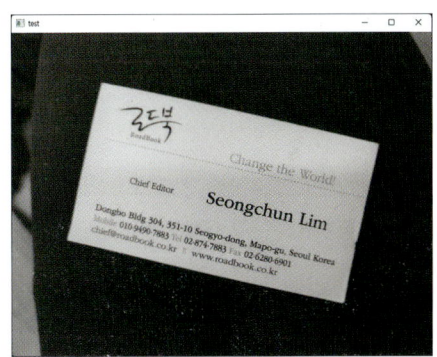

[그림 26-4]

19행~24행 그레이스케일 이미지를 opencv의 adaptiveThreshold 함수를 사용하여 이진 이미지로 변환합니다. 이진 이미지는 흑과 백으로만 구성된 이미지입니다.

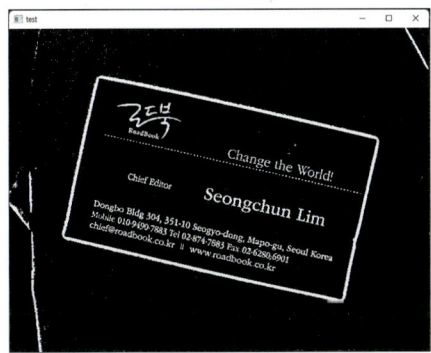

[그림 26-5]

26행 이진 이미지에서 윤곽선들을 찾습니다.

28행~34행 img를 img1에 복사해놓고, img1에 윤곽선을 하나씩 그려줍니다. 각 윤곽선이 서로 구분되게 하기 위해서 반복될 때마다 다른 색상의 윤곽선이 그려지게 했습니다. 같은 색상으로 윤곽선이 그려진 것이라면 하나의 물체라고 판단이 된 것입니다.

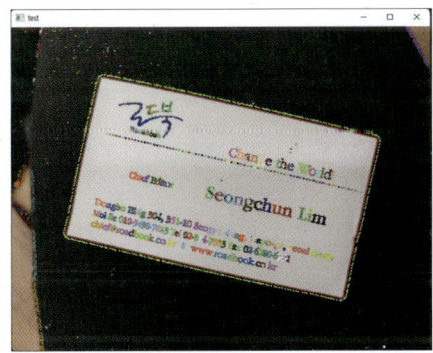

[그림 26-6]

26장. 사진에서 명함 부분만 잘라서 저장하기 283

| 36행~48행 | 찾아진 윤곽을 감싸는 바운딩 박스를 그려줍니다. 윤곽을 감쌀 수 있는 바운딩 박스의 좌측 상단 좌표와 너비, 높이는 cv2.boudingRect 함수를 통해 얻을 수 있습니다. 그 얻어낸 정보를 이용하여 cv2.rectangle 함수로 바운딩 박스(사각형)를 그려줍니다. 사진 이미지(img2) 위에도 그려주고, 검은 이미지(img_black) 위에도 그려주겠습니다. |

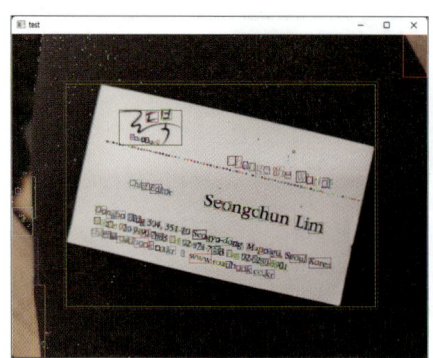 

[그림 26-7]

검은 이미지에 바운딩 박스만 그렸더니 아주 멋진 이미지가 그려졌죠? 코딩을 할 때는 스스로 꽤 멋진 걸 하고 있다는 만족감을 느끼는 것도 꽤 중요합니다. 그것이 큰 동력이 되곤 합니다.

26.3 이미지에서 명함 부분의 후보 바운딩 박스 찾기

이제 많은 바운딩 박스 중에서 명함을 담고 있는 바운딩 박스가 무엇일지 판단해서 찾아야 합니다. 저는 바운딩 박스의 가로 크기가 이미지의 가로 크기의 절반 이상이거나, 바운딩 박스의 세로 크기가 이미지의 세로 크기의 절반 이상인 것이 명함을 감싸고 있는 바운딩 박스일 가능성이 높다고 생각하여 그 기준을 만족시키는 바운딩 박스만 1차적으로 살려놓을 것입니다. 그 다음에는 바운딩 박스의 가로, 세로 비율이 1:1에서 1:2 사이인 것들만 2차적으로 살려놓겠습니다. 일반적인 명함이라면 이러한 비율을 가지고 있을 것이기 때문입니다.

business_card_2.py

```
01  import cv2
02  import random
03  import numpy as np
04
05  img = cv2.imread('test.jpg', cv2.IMREAD_COLOR)
06  width, height, colors = img.shape
07  print(width, height, colors)
```

```
08
09  if width > 1000 or height > 1000:
10      img = cv2.resize(img, None, fx=0.5, fy=0.5, interpolation=cv2.INTER_AREA)
11      width, height, colors = img.shape
12      print(width, height, colors)
13
14  img_gray = cv2.cvtColor(img, cv2.COLOR_BGR2GRAY)
15
16  cv2.imshow("test", img_gray)
17  cv2.waitKey(0)
18
19  img_thresh = cv2.adaptiveThreshold(img_gray, maxValue=255.0,
20                           adaptiveMethod=cv2.ADAPTIVE_THRESH_GAUSSIAN_C,
21                           thresholdType=cv2.THRESH_
                             BINARY_INV, blockSize=19, C=9)
22
23  cv2.imshow("test", img_thresh)
24  cv2.waitKey(0)
25
26  contours, _ = cv2.findContours(img_thresh, cv2.RETR_LIST, cv2.CHAIN_APPROX_
    SIMPLE)
27
28  img1 = img.copy()
29
30  for i in range(len(contours)):
31      cv2.drawContours(img1, contours[i], -1, (random.randint(0, 255),
        random.randint(0, 255), random.randint(0, 255)), 2)
32
33  cv2.imshow("test", img1)
34  cv2.waitKey(0)
35
36  img2 = img.copy()
37  img_black = np.zeros((width, height, colors), dtype=np.uint8)
38  img_black1 = img_black.copy()
39
40  candidates = []
41
42  for contour in contours:
43      x, y, w, h = cv2.boundingRect(contour)
44
45      if w >= width/2 or h >= height/2:
46          cv2.rectangle(img_black, pt1=(x,y), pt2=(x+w, y+h), color=(random.
```

```
                    randint(0, 255), random.randint(0, 255), random.randint(0, 255)),
                    thickness=1)
47
48          if (1 < w/h < 2) or (1 < h/w < 2):
49              cv2.rectangle(img_black1, pt1=(x,y), pt2=(x+w, y+h),
                    color=(random.randint(0, 255), random.randint(0, 255), random.
                    randint(0, 255)), thickness=1)
50              candidates.append({'contour':contour, 'x':x, 'y':y, 'w':w, 'h':h})
51
52      cv2.imshow("test", img_black)
53      cv2.waitKey(0)
54
55      cv2.imshow("test", img_black1)
56      cv2.waitKey(0)
```

- **40행** 명함 후보를 담을 리스트를 하나 준비합니다.
- **45행~46행** 바운딩 박스의 가로가 이미지의 가로 크기 절반 이상이거나 바운딩 박스의 세로가 이미지의 세로 크기 절반 이상인 바운딩 박스만 살려놓습니다.
- **48행~50행** 살아남은 바운딩 박스 중에서 가로, 세로 비율이 1:1에서 1:2 사이인 것들을 남겨놓습니다. 그리고 그 바운딩 박스 정보와 그 안에 있는 윤곽 정보를 candidates 리스트에 담습니다.
- **52행~56행** 1차적으로 살아남은 바운딩 박스와 2차적으로 살아남은 바운딩 박스를 살펴봅니다. 이 경우에는 두 개의 바운딩 박스가 1, 2차 모두에서 살아남았습니다.

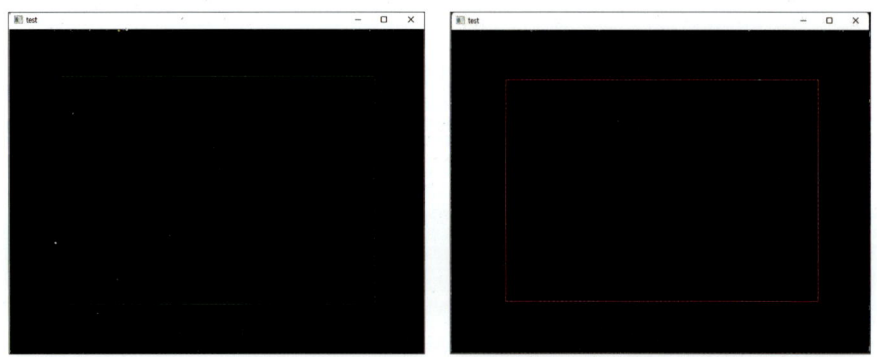

[그림 26-8]

26.4 명함 바운딩 박스만 남기고 명함 윤곽 그리기

이제 살아남은 후보 중에서 하나만 남겨야 합니다. 여기서는 크기가 가장 작은 것 하나를 명함 영역으로 판단하겠습니다. 그리고 최종적으로 남은 바운딩 박스 안에 있는 윤곽만 그려보겠습니다.

business_card_3.py

```
01  import cv2
02  import random
03  import numpy as np
04
05  img = cv2.imread('test.jpg', cv2.IMREAD_COLOR)
06  width, height, colors = img.shape
07  print(width, height, colors)
08
09  if width > 1000 or height > 1000:
10      img = cv2.resize(img, None, fx=0.5, fy=0.5, interpolation=cv2.INTER_AREA)
11      width, height, colors = img.shape
12      print(width, height, colors)
13
14  img_gray = cv2.cvtColor(img, cv2.COLOR_BGR2GRAY)
15
16  cv2.imshow("test", img_gray)
17  cv2.waitKey(0)
18
19  img_thresh = cv2.adaptiveThreshold(img_gray, maxValue=255.0,
20                                      adaptiveMethod=cv2.ADAPTIVE_THRESH_GAUSSIAN_C,
21                                      thresholdType=cv2.THRESH_BINARY_INV,
                                        blockSize=19, C=9)
22
23  cv2.imshow("test", img_thresh)
24  cv2.waitKey(0)
25
26  contours, _ = cv2.findContours(img_thresh, cv2.RETR_LIST, cv2.CHAIN_APPROX_SIMPLE)
27
28  img1 = img.copy()
29
30  for i in range(len(contours)):
31      cv2.drawContours(img1, contours[i], -1, (random.randint(0, 255),
        random.randint(0, 255), random.randint(0, 255)), 2)
32
33  cv2.imshow("test", img1)
34  cv2.waitKey(0)
35
36  img2 = img.copy()
37  img_black = np.zeros((width, height, colors), dtype=np.uint8)
```

```python
38  img_black1 = img_black.copy()
39
40  candidates = []
41
42  for contour in contours:
43      x, y, w, h = cv2.boundingRect(contour)
44
45      if w >= width/2 or h >= height/2:
46          cv2.rectangle(img_black, pt1=(x,y), pt2=(x+w, y+h), color=(random.
              randint(0, 255), random.randint(0, 255), random.randint(0, 255)),
              thickness=1)
47
48          if (1 < w/h < 2) or (1 < h/w < 2):
49              cv2.rectangle(img_black1, pt1=(x,y), pt2=(x+w, y+h),
                  color=(random.randint(0, 255), random.randint(0, 255), random.
                  randint(0, 255)), thickness=1)
50              candidates.append({'contour':contour, 'x':x, 'y':y, 'w':w, 'h':h})
51
52  cv2.imshow("test", img_black)
53  cv2.waitKey(0)
54
55  cv2.imshow("test", img_black1)
56  cv2.waitKey(0)
57
58  area_list = []
59
60  if len(candidates) >= 2:
61      for candidate in candidates:
62          area = candidate['w'] * candidate['h']
63          area_list.append(area)
64
65      min_area = min(area_list)
66      min_index = area_list.index(min_area)
67      print(min_area, min_index)
68  else:
69      min_index = 0
70
71  bussiness_card = candidates[min_index]
72
73  img3 = img.copy()
74
75  cv2.rectangle(img3, pt1=(bussiness_card['x'], bussiness_card['y']),
```

```
76                pt2=(bussiness_card['x']+bussiness_card['w'], bussiness_
                  card['y']+bussiness_card['h']),
77                color=(0, 0, 255), thickness=2)
78  cv2.drawContours(img, bussiness_card['contour'], -1, (255, 0, 0), 2)
79
80  cv2.imshow("test", img3)
81  cv2.waitKey(0)
82
83  cv2.imshow("test", img)
84  cv2.waitKey(0)
```

58행~69행 후보 바운딩 박스 중에서 너비가 가장 적은 바운딩 박스를 찾습니다. 그 인덱스 값을 저장해둡니다.

71행 후보 중에서 최종적으로 명함 바운딩 박스를 선정합니다.

73행~84행 명함 바운딩 박스만 그려줍니다. 그리고 그 바운딩 박스 안에 있는 물체에 윤곽을 그려줍니다. 명함에만 윤곽이 잘 그려진 것을 확인할 수 있습니다.

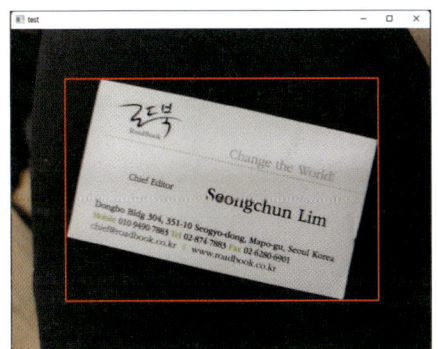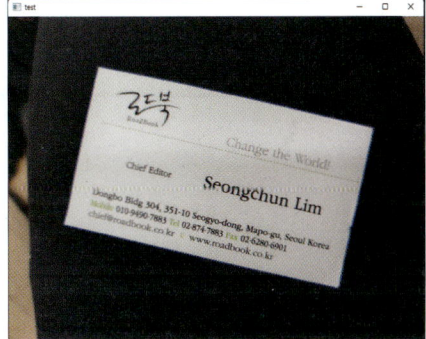

[그림 26-9]

26.5 명함 부분만 잘라서 직사각형으로 만들기

이제 명함 부분만 잘라보겠습니다. 기하학적 변환을 통해서 완벽한 직사각형 형태로 만들 것입니다. opencv의 warpPerspective 함수를 활용하면 퍼스펙티브 변환을 할 수 있습니다. 퍼스펙티브 변환이란 이미지 내 4개의 점을 기준으로 구분지은 영역을 직사각형으로 변환해주는 것을 의미합니다.

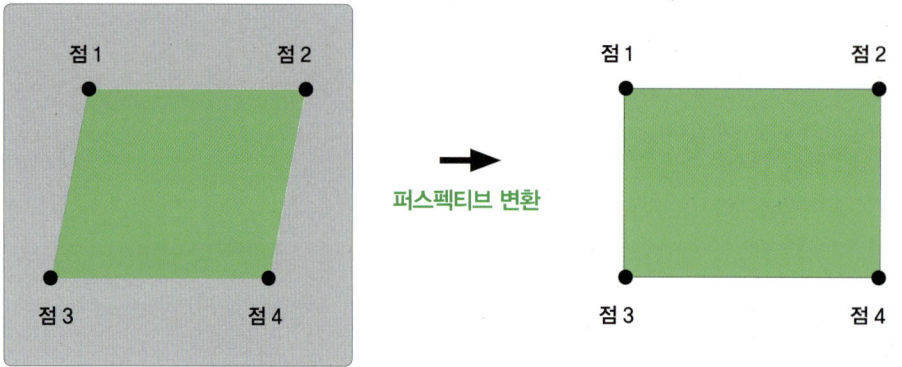

[그림 26-10]

그러면 먼저 명함의 코너점 4개를 찾고, 그 점들을 기반으로 퍼스펙티브 변환을 해주겠습니다. 여기서는 코너점 4개를 다음 기준으로 찾을 것입니다.

명함 윤곽선을 이루는 점 중에서 (x 좌표값이 최소값인 점) (x 좌표값이 최대값인 점) (y 좌표값이 최소값인 점) (y 좌표값이 최대값인 점)을 코너점이라고 판단하겠습니다.

```
business_card_4.py
01  import cv2
02  import random
03  import numpy as np
04  import math
05
06  img = cv2.imread('test.jpg', cv2.IMREAD_COLOR)
07  width, height, colors = img.shape
08  print(width, height, colors)
09
10  if width > 1000 or height > 1000:
11      img = cv2.resize(img, None, fx=0.5, fy=0.5, interpolation=cv2.INTER_AREA)
12      width, height, colors = img.shape
13      print(width, height, colors)
14
15  img_gray = cv2.cvtColor(img, cv2.COLOR_BGR2GRAY)
16
17  cv2.imshow("test", img_gray)
18  cv2.waitKey(0)
19
20  img_thresh = cv2.adaptiveThreshold(img_gray, maxValue=255.0,
21                                     adaptiveMethod=cv2.ADAPTIVE_THRESH_
```

```
22                          GAUSSIAN_C,
                            thresholdType=cv2.THRESH_BINARY_INV,
                            blockSize=19, C=9)
23
24   cv2.imshow("test", img_thresh)
25   cv2.waitKey(0)
26
27   contours, _ = cv2.findContours(img_thresh, cv2.RETR_LIST, cv2.CHAIN_APPROX_
     SIMPLE)
28
29   img1 = img.copy()
30
31   for i in range(len(contours)):
32       cv2.drawContours(img1, contours[i], -1, (random.randint(0, 255),
         random.randint(0, 255), random.randint(0, 255)), 2)
33
34   cv2.imshow("test", img1)
35   cv2.waitKey(0)
36
37   img2 = img.copy()
38   img_black = np.zeros((width, height, colors), dtype=np.uint8)
39   img_black1 = img_black.copy()
40
41   candidates = []
42
43   for contour in contours:
44       x, y, w, h = cv2.boundingRect(contour)
45
46       if w >= width/2 or h >= height/2:
47           cv2.rectangle(img_black, pt1=(x,y), pt2=(x+w, y+h), color=(random.
             randint(0, 255), random.randint(0, 255), random.randint(0, 255)),
             thickness=1)
48
49       if (1 < w/h < 2) or (1 < h/w < 2):
50           cv2.rectangle(img_black1, pt1=(x,y), pt2=(x+w, y+h),
             color=(random.randint(0, 255), random.randint(0, 255), random.
             randint(0, 255)), thickness=1)
51           candidates.append({'contour':contour, 'x':x, 'y':y, 'w':w, 'h':h})
52
53   cv2.imshow("test", img_black)
54   cv2.waitKey(0)
55
```

```python
56  cv2.imshow("test", img_black1)
57  cv2.waitKey(0)
58
59  area_list = []
60
61  if len(candidates) >= 2:
62      for candidate in candidates:
63          area = candidate['w'] * candidate['h']
64          area_list.append(area)
65
66      min_area = min(area_list)
67      min_index = area_list.index(min_area)
68      print(min_area, min_index)
69
70  else:
71      min_index = 0
72
73  bussiness_card = candidates[min_index]
74
75  img3 = img.copy()
76
77  cv2.rectangle(img3, pt1=(bussiness_card['x'], bussiness_card['y']),
78               pt2=(bussiness_card['x']+bussiness_card['w'], bussiness_
                card['y']+bussiness_card['h']),
79               color=(0, 0, 255), thickness=2)
80  cv2.drawContours(img, bussiness_card['contour'], -1, (255, 0, 0), 2)
81
82  cv2.imshow("test", img3)
83  cv2.waitKey(0)
84
85  cv2.imshow("test", img)
86  cv2.waitKey(0)
87
88  x_min = width
89  x_max = 0
90  y_min = height
91  y_max = 0
92
93  for point in bussiness_card['contour']:
94      if point[0][0] < x_min:
95          x_min = point[0][0]
96          x_min_partner = point[0][1]
```

```
97
98      if point[0][0] > x_max:
99          x_max = point[0][0]
100         x_max_partner = point[0][1]
101
102     if point[0][1] < y_min:
103         y_min = point[0][1]
104         y_min_partner = point[0][0]
105
106     if point[0][1] > y_max:
107         y_max = point[0][1]
108         y_max_partner = point[0][0]
109
110 pt1 = (x_min, x_min_partner)
111 pt2 = (y_min_partner, y_min)
112 pt3 = (y_max_partner, y_max)
113 pt4 = (x_max, x_max_partner)
114
115 print(pt1, pt2, pt3, pt4)
116
117 cv2.circle(img, pt1, radius=5, color=(0, 0, 255), thickness=-1)
118 cv2.circle(img, pt2, radius=5, color=(0, 0, 255), thickness=-1)
119 cv2.circle(img, pt3, radius=5, color=(0, 0, 255), thickness=-1)
120 cv2.circle(img, pt4, radius=5, color=(0, 0, 255), thickness=-1)
121
122 cv2.imshow("test", img)
123 cv2.waitKey(0)
124
125 new_width = int((math.dist(pt1, pt2) + math.dist(pt3, pt4))/2)
126 new_height = int((math.dist(pt2, pt4) + math.dist(pt1, pt3))/2)
127
128 src = np.float32([list(pt1), list(pt2), list(pt3), list(pt4)])
129 dst = np.float32([[0, 0], [new_width, 0], [0, new_height],
    [new_width, new_height]])
130
131 mat = cv2.getPerspectiveTransform(src, dst)
132
133 img_card = cv2.warpPerspective(img, mat, (new_width, new_height))
134
135 if new_width < new_height:
136     img_card = cv2.rotate(img_card, cv2.ROTATE_90_COUNTERCLOCKWISE)
137
```

```
138 cv2.imshow("test", img_card)
139 cv2.waitKey(0)
140
141 cv2.imwrite("bussiness_card.jpg", img_card)
```

004행 math 라이브러리를 불러옵니다.

088행~115행 4개의 코너점을 찾아갑니다. business_card의 contour를 구성하는 점들을 순차적으로 하나씩 확인하면서 최대값과 최소값을 찾아갑니다. 찾아낸 4개 코너점은 다음과 같습니다.

(93, 346) (153, 83) (568, 453) (630, 187)

[그림 26-11]

117행~123행 4개의 코너점들에 빨간 점을 찍어줍니다. 점을 찍어주는 opencv 함수가 없어서 대신 opencv의 circle 함수를 사용하여 반지름이 작은 원을 그려줬습니다. 제대로 4개의 코너점을 찾아서 빨간 점이 찍힌 것을 확인할 수 있습니다.

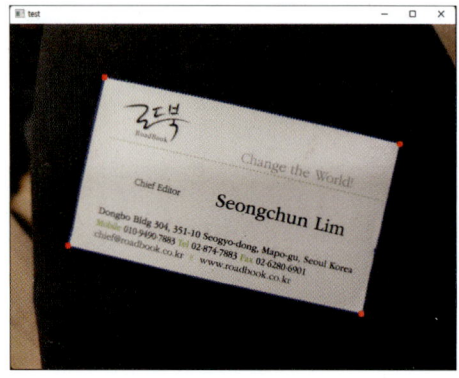

[그림 26-12]

125행~139행 퍼스펙티브 변환을 적용하여 명함 부분만 잘라내어 직사각형 형태로 변환합니다. 그리고 잘라낸 이미지의 가로보다 세로가 긴 경우에는 rotate 함수로 이미지를 회전시켜 가로 길이가 더 길어지게 만듭니다. 결과적으로 명함 부분만 잘 잘라낸 것을 확인할 수 있습니다.

[그림 26-13]

> 141행 명함 이미지를 이미지 파일로 저장합니다. [business_card.jpg]라는 이미지 파일이 현재 작업 디렉터리 안에 잘 생성된 것을 확인할 수 있습니다.

26.6 다른 명함 사진들로 테스트해보기

이제 우리가 만든 알고리즘이 다른 명함 사진들에도 잘 적용되는지 확인해봐야 합니다. 아래 이미지로 테스트해보겠습니다.

 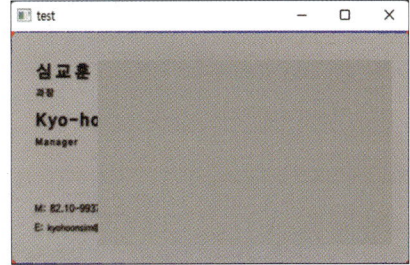

[그림 26-14]

이 사진에서도 운좋게 명함 부분을 성공적으로 잘라냈습니다.

[그림 26-15]

또 다른 사진으로 테스트해보겠습니다. 이 사진에서도 명함 부분만 잘 잘라냈습니다.

[그림 26-16]

이번에는 실패한 케이스도 보겠습니다. 이 사진을 넣고 명함 부분을 찾아서 잘라내는 과정을 살펴보니 하단에 있는 하얀 줄 때문에 명함이 크게 두 개의 객체로 인식합니다.

[그림 26-17]

그래서 결과적으로 윗부분만 명함 영역으로 판정되어 잘라졌습니다.

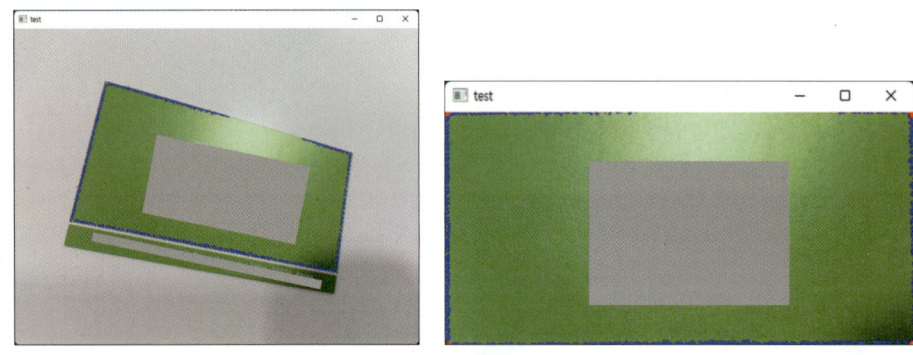

[그림 26-18]

이번에는 더 처참하게 실패한 케이스도 보겠습니다.

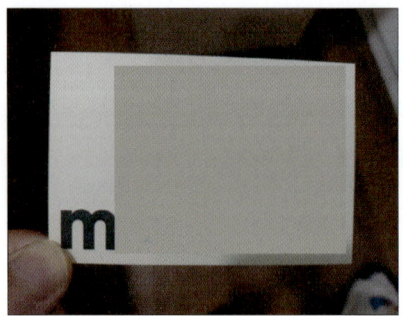

[그림 26-19]

명함을 집고 있는 손가락 때문인지 4개의 코너점을 엉뚱하게 찾았습니다.

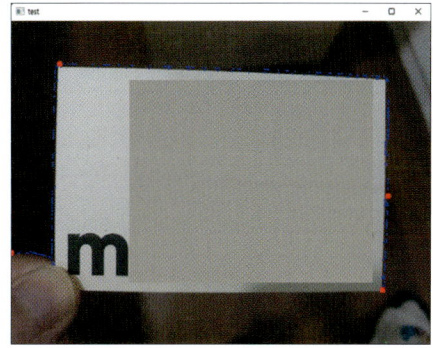

[그림 26-20]

결과적으로 퍼스펙티브 변환 결과 엉뚱한 부분이 잘렸습니다.

[그림 26-21]

26.7 정리하며

명함을 찍은 사진에서 명함만 잘라내는 예제를 한 번 풀어봤습니다. 보다시피 이 알고리즘은 어느 정도 성공적이지만 그렇다고 결코 완벽하진 않습니다. 허점이 아주 많습니다. 사실 어떤 알고리즘도 완벽할 수는 없습니다. 다만, 최대한 많은 사례에 대해서 성공적으로 적용이 되도록 알고리즘을 개선하고 완성해가는 것이 중요합니다. 현 알고리즘에서 문제가 되는 부분을 찾아내서 조금씩 개선을 해나간다면, 100개 테스트 이미지 중에서 처음에는 50개, 그 다음에는 60개, 그 다음에는 70개 이미지에 대해서 성공할 수 있을 것입니다. 그 과정은 결코 쉽지 않지만, 그만큼 성취감도 높습니다. 이 장에서 활용한 opencv 라이브러리를 깊이 공부해보면 이와 같이 재밌는 영상 처리 문제들을 해결해낼 수 있을 것입니다.

27장.
사진에서 사람 얼굴을 검출하여 모자이크로 처리하기

**Feat.
cvlib
+ tensorflow
+ opencv-python**

인스타그램, 페이스북, 블로그 등에 사진을 올릴 때는 혹시 모르는 사람의 얼굴이 사진 속에 담기진 않았는지 확인할 필요가 있습니다. 타인의 얼굴이 포함되어 있다면, 초상권 침해를 막기 위해 얼굴에 모자이크로 처리해주는 것이 좋습니다. 포토샵, 일러스트레이터 등의 이미지 편집 툴을 이용해서 사람 얼굴마다 일일이 모자이크로 처리해주는 것은 꽤 번거로운 일입니다. 하지만, 얼굴 검출 컴퓨터비전 모델을 활용하면 자동으로 사진에서 얼굴 영역을 검출하여 모자이크로 처리할 수 있습니다.

27.1 실습 준비

이전 실습에 사용했던 가상환경이 활성화되어 있다면 먼저 deactivate 명령으로 비활성화해주세요.

```
deactivate
```

그 다음에 바탕화면에 있는 enjoy_python 폴더 내에 face_mosaic라는 폴더를 만든 후 VSCODE에서 해당 폴더를 열고 cmd 터미널에서 아래 명령을 실행하여 .venv 가상환경을 만들어주세요. 가상환경이 잘 생성되었다면, face_mosaic 폴더 안에 .venv 폴더가 생성되었을 것입니다.

```
virtualenv .venv
```

그리고 가상환경에 진입해주세요.

```
call .venv/Scripts/activate
```

이제 face_mosaic 폴더 안에 .py 파일 등을 따라 만들어가면서 실습을 진행하면 됩니다. 참고로 .venv 폴더 안에 파일을 만들지 마세요.

27.2 사람 얼굴 검출하기

사람 얼굴에 모자이크를 처리하려면 우선 이미지에서 사람 얼굴을 검출할 수 있어야 합니다. 사진에서 사람 얼굴을 검출하는 것은 컴퓨터비전(Computer Vision) 분야에서 연구하는 주제입니다. 컴퓨터비전 관련 라이브러리 중 하나인 cvlib을 활용하면 간단히 얼굴 검출 기능을 구현할 수 있습니다. cvlib은 딥러닝 프레임워크 tensorflow에 의존하는 라이브러리이기 때문에 tensorflow도 설치해줘야 합니다. 또한 영상 처리 분야에 널리 사용되는 opencv-python 라이브러리가 기본적으로 필요합니다. VSCODE cmd 터미널에서 아래 명령을 실행해주세요.

```
pip install cvlib tensorflow opencv-python
```

face_mosaic_1.py

```python
01  import cvlib
02  import cv2
03
04  img = cv2.imread('test.jpg')
05
06  faces, confidence = cvlib.detect_face(img)
07
08  for face in faces:
09      (startX,startY) = face[0],face[1]
10      (endX,endY) = face[2],face[3]
11
12      cv2.rectangle(img, (startX,startY), (endX,endY), (0,255,0), 2)
13
14  cv2.imshow("detect faces", img)
15  cv2.waitKey(0)
16  cv2.destroyAllWindows()
```

- **01행~02행** 필요한 라이브러리를 불러옵니다. cvlib과 cv2가 필요합니다. 여기서 cv2가 opencv-python 라이브러리를 의미합니다.
- **04행** cv2의 imread 함수를 사용하여 얼굴을 검출할 이미지를 읽습니다.
- **06행** cvlib의 detect_face 함수를 사용하여 얼굴 영역을 검출합니다.
- **08행** 검출된 얼굴 영역이 여러 개일 수 있으므로 반복문을 실행합니다.
- **09행~12행** 얼굴 영역에 초록색 사각형을 그려줍니다.
  cv2.rectangle 함수의 매개변수들은 의미는 다음과 같습니다.
  cv2.rectangle(이미지, (사각형좌측상단포인트), (사각형우측하단포인트), (RGB 색상), 선두께)

14행 cv2의 imshow 함수로 얼굴 영역에 초록색 사각형이 그려진 이미지를 detect faces라는 이름의 창에 보여줍니다. 얼굴들이 잘 검출된 후 얼굴 영역에 초록색 박스가 그려져서 보입니다.

[그림 27-1]

15행 사용자로부터 아무 키나 입력될 때까지 이미지를 보여줍니다.
16행 이미지를 보여주기 위해 생성한 창을 제거합니다.

27.3 사람 얼굴에 모자이크로 처리하기

이제 검출된 얼굴 영역에 대해서 모자이크로 처리합니다. 검출된 얼굴 부분을 일부러 많이 축소했다가 다시 원래 크기로 확대시키면 이미지가 깨지면서 자연스럽게 모자이크로 처리한 것처럼 됩니다. 그렇게 화질이 나빠진(모자이크로 처리된) 얼굴 이미지를 원래 얼굴 위치에 넣어줍니다.

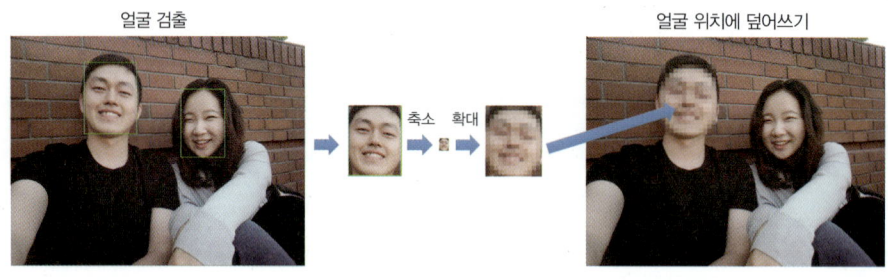

[그림 27-2]

face_mosaic_2.py

```
01  import cvlib
02  import cv2
03
```

```
04  img = cv2.imread('test.jpg')
05
06  faces, confidence = cvlib.detect_face(img)
07
08  for face in faces:
09      (startX,startY) = face[0],face[1]
10      (endX,endY) = face[2],face[3]
11
12      face_region = img[startY:endY, startX:endX]
13      M, N, D = face_region.shape
14
15      face_region = cv2.resize(face_region, None, fx=0.05, fy=0.05,
        interpolation=cv2.INTER_AREA)
16      face_region = cv2.resize(face_region, (N, M), interpolation=cv2.INTER_
        AREA)
17      img[startY:endY, startX:endX] = face_region
18
19  cv2.imshow("detect and mosaic faces", img)
20  cv2.waitKey(0)
21  cv2.destroyAllWindows()
22  cv2.imwrite('test_result.jpg', img)
```

12행 검출된 얼굴 영역만 따로 잘라서 face_region 변수에 저장합니다.

13행 검출된 얼굴 영역의 크기를 저장합니다. M은 가로 길이, N은 세로 길이를 의미합니다.

15행 검출된 얼굴 영역의 크기를 가로, 세로 모두 1/20로 줄입니다. fx = fy = 0.05보다 더 작은 값을 넣어 주면, 모자이크 효과가 더 강하게 들어갑니다. 0.1, 0.05, 0.01로 설정했을 때 모자이크의 강도는 [그림 27-3]을 참고하세요.

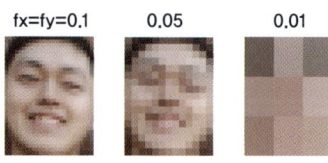

[그림 27-3]

16행 작게 만든 얼굴 이미지를 다시 원래 크기로 키웁니다. 이 과정에서 모자이크 효과가 적용됩니다.

17행 모자이크로 처리된 얼굴 이미지를 원래 이미지의 얼굴 영역에 넣습니다.

22행 모자이크로 처리된 이미지를 test_result.jpg라는 이름으로 저장합니다. 현재 작업 디렉터리를 살펴보면 test_result.jpg라는 이미지 파일이 생성되어 있을 것입니다. 열어 보면 다음과 같이 얼굴 영역에만 모자이크 처리가 되어 있습니다.

[그림 27-4]

27.4 주인공이 아닌 사람의 얼굴만 모자이크로 처리하기

위 코드를 실행하면 사진 속 모든 사람의 얼굴이 모자이크로 처리됩니다. 하지만, 찍고자 한 사람의 얼굴은 모자이크로 처리가 안 되게 하려면 어떻게 할 수 있을까요? 검출된 얼굴 영역의 너비를 계산해서 그중 너비가 큰 N개의 얼굴에는 모자이크로 처리해주지 않으면, 주인공들을 제외한 사람들의 얼굴들만 모자이크로 처리가 될 것입니다. 검출된 얼굴 영역의 너비가 가장 큰 N명을 제외하고 나머지 사람들 얼굴에만 모자이크가 처리되도록 코드를 작성해보겠습니다. 사진에 사람 얼굴이 5개 있는 상황에서 N = 2로 설정해주면 가장 얼굴이 크게 나온 두 명을 제외하고 나머지 세 명의 얼굴만 모자이크로 처리될 것입니다.

```python
face_mosaic_3.py
01  import cvlib
02  import cv2
03
04  N = 2
05
06  img = cv2.imread('test1.jpg')
07
08  faces, confidence = cvlib.detect_face(img)
09  faces_area = []
10
11  for face in faces:
12      (startX,startY) = face[0],face[1]
13      (endX,endY) = face[2],face[3]
```

```
14
15      face_area = (endX - startX)*(endY - startY)
16      faces_area.append(face_area)
17
18  print(faces_area)
19
20  faces_area_sorted =  sorted(faces_area, reverse=True)
21  print(faces_area_sorted)
22
23  min_face_area = min(faces_area_sorted[0:N])
24  print("모자이크 처리 기준이 될 얼굴 사이즈: ", min_face_area)
25
26  for face in faces:
27      (startX,startY) = face[0],face[1]
28      (endX,endY) = face[2],face[3]
29
30      face_area = (endX - startX)*(endY - startY)
31
32      if face_area < min_face_area:
33          face_region = img[startY:endY, startX:endX]
34
35          M, N, D = face_region.shape
36
37          face_region = cv2.resize(face_region, None, fx=0.05, fy=0.05,
                interpolation=cv2.INTER_AREA)
38          face_region = cv2.resize(face_region, (N, M), interpolation=cv2.
                INTER_AREA)
39          img[startY:endY, startX:endX] = face_region
40
41  cv2.imshow("detect and mosaic stranger faces", img)
42  cv2.waitKey(0)
43  cv2.destroyAllWindows()
44  cv2.imwrite('test1_result.jpg', img)
```

04행 모자이크로 처리를 하지 않을 얼굴의 개수를 변수 N에 담습니다.
06행 cv2의 imread 함수를 사용하여 test1.jpg를 읽습니다.
09행 얼굴 크기를 담을 빈 리스트 faces_area를 생성합니다.
11행~16행 검출된 얼굴들의 크기를 계산해서 faces_area 리스트에 하나씩 담습니다.
18행 faces_area 리스트를 터미널에 출력합니다.

```
[56445, 60433, 161014, 48852]
```

[그림 27-5]

20행~21행 faces_area 리스트의 요소들을 내림차순으로 정렬한 후 터미널에 출력합니다. 내림차순으로 정렬된 것을 확인할 수 있습니다.

```
[161014, 60433, 56445, 48852]
```
[그림 27-6]

23행~24행 가장 큰 N개 얼굴 중에서 가장 작은 얼굴 크기를 변수 min_face_area에 담습니다.

```
모자이크 처리 기준이 될 얼굴 사이즈: 60433
```
[그림 27-7]

30행 반복문 안에서 현재 얼굴 크기를 계산합니다.

32행~39행 얼굴 크기가 기준 얼굴 크기 min_face_area보다 작으면 모자이크 처리를 진행합니다.

44행 모자이크로 처리된 영상을 [test1_result.jpg] 파일로 저장합니다. 저장된 영상을 열어보면 얼굴이 가장 크게 찍힌 두 명을 제외한 사람의 얼굴에 대해서만 모자이크로 처리된 것을 확인할 수 있습니다.

[그림 27-8]

27.5 정리하며

이 장에서는 사진에서 얼굴 영역을 검출하여 모자이크로 처리하는 예제를 다뤘습니다. 사용된 얼굴 검출 모델은 사람이 아니고 머신(machine)이기 때문에 얼굴의 일부만 사진에 나왔거나 사진 속 얼굴이 너무 작으면 검출되지 않을 가능성이 큽니다. 사람에 비해서는 추론 능력이 조금 떨어집니다. 하지만, 언젠가는 부분적으로만 얼굴이 보이거나 고개를 많이 돌려서 옆모습만 보이는 얼굴도 잘 판별하는 모델도 나올 것입니다.

얼굴 영역을 검출하는 모델이 있는 것처럼, 사람의 눈, 코, 입을 검출해내는 컴퓨터비전 모델도 있습니다. 이런 모델이 있기 때문에 어떤 스마트폰 앱으로 동영상을 찍으면 얼굴에 선글라스를 씌워준다든지, 눈을 키워준다든지, 입술을 빨갛게 해준다든지 등의 것들이 가능한 것입니다.

28장.
손으로 쓴 전화번호를 인식하는 프로그램 만들기

**Feat.
tensorflow
+ opencv-python
+ numpy**

누군가 전화번호, 주민등록번호 등을 손으로 쓴 숫자는 인식하기 힘들 때가 많습니다. 사람마다 필체가 조금씩 다르기 때문입니다. 이 장에서는 사람이 손으로 쓴 숫자를 인식하는 딥 러닝 모델을 만들어서 전화번호를 인식하는 프로그램을 만들겠습니다.

28.1 실습 준비

이전 실습에 사용했던 가상환경이 활성화되어 있다면 먼저 deactivate 명령으로 비활성화해주세요.

```
deactivate
```

그리고 바탕화면에 있는 enjoy_python 폴더 내에 recognition_phone_num이라는 폴더를 만든 후 VSCODE에서 해당 폴더를 열고 cmd 터미널에서 아래 명령을 실행하여 .venv 가상환경을 만들어주세요. 가상환경이 잘 생성되었다면, recognition_phone_num 폴더 안에 .venv 폴더가 생성됩니다.

```
virtualenv .venv
```

그리고 가상환경에 진입해주세요.

```
call .venv/Scripts/activate
```

이제 recognition_phone_num 폴더 안에 .py 파일 등을 따라 만들어가면서 실습을 진행하면 됩니다. 참고로 .venv 폴더 안에 파일을 만들지 마세요.

28.2 MNIST 데이터셋

딥러닝 모델을 훈련시키는 과정은 어린이를 가르치는 것과 유사합니다. 어린 아이들에게 사과를 보여주면서 "이것은 사과야", 바나나를 보여주면서 "이건 바나나야"라고 반복해서 알려줍니다. 그러면 어린 아이들은 일련의 특성(바나나는 길고, 노란색이다. 사과는 동그랗고, 빨간색이다. 등)을 찾아내서 학습량이 많아지면 사과와 바나나, 포도 등을 분류해낼 수 있게 됩니다. 이와 같은 원리로 0부터 9까지의 숫자를 분류할 수 있는 딥러닝 모델을 하나 만들겠습니다. 0을 쓴 손글씨 숫자 여러 장, 1을 쓴 손글씨 숫자 여러 장 등을 보여주면서 "이건 0이야" "이건 1이야"라고 알려줄 것입니다. 손으로 쓴 많은 개수의 숫자 이미지를 직접 수집하려면 시간이 많이 드니, 우리는 누군가가 이미 만들어놓은 MNIST라는 데이터셋을 사용하겠습니다. 우선 딥러닝 모델과 MNIST 데이터셋을 사용하려면 tensorflow 라이브러리를 설치해줘야 합니다.

```
pip install tensorflow
```

그리고 MNIST 데이터셋을 불러와서 어떤 손글씨 숫자 이미지 데이터와 그에 대한 라벨이 얼마만큼 들어가있는지 확인해보겠습니다.

```python
# recoginition_phone_num_1.py
01  import tensorflow as tf
02
03  mnist = tf.keras.datasets.mnist
04  (X_train, y_train), (X_test, y_test) = mnist.load_data()
05  print(X_train.shape, y_train.shape)
06  print(X_test.shape, y_test.shape)
```

01행 tensorflow를 가져옵니다.
03행 tensorflow에서 MNIST 데이터셋을 가져옵니다.
04행 MNIST 데이터셋을 훈련셋과 테스트셋으로 분리합니다.
05행~06행 훈련셋 및 테스트셋 데이터의 개수와 형태를 확인합니다.

```
(60000, 28, 28) (60000,)
(10000, 28, 28) (10000,)
```

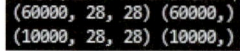

[그림 28-1]

60000개의 28×28 크기의 훈련용 이미지(X_train)가 있다는 뜻입니다. 그리고 그 각 훈련용 이미지에 대해서 라벨값(y_train)이 하나씩 있기 때문에 60000개의 라벨이 있는 것이고요. 테스트용 이미지는

10000개가 준비되었습니다. 훈련용 이미지 중에 첫 번째, 두 번째 이미지의 모습을 확인해보겠습니다. opencv-python 라이브러리가 필요합니다. 다음 명령으로 이 라이브러리를 설치합니다.

```
pip install opencv-python
```

설치를 마쳤다면, 아래 코드를 입력한 후에 실행해보세요. 28×28 크기의 이미지라서 너무 작기 때문에 크기를 키워서 창에 띄우도록 하겠습니다.

recoginition_phone_num_2.py

```
01  import tensorflow as tf
02  import cv2
03
04  mnist = tf.keras.datasets.mnist
05  (X_train, y_train), (X_test, y_test) = mnist.load_data()
06
07  img1 = X_train[0]
08  img2 = X_train[1]
09
10  img1_enlarged = cv2.resize(img1, None, fx=10, fy=10, interpolation=cv2.INTER_CUBIC)
11  img2_enlarged = cv2.resize(img2, None, fx=10, fy=10, interpolation=cv2.INTER_CUBIC)
12
13  cv2.imshow('sample', img1_enlarged)
14  cv2.waitKey(0)
15
16  cv2.imshow('sample', img2_enlarged)
17  cv2.waitKey(0)
18
19  label1 = y_train[0]
20  label2 = y_train[1]
21  print(label1, label2)
```

02행 opencv-python 라이브러리를 가져옵니다. cv2가 opencv-python을 뜻합니다.
07행~08행 훈련셋 이미지에서 첫 번째 샘플과 두 번째 샘플을 선택합니다.
10행~11행 cv2.resize 함수를 사용하여 이미지의 크기를 가로, 세로 각각 10배씩 확대합니다.
13행~17행 확대된 첫 번째, 두 번째 샘플 이미지를 창으로 띄워 확인합니다. 첫 번째, 두 번째 샘플 이미지는 각각 숫자 5와 0이군요.

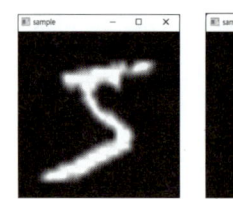
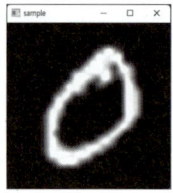

[그림 28-2]

19행~21행 이 이미지들에 해당하는 라벨 값도 확인합니다. 5, 0으로 제대로 라벨링이 되어 있죠?

[그림 28-3]

28.3 간단하게 딥러닝 모델을 학습시키기

이제 훈련 데이터셋과 테스트 데이터셋이 준비되어 있으니, 훈련 데이터셋으로 딥러닝 모델을 훈련시킨 후에 테스트 데이터셋으로 훈련된 모델의 분류 정확도를 확인해보겠습니다.

```
recoginition_phone_num_3.py
01  import tensorflow as tf
02  from tensorflow.keras.models import Sequential
03  from tensorflow.keras.layers import Flatten, Dense
04
05  mnist = tf.keras.datasets.mnist
06  (X_train, y_train), (X_test, y_test) = mnist.load_data()
07
08  X_train = X_train/255.0
09  X_test = X_test/255.0
10
11  model = Sequential([
12      Flatten(input_shape=(28, 28)),
13      Dense(256, activation=tf.nn.relu),
14      Dense(10, activation=tf.nn.softmax)
15  ])
16
17  model.compile(optimizer='adam', loss='sparse_categorical_crossentropy',
    metrics=['accuracy'])
18  model.fit(X_train, y_train, epochs=10)
```

```
19 model.save('model.h5')
20
21 _, accuracy = model.evaluate(X_test, y_test)
22 print(f'테스트 분류 정확도: {accuracy}')
```

02행~03행 딥러닝 모델을 구성하기 위해 필요한 도구들을 가져옵니다.

08행~09행 딥러닝 모델의 입력값은 0~1 사이의 실수값이어야 하므로 0~255 사이의 정숫값을 가진 데이터를 255.0으로 나눠줌으로 0~1 사이의 값으로 변환합니다.

11행~15행 Sequential을 이용해서 딥러닝 모델 중에서 가장 간단한 모델 중 하나인 인공신경망 모델을 구성합니다. 입력층에서는 28×28 크기의 이미지를 입력받아서 1차원의 벡터 데이터로 변환합니다. 그 다음 층은 256개의 노드로 구성해주고 활성화 함수로는 ReLU로 설정합니다. 10개의 클래스를 분류해야 하는 모델이므로 마지막 출력층은 10개의 노드로 구성해주고 활성화 함수로 softmax를 사용합니다.

17행 어떤 방식으로 모델을 훈련할 것인지가를 정의합니다.

18행 훈련셋 이미지와 라벨로 모델을 훈련시킵니다. 10번 반복 학습시킵니다. 6만 개의 손글씨 숫자데이터를 가지고 10번 반복해서 학습한다고 생각하면 됩니다.

19행 학습된 모델을 [model.h5]로 저장해둡니다. 작업 폴더에 [model.h5] 파일이 생성되었을 것입니다.

21행~22행 훈련된 모델이 테스트셋 이미지에 대해서 예측한 것이 실제 라벨를 얼마나 맞췄는지에 대한 분류 정확도를 확인합니다.

훈련을 거듭할수록 accuracy는 높아지고, loss는 낮아지는 것을 확인할 수 있습니다.

```
Epoch 1/10
1875/1875 [==============================] - 5s 2ms/step - loss: 0.2241 - accuracy: 0.9348
Epoch 2/10
1875/1875 [==============================] - 4s 2ms/step - loss: 0.0914 - accuracy: 0.9728
Epoch 3/10
1875/1875 [==============================] - 4s 2ms/step - loss: 0.0610 - accuracy: 0.9815
Epoch 4/10
1875/1875 [==============================] - 5s 2ms/step - loss: 0.0440 - accuracy: 0.9859
Epoch 5/10
1875/1875 [==============================] - 5s 2ms/step - loss: 0.0323 - accuracy: 0.9899
Epoch 6/10
1875/1875 [==============================] - 4s 2ms/step - loss: 0.0245 - accuracy: 0.9921
Epoch 7/10
1875/1875 [==============================] - 4s 2ms/step - loss: 0.0193 - accuracy: 0.9939
Epoch 8/10
1875/1875 [==============================] - 5s 2ms/step - loss: 0.0167 - accuracy: 0.9944
Epoch 9/10
1875/1875 [==============================] - 5s 2ms/step - loss: 0.0123 - accuracy: 0.9961
Epoch 10/10
1875/1875 [==============================] - 5s 2ms/step - loss: 0.0123 - accuracy: 0.9957
313/313 [==============================] - 1s 2ms/step - loss: 0.0941 - accuracy: 0.9777
```

[그림 28-4]

테스트셋에 대한 예측 정확도는 약 0.98, 즉 98%에 달하네요.

```
테스트 분류 정확도: 0.9776999950408936
```

[그림 28-5]

100개의 손으로 쓴 숫자가 있다면 그중 98개를 맞출 수 있다는 뜻입니다.

28.4 우리가 직접 손으로 쓴 숫자 인식하기

이제 우리가 직접 흰 종이에 쓴 숫자를 잘 인식하는지 확인해보겠습니다. 위에서 학습된 모델을 불러와서 숫자 인식을 수행하겠습니다. 저는 다음과 같은 숫자 이미지를 준비했습니다. 이미지의 파일명은 각각 [1.png], [3.png], [6.png]입니다.

[그림 28-6]

MNIST에 있는 이미지와 다르게 흰 배경에 검은 글씨이기 때문에 변환해주는 과정이 필요합니다.

recoginition_phone_num_4.py

```
01  import cv2
02  import numpy as np
03  from tensorflow.keras.models import load_model
04  from tensorflow.keras.preprocessing.image import img_to_array
05
06  model = load_model('model.h5')
07
08  img = cv2.imread('1.png', cv2.IMREAD_GRAYSCALE)
09  cv2.imshow("test", img)
10  cv2.waitKey(0)
11
12  _, img = cv2.threshold(img, 127, 255, cv2.THRESH_BINARY_INV)
13  img = cv2.resize(img, (28, 28), interpolation=cv2.INTER_AREA)
14  x = img_to_array(img)/255.0
15  x = np.expand_dims(x[:,:,0], axis=0)
16
17  prediction = model.predict(x)
18  print(f"예측된 숫자: {np.argmax(prediction)}")
```

01행~04행 프로그램을 실행하는 데 필요한 라이브러리와 기능들을 가져옵니다.
　　　06행 위에서 학습시킨 모델을 [model.h5]로부터 가져옵니다.
08행~10행 숫자를 인식할 이미지를 그레이스케일 이미지로 읽고 창을 열어 확인합니다.
　　　12행 cv2.threshold 함수를 활용하여 이미지를 흑백 이미지로 변환합니다.

13행~15행 이미지를 학습된 모델에 입력될 수 있는 형태, 크기, 값의 범위로 변환합니다.
17행 이미지에 담겨 있는 숫자를 인식합니다.
18행 각 숫자별로 맞을 확률이 나오는데 확률이 가장 큰 값의 인덱스를 활용하여 예측된 숫자를 확인합니다.

세 숫자 이미지에 대해 테스트해본 결과 모두 제대로 인식해냈습니다.

예측된 숫자: 1   예측된 숫자: 3   예측된 숫자: 6

[그림 28-7]

28.5 손으로 쓴 전화번호 인식하기

이번에는 조금 더 실용적인 프로그램을 만들겠습니다. 사람이 종이에 쓴 전화번호를 인식하는 프로그램입니다. [test1.png]와 [test2.png]에는 각각 다음과 같은 전화번호가 담겨있습니다.

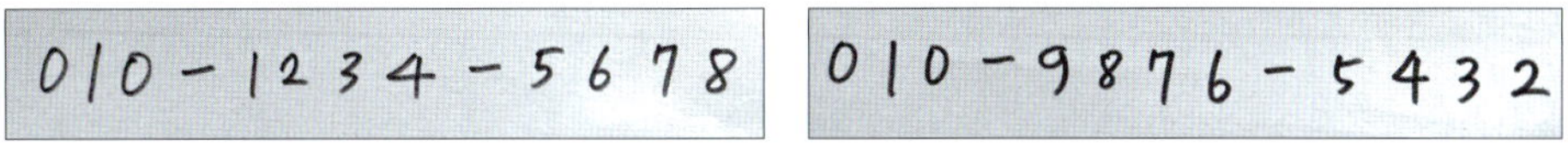

010-1234-5678   010-9876-5432

[그림 28-8]

이 프로그램은 대략 다음과 같은 순서로 작동합니다.

1. 이미지 내 객체들을 검출합니다. 여기서 말하는 객체는 숫자 또는 -가 될 것입니다. cv2.findcontours 함수를 이용해서 이미지 내 윤곽을 검출한 다음 윤곽을 감싸주는 바운딩 사각형을 그려줍니다. 운이 좋으면 숫자와 -만을 검출해줄 것입니다.

2. 검출된 객체를 위치 기준으로 정렬합니다. 왼쪽에 위치한 것이 앞에 위치하게 합니다.

3. 검출된 객체 중에서 숫자 객체만 남겨놓습니다. 저는 객체의 높이를 너비로 나눈 것이 0.5보다 커야지만 숫자일 가능성이 높다고 생각했습니다. 또한 높이와 너비가 각각 3보다 커야 한다는 조건을 줬습니다. 그렇지 않다면 -이거나 점과 같이 무의미한 객체일 수 있다고 판단했습니다.

4. 숫자 객체가 11개라면, 원본 이미지에서 숫자가 있는 영역만 잘라내어 위에서 훈련한 숫자 인식 모델로 숫자 인식을 진행합니다.

5. 인식된 숫자들을 이어서 전화번호 문자열을 만들어냅니다.

recoginition_phone_num_5.py

```python
01  import cv2
02  import numpy as np
03  from tensorflow.keras.models import load_model
04  from tensorflow.keras.preprocessing.image import img_to_array
05
06  model = load_model('model.h5')
07
08  img = cv2.imread('test1.png', cv2.IMREAD_GRAYSCALE)
09  cv2.imshow("test", img)
10  cv2.waitKey(0)
11
12  img1 = img.copy()
13  _, img1 = cv2.threshold(img1, 127, 255, cv2.THRESH_BINARY_INV)
14  contours, _ = cv2.findContours(img1, cv2.RETR_EXTERNAL, cv2.CHAIN_APPROX_NONE)
15
16  img2 = img.copy()
17
18  for i in range(len(contours)):
19      cv2.drawContours(img2, contours[i], -1, (255,0,0), 2)
20
21  cv2.imshow("test", img2)
22  cv2.waitKey(0)
23
24  img3 = img.copy()
25  num_candidates = []
26
27  for contour in contours:
28      x,y,w,h = cv2.boundingRect(contour)
29      num_candidates.append((x,y,w,h))
30      cv2.rectangle(img3, pt1=(x,y), pt2=(x+w, y+h), color=(255,0,0), thickness=1)
31
32  cv2.imshow("test", img3)
33  cv2.waitKey(0)
34
35  num_candidates = sorted(num_candidates)
36  num_candidates1 = []
37
38  for candidate in num_candidates:
39      w,h = candidate[2],candidate[3]
40      if h/w > 0.5 and w > 3 and h > 3:
41          num_candidates1.append(candidate)
```

```
42
43  phone_num = []
44
45  if len(num_candidates1) == 11:
46      for candidate in num_candidates1:
47          x,y,w,h = candidate[0],candidate[1],candidate[2],candidate[3]
48          img_num = img[y:y+h, x:x+w]
49
50          _, img_num = cv2.threshold(img_num, 127, 255, cv2.THRESH_BINARY_INV)
51          margin = int(max(w, h)/4)
52          img_black = np.zeros((h+2*margin, w+2*margin), dtype=np.uint8)
53          img_black[margin:margin+h, margin:margin+w] = img_num
54          img_black = cv2.resize(img_black, (28, 28), interpolation=cv2.
                INTER_AREA)
55
56          cv2.imshow("test", img_black)
57          cv2.waitKey(0)
58          cv2.destroyAllWindows()
59
60          x = img_to_array(img_black)/255.0
61          x = np.expand_dims(x[:,:,0], axis=0)
62
63          prediction = model.predict(x)
64          phone_num.append(np.argmax(prediction))
65  else:
66      raise Exception("전화번호 11자리를 제대로 찾아내지 못했습니다.")
67
68  print(phone_num)
69
70  phone_num_str = [str(num) for num in phone_num]
71  print(f"검출된 전화번호: {' '.join(phone_num_str)}")
```

12행~14행 입력받은 이미지를 흑백 이미지로 변환한 후 윤곽을 검출합니다.

18행~22행 검출한 윤곽을 이미지 위에 그립니다.

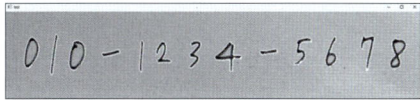

[그림 28-9]

25행 검출된 객체들 중에 숫자 후보들을 담기 위한 리스트 num_candidates를 준비합니다.

27행~33행 윤곽을 감싸는 사각형을 그린 후 x, y 좌표와 너비, 높이 정보를 num_candidates 리스트에 담습니다.

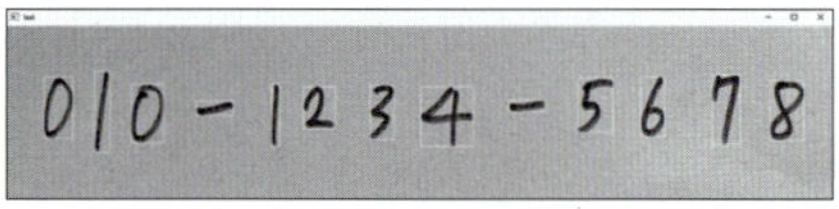

[그림 28-10]

35행   각 사각형에 대한 정보를 왼쪽에 있는 것부터 오른쪽에 있는 것 순으로 정렬합니다.

36행~41행   검출된 객체의 높이를 너비로 나눈 것이 0.5보다 크고 너비와 높이가 3보다 큰 객체들만 숫자라고 판단합니다.

43행   인식된 숫자를 담을 리스트 phone_num을 준비합니다.

45행~46행   숫자라고 판단되는 객체가 총 11개라면 각 객체에 대해 숫자 인식을 진행합니다. 이때 숫자 객체에 가로, 세로 길이 중 큰 값을 4로 나눈 만큼 상하좌우에 여백을 준 후 숫자 인식을 진행합니다. 그래야 MNIST에 있는 숫자 이미지와 비슷한 형태를 띄기 때문입니다.

[그림 28-11]

65행~66행   만약, 숫자라고 판단되는 객체가 11개가 아니라면 "전화번호 11자리를 제대로 찾아내지 못했습니다."라는 문구와 함께 예외를 발생시킵니다.

68행   인식된 숫자 리스트를 확인합니다.

[0, 1, 0, 1, 2, 3, 4, 5, 6, 7, 8]

[그림 28-12]

70행~71행   리스트의 숫자들을 문자열로 변환한 후에 하나의 문자열로 이어줍니다.

검출된 전화번호: 01012345678

[그림 28-13]

[test1.png]에 대해서는 전화번호를 잘 인식해낸 것을 확인할 수 있습니다. 반면, [test2.png]에 대해서는 약간의 인식 에러가 있습니다.

검출된 전화번호: 01098768432

[그림 28-14]

뒷 자리 5432에서 5를 8로 잘못 인식했습니다. 다만, 여러분의 경우에는 정확히 인식했을 수도 있습니다. 여러분이 학습시킨 모델과 제가 학습시킨 모델이 100% 일치하지 않기 때문입니다.

28.6 정리하며

손으로 쓴 전화번호를 인식해내는 프로그램을 비교적 쉽게 만들어냈다는 사실이 흥미롭지 않은가요? 조금만 응용하면 학번, 주민등록번호 등을 인식해내는 프로그램도 만들 수 있을 것입니다. 이 장에서 다룬 MNIST 데이터셋은 비교적 작은 데이터셋입니다. 이미지의 크기를 28×28로 매우 작게 만들어 놓은 이유가 있습니다. 이미지가 크면 클수록 딥러닝 모델에서 처리할 때 더 많은 리소스를 필요로 하기 때문입니다. 따라서 딥러닝 모델 다루려면 많은 양의 데이터와 좋은 사양의 PC가 필요합니다. 이 책을 읽는 분이 만약, 아직 학생이라면 이것을 핑계로 부모님에게 좋은 PC를 하나 사달라고 요청 해 보는 것은 어떨까요? 그것도 괜찮은 그래픽 카드가 탑재된 노트북 또는 데스크탑으로요. ::

29장. 사람 얼굴 분석하기

Feat. DeepFace + opencv-python + numpy

사람이 원활하게 사회 활동을 하려면 얼굴의 표정과 감정을 정확히 읽는 것이 선결 조건이라고 <우리는 왜 잠을 자야 할까>의 저자인 매슈 워커는 말합니다. 사회성이 있는 사람들은 보통 얼굴을 보고 상대방의 기분과 컨디션을 잘 파악하곤 합니다. 덕분에 '오늘 최부장님 기분이 안 좋은 것 같으니 조심해야지'와 같은 판단을 할 수 있습니다. 컴퓨터비전 분야의 발전으로 이제는 사진 속 사람들의 감정을 자동으로 파악할 수 있게 되었습니다. 또한 성별, 나이, 인종 등의 정보도 예측이 가능합니다.

29.1 실습 준비

이전 실습에 사용했던 가상환경이 활성화되어 있다면 먼저 deactivate 명령으로 비활성화해주세요.

```
deactivate
```

그 다음에 바탕화면에 있는 enjoy_python 폴더 내에 face_analyze라는 폴더를 만든 후 VSCODE에서 해당 폴더를 열고 cmd 터미널에서 아래 명령을 실행하여 .venv 가상환경을 만들어주세요. 가상환경이 잘 생성되었다면, face_analyze 폴더 안에 .venv 폴더가 생성되었을 것입니다.

```
virtualenv .venv
```

그리고 가상환경에 진입해주세요.

```
call .venv/Scripts/activate
```

이제 face_analyze 폴더 안에 .py 파일 등을 따라 만들어가면서 실습을 진행하면 됩니다. 참고로 .venv 폴더 안에 파일을 만들지 마세요.

29.2 사진 속 인물 분석하기

얼굴을 분석하기 위해서 우리는 DeepFace라는 라이브러리의 도움을 받을 것입니다. 우선 다음 명령을 VSCODE cmd 터미널에서 실행해주세요.

```
pip install deepface
```

이 라이브러리를 설치할 때는 꽤 시간이 걸릴 것이니 당황하지 말고 기다리면 됩니다. 설치가 모두 되었다면 현재 작업 폴더에 인물 사진을 한 장 넣어준 후 아래 코드를 실행해주세요. 파일명은 폴더에 넣으신 이미지 파일명으로 바꿔줘야 합니다. 저는 [test.jpg]라는 이름의 아래 이미지를 사용했습니다. 행복해보이는 여성의 사진입니다.

[그림 29-1]

face_analyze_1.py

```
01  from deepface import DeepFace
02
03  face_analysis = DeepFace.analyze(img_path = "test.jpg")
04  print(face_analysis)
```

01행 deepface 라이브러리를 불러옵니다.

03행   test.jpg의 얼굴을 분석합니다.

04행   얼굴에 대해 분석한 결과를 출력합니다. 다음과 같이 감정, 얼굴 위치, 나이, 성별, 인종을 예측해낸 것을 확인할 수 있습니다. dominant_emotion을 보면 이 사람의 감정을 happy로 추정한 것을 알 수 있습니다. 또한 29세인 백인 여성으로 판별했습니다. 이 분의 나이는 제가 알 수 없지만, 전반적으로 거의 정확하게 예측을 한 것 같죠?

```
{'emotion': {'angry': 2.3403549320732964e-06, 'disgust': 1.8554166712354803e-14, 'fear': 2.693244932627792e-09, 'happy': 99.58688020706177, 'sad': 4.5147885430196766e-08, 'surprise': 4.796450525645923e-05, 'neutral': 0.41307341307401657}, 'dominant_emotion': 'happy', 'region': {'x': 167, 'y': 78, 'w': 224, 'h': 224}, 'age': 29, 'gender': 'Woman', 'race': {'asian': 1.925259456038475, 'indian': 1.0498113930225372, 'black': 0.14387890696525574, 'white': 63.53907585144043, 'middle eastern': 13.838988542556763, 'latino hispanic': 19.50298398733139}, 'dominant_race': 'white'}
```

[그림 29-2]

처음 위 코드를 실행하면 필요한 파일을 다운로드하느라 시간이 상당히 많이 걸립니다. 좋아하는 유튜브 영상을 하나 정도 보고 와도 될 것 같습니다. 아래는 훈련된 딥러닝 모델의 가중치들을 다운로드하는 과정입니다.

```
Directory  C:\Users\SDE\.deepface created
Directory  C:\Users\SDE\.deepface/weights created
facial_expression_model_weights.h5 will be downloaded...
Downloading...
From: https://github.com/serengil/deepface_models/releases/download/v1.0/facial_expression_model_weights.h5
To: C:\Users\SDE\.deepface\weights\facial_expression_model_weights.h5
100%|                                                          | 5.98M/5.98M [00:10<00:00, 570kB/s]
age_model_weights.h5 will be downloaded...
Downloading...
From: https://github.com/serengil/deepface_models/releases/download/v1.0/age_model_weights.h5
To: C:\Users\SDE\.deepface\weights\age_model_weights.h5
  7%|                                                          | 37.2M/539M [00:37<10:33, 792kB/s]
```

[그림 29-3]

이제 다른 사진으로 한 번 더 테스트해보겠습니다. 성별, 감정, 나이 등을 잘 추정하는지 살펴보죠.

[그림 29-4]

다음과 같이 지배적인 감정을 neutral이라고 판단했습니다. 그런데 보면 angry도 15%로 꽤 높은 것을 알 수 있습니다. 즉, 무표정인데 약간 화난 표정으로 판별한 것이죠. 또한 44세 백인 남성으로 예측했습니다. 제 눈에 저 분의 나이는 예측한 44세보다 많아 보이긴 하지만, 외국 분들 나이는 워낙 가늠이 잘 안 가서 잘 모르겠네요. ㅡ

```
{'emotion': {'angry': 15.156422238776416, 'disgust': 1.1202396007661139e-08, 'fear': 0.35619570818445584, 'happy': 5.47309346769
0608e-05, 'sad': 6.343436975069406, 'surprise': 0.0006400443599960505, 'neutral': 78.14324758729367}, 'dominant_emotion': 'neutr
al', 'region': {'x': 156, 'y': 57, 'w': 294, 'h': 294}, 'age': 44, 'gender': 'Man', 'race': {'asian': 0.003917515511364669, 'ind
ian': 0.05605064550157759, 'black': 0.0010689290048079160, 'white': 91.99988794326114, 'middle eastern': 6.079951291081386, 'lati
no hispanic': 1.8591254195049656}, 'dominant_race': 'white'}
```

[그림 29-5]

29.3 분석 결과를 이미지에 쓰기(CIA 관련 영화 흉내내기)

이제 조금 있어 보이게 분석 결과를 이미지 위에 써보겠습니다. 먼저 얼굴 영역에 사각형을 그리겠습니다. opencv-python의 rectangle 함수를 사용하면 사각형을 그릴 수 있습니다. DeepFace 라이브러리를 설치할 때 opencv-python도 함께 설치되므로 따로 설치할 필요가 없습니다.

face_analyze_2.py

```python
01  from deepface import DeepFace
02  import cv2
03
04  face_analysis = DeepFace.analyze(img_path = "test1.jpg")
05  print(face_analysis)
06
07  img = cv2.imread("test1.jpg", cv2.IMREAD_COLOR)
08
09  region = face_analysis[0]['region']
10  pt1 = region['x'], region['y']
11  pt2 = region['x'] + region['w'], region['y'] + region['h']
12
13  cv2.rectangle(img, pt1=pt1, pt2=pt2, color=(241, 242, 64), thickness=1)
14  cv2.imshow("CIA", img)
15  cv2.waitKey(0)
```

- **02행** opencv-python 라이브러리를 불러옵니다.
- **07행** test1.jpg 이미지를 읽습니다.
- **09행~11행** 얼굴을 그려줄 위치 정보를 face_analysis 리스트에서 추출합니다. 얼굴 영역에 사각형을 그릴 것이기 때문에 사각형의 좌측 상단 포인트와 우측 하단 포인트의 좌표를 준비합니다.
- **13행** 얼굴 영역에 사각형을 그립니다. 색상은 b, g, r 순서입니다. 선의 두께는 1로 설정했습니다.

14행~15행 얼굴 영역 위에 사각형을 그린 이미지를 확인합니다. 속이 비어있는 사각형이 잘 그려졌죠?

[그림 29-6]

이번에는 얼굴 영역을 제외한 나머지 부분을 조금 어둡게 처리해주겠습니다. 저는 얼굴 영역만 따로 잘라서 저장해놓은 다음에 전체 이미지를 흐리게 한 후 얼굴 위치에 저장해놓은 이미지를 넣는 식으로 얼굴 영역 외 나머지 부분을 어둡게 처리하겠습니다.

```
face_analyze_3.py
01  from deepface import DeepFace
02  import cv2
03  import numpy as np
04
05  face_analysis = DeepFace.analyze(img_path = "test1.jpg")
06  print(face_analysis)
07
08  img = cv2.imread("test1.jpg", cv2.IMREAD_COLOR)
09
10  region = face_analysis[0]['region']
11  pt1 = region['x'], region['y']
12  pt2 = region['x'] + region['w'], region['y'] + region['h']
13  face = img[pt1[1]:pt2[1], pt1[0]:pt2[0]]
14
15  img = img.astype('int32')
16  img = np.clip(img - 50, 0, 255)
17  img = img.astype('uint8')
18
19  img[pt1[1]:pt2[1], pt1[0]:pt2[0]] = face
```

```
20
21  cv2.rectangle(img, pt1=pt1, pt2=pt2, color=(241, 242, 64), thickness=1)
22  cv2.imshow("CIA", img)
23  cv2.waitKey(0)
```

> 03행 numpy 라이브러리를 불러옵니다.
>
> 13행 얼굴 영역만 따로 잘라서 face라는 변수에 저장해둡니다.
>
> 15행~17행 이미지를 어둡게 처리합니다. 전체 밝기를 50만큼 줄였습니다. numpy의 clip 함수를 사용하여 0보다 작거나 255보다 큰 값이 없게 했습니다.
>
> 19행 어둡게 처리된 이미지의 얼굴 영역에 다시 원래 얼굴 이미지를 삽입합니다.
>
> 21행~23행 얼굴 영역에 사각형을 그린 후 그 이미지를 확인합니다. 얼굴 영역을 제외하고 어둡게 처리가 잘 된 것을 확인할 수 있습니다.

[그림 29-7]

이제 이미지에 추정 성별, 나이, 인종, 감정 등에 대한 정보를 텍스트로 넣겠습니다.

face_analyze_4.py
```
01  from deepface import DeepFace
02  import cv2
03  import numpy as np
04
05  face_analysis = DeepFace.analyze(img_path = "test1.jpg")
06  print(face_analysis)
07
08  img = cv2.imread("test1.jpg", cv2.IMREAD_COLOR)
09
10  region = face_analysis[0]['region']
```

29장. 사람 얼굴 분석하기   321

```python
11  pt1 = region['x'], region['y']
12  pt2 = region['x'] + region['w'], region['y'] + region['h']
13  face = img[pt1[1]:pt2[1], pt1[0]:pt2[0]]
14
15  img = img.astype('int32')
16  img = np.clip(img - 50, 0, 255)
17  img = img.astype('uint8')
18
19  img[pt1[1]:pt2[1], pt1[0]:pt2[0]] = face
20
21  cv2.rectangle(img, pt1=pt1, pt2=pt2, color=(241, 242, 64), thickness=1)
22
23  gender = face_analysis[0]['dominant_gender']
24  age = str(face_analysis[0]['age'])
25  race = face_analysis[0]['dominant_race']
26  emotion = face_analysis[0]['dominant_emotion']
27  race_per = str(round(face_analysis[0]['race'][race], 1))
28  emotion_per = str(round(face_analysis[0]['emotion'][emotion], 1) )
29
30  cv2.putText(img, 'Gender: ' + gender, (pt2[0]+10, pt1[1]+10), cv2.FONT_
    HERSHEY_SIMPLEX, 0.4, (241, 242, 64), 1, cv2.LINE_AA)
31  cv2.putText(img, 'Age: ' + age, (pt2[0]+10, pt1[1]+30), cv2.FONT_HERSHEY_
    SIMPLEX, 0.4, (241, 242, 64), 1, cv2.LINE_AA)
32  cv2.putText(img, 'Race: ' + race + ' ' + race_per + '%', (pt2[0]+10,
    pt1[1]+50), cv2.FONT_HERSHEY_SIMPLEX, 0.4, (241, 242, 64), 1, cv2.LINE_AA)
33  cv2.putText(img, 'Emotion: ' + emotion + ' ' + emotion_per + '%', (pt2[0]+10,
    pt1[1]+70), cv2.FONT_HERSHEY_SIMPLEX, 0.4, (241, 242, 64), 1, cv2.LINE_AA)
34
35  cv2.imshow("CIA", img)
36  cv2.waitKey(0)
```

23행~28행 성별, 나이, 인종, 감정, 예측된 인종에 대한 confidence, 예측된 감정에 대한 confidence를 각각 추출해서 정리합니다.

30행~33행 cv2.putText 함수를 사용하여 텍스트 정보를 이미지에 추가합니다.

이렇게 얼굴 분석과 관련된 텍스트를 넣어주니까 범죄수사 영화에 나오는 한 장면 같죠?

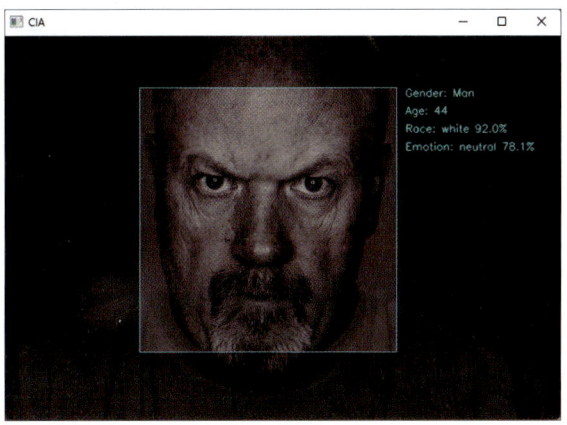

[그림 29-8]

29.4 정리하며

AI 모델들을 사용해보면 생각보다 아직 정확하지 않은 부분이 있다는 느낌들이 들 겁니다. 하지만, 몇 년 전에 비하면 정말 많이 정확해진 것입니다. 앞으로도 계속해서 더 발전해갈 것입니다. 많은 양의 데이터, 좋은 성능의 컴퓨터 그리고 탁월한 딥러닝 알고리즘의 조합으로 AI는 계속해서 발전해가고 있습니다. 하지만, 아직도 여러 기업에서 출시하는 상품에 AI라는 이름은 붙여놨지만 실용성은 많이 떨어지는 경우도 많습니다. 여전히 사람의 판단, 통찰력에는 미치지 못하는 것이죠. 그래도 많은 분야에서 그 격차가 점점 더 줄어들고 있고, 많은 계산을 필요로 하는 바둑 등의 분야에서는 이미 사람의 능력을 추월했으니 그 발전의 끝은 어딜까 궁금하기도 두렵기도 합니다. 최근에 나온 챗GPT(ChatGPT)는 정말 무서울 정도입니다.

30장. 마스크 착용 유무 판별하기

Feat.
opencv-python
+ cvlib
+ tensorflow

코로나가 발병하고 난 후 어떤 상점 입구에는 마스크 착용 유무를 판별하는 기계가 서 있기도 했습니다. 마스크를 안 쓰고 있으면 상점에 들어가지 못하도록 출입을 제한하는 것이었죠. 엄청 어려운 기술처럼 보이지만 우리도 간단하게 만들 수 있답니다.

30.1 실습 준비

이전 실습에 사용했던 가상환경이 활성화되어 있다면 먼저 deactivate 명령으로 비활성화해주세요.

```
deactivate
```

그 다음에 바탕화면에 있는 enjoy_python 폴더 내에 determine_mask라는 폴더를 만든 후 VSCODE에서 해당 폴더를 열고 cmd 터미널에서 아래 명령을 실행하여 .venv 가상환경을 만들어주세요. 가상환경이 잘 생성되었다면, determine_mask 폴더 안에 .venv 폴더가 생성되었을 것입니다.

```
virtualenv .venv
```

그리고 가상환경에 진입해주세요.

```
call .venv/Scripts/activate
```

이제 determine_mask 폴더 안에 .py 파일 등을 따라 만들어가면서 실습을 진행하면 됩니다. 참고로 .venv 폴더 안에 파일을 만들지 마세요.

30.2 마스크 착용 얼굴 및 미착용 얼굴 이미지 수집하기

우선 어떤 방식으로 마스크 착용 유무 판별기를 만들지 생각해봐야 합니다. 현재 제 머릿속에 떠오르는 방법은 두 가지 정도입니다.

1. 영상 내에서 마스크를 쓴 얼굴을 검출합니다. 즉, 객체 검출(object detection) 방식입니다.
2. 영상 내에서 먼저 얼굴을 검출한 다음에 마스크를 착용 유무를 분류합니다. 객체 검출(object detection) + 이미지 분류(image classification) 방식입니다.

첫 번째 방식은 데이터셋을 준비하는 데 꽤 큰 노력을 들여야합니다. 이미 만들어진 데이터셋이 있을 것 같긴 하지만, 없는 상황이라면 이미지들에서 마스크 쓴 얼굴과 마스크를 쓰지 않은 얼굴을 labelImg와 같은 라벨링 툴로 일일이 라벨링을 해줘야하기 때문입니다. 라벨링을 한다는 것은 이미지에서 마스크를 쓴 얼굴과 마스크를 쓰지 않은 얼굴을 모두 찾아서 거기에 바운딩 박스(bounding box)를 그려준 후에 마스크를 쓰지 않은 얼굴에는 클래스 0, 마스크를 쓴 얼굴에 클래스 1, 이런 식으로 라벨을 부여하는 것을 의미합니다. 반면 두 번째 방식은 데이터셋을 만드는 것이 훨씬 용이합니다. 저는 다음과 같은 절차로 데이터셋을 준비할 것입니다.

❶ 마스크를 쓰지 않은 상태에서 웹캠으로 얼굴을 촬영한다

얼굴 검출 알고리즘을 활용하여 얼굴 영역을 잘라냅니다. 그렇게 잘라낸 얼굴 이미지를 이미지 파일로 저장합니다. 모든 프레임을 저장하면 거의 차이가 없는 이미지들이 만들어지기 때문에 4프레임 당 한 개 또는 8프레임 당 한 개의 이미지만 저장합니다. 이 이미지들에는 클래스 0을 부여합니다.

❷ 마스크를 쓴 상태에서 얼굴을 촬영한다

얼굴 검출 알고리즘을 활용하여 얼굴 영역을 잘라냅니다(중요한 것은 해당 얼굴 검출 알고리즘이 마스크를 쓴 얼굴도 검출을 해야 한다는 것입니다). 그렇게 잘라낸 얼굴 이미지를 이미지 파일로 저장합니다. 모든 프레임을 저장하면 거의 차이가 없는 이미지들이 만들어지기 때문에 4프레임 당 한 개 또는 8프레임 당 한 개의 이미지만 저장합니다. 이 이미지들에는 클래스 1을 부여합니다.

❸ 1번, 2번 절차를 나 외에 몇몇 다른 사람 얼굴에 대해서도 진행한다

또한 다양한 색상의 마스크로 진행하면 더욱 좋습니다. 충분한 이미지 데이터를 수집할 때까지 반복합니다. 최소 마스크 착용 이미지 200장, 마스크 미착용 이미지 200장을 수집합니다.

여기서는 cvlib에 있는 얼굴 검출기로 얼굴을 검출하겠습니다. 그리고 영상처리의 필수 라이브러리인 opencv-python와 딥러닝 알고리즘을 위한 tensorflow도 필요합니다. 그리고 이미지를 저장할 때 캡처된 시간을 파일명에 넣어줄 생각이라 pytz 라이브러리도 필요합니다. 4개의 라이브러리를 동시에 설치합니다. 뭔가 설치해야 할 게 많으니 갑자기 어렵게 느껴질 수 있는데 그냥 필요한 도구가 많을 뿐, 난이도가 높아지는 것은 아닙니다.

```
pip install cvlib opencv-python tensorflow pytz
```

먼저 마스크 미착용 이미지부터 수집하겠습니다. 본인의 얼굴을 웹캠을 활용하여 촬영합니다. 키보드에서 〈q〉를 입력하면 수집이 종료됩니다.

determine_mask_1.py

```
01  import cv2
02  import cvlib as cv
03  import os
04  from datetime import datetime
05  from pytz import timezone
06
07  try:
08      os.makedirs('./nomask')
09  except FileExistsError:
10      pass
11
12  webcam = cv2.VideoCapture(0)
13
14  if not webcam.isOpened():
15      print("Could not open webcam")
16      exit()
17
18  sample_num = 0
19
20  while webcam.isOpened():
21      status, frame = webcam.read()
22      sample_num += 1
23
24      if not status:
25          break
26
```

```
27      if sample_num % 8  == 0:
28          face, confidence = cv.detect_face(frame)
29
30          for idx, f in enumerate(face):
31              (startX, startY) = f[0], f[1]
32              (endX, endY) = f[2], f[3]
33              face_in_img = frame[startY:endY, startX:endX, :]
34
35              now_time = datetime.now(timezone('Asia/Seoul')).
                    strftime('%Y%m%d_%H%M%S%f')
36              print(f'{now_time}에 얼굴 이미지 캡처')
37              cv2.imwrite('./nomask/face' + now_time + '.jpg', face_in_img)
38
39      cv2.imshow("captured frames", frame)
40
41      if cv2.waitKey(1) & 0xFF == ord('q'):
42          break
43
44  webcam.release()
45  cv2.destroyAllWindows()
```

01행~05행 필요한 라이브러리를 가져옵니다.
07행~10행 현재 작업 폴더 내에 nomask라는 폴더가 없으면 생성합니다.
    12행 웹캠을 작동시킵니다.
14행~16행 만약, 웹캠이 제대로 작동되지 않으면 프로그램을 종료합니다.
    18행 샘플 번호를 0으로 설정합니다. 이 숫자가 8의 배수가 될 때마다 얼굴 이미지를 캡처할 계획입니다.
20행~42행 웹캠이 열려있고 사용자가 키보드에서 〈q〉를 누를 때까지 무한루프가 실행됩니다.
    21행 웹캠으로 촬영된 프레임을 읽습니다.
    22행 한 번의 루프가 실행될 때마다 샘플 번호를 1씩 증가시킵니다.
24행~25행 만약, 웹캠이 이미지를 제대로 읽어내지 못하면 무한루프를 탈출합니다.
27행~28행 프레임 번호가 8의 배수일 때만 얼굴 영역을 검출합니다.
30행~37행 검출한 얼굴 영역을 현재 시간이 포함된 파일명의 이미지로 저장합니다.
    39행 촬영된 프레임을 실시간으로 보여줍니다
41행~42행 〈q〉를 누르면 무한루프를 탈출하게 합니다.
44행~45행 웹캠을 놓아주고, 프레임을 보여줬던 창을 닫습니다.

위 코드를 실행하면 현재 작업 폴더 내에 nomask라는 폴더가 생성됩니다. 그 폴더를 열어보면 다음과 같이 얼굴 부분만 잘 캡처해서 이미지 파일로 저장되어 있을 것입니다.

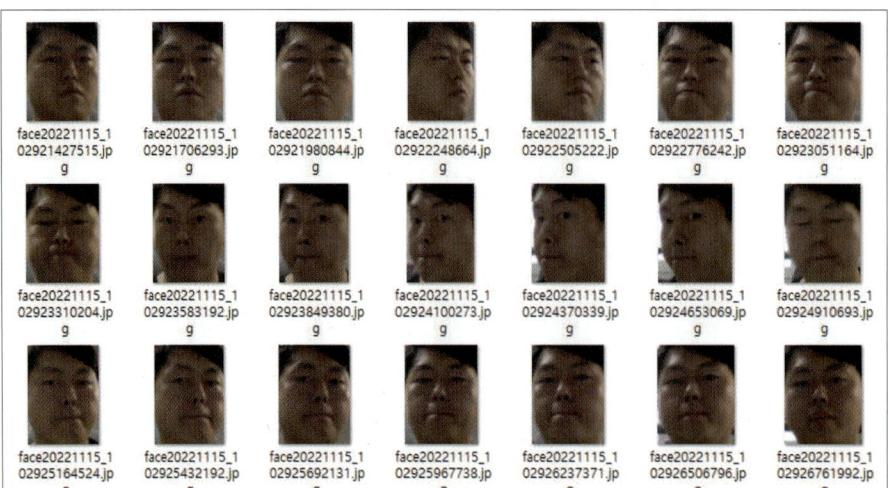

[그림 30-1]

충분한 수의 이미지를 수집할 때까지 반복합니다. 한 번에 200장을 수집하는 것보다는 모자를 쓴 상태에서도 촬영하고, 안경을 쓰고 촬영하는 등 변화를 주면서 수집하는 것이 좋습니다. 실제로 사용될 환경을 잘 생각하는 것이 필요합니다. 상점을 방문하는 사람 중에는 모자를 쓴 사람도 있겠고, 안경을 쓴 사람도 당연히 있겠죠?

이번에는 마스크 착용 이미지를 수집하겠습니다. nomask 폴더 대신 mask 폴더를 생성해서 그 안에 마스크 쓴 이미지가 저장되게 하겠습니다. 8행과 37행에서 nomask를 mask로 바꾼 것 외에 변경된 코드는 없습니다.

determine_mask_2.py

```
01  import cv2
02  import cvlib as cv
03  import os
04  from datetime import datetime
05  from pytz import timezone
06
07  try:
08      os.makedirs('./mask')
09  except FileExistsError:
10      pass
11
12  webcam = cv2.VideoCapture(0)
13
14  if not webcam.isOpened():
```

```python
15        print("Could not open webcam")
16        exit()
17
18 sample_num = 0
19
20 while webcam.isOpened():
21     status, frame = webcam.read()
22     sample_num += 1
23
24     if not status:
25         break
26
27     face, confidence = cv.detect_face(frame)
28
29     for idx, f in enumerate(face):
30         (startX, startY) = f[0], f[1]
31         (endX, endY) = f[2], f[3]
32
33         if sample_num % 8  == 0:
34             now_time = datetime.now(timezone('Asia/Seoul')).
                  strftime('%Y%m%d_%H%M%S%f')
35             print(f'{now_time}에 얼굴 이미지 캡처')
36             face_in_img = frame[startY:endY, startX:endX, :]
37             cv2.imwrite('./mask/face' + now_time + '.jpg', face_in_img)
38
39     cv2.imshow("captured frames", frame)
40
41     if cv2.waitKey(1) & 0xFF == ord('q'):
42         break
43
44 webcam.release()
45 cv2.destroyAllWindows()
```

마스크를 쓴 상태로 위 스크립트를 실행하면 mask 폴더가 생성되고 그 안에 마스크를 쓴 얼굴 이미지가 저장됩니다.

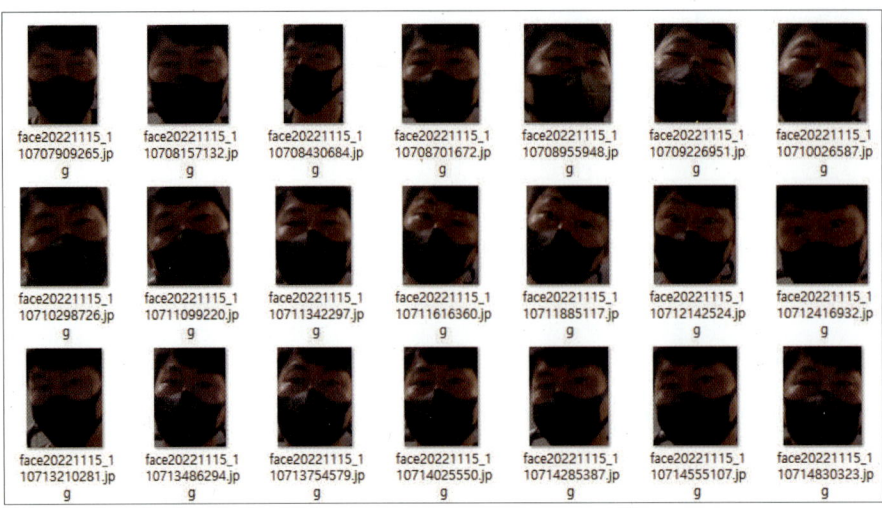

[그림 30-2]

저는 269장의 마스크 미착용 얼굴 이미지와 273장의 마스크 착용 얼굴 이미지를 수집했습니다. 두 개 클래스의 이미지 개수는 비슷한게 좋습니다.

30.3 마스크 착용을 판별하는 딥러닝 모델 만들기

이제 데이터셋은 준비했으니 마스크 착용 판별기를 만들겠습니다. 이미지 분류라는 컴퓨터비전 기술을 활용할 것입니다. 이미지 분류는 강아지, 고양이, 소와 같은 이미지를 적절하게 분류해주는 과제를 뜻합니다. 딥러닝 알고리즘을 처음부터 학습시키는 방법도 있지만, 전이학습을 활용하면 조금 더 효율적으로 모델을 학습시킬 수 있습니다. 전이학습이라는 것은 유사한 분야의 데이터셋에 미리 학습된 모델의 가중치를 가지고 와서 그 가중치를 조정해서 사용하는 기법입니다. 딥러닝 알고리즘 중에 ResNet50을 전이학습을 활용하여 훈련시키겠습니다.

```
determine_mask_3.py
01  import os
02  import numpy as np
03  import tensorflow as tf
04  from tensorflow.keras import Sequential
05  from tensorflow.keras.layers import Dense, Flatten, BatchNormalization
06  from tensorflow.keras.applications.resnet50 import ResNet50, preprocess_input
07  from tensorflow.keras.preprocessing.image import load_img, img_to_array
08
```

```python
09  path_dir1 = './nomask/'
10  path_dir2 = './mask/'
11  file_list1 = os.listdir(path_dir1)
12  file_list2 = os.listdir(path_dir2)
13  file_list1_num = len(file_list1)
14  file_list2_num = len(file_list2)
15  file_num = file_list1_num + file_list2_num
16
17  num = 0
18  all_img = np.float32(np.zeros((file_num, 224, 224, 3)))
19  all_label = np.float64(np.zeros((file_num, 1)))
20
21  for img_name in file_list1:
22      img_path = path_dir1+img_name
23      img = load_img(img_path, target_size=(224, 224))
24      x = img_to_array(img)
25      x = np.expand_dims(x, axis=0)
26      x = preprocess_input(x)
27      all_img[num, :, :, :] = x
28      all_label[num] = 0
29      num += 1
30
31  for img_name in file_list2:
32      img_path = path_dir2+img_name
33      img = load_img(img_path, target_size=(224, 224))
34      x = img_to_array(img)
35      x = np.expand_dims(x, axis=0)
36      x = preprocess_input(x)
37      all_img[num, :, :, :] = x
38      all_label[num] = 1
39      num += 1
40
41  n_elem = all_label.shape[0]
42  indices = np.random.choice(n_elem, size=n_elem, replace=False)
43  all_label = all_label[indices]
44  all_img = all_img[indices]
45  num_train = int(np.round(all_label.shape[0]*0.8))
46  num_test = int(np.round(all_label.shape[0]*0.2))
47  train_img = all_img[0:num_train, :, :, :]
48  test_img = all_img[num_train:, :, :, :]
49  train_label = all_label[0:num_train]
50  test_label = all_label[num_train:]
51
```

```python
52  IMG_SHAPE = (224, 224, 3)
53  base_model = ResNet50(input_shape=IMG_SHAPE, weights='imagenet', include_top=False)
54  base_model.trainable = False
55  base_model.summary()
56  print("Number of layers in the base model: ", len(base_model.layers))
57
58  flatten_layer = Flatten()
59  dense_layer1 = Dense(128, activation='relu')
60  bn_layer1 = BatchNormalization()
61  dense_layer2 = Dense(1, activation=tf.nn.sigmoid)
62
63  model = Sequential([
64          base_model,
65          flatten_layer,
66          dense_layer1,
67          bn_layer1,
68          dense_layer2,
69          ])
70
71  base_learning_rate = 0.001
72  model.compile(optimizer=tf.keras.optimizers.Adam(lr=base_learning_rate),
73                loss='binary_crossentropy',
74                metrics=['accuracy'])
75  model.summary()
76  model.fit(train_img, train_label, epochs=10, batch_size=16, validation_data = (test_img, test_label))
77
78  model.save("model.h5")
79  print("Saved model to disk")
```

01행~07행 필요한 라이브러리를 불러옵니다.

09행~12행 nomask 폴더와 mask 폴더에 들어있는 파일의 목록을 가져옵니다.

13행~15행 nomask 이미지의 개수와 mask 이미지의 개수를 구한 후 이를 더하여, 전체 이미지의 개수를 구합니다.

17행~19행 데이터셋의 이미지를 224×224 크기로 변환할 준비를 합니다.

21행~29행 노마스크 이미지를 224×224 크기로 변환하고 노마스크 이미지에 대해서는 라벨 0을 부여합니다.

31행~39행 마스크 이미지를 224×224 크기로 변환하고 마스크 이미지에 대해서는 라벨 1을 부여합니다.

41행~50행 노마스크 이미지와 마스크 이미지를 담은 all_img와 그에 해당하는 라벨을 담은 all_label을 무작위로 섞어줍니다. 그리고 데이터셋을 훈련셋과 테스트셋으로 분할합니다.

52행~56행 대용량 이미지 데이터셋인 이미지넷에서 학습된 ResNet50에서 마지막 층을 제거하여 base model을 준비합니다. 층수를 확인해보니 175층이네요. 175개의 깊은 층으로 구성되어 있는 딥 네트워크입니다. 참고로 깊은 층 구조로 이뤄져 있는 네트워크를 학습해야 하기 때문에 '딥러닝'이라는 이름이 붙습니다.

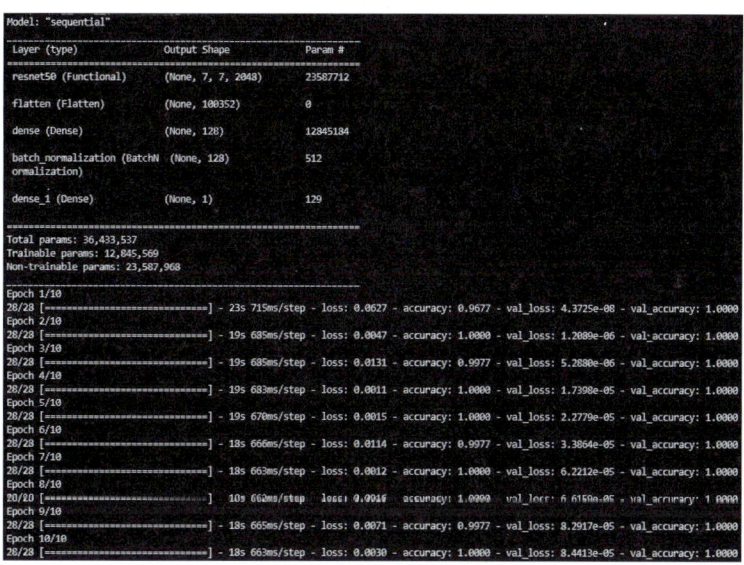

[그림 30-3]

58행~61행 flatten층, fully connected층, batch normalization, fully connected층을 준비합니다.

63행~69행 base model에 flatten층, fully connected층, batch normalization층, fully connected층을 붙여줘서 모델을 생성합니다.

71행~76행 학습 전략을 설정한 후 훈련셋 이미지를 활용하여 모델을 훈련시킵니다. 에포치를 10으로 설정했는데 사실상 1번만에 테스트셋에 대해 1의 정확도를 보이네요.

[그림 30-4]

78행~79행 학습된 모델을 [model.h5] 파일로 저장합니다. 현재 작업 폴더에 [model.h5]가 잘 생성됐나요? 이것을 나중에 실제로 마스크 착용 여부를 판별할 때 사용할 것입니다.

30.4 훈련된 마스크 착용 판별 모델로 테스트해보기

이제 훈련된 마스크 착용 판별 모델로, 실시간으로 사람이 마스크를 착용하고 있는지 아닌지를 판별해보겠습니다.

determine_mask_4.py

```
01  import cvlib as cv
02  import cv2
03  import numpy as np
```

```python
04  from tensorflow.keras.models import load_model
05  from tensorflow.keras.applications.resnet50 import preprocess_input
06  from tensorflow.keras.preprocessing.image import img_to_array
07
08  model = load_model('model.h5')
09  model.summary()
10
11  webcam = cv2.VideoCapture(0)
12
13  if not webcam.isOpened():
14      print("Could not open webcam")
15      exit()
16
17  while webcam.isOpened():
18      status, frame = webcam.read()
19
20      if not status:
21          print("Could not read frame")
22          exit()
23
24      face, confidence = cv.detect_face(frame)
25
26      for idx, f in enumerate(face):
27          (startX, startY) = f[0], f[1]
28          (endX, endY) = f[2], f[3]
29
30          face_region = frame[startY:endY, startX:endX]
31          face_region1 = cv2.resize(face_region, (224, 224), interpolation = cv2.INTER_AREA)
32
33          x = img_to_array(face_region1)
34          x = np.expand_dims(x, axis=0)
35          x = preprocess_input(x)
36
37          prediction = model.predict(x)
38
39          if prediction < 0.5:
40              cv2.rectangle(frame, (startX,startY), (endX,endY), (0,0,255), 2)
41              Y = startY - 10 if startY - 10 > 10 else startY + 10
42              text = "No Mask ({:.2f}%)".format((1 - prediction[0][0])*100)
43              cv2.putText(frame, text, (startX,Y), cv2.FONT_HERSHEY_SIMPLEX,
                  0.7, (0,0,255), 2)
```

```
44
45          else:
46              cv2.rectangle(frame, (startX,startY), (endX,endY), (0,255,0), 2)
47              Y = startY - 10 if startY - 10 > 10 else startY + 10
48              text = "Mask ({:.2f}%)".format(prediction[0][0]*100)
49              cv2.putText(frame, text, (startX,Y), cv2.FONT_HERSHEY_SIMPLEX,
                    0.7, (0,255,0), 2)
50
51      cv2.imshow("mask or nomask", frame)
52
53      if cv2.waitKey(1) & 0xFF == ord('q'):
54          break
55
56  webcam.release()
57  cv2.destroyAllWindows()
```

01행~06행 필요한 라이브러리를 불러옵니다.
08행~09행 전 단계에서 훈련시킨 모델을 불러옵니다. 모델 정보를 확인해보니 잘 가져온 것이 맞습니다.

```
Model: "sequential"
_____
Layer (type)                 Output Shape              Param #
=================================================================
resnet50 (Functional)        (None, 7, 7, 2048)        23587712

flatten (Flatten)            (None, 100352)            0

dense (Dense)                (None, 128)               12845184

batch_normalization (BatchN  (None, 128)               512
ormalization)

dense_1 (Dense)              (None, 1)                 129

=================================================================
Total params: 36,433,537
Trainable params: 12,845,569
Non-trainable params: 23,587,968
```

[그림 30-5]

30행~31행 얼굴 영역을 검출한 후 224×224 크기로 변경합니다. 훈련시킨 딥 네트워크에 입력될 수 있게 하기 위해서입니다.
33행~35행 이미지 인풋에 대해 전처리를 합니다.
37행 얼굴 이미지에 대해 마스크인지, 노마스크인지 클래스를 예측합니다.
39행~43행 만약, prediction이 0.5 미만이면 노마스크로 판단하여 빨간색 바운딩 박스를 그려줍니다. No Mask라는 텍스트와 함께 prediction 값도 같이 출력합니다.
45행~49행 만약, prediction이 0.5 이상이면 마스크로 판단하여 초록색 바운딩 박스를 그려줍니다. Mask라는 텍스트와 함께 prediction 값도 같이 출력합니다.

위 파이썬 스크립트를 실행하니 다음과 같이 마스크 착용 유무를 잘 판별해냅니다. 간단하게 만들었지만 꽤 정확합니다.

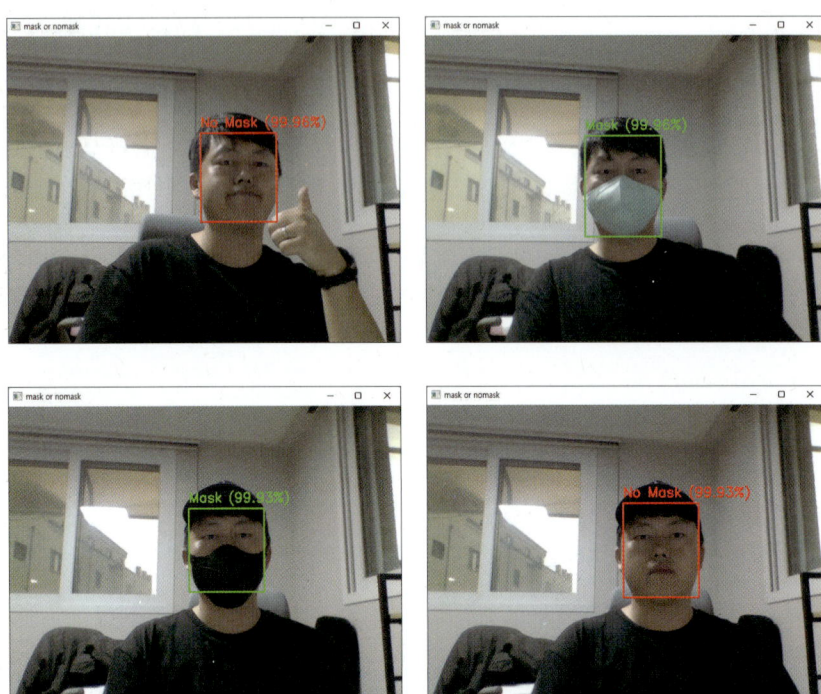

[그림 30-6]

턱에 마스크를 걸친, 일명 턱스크 상태는 어떻게 판별해내는지 확인해보겠습니다.

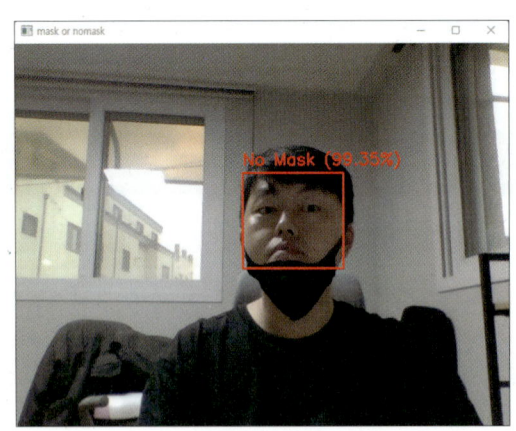

[그림 30-7]

턱스크도 노마스크라고 잘 판별해주네요. 신기하죠? 여러분이 만들어낸 것입니다.

30.5 정리하며

딥러닝은 기본적으로 각 층에 있는 노드들을 연결해주는 가중치를 최적으로 훈련시키는 문제입니다. 양질의 데이터, 적절한 네트워크 구성, 적절한 학습 전략이 있어야만 그 가중치들의 최적의 값을 찾아낼 수 있습니다. 컴퓨터 성능이 좋지 않았던 시절에 이미 이론적으로는 출시되었지만, 컴퓨팅 성능이 좋아진 2000년대 이후에서야 실제적으로 구현이 가능해졌습니다. 이 장에서 배운 내용을 응용하면 선글라스 착용 유무 판별기도 만들어낼 수 있을 것 같습니다. 이 예제에서 멈추지 말고 또 다른 것을 분류할 수 있는, 판별할 수 있는 모델을 만들어보길 바랍니다.

31장.
Flask로 API 서버 만들기

**Feat.
flask
+ flask-api-key**

앞서 우리는 다양한 API 서버로부터 데이터를 받아서 활용해봤습니다. 우리는 API 서버의 클라이언트로서 존재했던 것이죠. 이번에는 우리가 직접 API 서버를 만들어볼 것입니다. 서비스를 제공받던 입장에서 서비스를 제공하는 입장이 되어보는 것입니다.

31.1 실습 준비

이전 실습에 사용했던 가상환경이 활성화되어 있다면 먼저 deactivate 명령으로 비활성화해주세요.

```
deactivate
```

그 다음에 바탕화면에 있는 enjoy_python 폴더 내에 flask_api라는 폴더를 만든 후 VSCODE에서 해당 폴더를 열고 cmd 터미널에서 아래 명령을 실행하여 .venv 가상환경을 만들어주세요. 가상환경이 잘 생성되었다면, flask_api 폴더 안에 .venv 폴더가 생성되었을 것입니다.

```
virtualenv .venv
```

그리고 가상환경에 진입해주세요.

```
call .venv/Scripts/activate
```

이제 flask_api 폴더 안에 .py 파일 등을 따라 만들어가면서 실습을 진행하면 됩니다. 참고로 .venv 폴더 안에 파일을 만들지 마세요.

31.2 아주 간단한 웹 사이트 만들기

파이썬의 Flask 프레임워크를 활용하면, 간단하게 API 서버를 만들 수 있습니다. Flask 프레임워크는 Django와 함께 대표적인 파이썬 웹 프레임워크로 평가받고 있습니다. Flask는 API 서버 또는 간단한 웹 사이트를 만들기에 적합한 프레임워크입니다. 우선 Flask를 설치하겠습니다. VSCODE cmd 터미널에 아래 명령을 실행해주세요.

```
pip install flask
```

flask를 설치했다면 아래 코드를 따라 입력한 후 실행하면 API 서버가 구동됩니다. 여러분의 컴퓨터가 일종의 서버가 된 것입니다. 이 서버도 방화벽을 열고 포트 포워딩을 해주면 해당 PC의 공인 IP 주소를 통해 다른 사람들도 접근할 수 있습니다.

flask_api_1.py

```python
01  from flask import Flask
02
03  app = Flask(__name__)
04
05  @app.route("/")
06  def hello_world():
07      return "<p>Hello, World!</p>"
08
09  if __name__ == '__main__':
10      app.run(host="0.0.0.0", port=5000, debug=True)
```

- **01행** flask 라이브러리에서 Flask 클래스를 불러옵니다.
- **03행** Flask 클래스의 인스턴스를 생성합니다.
- **05행~07행** "주소/" 또는 "주소"로 접근할 경우, hello_world 함수가 실행되어 〈p〉Hello, World!〈/p〉를 반환합니다.
- **09행~10행** 0.0.0.0은 외부 접속을 허용한다는 의미가 있고, 포트가 5000이기 때문에 "IP주소:5000"으로 해당 서버에 접근이 가능합니다. 개발 서버가 아니라 실제 상용 서버라면 80포트를 사용합니다. 그렇게 해주면 "IP주소:80" 또는 "IP주소"만으로 접속이 가능합니다. 그리고 debug=True로 설정했기 때문에 코드 수정 사항이 바로 바로 적용됩니다.

웹 브라우저에서 127.0.0.1:5000에 접속해보세요.

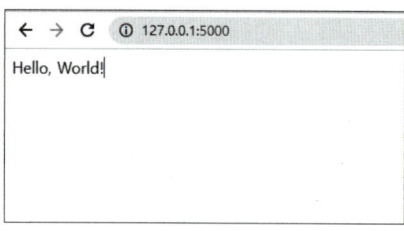

[그림 31-1]

7행에서 반환된 Hello, World가 웹 페이지에서 보이는 것을 확인할 수 있습니다. 아주 간단하지만 성공적으로 웹 사이트 또는 API 서버를 하나 만든 것입니다.

31.3 조선시대 왕 목록 얻기

API 서버를 만든다는 것은 우리가 무언가 제공할 것이 있다는 뜻입니다. 무엇을 제공하면 좋을까요? 간단히 조선시대 왕의 이름을 제공해주는 API 서비스를 만들겠습니다. 그리고 사용자가 역사를 왜곡 (수정 및 삭제)할 수 있는 기능도 부여해보겠습니다. 먼저 역대 조선시대 왕의 목록을 확인할 수 있는 기능을 만들겠습니다. 보통 데이터를 얻을 때는 HTTP 메서드 중에서 GET 메서드를 활용합니다.

```
flask_api_2.py
01  from flask import Flask, jsonify, make_response
02
03  app = Flask(__name__)
04  app.config['JSON_AS_ASCII'] = False
05
06  kings = {
07      1: "태조", 2: "정종", 3: "태종", 4: "세종", 5: "문종", 6: "단종",
08      7: "세조", 8: "예종", 9: "성종", 10: "연산군", 11: "중종", 12: "인종",
09      13: "명종", 14: "선조", 15: "광해군", 16: "인조", 17: "효종", 18: "현종",
10      19: "숙종", 20: "경종", 21: "영조", 22: "정조", 23: "순조", 24: "헌종",
11      25: "철종", 26: "고종",
12  }
13
14  @app.route("/")
15  def hello_world():
16      return "<p>조선시대 왕 이름 API 서비스</p>"
17
18  @app.route("/kings", methods=["GET"])
```

```
19  def get_kings():
20      res = make_response(jsonify(kings), 200)
21      return res
22
23  if __name__ == '__main__':
24      app.run(host="0.0.0.0", port=5000, debug=True)
```

01행 flask 라이브러리에서 필요한 기능들을 가져옵니다.

04행 한글 데이터가 JSON으로 잘 전송되게 하기 위해서 추가한 코드입니다.

06행~12행 조선시대 왕 목록 딕셔너리를 생성합니다. 여기에 있는 데이터를 제공할 것입니다. 실제 서버에서는 제공하고자 하는 데이터가 어떠한 데이터베이스 안에 들어가 있겠죠?

18행 /kings route로 GET 요청을 받으면 get_kings() 함수를 실행합니다.

19행~21행 kings 딕셔너리를 json 형태로 변환한 후 make_response 함수로 처리한 것을 반환합니다. 뒤에 숫자 200은 HTTP 상태 코드로서 요청 성공이라는 뜻입니다.

웹 브라우저에서 "127.0.0.1:5000/kings"에 접속해보세요. 다음과 같이 조선시대 왕 목록이 JSON 형태로 잘 전달된 것을 확인할 수 있습니다.

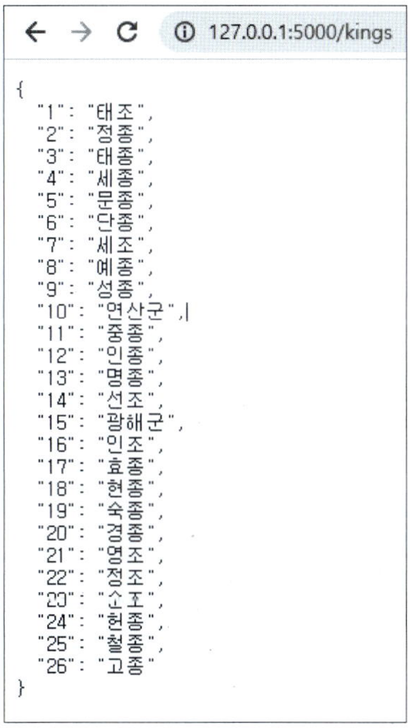

[그림 31-2]

31.4 조선시대 왕 추가하기

조선시대 왕은 26대 고종에서 끝났지만, 임의로 27대 왕이 있다고 가정하고 추가해보겠습니다. 데이터를 생성할 때는 GET 메서드가 아닌 POST 메서드를 사용합니다.

> **참고**
>
> 여기서 잠깐 HTTP 메서드에 대해 정리하겠습니다. CRUD로 생각을 한다면, POST는 Create, GET은 Read, PUT은 Update, DELETE는 Delete입니다.
>
> [표 31-1]
>
> | 메서드 | 기능 |
> |--------|------|
> | POST | Create (생성) |
> | GET | Read (조회) |
> | PUT | Update (수정) |
> | DELETE | Delete (삭제) |

flask_api_3.py

```python
from flask import Flask, jsonify, make_response, request

app = Flask(__name__)
app.config['JSON_AS_ASCII'] = False

kings = {
  "1": "태조", "2": "정종", "3": "태종", "4": "세종", "5": "문종", "6": "단종",
  "7": "세조", "8": "예종", "9": "성종", "10": "연산군", "11": "중종", "12": "인종",
  "13": "명종", "14": "선조", "15": "광해군", "16": "인조", "17": "효종", "18": "현종",
  "19": "숙종", "20": "경종", "21": "영조", "22": "정조", "23": "순조", "24": "헌종",
  "25": "철종", "26": "고종",
}

@app.route("/")
def hello_world():
    return "<p>조선시대 왕 이름 API 서비스</p>"

@app.route("/kings", methods=["GET"])
def get_kings():
    res = make_response(jsonify(kings), 200)
    return res
```

```
22
23  @app.route("/kings/<nth>", methods=["POST"])
24  def add_king(nth):
25      req = request.get_json()
26      print(req)
27      print(nth)
28
29      kings[nth] = req['name']
30      print(kings)
31
32      res = make_response(jsonify({"message": "왕이 생성되었습니다."}), 200)
33      return res
34
35  if __name__ == '__main__':
36      app.run(host="0.0.0.0", port=5000, debug=True)
```

- 01행 flask 라이브러리에서 필요한 기능들을 가져옵니다.
- 23행~24행 /kings/몇대왕 route로 POST 요청이 오면 add_king() 함수를 실행합니다.
- 25행~26행 요청 시 body로 넘겨받은 데이터를 req 변수에 담습니다.

[그림 31-3]

- 29행 kings 딕셔너리에 nth를 키로, req['name']을 값으로 해서 새로운 왕 데이터를 추가합니다.
- 32행 해당 POST 요청에 대한 응답 메시지를 작성합니다.

POST 요청을 하려면 이제 http 클라이언트 프로그램이 필요합니다. CLI 방식으로 사용할 수 있는 httpie를 설치해서 사용하겠습니다. pip로 설치가 가능합니다.

```
pip install httpie
```

VSCODE에서는 여러 개의 터미널을 동시에 실행할 수 있습니다. 지금 하나의 터미널에서는 웹 서버가 실행되고 있으니, 또 다른 터미널을 하나 생성해서 httpie를 설치하는 것을 권합니다. 아래 다닫 기호를 클릭하면 또 다른 터미널이 하나 열립니다.

[그림 31-4]

설치가 완료되었으면 새롭게 생성한 cmd 터미널에 httpie를 입력해봅니다. 그러면 httpie의 사용법을 확인할 수 있습니다.

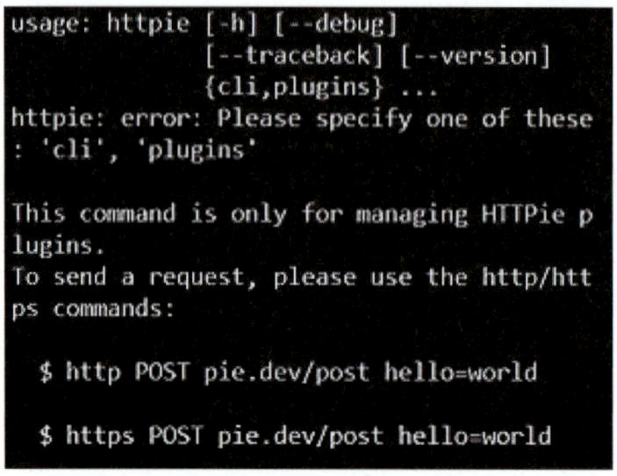

```
usage: httpie [-h] [--debug]
              [--traceback] [--version]
              {cli,plugins} ...
httpie: error: Please specify one of these
: 'cli', 'plugins'

This command is only for managing HTTPie p
lugins.
To send a request, please use the http/htt
ps commands:

    $ http POST pie.dev/post hello=world

    $ https POST pie.dev/post hello=world
```

[그림 31-5]

여기에 보니 POST 요청을 어떻게 해야 하는지에 대한 예시가 있습니다. 우리 상황에서는 다음 명령을 실행하면 적절한 POST 요청이 이루어집니다. 웹 서버가 구동되고 있는 상황에서 http 요청을 해야 합니다. 27대 왕으로 교종을 추가해보겠습니다.

```
http POST 127.0.0.1:5000/kings/27 name=교종
```

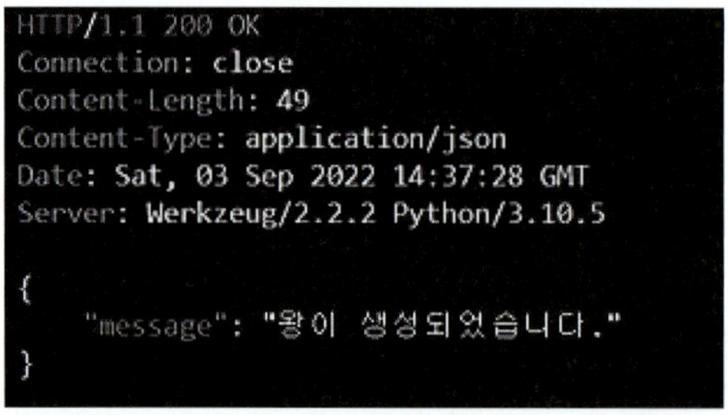

```
HTTP/1.1 200 OK
Connection: close
Content-Length: 49
Content-Type: application/json
Date: Sat, 03 Sep 2022 14:37:28 GMT
Server: Werkzeug/2.2.2 Python/3.10.5

{
    "message": "왕이 생성되었습니다."
}
```

[그림 31-6]

"왕이 생성되었습니다."라는 메시지가 잘 응답된 것을 확인할 수 있습니다. 그러면 GET 요청으로 27대 왕으로 교종이 잘 추가되었는지 확인하겠습니다. 이젠 브라우저가 아닌 httpie로 확인하겠습니다.

```
http GET 127.0.0.1:5000/kings
```

```
HTTP/1.1 200 OK
Connection: close
Content-Length: 486

{
    "1": "태조",
    "10": "연산군",
    "11": "중종",
    "12": "인종",
    "13": "명종",
    "14": "선조",
    "15": "광해군",
    "16": "인조",
    "17": "효종",
    "18": "현종",
    "19": "숙종",
    "2": "정종",
    "20": "경종",
    "21": "영조",
    "22": "정조",
    "23": "순조",
    "24": "헌종",
    "25": "철종",
    "26": "고종",
    "27": "교종",
    "3": "태종",
    "4": "세종",
    "5": "문종",
    "6": "단종",
    "7": "세조",
    "8": "예종",
    "9": "성종"
}
```

[그림 31-7]

27대 왕 교종이 잘 추기된 것을 확인할 수 있습니다. 누구나 왕이 되는 꿈은 꿔볼 수 있으니까요.

31.5 조선시대 왕 추가하기(잘못된 요청 처리)

그런데 만약, POST /kings/<nth>를 통해 이미 존재하는 왕의 번호를 전달한 경우에는 잘못된 요청이기 때문에 그에 대해서 처리를 해줘야 합니다. 원치 않게 기존 왕의 정보를 수정해버릴 수 있기 때문입니다. 따라서 위 코드를 다음과 같이 수정해서, 이미 존재하는 왕의 번호를 전달한 경우에는 kings 딕셔너리를 업데이트하지 않도록 하고, 에러 메시지도 HTTP 상태 코드 400과 함께 전달하겠습니다.

flask_api_4.py
```
01  from flask import Flask, jsonify, make_response, request
02
03  app = Flask(__name__)
04  app.config['JSON_AS_ASCII'] = False
05
06  kings = {
```

```python
07      "1": "태조", "2": "정종", "3": "태종", "4": "세종", "5": "문종", "6": "단종",
08      "7": "세조", "8": "예종", "9": "성종", "10": "연산군", "11": "중종", "12": "인종",
09      "13": "명종", "14": "선조", "15": "광해군", "16": "인조", "17": "효종", "18": "현종",
10      "19": "숙종", "20": "경종", "21": "영조", "22": "정조", "23": "순조", "24": "헌종",
11      "25": "철종", "26": "고종",
12  }
13
14  @app.route("/")
15  def hello_world():
16      return "<p>조선시대 왕 이름 API 서비스</p>"
17
18  @app.route("/kings", methods=["GET"])
19  def get_kings():
20      res = make_response(jsonify(kings), 200)
21      return res
22
23  @app.route("/kings/<nth>", methods=["POST"])
24  def add_king(nth):
25      req = request.get_json()
26
27      if nth not in list(kings.keys()):
28          kings[nth] = req['name']
29          res = make_response(jsonify({"message": "왕이 생성되었습니다."}), 200)
30      else:
31          res = make_response(jsonify({"error":
            "이미 존재하는 왕의 번호가 전달되었습니다."}), 400)
32      return res
33
34  if __name__ == '__main__':
35      app.run(host="0.0.0.0", port=5000, debug=True)
```

27행~29행 nth가 이미 존재하는 왕의 번호가 아닌 경우에는 kings 딕셔너리에 넘겨 받은 왕의 번호와 이름을 추가합니다.

30행~31행 존재하는 왕의 번호인 경우에는 400 상태 코드와 함께 에러 메시지를 전달합니다. kings 딕셔너리에는 아무런 변화를 주지 않습니다.

이제 일부러 잘못된 POST 요청을 해보겠습니다.

```
http POST 127.0.0.1:5000/kings/24 name=교종
```

```
HTTP/1.1 400 BAD REQUEST
Connection: close
Content-Length: 77
Content-Type: application/json
Date: Sat, 03 Sep 2022 15:27:22 GMT
Server: Werkzeug/2.2.2 Python/3.10.5

{
    "error": "이미 존재하는 왕의 번호가 전
달되었습니다."
}
```

[그림 31-8]

자, 우리가 의도한 대로 error 메시지가 응답되었습니다. 400 BAD REQUEST라는 문구도 확인할 수 있죠? 이 상황에서 kings 딕셔너리에 변화가 있는지 GET 요청으로 확인해보겠습니다.

```
http GET 127.0.0.1:5000/kings
```

```
{
    "1": "태조",
    "10": "연산군",
    "11": "중종",
    "12": "인종",
    "13": "명종",
    "14": "선조",
    "15": "광해군",
    "16": "인조",
    "17": "효종",
    "18": "현종",
    "19": "숙종",
    "2": "정종",
    "20": "경종",
    "21": "영조",
    "22": "정조",
    "23": "순조",
    "24": "헌종",
    "25": "철종",
    "26": "고종",
    "3": "태종",
    "4": "세종",
    "5": "문종",
    "6": "단종",
    "7": "세조",
    "8": "예종",
    "9": "성종"
}
```

[그림 31-9]

24대 왕 정보는 손상되지 않았습니다.

이제 다시 제대로 POST 요청을 해보겠습니다. 27대 왕으로 교종을 넣어보겠습니다.

```
http POST 127.0.0.1:5000/kings/27 name=교종
```

```
HTTP/1.1 200 OK
Connection: close
Content-Length: 49
Content-Type: application/json
Date: Sat, 03 Sep 2022 15:34:45 GMT
Server: Werkzeug/2.2.2 Python/3.10.5

{
    "message": "왕이 생성되었습니다."
}
```

[그림 31-10]

이번에는 요청이 성공되었습니다. 다시 한 번 왕의 목록을 확인해보면 이제는 27대왕 교종이 추가된 것을 확인할 수 있습니다.

```
{
    "1": "태조",
    "10": "연산군",
    "11": "중종",
    "12": "인종",
    "13": "명종",
    "14": "선조",
    "15": "광해군",
    "16": "인조",
    "17": "효종",
    "18": "현종",
    "19": "숙종",
    "2": "정종",
    "20": "경종",
    "21": "영조",
    "22": "정조",
    "23": "순조",
    "24": "헌종",
    "25": "철종",
    "26": "고종",
    "27": "교종",
    "3": "태종",
    "4": "세종",
    "5": "문종",
    "6": "단종",
    "7": "세조",
    "8": "예종",
    "9": "성종"
}
```

[그림 31-11]

31.6 조선시대 왕 수정하기

이번에는 조선시대 왕을 바꿔보겠습니다. 15대 광해군을 정선군으로 바꿔보겠습니다. 데이터를 수정할 때는 HTTP 메서드 중 PUT을 사용합니다. 또한 없는 왕의 번호에 대해서 수정을 시도하는 경우에는 수정이 안 되게 처리를 하겠습니다.

flask_api_5.py

```python
from flask import Flask, jsonify, make_response, request

app = Flask(__name__)
app.config['JSON_AS_ASCII'] = False

kings = {
    "1": "태조", "2": "정종", "3": "태종", "4": "세종", "5": "문종", "6": "단종",
    "7": "세조", "8": "예종", "9": "성종", "10": "연산군", "11": "중종", "12": "인종",
    "13": "명종", "14": "선조", "15": "광해군", "16": "인조", "17": "효종", "18": "현종",
    "19": "숙종", "20": "경종", "21": "영조", "22": "정조", "23": "순조", "24": "헌종",
    "25": "철종", "26": "고종",
}

@app.route("/")
def hello_world():
    return "<p>조선시대 왕 이름 API 서비스</p>"

@app.route("/kings", methods=["GET"])
def get_kings():
    res = make_response(jsonify(kings), 200)
    return res

@app.route("/kings/<nth>", methods=["POST"])
def add_king(nth):
    req = request.get_json()

    if nth not in list(kings.keys()):
        kings[nth] = req['name']
        res = make_response(jsonify({"message": "왕이 생성되었습니다."}), 200)
    else:
        res = make_response(jsonify({"error":
            "이미 존재하는 왕의 번호가 전달되었습니다."}), 400)
    return res
```

```
33
34  @app.route("/kings/<nth>", methods=["PUT"])
35  def update_king(nth):
36      req = request.get_json()
37      print(req)
38
39      if nth in list(kings.keys()):
40          kings[nth] = req['name']
41          res = make_response(jsonify({"message": "왕이 수정되었습니다."}), 200)
42      else:
43          res = make_response(jsonify({"error": "없는 번호의 왕입니다."}), 400)
44      return res
45
46  if __name__ == '__main__':
47      app.run(host="0.0.0.0", port=5000, debug=True)
```

- **34행~35행** /kings/<nth>로 PUT 요청이 이뤄지면 update_king 함수가 실행됩니다.
- **39행~41행** 이미 등록된 왕 번호가 전달되었으면, 그 왕 번호에 해당하는 왕의 이름을 JSON으로 넘겨 받은 이름으로 변경합니다. 그리고 "왕이 일부 수정되었습니다."라는 메시지와 함께 HTTP 상태 코드 200을 응답합니다.
- **42행~43행** 등록되지 않은 왕의 번호가 전달되었으면, error 메시지와 함께 400 코드를 응답합니다.

위 서버를 실행한 후 다음과 같은 PUT 요청을 해보겠습니다.

```
http PUT 127.0.0.1:5000/kings/15 name=정선군
```

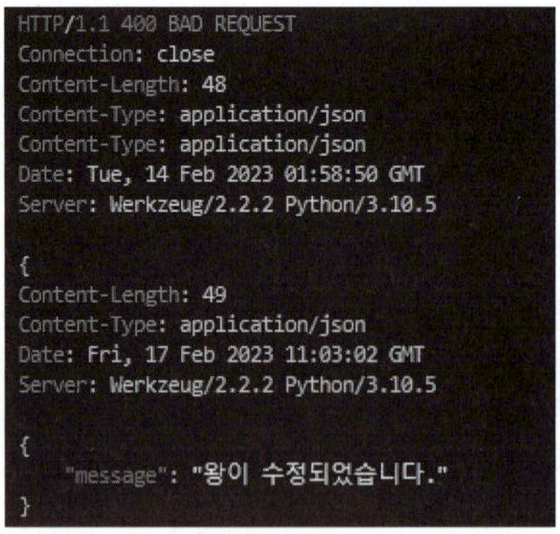

[그림 31-12]

광해군이 정선군으로 잘 수정되었는지 확인해볼까요? 보다시피 잘 수정되었습니다.

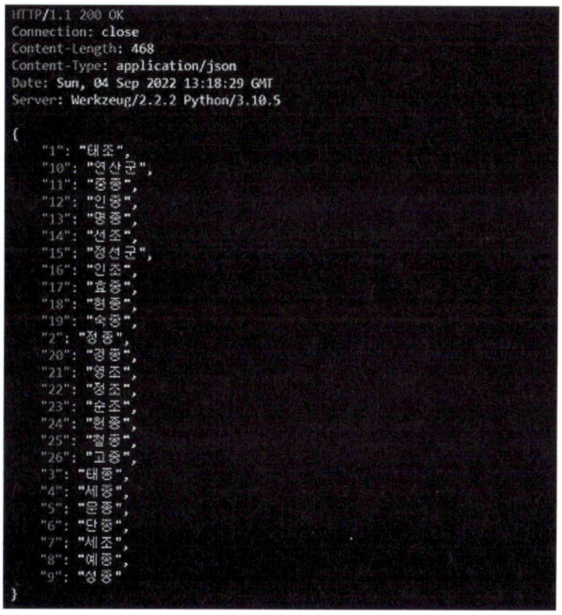

[그림 31-13]

이번에는 없는 왕의 번호를 nth로 넘겨줬을 때 에러 메시지가 잘 응답되는지 확인해보겠습니다.

```
http PUT 127.0.0.1:5000/kings/30 name=강화군
```

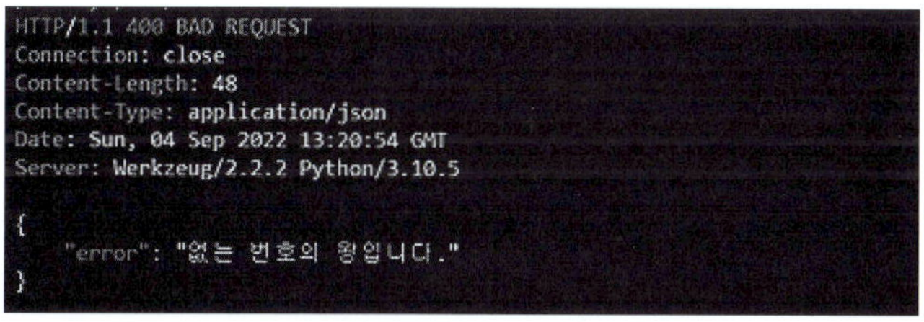

[그림 31-14]

30대 왕은 없기 때문에 의도한 대로 error 메시지가 응답되었습니다.

31.7 조선시대 왕 삭제하기

이제 마지막으로 데이터를 삭제하는 기능을 추가해보겠습니다. 데이터 삭제할 때는 HTTP 메서드 중 DELETE를 사용합니다. nth로 넘겨준 왕의 번호에 해당하는 왕을 삭제하도록 코드를 짜겠습니다.

flask_api_6.py

```python
from flask import Flask, jsonify, make_response, request

app = Flask(__name__)
app.config['JSON_AS_ASCII'] = False

kings = {
    "1": "태조", "2": "정종", "3": "태종", "4": "세종", "5": "문종", "6": "단종",
    "7": "세조", "8": "예종", "9": "성종", "10": "연산군", "11": "중종", "12": "인종",
    "13": "명종", "14": "선조", "15": "광해군", "16": "인조", "17": "효종", "18": "현종",
    "19": "숙종", "20": "경종", "21": "영조", "22": "정조", "23": "순조", "24": "헌종",
    "25": "철종", "26": "고종",
}

@app.route("/")
def hello_world():
    return "<p>조선시대 왕 이름 API 서비스</p>"

@app.route("/kings", methods=["GET"])
def get_kings():
    res = make_response(jsonify(kings), 200)
    return res

@app.route("/kings/<nth>", methods=["POST"])
def add_king(nth):
    req = request.get_json()

    if nth not in list(kings.keys()):
        kings[nth] = req['name']
        res = make_response(jsonify({"message": "왕이 생성되었습니다."}), 200)
    else:
        res = make_response(jsonify({"error": "이미 존재하는 왕의 번호가 전달되었습니다."}), 400)
    return res

@app.route("/kings/<nth>", methods=["PUT"])
def update_king(nth):
    req = request.get_json()
    print(req)

    if nth in list(kings.keys()):
        kings[nth] = req['name']
```

```
41          res = make_response(jsonify({"message": "왕이 수정되었습니다."}), 200)
42      else:
43          res = make_response(jsonify({"error": "없는 번호의 왕입니다."}), 400)
44      return res
45
46  @app.route("/kings/<nth>", methods=["DELETE"])
47  def delete_king(nth):
48      if nth in list(kings.keys()):
49          del kings[nth]
50          res = make_response(jsonify({"message": "왕이 삭제되었습니다."}), 200)
51      else:
52          res = make_response(jsonify({"error": "없는 번호의 왕입니다."}), 400)
53      return res
54
55  if __name__ == '__main__':
56      app.run(host="0.0.0.0", port=5000, debug=True)
```

- **46행~47행** /kings/<nth>로 DELETE 요청이 오면, delete_king 함수가 실행됩니다.
- **48행~50행** nth로 넘겨 받은 왕의 번호가 존재하면 해당 왕을 삭제하고, "해당 왕이 삭제되었습니다."라는 메시지를 200 상태 코드와 함께 응답합니다.
- **51행~52행** 왕의 번호가 존재하지 않으면 error 메시지를 응답합니다.

10대 왕인 연산군 데이터를 한 번 삭제해보겠습니다.

```
http DELETE 127.0.0.1:5000/kings/10
```

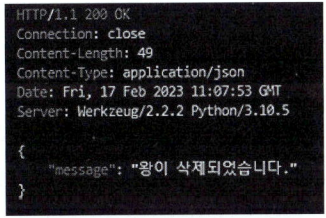

[그림 31-15]

삭제되었는지 왕의 목록을 확인해보겠습니다. 10대 왕인 연산군이 보이지 않죠?

```
{
    "1": "태조",
    "11": "중종",
    "12": "인종",
    "13": "명종",
    "14": "선조",
    "15": "광해군",
    "16": "인조",
    "17": "효종",
    "18": "현종",
    "19": "숙종",
    "2": "정종",
    "20": "경종",
    "21": "영조",
    "22": "정조",
    "23": "순조",
    "24": "헌종",
    "25": "철종",
    "26": "고종",
    "3": "태종",
    "4": "세종",
    "5": "문종",
    "6": "단종",
    "7": "세조",
    "8": "예종",
    "9": "성종"
}
```

[그림 31-16]

31.8 Access Token을 발급 받은 경우에만 API 사용 허가하기

API 서버에는 보통 아무나 접근하지 못하게 합니다. 대개 Access Token을 발급받은 회사 또는 개인만 API 서비스를 이용할 수 있게 합니다. 우리도 지금껏 만든 API 서비스에 Access Token을 받은 사용자만 사용 가능하도록 처리하겠습니다. 모든 CRUD 기능에 대해 인증받은 사용자만 사용할 수 있게 하겠습니다. Access Token을 제출하지 않았거나 틀린 경우에는 인증에 실패했다는 메시지가 응답될 것입니다.

flask_api_7.py

```
01  from flask import Flask, jsonify, make_response, request, abort
02  from functools import wraps
03
04  app = Flask(__name__)
05  app.config['JSON_AS_ASCII'] = False
06
07  ACCESS_TOKEN = 'asdfhjahsjdfhkjs'
```

```python
kings = {
    "1": "태조", "2": "정종", "3": "태종", "4": "세종", "5": "문종", "6": "단종",
    "7": "세조", "8": "예종", "9": "성종", "10": "연산군", "11": "중종", "12": "인종",
    "13": "명종", "14": "선조", "15": "광해군", "16": "인조", "17": "효종", "18": "현종",
    "19": "숙종", "20": "경종", "21": "영조", "22": "정조", "23": "순조", "24": "헌종",
    "25": "철종", "26": "고종",
}

def access_token_required(func):
    @wraps(func)
    def wrapper(*args, **kwargs):
        if request.headers.get('Authorization').split(' ')[1] == ACCESS_TOKEN:
            return func(*args, **kwargs)
        else:
            abort(401)
    return wrapper

@app.route("/")
def hello_world():
    return "<p>조선시대 왕 이름 API 서비스</p>"

@app.route("/kings", methods=["GET"])
@access_token_required
def get_kings():
    res = make_response(jsonify(kings), 200)
    return res

@app.route("/kings/<nth>", methods=["POST"])
@access_token_required
def add_king(nth):
    req = request.get_json()

    if nth not in list(kings.keys()):
        kings[nth] = req['name']
        res = make_response(jsonify({"message": "왕이 생성되었습니다."}), 200)
    else:
        res = make_response(jsonify({"error":
            "이미 존재하는 왕의 번호가 전달되었습니다."}), 400)
    return res

@app.route("/kings/<nth>", methods=["PUT"])
```

```
49  @access_token_required
50  def update_king(nth):
51      req = request.get_json()
52      print(req)
53
54      if nth in list(kings.keys()):
55          kings[nth] = req['name']
56          res = make_response(jsonify({"message": "왕이 수정되었습니다."}), 200)
57      else:
58          res = make_response(jsonify({"error": "없는 번호의 왕입니다."}), 400)
59      return res
60
61  @app.route("/kings/<nth>", methods=["DELETE"])
62  @access_token_required
63  def delete_king(nth):
64      if nth in list(kings.keys()):
65          del kings[nth]
66          res = make_response(jsonify({"message": "왕이 삭제되었습니다."}), 200)
67      else:
68          res = make_response(jsonify({"error": "없는 번호의 왕입니다."}), 400)
69      return res
70
71  if __name__ == '__main__':
72      app.run(host="0.0.0.0", port=5000, debug=True)
```

01행~02행   필요한 라이브러리를 불러옵니다.

07행   Access Token입니다. 클라이언트가 제출한 것이 이것과 동일해야 합니다.

17행~24행   클라이언트가 header 영역에서 Autorization 값으로 제출한 Access Token 값을 확인한 후 맞다면 함수를 실행하고 그렇지 않다면 401 에러를 띄울 데코레이터로 사용할 함수를 정의합니다.

31행, 37행, 49행, 61행   @access_token_required 데코레이터를 각 라우트에 붙입니다.

이제는 http 요청할 때 헤더에 Access Token을 함께 담아서 요청해야 합니다. 다음과 같이 말이죠.

```
http GET 127.0.0.1:5000/kings Authorization:"Bearer asdfhjahsjdfhkjs"
```

[그림 31-17]

인증에 성공하여 왕의 목록을 제대로 응답받았습니다. 이번에는 Access Token을 틀리게 해서 요청해보겠습니다.

```
http GET 127.0.0.1:5000/kings Authorization:"Bearer 1234**"
```

401 Unauthorized 에러가 응답된 것을 확인할 수 있습니다.

[그림 31-18]

31장. Flask로 API 서버 만들기   357

31.9 정리하며

flask를 사용하여 API 서버를 만들어봤습니다. 데이터를 파이썬 파일 내에 딕셔너리의 형태로 만들어 놓고 저장해놨기 때문에 서버를 다시 실행할 때마다 초기화되었습니다. 실제 상황에서는 당연히 데이터베이스와 연동하여 데이터를 생성하고 읽고 수정하고 삭제합니다. 실제 데이터베이스에 연동하더라도 원리상 달라질 것은 없기 때문에 이 예제를 충분히 활용할 수 있습니다. API는 프런트엔드와 백엔드를 이어주는 일종의 소통 창구입니다. 백엔드 개발자들은 API 서버를 만들고, 프런트엔드 개발자들은 백엔드 개발자들이 만들어 놓은 API 서버에 데이터를 요청해서 사용자에게 보여줄 UI 화면을 완성합니다. 이 장의 내용은 조금 어려웠을 수도 있는데 그만큼 중요한 내용이니 꼭 제대로 이해하고 넘어가시길 바랍니다.

32장. 번역 사이트 만들기

구글 번역, 네이버 파파고 등으로 인해 한글을 영어로, 영어를 한글로 번역하는 일이 정말 쉬워졌습니다. 날이 갈수록 더 정확한 번역 성능을 보여주고 있습니다. 이 장에서는 우리가 직접 번역 사이트를 만들겠습니다. 그게 가능하냐고요? 번역 관련 라이브러리와 파이썬 웹 프레임워크인 Flask를 이용하면 아주 쉽게 만들 수 있습니다.

32.1 실습 준비

이전 실습에 사용했던 가상환경이 활성화되어 있다면 먼저 **deactivate** 명령으로 비활성화해주세요.

```
deactivate
```

그 다음에 바탕화면에 있는 enjoy_python 폴더 내에 translate_web이라는 폴더를 만든 후 VSCODE에서 해당 폴더를 열고 cmd 터미널에서 아래 명령을 실행하여 .venv 가상환경을 만들어주세요. 가상환경이 잘 생성되었다면, translate_web 폴더 안에 .venv 폴더가 생성되었을 것입니다.

```
virtualenv .venv
```

그리고 가상환경에 진입해주세요.

```
call .venv/Scripts/activate
```

이제 translate_web 폴더 안에 .py 파일 등을 따라 만들어가면서 실습을 진행하면 됩니다. 참고로 .venv 폴더 안에 파일을 만들지 마세요.

32.2 번역 기능 만들기

번역 사이트에서 가장 핵심적인 기능은 바로 번역이겠죠? 먼저 번역 기능을 구현하고 난 후에 그 기능을 웹 사이트에 넣도록 하겠습니다. 번역은 googletrans 라이브러리의 도움을 받도록 하겠습니다. 먼저 VSCODE cmd 터미널에 googletrans 라이브러리를 설치해주세요.

```
pip install googletrans==3.1.0a0
```

이번에는 라이브러리를 설치할 때 특정 버전을 지정해서 설치했습니다. 그냥 최신 버전으로 설치하니 제대로 작동이 되지 않더라고요. 최신 버전으로 설치한 후 에러를 해결해보는 것도 좋은 습관입니다만, 이번 수업을 따라오려면 저와 동일한 버전의 googletrans를 설치해주세요.

먼저 간단히 한글 텍스트를 영어로 번역해보겠습니다. 이 번역기의 이름을 '심파고'라고 지었습니다. 구글 번역기 라이브러리를 쓰면서, 파파고를 흉내내겠습니다.

translate_web_1.py

```python
01  from googletrans import Translator
02
03  simpago = Translator()
04
05  trans_src = "저는 지금 파이썬 코딩에 관한 책을 쓰고 있습니다."
06  trans_dest = simpago.translate(trans_src, dest='en', src='ko')
07
08  print(f"원문: {trans_src}")
09  print(f"번역: {trans_dest.text}")
```

- 01행 googletrans 라이브러리에서 Translator 클래스를 가져옵니다.
- 03행 simpago라는 이름의 번역기를 만듭니다.
- 05행 번역할 한글 텍스트를 준비합니다.
- 06행 영어로 번역합니다. src에는 현재 텍스트 언어를, dest에는 어떤 언어로 번역할지를 넣어주면 됩니다.
- 08~09행 번역 결과를 확인합니다. 아주 잘 번역이 된 것 같습니다.

```
원문: 저는 지금 파이썬 코딩에 관한 책을 쓰고 있습니다.
번역: I am currently writing a book on Python coding.
```

[그림 32-1]

이번에는 한글을 중국어로 번역해보겠습니다. 6행에서 translate 메서드의 dest 매개변수의 값만 'zh-cn'으로 바꿔주면 됩니다. 중국어로도 잘 번역이 되는 군요.

```
원문: 저는 지금 파이썬 코딩에 관한 책을 쓰고 있습니다.
번역: 我目前正在写一本关于 Python 编码的书。
```

[그림 32-2]

googletrans에서 번역을 지원해주는 언어를 확인하고 싶을 때는 다음과 같은 코드를 작성하여 실행하면 됩니다.

translate_web_2.py

```
01  import googletrans
02
03  print(googletrans.LANGUAGES)
```

| 03행 | 지원하는 언어 목록을 확인합니다.

```
지원하는 언어 목록
{'af': 'afrikaans', 'sq': 'albanian', 'am': 'amharic', 'ar': 'arabic', 'hy': 'armenian', 'az': 'azerbaija
ni', 'eu': 'basque', 'be': 'belarusian', 'bn': 'bengali', 'bs': 'bosnian', 'bg': 'bulgarian', 'ca': 'catal
an', 'ceb': 'cebuano', 'ny': 'chichewa', 'zh-cn': 'chinese (simplified)', 'zh-tw': 'chinese (traditional)
', 'co': 'corsican', 'hr': 'croatian', 'cs': 'czech', 'da': 'danish', 'nl': 'dutch', 'en': 'english', 'eo':
'esperanto', 'et': 'estonian', 'tl': 'filipino', 'fi': 'finnish', 'fr': 'french', 'fy': 'frisian', 'gl':
'galician', 'ka': 'georgian', 'de': 'german', 'el': 'greek', 'gu': 'gujarati', 'ht': 'haitian creole', 'ha
': 'hausa', 'haw': 'hawaiian', 'iw': 'hebrew', 'he': 'hebrew', 'hi': 'hindi', 'hmn': 'hmong', 'hu': 'hunga
rian', 'is': 'icelandic', 'ig': 'igbo', 'id': 'indonesian', 'ga': 'irish', 'it': 'italian', 'ja': 'japanes
e', 'jw': 'javanese', 'kn': 'kannada', 'kk': 'kazakh', 'km': 'khmer', 'ko': 'korean', 'ku': 'kurdish (kurm
anji)', 'ky': 'kyrgyz', 'lo': 'lao', 'la': 'latin', 'lv': 'latvian', 'lt': 'lithuanian', 'lb': 'luxembourg
ish', 'mk': 'macedonian', 'mg': 'malagasy', 'ms': 'malay', 'ml': 'malayalam', 'mt': 'maltese', 'mi': 'maor
i', 'mr': 'marathi', 'mn': 'mongolian', 'my': 'myanmar (burmese)', 'ne': 'nepali', 'no': 'norwegian', 'or'
: 'odia', 'ps': 'pashto', 'fa': 'persian', 'pl': 'polish', 'pt': 'portuguese', 'pa': 'punjabi', 'ro': 'rom
anian', 'ru': 'russian', 'sm': 'samoan', 'gd': 'scots gaelic', 'sr': 'serbian', 'st': 'sesotho', 'sn': 'sh
ona', 'sd': 'sindhi', 'si': 'sinhala', 'sk': 'slovak', 'sl': 'slovenian', 'so': 'somali', 'es': 'spanish',
'su': 'sundanese', 'sw': 'swahili', 'sv': 'swedish', 'tg': 'tajik', 'ta': 'tamil', 'te': 'telugu', 'th':
'thai', 'tr': 'turkish', 'uk': 'ukrainian', 'ur': 'urdu', 'ug': 'uyghur', 'uz': 'uzbek', 'vi': 'vietnamese
', 'cy': 'welsh', 'xh': 'xhosa', 'yi': 'yiddish', 'yo': 'yoruba', 'zu': 'zulu'}
```

[그림 32-3]

| 04행 | 지원하는 언어의 개수를 확인합니다.

```
지원하는 언어 개수: 107개
```

[그림 32-4]

32.3 아주 간단한 웹 사이트 만들기

번역 기능은 googletrans의 도움으로 아주 손쉽게 구현했습니다. 현재는 파이썬에서만 번역된 결과를 확인할 수 있는 상태입니다. 하지만 우리는 웹 사이트에서 번역할 문장을 입력하면, 그에 대해 번역된 문장을 얻는 웹 사이트를 구현하고 싶은 상황입니다. 따라서 파이썬 대표 웹 프레임워크 중 하나인 flask를 사용해서 웹 사이트를 만들겠습니다. 먼저 VSCODE cmd 터미널에서 다음 명령을 실행하여 flask를 설치하겠습니다.

```
pip install flask
```

이제 다음 코드를 작성하면 아주 간단한 웹 사이트가 완성됩니다. 물론 아직 볼 품 없는 상태지만요. 이번에는 app.py라는 파일을 만들고 이 파일을 계속해서 수정하여 발전시키는 것으로 하겠습니다.

```python
# app.py
01  from flask import Flask
02
03  app = Flask(__name__)
04
05  @app.route("/")
06  def index():
07      return "<h1>심파고</h1>"
08
09  if __name__ == '__main__':
10      app.run(host="0.0.0.0", port=5000, debug=True)
```

- 01행   flask 라이브러리에서 Flask를 가져옵니다.
- 03행   Flask 클래스의 인스턴스를 생성합니다.
- 05행~07행   클라이언트가 127.0.0.1:5000 또는 127.0.0.1:5000/에 요청할 경우, index 함수가 실행되어 〈h1〉심파고〈/h1〉을 응답합니다.
- 09행~10행   host 매개변수에 "0.0.0.0"은 로컬뿐만 아니라 외부 접속도 허용한다는 의미입니다. 또한 포트 번호가 5000이기 때문에 "IP주소:5000"으로 해당 서버에 접근이 가능합니다. 실제 서비스를 하는 서버는 보통 80포트를 사용하는데, 80포트는 생략이 가능하기 때문에 "IP주소"만으로 해당 서버에 접속이 가능합니다. debug=True는 개발 목적의 서버라는 의미입니다

`python app.py`를 VSCODE cmd 터미널에서 실행하면 다음과 같은 내용이 콘솔에 나올 것입니다. 제대로 웹 서버가 실행되었다는 의미입니다.

```
* Serving Flask app 'app'
* Debug mode: on
WARNING: This is a development server. Do not use it in a production deployment. Use a production WSGI server instead.
* Running on all addresses (0.0.0.0)
* Running on http://127.0.0.1:5000
* Running on http://172.30.1.36:5000
Press CTRL+C to quit
* Restarting with stat
* Debugger is active!
* Debugger PIN: 845-202-453
```

[그림 32-5]

웹 브라우저 주소 창에 127.0.0.1:5000을 입력해보겠습니다. 다음과 같은 화면이 잘 나왔나요?

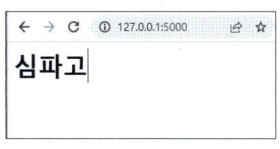

[그림 32-6]

32.4 html 문서가 127.0.0.1:5000에 접속했을 때 나오게 하기

이 책은 파이썬 활용서이긴 하지만, 웹 개발을 하기 위해서는 기본적으로 html, css, 자바스크립트(javascript)를 할 줄 알아야 합니다. html은 웹 사이트의 뼈대, 내용을 담을 수 있게 도와주는 마크업 언어입니다. 그리고 웹 사이트를 예쁘게 만들려면 css의 도움이 필요합니다. 또한 서버와 통신을 하거나 웹 사이트에 동적인 기능을 넣으려면 자바스크립트를 사용해야 합니다.

[그림 32-7]

우선 html로 파파고 사이트의 핵심 요소들을 만들도록 하겠습니다. 일단 우리에게 필요한 것은 번역할 내용을 입력해주는 창, 번역 버튼, 번역된 내용을 보여줄 창입니다. 현재 작업 디렉토리인 translate_web 안에 templates라는 폴더를 하나 만들어주세요. 그리고 그 안에 index.html이라는 파일을 하나 만든 후에 다음과 같은 코드를 작성해주세요.

```
index.html
01  <!DOCTYPE html>
02  <html lang="en">
03  <head>
04      <meta charset="UTF-8">
05      <meta http-equiv="X-UA-Compatible" content="IE=edge">
06      <meta name="viewport" content="width=device-width, initial-scale=1.0">
07      <title>심파고</title>
08  </head>
09  <body>
10      <h1>심파고</h1>
11      <div>한국어 -> 영어</div>
12      <textarea name="trans_src" id="trans_src" cols="30" rows="10"
            placeholder="번역할 내용을 입력하세요."></textarea>
13      <button>번역</button>
14      <div>
15          번역된 결과를 보여드립니다.
16      </div>
17  </body>
18  </html>
```

12행 〈textarea〉 요소가 번역할 내용을 사용자가 입력할 수 있게 해주는 요소입니다.

13행 그리고 〈button〉 요소가 사용자가 클릭할 수 있는 버튼입니다.

index.html을 모두 작성했다면, app.py의 코드를 다음과 같이 수정합니다.

```
app.py
01  from flask import Flask, render_template
02
03  app = Flask(__name__)
04
05  @app.route("/")
06  def index():
07      return render_template('index.html')
08
09  if __name__ == '__main__':
10      app.run(host="0.0.0.0", port=5000, debug=True)
```

01행 render_template를 추가로 flask 라이브러리에서 가져옵니다.

07행 이제 클라이언트가 127.0.0.1:5000에 요청할 경우, index.html이 응답됩니다. 따라서 다음과 같은 화면이 클라이언트에게 보입니다. 다소 투박하긴 하지만 필요한 요소들은 모두 넣은 것입니다. 꾸미는 것은 css로 뒤에서 해줄 것입니다.

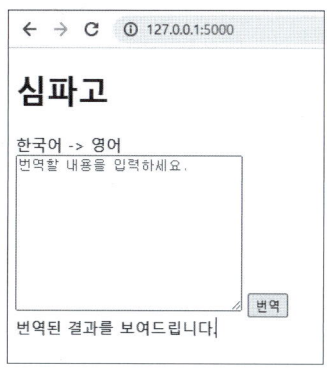

[그림 32-8]

현재는 입력 창에 번역할 내용을 입력하고 번역 버튼을 눌러도 아무런 반응도 일어나지 않습니다. 아직 껍데기만 있을 뿐입니다.

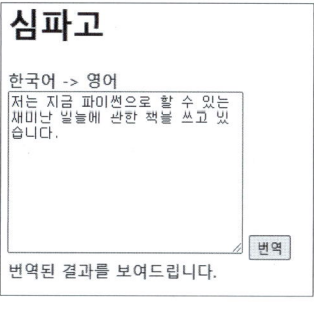

[그림 32-9]

32.5 웹 사이트에서 입력한 문장이 번역되어 웹 사이트에서 보이게 하기

이제 실제로 입력한 문장이 서버에 전달되어 번역된 결과가 사용자 화면에 보이도록 하겠습니다. 자바스크립트의 ajax를 사용하면 비동기 방식으로 데이터를 서버에 전달할 수 있습니다. 비동기라는 말은 페이지 전체를 새로고침하지 않고, 페이지의 일부만 바뀌게 할 수 있다는 뜻입니다. 우리가 원하는 것은 [번역] 버튼을 클릭하면 "번역된 결과를 보여드립니다." 부분에 번역된 결과를 보여주는 것입니다. 다른 부분은 바뀌지 않은 상태에서 말입니다. 이것을 가능하게 하려면 ajax가 필요합니다. ajax

를 사용하기 위해서 우리는 jquery라는 것을 사용할 것입니다. 파이썬에도 다양한 라이브러리가 있듯이, 자바스크립트에도 다양한 라이브러리가 있습니다. jquery는 그중 하나라고 생각하면 됩니다. https://releases.jquery.com/에 들어간 후에 jQuery 3.x 부분에서 minified 링크를 클릭한 후 나온 코드를 복사한 후 index.html에서 〈head〉와 〈/head〉 사이에 추가합니다. 그러면 jquery 라이브러리 사용을 사용할 수 있습니다.

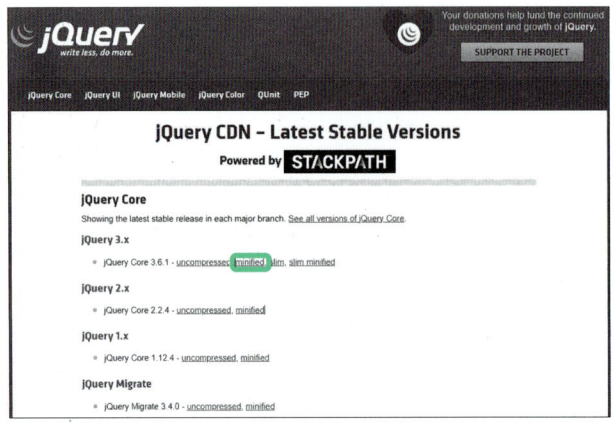

[그림 32-10]

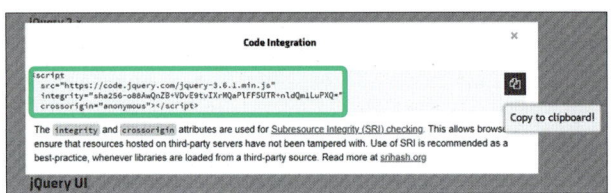

[그림 32-11]

그 다음에 index.html을 다음과 같이 수정합니다. 입력 창에 입력된 텍스트를 서버로 보내고, 번역된 결과를 받아서 보여줄 기능까지 추가했습니다.

```
index.html
01  <!DOCTYPE html>
02  <html lang="en">
03  <head>
04      <meta charset="UTF-8">
05      <meta http-equiv="X-UA-Compatible" content="IE=edge">
06      <meta name="viewport" content="width=device-width, initial-scale=1.0">
07      <title>심파고</title>
```

```
08      <script src="https://code.jquery.com/jquery-3.6.1.min.
        js" integrity="sha256-o88AwQnZB+VDvE9tvIXrMQaPlFFSUTR+nldQm1LuPXQ="
        crossorigin="anonymous"></script>
09  </head>
10  <body>
11      <h1>심파고</h1>
12
13      <div>한국어 -> 영어</div>
14      <textarea name="trans_src" id="trans_src" cols="30" rows="10"
        placeholder="번역할 내용을 입력하세요."></textarea>
15      <button onclick="trans()">번역</button>
16      <div id="trans_dst">
17          번역된 결과를 보여드립니다.
18      </div>
19
20      <script>
21          function trans(){
22              var trans_src = $('#trans_src').val();
23              var postdata = {
24                  'trans_src': trans_src,
25              }
26              $.ajax({
27                  type: 'POST',
28                  url: "{{ url_for('translate') }}",
29                  data: JSON.stringify(postdata),
30                  dataType: 'JSON',
31                  contentType: 'application/json',
32                  success: function(report){
33                      $('#trans_dst').text(report.result);
34                  }
35              })
36          }
37
38      </script>
39  </body>
40  </html>
```

하단에 있는 〈script〉〈/script〉 부분에는 자바스크립트 코드가 들어가 있습니다. 그 안에 trans라는 함수가 있습니다. 그 함수는 [번역] 버튼을 클릭할 때 실행됩니다. 그러면 $('#trans_src').val() 을 통해서 번역할 내용을 입력하는 입력 창에 입력된 텍스트 정보를 가져와서 ajax 통신으로 서버에 JSON 형태로 보내줍니다. 그러면 서버는 그에 대한 번역된 텍스트 정보를 반환합니다. 그리고 최종적으로 trans_dst라는 아이디를 가진 요소에 그 번역 내용이 들어갑니다.

서버측인 app.py도 수정이 필요합니다. 클라이언트가 보낸 번역할 내용에 대해서 실제로 번역을 해서 클라이언트에게 다시 보내줄 기능을 만들어줘야 하니까요.

app.py

```python
from flask import Flask, render_template, request, jsonify, make_response
from googletrans import Translator

app = Flask(__name__)
simpago = Translator()


@app.route("/")
def index():
    return render_template('index.html')


@app.route("/translate", methods=['POST'])
def translate():
    req = request.get_json()
    trans_src = req['trans_src']
    print(trans_src)

    trans_dest = simpago.translate(trans_src, dest='en', src='ko')
    print(trans_dest.text)

    res = make_response(jsonify({'result': trans_dest.text}), 200)
    return res

if __name__ == '__main__':
    app.run(host="0.0.0.0", port=5000, debug=True)
```

- 01행   필요한 기능들을 flask 라이브러리에서 가져옵니다.
- 02행   googletrans 라이브러리에서 Translator를 가져옵니다.
- 05행   Translator에 simpago라는 이름을 붙입니다.
- 11행~12행   "/translate" url로 post 요청이 오면, 아래 translate 함수를 실행합니다.
- 13행~15행   클라이언트에서 요청한 번역할 텍스트를 trans_src 변수에 담습니다.
- 17행~18행   번역을 실행합니다.
- 20행~21행   번역된 내용을 JSON 형태로 만들어서 반환합니다.

웹 페이지를 새로고침한 후에 번역할 내용을 입력한 후 [번역] 버튼을 클릭해보겠습니다. 이제는 실제로 번역이 이뤄질 것입니다.

[그림 32-12]

번역이 잘 되는 것 같습니다. 이로써 예쁘지는 않지만 웹 번역기를 성공적으로 만들었습니다.

32.6 CSS로 심파고를 파파고처럼 디자인하기

이제 심파고에게 꽃단장을 해줄 차례입니다. 아무리 좋은 기능이 있어도 디자인이 너무 별로면, 사람들이 이상한 사이트로 오해하고 사용하지 않을 수 있습니다. css를 활용하여 웹 사이트를 예쁘게 만들겠습니다. css를 다룰 줄 아는 분들은 여러분이 원하는 스타일로 한 번 디자인 해보세요.

우선 현재 작업 디렉터리 내에 static이라는 폴더를 하나 만들겠습니다. 그 안에 또 css라는 폴더를 하나 만들고, css 폴더 안에 style.css라는 파일을 하나 생성하겠습니다. 또한 static 폴더 안에 img라는 폴더도 만들겠습니다. 이 안에 심파고 아이콘 이미지를 넣을 것입니다. flask 프로젝트에서는 이미지 파일, css 파일, 자바스크립트 파일 등을 보통 static 폴더에 넣습니다. 현재 작업 디렉터리가 다음과 같이 구성되어 있어야 합니다.

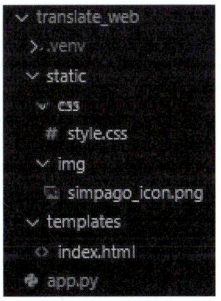

[그림 32-13]

우선 사이트 이름부터 예쁘게 꾸미겠습니다. 먼저 심파고를 영어로 simpago로 바꿔주고, simpago 앞에 아이콘을 넣어주겠습니다. 파파고 아이콘을 넣고 싶지만, 심파고만의 아이콘을 간단히 만들어서 넣겠습니다.

[그림 32-14]

번역할 내용을 입력하는 부분과 버튼, 그리고 번역된 결과가 표출되는 요소도 최대한 비슷하게 흉내 내겠습니다.

index.html을 다음과 같이 수정해주세요.

index.html

```
01  <!DOCTYPE html>
02  <html lang="en">
03  <head>
04      <meta charset="UTF-8">
05      <meta http-equiv="X-UA-Compatible" content="IE=edge">
06      <meta name="viewport" content="width=device-width, initial-scale=1.0">
07      <title>심파고</title>
08
09      <script src="https://code.jquery.com/jquery-3.6.1.min.js" integrity="sha256-o88AwQnZB+VDvE9tvIXrMQaPlFFSUTR+nldQm1LuPXQ=" crossorigin="anonymous"></script>
10      <link rel="stylesheet" href="{{url_for('static', filename='css/style.css')}}">
11  </head>
12  <body>
13      <div id="header">
14          <img src="{{url_for('static', filename='img/simpago_icon.png')}}" width="200" height="50">
15      </div>
16
17      <div id="source">
18          <div id="lang">
19              <div>한국어 &#8744;</div>
20              <div>영어 &#8744;</div>
21          </div>
```

```html
            <textarea name="trans_src" id="trans_src"
                placeholder="번역할 내용을 입력하세요."></textarea>
            <div id="trans_btn">
                <button onclick="trans()">번역하기</button>
            </div>

        </div>
        <div id="result">
            <div id="trans_dst">

            </div>
            <div id="trans_dst1">

            </div>
        </div>

        <script>
            function trans(){
                var trans_src = $('#trans_src').val();
                var postdata = {
                    'trans_src': trans_src,
                }

                $.ajax({
                    type: 'POST',
                    url: "{{ url_for('translate') }}",
                    data: JSON.stringify(postdata),
                    dataType: 'JSON',
                    contentType: 'application/json',
                    success: function(report){
                        $('#trans_dst').text(report.result);
                    }
                })
            }

        </script>
</body>
</html>
```

style.css에 다음과 같은 코드를 넣어주세요.

style.css

```css
body {
    margin: 0;
}

#header {
    padding: 20px;
    border-bottom: 1px solid rgba(0,0,0,.1);
}

#source, #result {
    margin: 20px;
    border: 1px solid rgba(0,0,0,.1);
}

#lang {
    display: flex;
    justify-content: space-around;
    padding: 20px;
    border-bottom: 1px solid rgba(0,0,0,.05);
}

#trans_src {
    width: 90%;
    height: 250px;
    border: none;
    padding: 20px;
    font-size: 30px;
    resize: none;
}

#trans_src:focus {
    outline: none;
}

#trans_src::placeholder {
    font-weight: bold;
}
```

```css
39  #trans_btn {
40      border-top: 1px solid rgba(0,0,0,.05);
41      text-align: right;
42  }
43
44  #trans_btn button {
45      height: 60px;
46      width: 120px;
47      color: white;
48      background-color: #1eda69;
49      border: none;
50      cursor: pointer;
51      font-size: 20px;
52      font-weight: bold;
53  }
54
55  #trans_dst {
56      height:   250px;
57      font-size: 30px;
58      padding: 20px;
59  }
60
61  #trans_dst1 {
62      height: 60px;
63      border-top: 1px solid rgba(0,0,0,.05);
64  }
```

이 책은 html, css를 배우는 것을 목적으로 하지 않기 때문에 간단히 원리만 설명하겠습니다. 기본적으로 html 요소에 아이디를 부여하고 그 아이디를 가진 요소에 대해 스타일을 지정합니다. 예를 들어, 번역할 내용을 입력하는 textarea 요소에는 trans_src라는 아이디가 부여되어 있는데, 이 요소를 꾸미려면 style.css에서 아이디 앞에 #을 붙인 다음에 중괄호 안에 꾸며주는 코드를 넣어주면 됩니다. 중요한 것은 css를 통해서 웹 사이트를 아주 예쁘게 꾸며줄 수 있다는 것입니다. app.py는 수정할 필요가 없습니다. 이제 웹 페이지를 '새로고침'을 해보겠습니다. 웹 페이지가 많이 예뻐졌죠? 파파고 느낌이 물씬 나죠?

[그림 32-15]

32.7 정리하며

지금까지 한글을 영어로만 번역해주는 사이트를 만들었습니다. 하지만 앞서 확인했던 것처럼 googletrans 라이브러리는 다양한 언어의 번역이 가능합니다. 그렇다면 사용자가 보는 화면에서 언어를 선택할 수 있게 해주고, 실제로 서버에서도 언어에 따른 번역이 가능하도록 수정해줘야겠지요? 여러분이 직접 계속해서 심파고를 업그레이드 해보기 바랍니다. 스스로 업그레이드하는 과정 속에서 많은 것을 배울 수 있을 것입니다. 웹 개발은 정말 재밌는 개발 분야 중 하나입니다. 눈에 바로바로 결과물이 보여진다는 것이 아주 큰 매력이죠. 웹 개발에서 파이썬은 백엔드 언어로 사용될 수 있습니다. 프런트엔드는 HTML, CSS, 자바스크립트로 만들어집니다. 따라서 웹 개발에 관심 있는 분들은 HTML, CSS, 자바스크립트도 계속해서 학습해가면 됩니다.

33장.
Flask, Django 없이 웹 애플리케이션 만들기

Feat. streamlit + pandas + matplotlib

파이썬은 머신러닝, 딥러닝 프로젝트를 수행하는 데 강점이 큰 프로그래밍 언어입니다. 예를 들어, 파이썬으로 이미지 내에서 객체를 검출하는 object detection 모델을 만든다든지, 텍스트에서 감정을 읽어내는 감정 분석 NLP 모델을 만들 수 있습니다. 그런데 대개 AI/ML을 위해 파이썬을 활용하는 분들은 웹 개발에 필요한 지식을 수반하고 있지 않습니다. 그래서 만든 모델을 시연할 때 주피터 노트북이나 터미널 환경에서 시연을 하곤 합니다. 이런 분들이 활용하면 아주 좋을 만한 라이브러리가 있습니다. 바로 streamlit입니다.

33.1 실습 준비

이전 실습에 사용했던 가상환경이 활성화되어 있다면 먼저 **deactivate** 명령으로 비활성화해주세요.

```
deactivate
```

바탕화면에 있는 enjoy_python 폴더 내에 only_python_web이라는 폴더를 만든 후 VSCODE에서 해당 폴더를 열고 cmd 터미널에서 아래 명령을 실행하여 .venv 가상환경을 만들어주세요. 가상환경이 잘 생성되었다면, only_python_web 폴더 안에 .venv 폴더가 생성되었을 것입니다.

```
virtualenv .venv
```

그리고 가상환경에 진입해주세요.

```
call .venv/Scripts/activate
```

이제 only_python_web 폴더 안에 .py 파일 등을 따라 만들어가면서 실습을 진행하면 됩니다. 참고로 .venv 폴더 안에 파일을 만들지 마세요.

33.2 파이썬만으로 웹 사이트 띄우기

일반적으로 파이썬으로 웹 개발을 하려면, Flask나 Django나 FastAPI로 백엔드를 만들어야 합니다. 그리고 프런트엔드를 만들려면 파이썬뿐만 아니라 최소한 HTML, CSS, 자바스크립트를 알아야 합니다. 하지만, streamlit 라이브러리를 활용하면 오직 파이썬만으로 간단하게 웹 페이지를 만들 수 있습니다. 우선 VSCODE cmd 터미널에 다음 명령을 실행하여 streamlit 라이브러리를 설치합니다.

```
pip install streamlit
```

설치가 다 되었다면, 파이썬 파일을 하나 만들고 아래 코드를 작성합니다.

only_python_web_1.py
```
01  import streamlit as st
02
03  st.write("""
04  # 완전 쉬운 앱 만들기
05  Flask, FastApi, Django 와 HTML, CSS, JAVASCRIPT 몰라도 됨.
06  """)
```

01행 streamlit 라이브러리를 st라는 별칭으로 불러옵니다.
03행~06행 웹 페이지에 띄울 텍스트를 작성합니다. 마크다운 문법과 같이 #으로 시작하는 부분은 크고 굵은 글자로 웹 페이지에서 표현됩니다.

이제 위 파이썬 코드를 실행할 것입니다. 그냥 관습적으로 `python only_python_web_1.py`로 실행을 하면 다음과 같은 에러 메시지가 뜰 것입니다.

```
2023-02-18 23:04:50.383
Warning: to view this Streamlit app on a browser, run it with the following command:

    streamlit run only_python_web_1.py [ARGUMENTS]
```

[그림 33-1]

친절하게 어떤 식으로 명령을 줘야 하는지 알려줍니다. 다음과 같은 명령을 하면 작성한 코드가 실행되며, 자동으로 웹 페이지 하나가 브라우저에서 열릴 것입니다.

```
streamlit run only_python_web_1.py
```

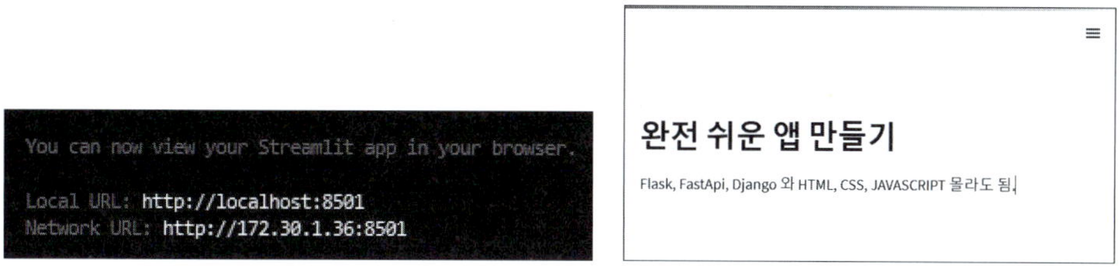

[그림 33-2]

일반적으로 웹 사이트를 만들려면 기본적으로 HTML, CSS는 알아야 한다고 들었는데, 우리는 지금 그 친구들 도움 없이 웹 페이지를 띄워냈습니다. 모두 streamlit 라이브러리가 있기 때문입니다. 지금 PC에 연결되어 있는 공유기에 연결되어 있는 다른 기기에서도 이 웹 페이지에 접근이 가능합니다. 그렇다면 사내 다른 팀원들에게 쉽게 공유할 수 있겠죠? 휴대폰에서 터미널에 출력된 Network URL 주소를 입력해 접속해보세요. 제 경우는 http://172.30.1.36:8501인데 여러분은 다를 것입니다. 이 주소를 휴대폰의 브라우저를 통해 들어가면, 휴대폰에서도 이 페이지에 접속할 수 있습니다. 신기하죠?

33.3 웹 페이지에 그래프 띄우기

이번에는 웹 페이지에 그래프를 띄워보겠습니다. 데이터 분석 관련 업무를 하다보면 CSV나 엑셀 파일에 있는 데이터를 시각화해야 하는 경우가 많습니다. 데이터를 이해하기 위해서죠. 실습을 위해서 blog.xlsx라는 다음과 같은 엑셀 파일을 만들었습니다. 제가 운영하는 블로그의 2022년 월별 방문자 수를 나타낸 것입니다. 월별 방문자수 추이 그래프가 streamlit을 통해 웹 페이지에 그려지게 해보겠습니다.

	A	B
1	월	방문자수
2	1	104110
3	2	89852
4	3	122890
5	4	138782
6	5	137575
7	6	131271
8	7	104945
9	8	100395
10	9	125363
11	10	155737
12	11	155275

[그림 33-3]

아래 코드를 실행하기 전에 먼저 설치해줘야 할 라이브러리가 있습니다. pandas 라이브러리와 openpyxl 라이브러리입니다.

```
pip install pandas
pip install openpyxl
```

only_python_web_2.py

```
01  import streamlit as st
02  import pandas as pd
03
04  st.write("""
05  # 2022년 블로그 방문자수 추이
06  블로그 월 방문자수 추이 그래프입니다\n
07  1월부터 11월까지
08  """)
09
10  df = pd.read_excel("blog.xlsx")
11  st.line_chart(df)
```

- **02행** pandas 라이브러리를 불러옵니다. 보통 pd라는 별칭을 붙입니다.
- **04행~08행** 웹 페이지에 보여줄 텍스트를 작성합니다. streamlit의 write 함수를 사용하면 됩니다.
- **10행** pandas의 read_excel 함수를 사용하여 엑셀 파일의 데이터를 읽어서 판다스의 데이터프레임으로 변환합니다.
- **11행** 데이터프레임의 데이터로 선 그래프를 그려줍니다. st.line_chart 함수를 사용하면 웹 페이지에 그래프가 그려집니다.

코드를 다 작성했으면 아래 명령어로 웹 페이지를 띄웁니다.

```
streamlit run only_python_web_2.py
```

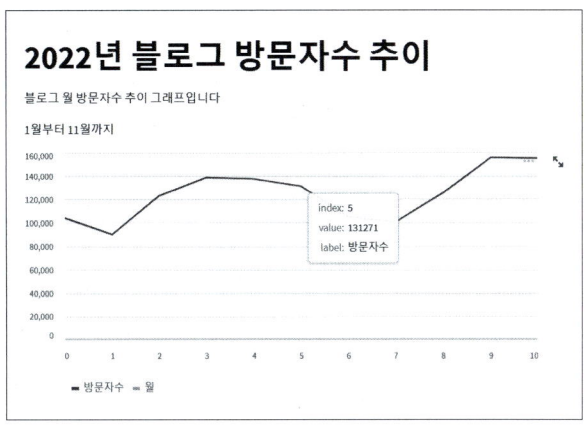

[그림 33-4]

멋진 인터랙티브한 선 그래프가 그려졌습니다. 인터랙티브(interactive)하다는 말은 마우스의 움직임에 따라 실시간으로 그래프 조작이 가능하다는 말로 해석하면 됩니다. 일단 멋지게 그래프가 그려졌는데 약간 이상한 부분이 있습니다. 분명 1월부터의 11월까지의 방문자수 데이터인데 x축에 0부터 표기가 된 점입니다. 월이 아닌 인덱스 값이 들어가서 그렇습니다. 월 컬럼을 데이터프레임의 인덱스로 지정한 후 다시 그래프를 삽입하겠습니다.

only python web 3.py

```
import streamlit as st
import pandas as pd

st.write("""
# 2022년 블로그 방문자수 추이
블로그 월 방문자수 추이 그래프입니다\n
2022년 1월부터 11월까지
""")

df = pd.read_excel("blog.xlsx")
print(df)

df = df.set_index('월')
print(df)

st.line_chart(df)
```

10행~11행 엑셀 파일을 읽어서 바로 만든 데이터프레임의 모습을 확인합니다.

```
    월  방문자수
0   1   104110
1   2    89852
2   3   122890
3   4   138782
4   5   137575
5   6   131271
6   7   104945
7   8   100395
8   9   125363
9  10   155737
10 11   155275
```

[그림 33-5]

13행~14행 월 컬럼을 행 인덱스로 지정하고 데이터프레임의 모습을 확인합니다.

```
     방문자수
월
1    104110
2     89852
3    122890
4    138782
5    137575
6    131271
7    104945
8    100395
9    125363
10   155737
11   155275
```

[그림 33-6]

결과적으로 이제 제대로된 그래프가 삽입되었습니다.

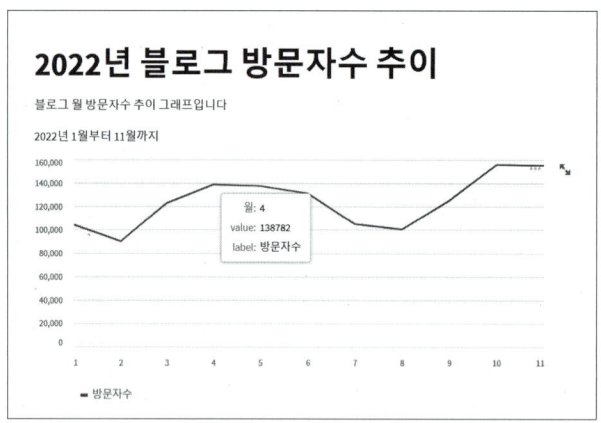

[그림 33-7]

33.4 matplotlib으로 그린 그래프 띄우기

그래프를 그릴 때 많이 사용되는 matplotlib 라이브러리로 그린 그래프도 띄울 수 있습니다. 아래 코드를 실행하기 전에 matplotlib 라이브러리를 먼저 설치합니다.

```
pip install matplotlib
```

only_python_web_4.py

```python
01  import streamlit as st
02  import pandas as pd
03  import matplotlib.pyplot as plt
04
05  st.write("""
06  # 2022년 블로그 방문자수 추이
07  블로그 월 방문자수 추이 그래프입니다\n
08  2022년 1월부터 11월까지
09  """)
10
11  df = pd.read_excel("blog.xlsx")
12  df = df.set_index('월')
13
14  plt.plot(df)
15  plt.grid(True)
16  plt.xlabel('month')
17  plt.ylabel('visit')
18  plt.xticks(df.index)
19
20  st.pyplot(plt)
```

- 14행   입력받은 데이터프레임으로 선 그래프를 그립니다.
- 15행   그래프에 격자선을 추가합니다.
- 16행~17행   x축과 y축의 속성을 명시합니다.
- 18행   x축 눈금의 간격이 1이 되도록 데이터프레임의 인덱스값들을 xticks 함수에 입력합니다.
- 20행   st.pyplot 함수로 matplotlib 라이브러리를 활용하여 정의한 그래프를 그려줍니다.

[그림 33-8]

matplotlib으로 그린 선 그래프도 웹 페이지에 잘 추가되는 것을 알 수 있습니다.

33.5 사용자가 업로드한 엑셀 파일 시각화하기

이번에는 사용자가 웹 화면에서 업로드한 엑셀 파일을 시각화해주도록 코드를 작성해보겠습니다. 일반적으로 웹을 개발할 때는 비교적 난이도가 있는 기능인데 streamlit을 활용하면 아주 쉽게 구현할 수 있습니다.

only_python_web_5.py

```
01  import streamlit as st
02  import pandas as pd
03
04  st.write("""
05  # 데이터 시각화
06  전달 받은 엑셀 파일을 시각화해줍니다.
07  """)
08
09  uploaded_file = st.file_uploader("Choose a file")
10  if uploaded_file is not None:
11      df = pd.read_excel(uploaded_file)
12      df = df.set_index('월')
```

```
13      st.write(df)
14      st.bar_chart(df)
```

> 09행   사용자가 파일을 업로드할 수 있는 요소를 생성합니다.
> 10행~14행   사용자가 파일을 업로드했다면 엑셀 파일을 읽은 후 데이터프레임으로 변환합니다. 그런 후 월 컬럼을 행 인덱스로 지정하고, 데이터프레임을 표의 형태와 막대 그래프의 형태로 보여줍니다.

우선 처음 띄워진 웹 화면은 다음과 같습니다. 파일을 업로드할 수 있는 컴포넌트가 있죠?

[그림 33-9]

이제 [Browse files] 버튼을 클릭한 후 예제 폴더에 있는 파일을 업로드해보겠습니다.

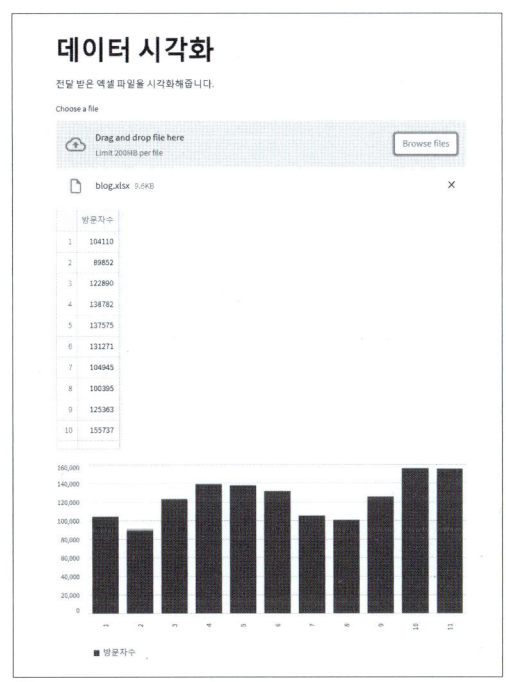

[그림 33-10]

멋지게 표와 막대 그래프가 그려진 것을 확인할 수 있습니다. 표에서 컬럼을 클릭해보면 내림차순 정렬, 오름차순 정렬도 됩니다.

[그림 33-11]

33.6 번역 웹 사이트 만들기

이번에는 googletrans 라이브러리의 Translator 클래스를 활용하여 한글 텍스트를 영어로 번역해주는 웹 사이트를 만들겠습니다. 사용자가 웹 화면에서 입력한 텍스트가 영어로 번역될 수 있게 할 것입니다. 중요한 것은 html, css, javascript, flask, Django, fastapi 이런 것 하나도 안 쓰고 이러한 기능이 있는 웹 페이지를 구현해낼 수 있다는 점입니다. 우선 googletrans 라이브러리부터 설치하겠습니다. VSCODE cmd 터미널에서 아래 명령을 실행해주세요.

```
pip install googletrans==3.1.0a0
```

only_python_web_6.py
```
01  import streamlit as st
02  from googletrans import Translator
03
04  translator = Translator()
05
06  st.write("""
07  # 번역 모델 v0.1
08  입력된 텍스트를 영어로 번역합니다.
09  """)
10
11  txt = st.text_area('번역할 텍스트',
12      '''
```

```
13              안녕하세요. 반갑습니다. 파이썬 공부 재밌게 하고 있는가요?
14          ''')
15
16  st.write('번역 결과:', translator.translate(txt, dest='en', src='ko').text)
```

02행 googletrans 라이브러리에서 Translator 클래스를 가져옵니다.
04행 Translator 클래스로부터 translator 객체를 생성합니다.
11행~14행 st.text_area 함수로 사용자가 텍스트를 입력할 요소를 만듭니다.
16행 사용자가 입력한 텍스트가 번역되어 화면에 출력되게 합니다.

위 코드를 처음 실행하면 다음과 같이 코드에 입력해놓은 문구가 번역되어 보일 것입니다.

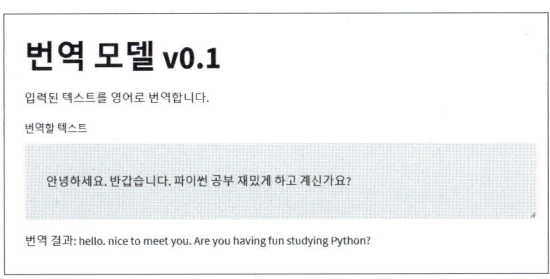

[그림 33-12]

번역할 텍스트의 내용을 지우고 다른 문장을 입력한 후 〈Ctrl〉+〈Enter〉를 누르면 새로운 문장에 대해서 번역한 결과가 보입니다. 이런 식으로 자신이 개발한 번역 모듈을 팀 미팅에서 상사와 다른 팀원들에게 보고할 때 사용한다면 매우 유용하겠죠.

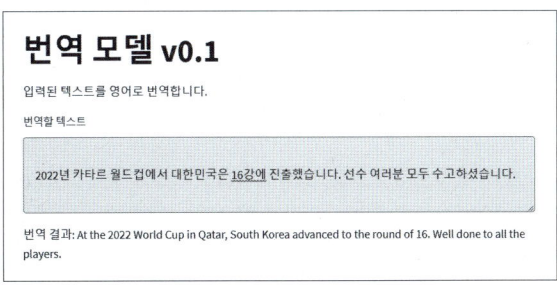

[그림 33-13]

33.7 정리하며

이 장에서 다룬 예제를 통해서 보여준 streamlit의 기능은 아주 작은 부분일 뿐입니다. 저는 이런 게 있다고 소개하는 정도이니, 관심 있는 분들은 다양한 기능들을 직접 하나씩 사용해보면서 본인의 프로젝트에 활용해볼 수 있으면 좋겠습니다. 컴퓨터비전, 자연어처리, 머신러닝 등의 모델을 만드는 분들이 웹을 개발하기 위해 쓸데 없는 시간 낭비를 줄일 수 있게 도와주는 도구이니 유관 업무에 종사하는 분들에게 추천합니다.

34장. 백색 소음을 내는 GUI 프로그램 만들기

Feat. PyQt6 + playsound + multiprocessing

아기를 키우는 보호자라면 휴대폰에 필수적으로 설치되어 있는 애플리케이션이 있습니다. 바로 백색 소음 앱입니다. 백색 소음 즉, 계곡 물소리, 빗소리, 자동차 소음 등의 오디오 파일을 재생해주는 앱입니다. 아이들은 완전히 조용한 상황보다는 이러한 소음이 있을 때 오히려 더 잠을 잘 청한답니다. 우리도 파이썬으로 백색 소음 GUI 프로그램을 만들겠습니다.

34.1 실습 준비

이전 실습에 사용했던 가상환경이 활성화되어 있다면 먼저 **deactivate** 명령으로 비활성화해주세요.

```
deactivate
```

그 다음에 바탕화면에 있는 enjoy_python 폴더 내에 white_noise라는 폴더를 만든 후 VSCODE에서 해당 폴더를 열고 cmd 터미널에서 아래 명령을 실행하여 .venv 가상환경을 만들어주세요. 가상환경이 잘 생성되었다면, white_noise 폴더 안에 .venv 폴더가 생성되었을 것입니다.

```
virtualenv .venv
```

그리고 가상환경에 진입해주세요.

```
call .venv/Scripts/activate
```

이제 white_noise 폴더 안에 .py 파일 등을 따라 만들어가면서 실습을 진행하면 됩니다. 참고로 .venv 폴더 안에 파일을 만들지 마세요.

34.2 GUI 프로그램 윈도우 띄우기

GUI(Graphical User Interface) 프로그램이란 버튼, 라벨, 텍스트입력란, 체크박스 등의 위젯을 담은 창을 PC 화면에 띄워 사용자들이 마우스, 키보드 등으로 명령한 것을 실행하는 프로그램을 의미합니다. 윈도우즈 PC에 기본으로 설치되어 있는 메모장, 계산기 같은 것이 대표적인 GUI 프로그램들입니다.

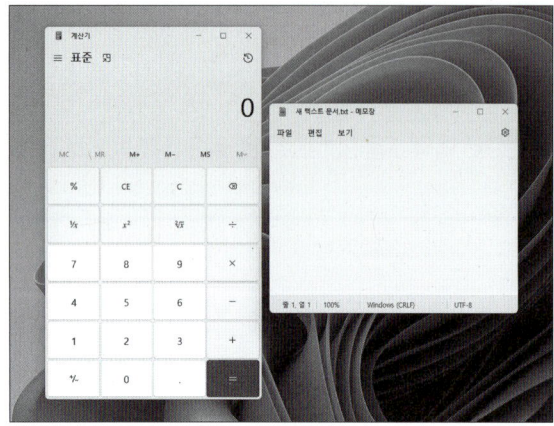

[그림 34-1]

파이썬에서 GUI 개발에 많이 사용되는 라이브러리에는 PyQt, PySide, Tkinter, wxPython, Kivy 등이 있습니다. 우리는 이 중에서 가장 유명한 PyQt를 활용하여 GUI 개발을 해보겠습니다. PyQt6를 설치하기 위해 VSCODE cmd 터미널에서 다음 명령을 실행합니다.

```
pip install PyQt6
```

우선 프로그램의 이름만 타이틀 바에 넣은 윈도우를 하나 띄워보겠습니다.

white_noise_1.py
```
01  import sys
02  from PyQt6.QtWidgets import QApplication, QMainWindow
03  from PyQt6.QtCore import QSize
04
05  class MainWindow(QMainWindow):
06      def __init__(self):
07          super().__init__()
08          self.setWindowTitle("아기 재우기")
```

```
09        self.setFixedSize(QSize(600, 400))
10
11  app = QApplication(sys.argv)
12  window = MainWindow()
13  window.show()
14  app.exec()
```

02행 PyQt 프로그램의 핵심이 되는 QApplication 클래스와 메인 윈도우를 만들 때 사용되는 QMainWindow를 불러옵니다. 모든 PyQt 애플리케이션은 하나의 QApplication 객체를 필요로 합니다.

03행 윈도우의 크기 설정을 위해 QSize를 불러옵니다.

05행~09행 프로그램의 메인 윈도우를 만듭니다.

08행 프로그램의 타이틀 바에 "아기 재우기"라는 프로그램 이름을 넣어줍니다.

09행 윈도우의 크기를 가로 600, 세로 400으로 고정합니다.

11행 QApplication 객체를 생성합니다.

12행~13행 MainWindow 객체를 생성한 후 메인 윈도우를 띄웁니다.

14행 앱을 실행합니다.

아래와 같이 '아기 재우기'라는 이름이 붙여진 GUI 프로그램이 하나 실행되었습니다. 아직 아무 것도 없지만, 벌써 대단한 일을 해낸 것 같지 않은가요?

[그림 34-2]

34.3 윈도우에 버튼 추가하기

이제 비어 있는 윈도우에 세 개의 버튼을 추가해보겠습니다. 버튼을 추가하는 이유는 버튼을 클릭했을 때 오디오 파일이 재생되게 하기 위함입니다. 세 개의 버튼은 가로로 배치되게 하겠습니다. 일단 이 버튼들은 아무런 기능도 없습니다.

```
white_noise_2.py
```

```python
01  import sys
02  from PyQt6.QtWidgets import QApplication, QMainWindow, QPushButton,
    QHBoxLayout, QWidget
03  from PyQt6.QtCore import QSize
04
05  class MainWindow(QMainWindow):
06      def __init__(self):
07          super().__init__()
08          self.setWindowTitle("아기 재우기")
09          self.setFixedSize(QSize(600, 400))
10          self.audio1_btn = QPushButton('백색소음')
11          self.audio2_btn = QPushButton('계곡물소리')
12          self.audio3_btn = QPushButton('빗소리')
13
14          layout = QHBoxLayout()
15          layout.addWidget(self.audio1_btn)
16          layout.addWidget(self.audio2_btn)
17          layout.addWidget(self.audio3_btn)
18
19          widget = QWidget()
20          widget.setLayout(layout)
21          self.setCentralWidget(widget)
22
23  app = QApplication(sys.argv)
24  window = MainWindow()
25  window.show()
26  app.exec()
```

02행 버튼 생성을 위해 QPushButton과 위젯 수평 배치를 위해 QHBoxLayout을 불러옵니다. 또한 위젯 생성을 위해 QWidget도 불러옵니다.

10행~12행 버튼 세 개를 생성합니다. 백색소음, 계곡물소리, 빗소리라는 텍스트 정보가 각 버튼에 각인되게 합니다.

14행 버튼들을 수평으로 배치하기 위한 레이아웃을 생성합니다. 참고로 위젯들을 수평 방향으로 배치할 때는 QHBoxLayout()을 사용하고, 수직 방향으로 배치할 때는 QVBoxLayout()을 사용합니다.

[그림 34-3]

15행~17행	레이아웃에 세 개의 버튼을 순차적으로 추가합니다.
19행	widget이라는 이름의 위젯을 하나 생성합니다.
20행	위에서 생성한 layout을 위젯의 레이아웃으로 설정합니다.
21행	윈도우의 가운데에 widget이 위치하게 합니다.

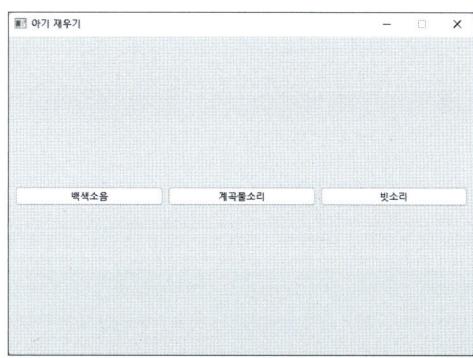

[그림 34-4]

[백색소음] 버튼, [계곡물소리] 버튼, [빗소리] 버튼이 각각 생성되어 수평으로 배치된 것이 윈도우의 가운데에 위치한 것을 확인할 수 있습니다. 버튼을 한 번 클릭해보세요. 아직 아무 기능이 없기 때문에 클릭만 될 것입니다. 마우스를 버튼 위에 갖다 놓았을 때(hover), 버튼의 배경 색상이 바뀌고 테두리에도 색상이 들어가는 것도 확인되죠?

34장. 백색 소음을 내는 GUI 프로그램 만들기 **391**

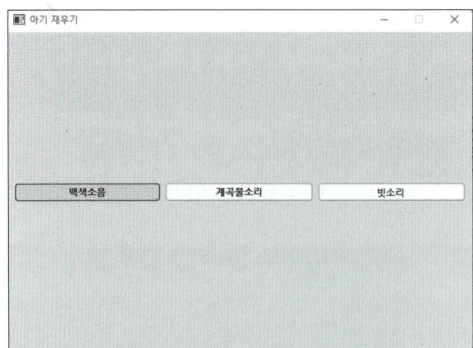

[그림 34-5]

34.4 버튼에 기능 부여하기

이제 버튼에 기능을 부여하겠습니다. 일단 버튼을 클릭했을 때 터미널에 해당 버튼을 클릭했다는 메시지가 출력되게 해보겠습니다. 버튼을 클릭했을 때 어떠한 일이 일어나게 하기 위해서는 시그널(signal)과 슬롯(slot)이라는 개념을 알아야 합니다. 시그널은 위젯에 어떠한 동작(버튼 클릭, 마우스 클릭, 텍스트 입력 등)이 가해졌을 때 위젯에 의해 방출되는(emit) 신호를 의미합니다. 슬롯은 그 시그널이 발생했을 때 어떤 처리를 해주는지와 관련된 것입니다. 예를 들어, [백색소음] 버튼을 클릭하는 것이 시그널이라면, "백색소음 오디오 파일 재생"은 슬롯이 되는 것입니다. 우선 버튼이 클릭되었을 때 음악이 재생되게 하려면, 병렬 처리 개념도 추가적으로 필요하기 때문에 버튼 클릭 시 터미널에 메시지가 출력되는 부분까지만 살펴보고 넘어가겠습니다.

white_noise_3.py

```
01  import sys
02  from PyQt6.QtWidgets import QApplication, QMainWindow, QPushButton,
    QHBoxLayout, QWidget
03  from PyQt6.QtCore import QSize
04
05  class MainWindow(QMainWindow):
06      def __init__(self):
07          super().__init__()
08          self.setWindowTitle("아기 재우기")
09          self.setFixedSize(QSize(600, 400))
10          self.audio1_btn = QPushButton('백색소음')
11          self.audio2_btn = QPushButton('계곡물소리')
```

```
12        self.audio3_btn = QPushButton('빗소리')
13
14        self.audio1_btn.clicked.connect(self.audio1_btn_clicked)
15        self.audio2_btn.clicked.connect(self.audio2_btn_clicked)
16        self.audio3_btn.clicked.connect(self.audio3_btn_clicked)
17
18        layout = QHBoxLayout()
19        layout.addWidget(self.audio1_btn)
20        layout.addWidget(self.audio2_btn)
21        layout.addWidget(self.audio3_btn)
22
23        widget = QWidget()
24        widget.setLayout(layout)
25        self.setCentralWidget(widget)
26
27    def audio1_btn_clicked(self):
28        print("백색소음 버튼이 클릭되었습니다!")
29
30    def audio2_btn_clicked(self):
31        print("계곡물소리 버튼이 클릭되었습니다!")
32
33    def audio3_btn_clicked(self):
34        print("빗소리 버튼이 클릭되었습니다!")
35
36  app = QApplication(sys.argv)
37  window = MainWindow()
38  window.show()
39  app.exec()
```

14행 백색소음 버튼(self..audio1_btn) 클릭이라는 시그널이 발생하면 audio1_btn__clicked 슬롯이 실행됩니다. 즉, 27~28행이 실행되어 터미널에 "백색소음 버튼이 클릭되었습니다!"라는 메시지가 출력됩니다.

27행~28행 백색소음 버튼 클릭에 대한 슬롯입니다.

버튼을 클릭할 때마다 다음과 같이 터미널에 메시지가 출력될 것입니다. 이 버튼, 저 버튼 여러 번 클릭하면서 확인해보세요.

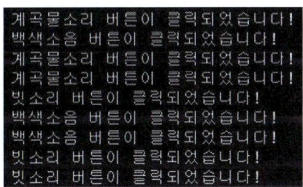

[그림 34-6]

34.5 버튼 클릭 시 음악이 재생되게 하기

이제는 버튼을 클릭했을 때 음악이 재생되게 하겠습니다. 우선 파이썬에서 오디오 파일을 재생할 때 사용할 수 있는 playsound 라이브러리를 설치하겠습니다. VSCODE cmd 터미널에서 다음 명령을 실행해주세요. 1.2.2 버전으로 설치해줘야 실습이 원활히 진행될 수 있습니다. 하지만, 제 말을 듣지 않고 `pip install playsound` 명령으로 그냥 최신 버전을 설치해본 후 에러를 만나게 되는 것도 개발 실력을 늘리는 데 있어서는 아주 좋은 태도입니다. 에러를 많이 만나 봐야 합니다.

```
pip install playsound==1.2.2
```

그리고 백색소음, 계곡물소리, 빗소리 관련 오디오 파일들을 freesound라는 무료 효과음 배포 사이트에서 다운로드합니다. 회원가입이 필요한데, 절차가 어렵지 않으니 각자 진행하면 됩니다.

```
https://freesound.org/
```

다운로드한 오디오 파일들을 현재 작업 폴더 안에 넣어주세요. 세 오디오 파일명을 각각 다음과 같이 수정했습니다.

- 백색소음: [white-noise.wav]
- 계곡물소리: [river-falls.wav]
- 빗소리: [llight-rain.mp3]

이제 버튼 클릭 시 연결되는 슬롯 부분에서 print() 아래에 오디오 재생 관련된 코드들을 추가해보겠습니다. 버튼을 클릭하면 해당 오디오 파일이 재생될 것입니다.

white_noise_4.py

```
01  import sys
02  from PyQt6.QtWidgets import QApplication, QMainWindow, QPushButton,
    QHBoxLayout, QWidget
03  from PyQt6.QtCore import QSize
04  from playsound import playsound
05
06  class MainWindow(QMainWindow):
07      def __init__(self):
08          super().__init__()
```

```python
09      self.setWindowTitle("아기 재우기")
10      self.setFixedSize(QSize(600, 400))
11      self.audio1_btn = QPushButton('백색소음')
12      self.audio2_btn = QPushButton('계곡물소리')
13      self.audio3_btn = QPushButton('빗소리')
14
15      self.audio1_btn.clicked.connect(self.audio1_btn_clicked)
16      self.audio2_btn.clicked.connect(self.audio2_btn_clicked)
17      self.audio3_btn.clicked.connect(self.audio3_btn_clicked)
18
19      layout = QHBoxLayout()
20      layout.addWidget(self.audio1_btn)
21      layout.addWidget(self.audio2_btn)
22      layout.addWidget(self.audio3_btn)
23
24      widget = QWidget()
25      widget.setLayout(layout)
26      self.setCentralWidget(widget)
27
28   def audio1_btn_clicked(self):
29      print("백색소음 버튼이 클릭되었습니다!")
30      playsound("./white-noise.wav")
31
32   def audio2_btn_clicked(self):
33      print("계곡물소리 버튼이 클릭되었습니다!")
34      playsound("./river-falls.wav")
35
36   def audio3_btn_clicked(self):
37      print("빗소리 버튼이 클릭되었습니다!")
38      playsound("./light-rain.mp3")
39
40 app = QApplication(sys.argv)
41 window = MainWindow()
42 window.show()
43 app.exec()
```

04행   playsound 라이브러리에서 playsound 함수를 불러옵니다.

28행~30행   백색소음 버튼이 클릭되면, "백색소음 버튼이 클릭되었습니다!"라는 메시지가 출력된 후 white-noise.wav가 재생됩니다.

30행, 34행, 38행   각 버튼에 각인된 소리가 재생됩니다.

그런데, 오디오 파일이 재생되고 나서 얼마 지나지 않아 프로그램이 먹통이 된 것을 확인하게 될 것입니다. (응답 없음)이라는 메시지가 프로그램 타이틀 바에 출력되었습니다. 데스크톱 애플리케이션을 사용하다가 종종 보던 장면이죠? 우리가 이런 현상을 만들어 낸 것도 신기하죠? ::

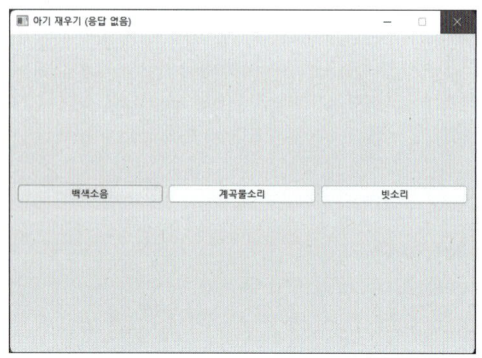

[그림 34-7]

34.6 버튼 클릭 시 음악 재생되게 하기(멀티 프로세스 활용)

위에서 마주한 (응답 없음) 현상을 피하기 위해서는 프로세스(Process)와 스레드(Thread)의 개념을 알아야 합니다. 우선 실행 중인 하나의 프로그램을 '프로세스'라고 부릅니다. 또한 프로세스는 하나 이상의 스레드로 구성됩니다. '스레드'는 일꾼으로 생각할 수 있습니다. 스레드라는 일꾼은 한 번에 하나의 일 밖에 하지 못합니다. 따라서 하나의 스레드로 구성된 프로세스는 동시에 하나의 일만 할 수 있습니다. 하지만 두 명의 일꾼을 쓴다면 동시에 두 개의 일을 처리할 수 있습니다. 따라서 우리는 스레드를 하나 늘려서, 그 스레드에게 음악 재생의 일을 전담시켜야 합니다. 또 다른 방법은 하나의 프로그램을 두 개의 프로세스로 구동되게 하는 것입니다. 하나의 프로그램을 하나 이상의 프로세스로 구동되게 할 수 있습니다. 프로세스 당 기본 한 명의 일꾼이 있으니 여러 프로세스를 활용하는 방식으로도 여러 명의 일꾼을 동시에 쓸 수 있습니다.

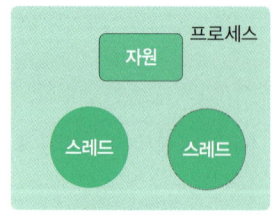  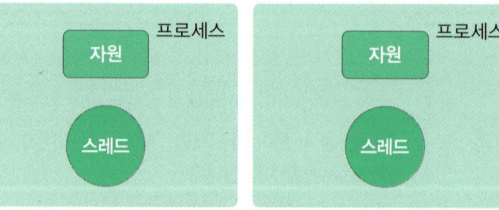

[그림 34-8]

멀티 스레드 또는 멀티 프로세스 방식을 도입한다면, 동시에 여러 개의 일을 할 수 있다는 뜻인데, 어떤 방식을 취하는 것이 좋을까요? 그것은 경우에 따라 다릅니다. 각각의 프로세스는 독립된 리소스를 운영체제로부터 할당받습니다. 하나의 프로세스 안에 있는 스레드들은 그 프로세스에게 부여된 리소스를 나눠서 사용합니다. 리소스를 공유해야 하는 경우에는 멀티 스레드 방식이 더 나을 것이고, 리소스를 공유하기보다는 독립된 리소스를 여러 개의 프로세스가 각각 사용해야 하는 경우에는 멀티 프로세스 방식이 더 낫습니다. 멀티 프로세스 방식이라고 해서 각 프로세스끼리 자원을 공유하는 것이 불가능한 것은 아닙니다. 다만 조금 더 까다로울 뿐입니다. 우리는 자원을 딱히 공유할 일이 없으므로 멀티 프로세스 방식으로 문제를 해결하겠습니다. 파이썬에서는 멀티 프로세스 방식 구현을 위해 multiprocessing 라이브러리를 사용합니다. 표준 라이브러리이기 때문에 별도의 설치가 필요 없습니다.

[백색소음] 버튼을 클릭하는 경우 하나의 프로세스를 추가로 생성해서, 백색소음 오디오를 재생시키는 일을 전담시킬 것입니다. 백색소음 오디오가 재생되는 도중에 [계곡물소리] 버튼이 클릭되면, 백색소음 오디오를 재생하던 프로세스를 종료시키고, 다시 새 프로세스를 생성해서 계곡물소리 오디오를 재생되게 할 것입니다.

white_noise_5.py

```
01  import sys
02  from PyQt6.QtWidgets import QApplication, QMainWindow, QPushButton,
    QHBoxLayout, QWidget
03  from PyQt6.QtCore import QSize
04  from playsound import playsound
05  import multiprocessing as mp
06
07  def play_audio(audio_file_name):
08      while True:
09          playsound(audio_file_name)
10
11  class MainWindow(QMainWindow):
12      def __init__(self):
13          super().__init__()
14          self.setWindowTitle("아기 재우기")
15          self.setFixedSize(QSize(600, 400))
16          self.audio1_btn = QPushButton('백색소음')
17          self.audio2_btn = QPushButton('계곡물소리')
18          self.audio3_btn = QPushButton('빗소리')
19
20          self.audio1_btn.clicked.connect(self.audio1_btn_clicked)
```

```
21        self.audio2_btn.clicked.connect(self.audio2_btn_clicked)
22        self.audio3_btn.clicked.connect(self.audio3_btn_clicked)
23
24        layout = QHBoxLayout()
25        layout.addWidget(self.audio1_btn)
26        layout.addWidget(self.audio2_btn)
27        layout.addWidget(self.audio3_btn)
28
29        widget = QWidget()
30        widget.setLayout(layout)
31        self.setCentralWidget(widget)
32
33    def audio1_btn_clicked(self):
34        try:
35            self.play_audio.terminate()
36        except Exception as e:
37            print(e)
38
39        print("백색소음 버튼이 클릭되었습니다!")
40        self.play_audio = mp.Process(target=play_audio, args=('./white-noise.wav', ), daemon=True)
41        self.play_audio.start()
42
43    def audio2_btn_clicked(self):
44        try:
45            self.play_audio.terminate()
46        except Exception as e:
47            print(e)
48
49        print("계곡물소리 버튼이 클릭되었습니다!")
50        self.play_audio = mp.Process(target=play_audio, args=('./river-falls.wav', ), daemon=True)
51        self.play_audio.start()
52
53    def audio3_btn_clicked(self):
54        try:
55            self.play_audio.terminate()
56        except Exception as e:
57            print(e)
58
59        print("빗소리 버튼이 클릭되었습니다!")
60        self.play_audio = mp.Process(target=play_audio,
```

```
                 args=('./light-rain.mp3', ), daemon=True)
61         self.play_audio.start()
62
63   if __name__ == '__main__':
64       app = QApplication(sys.argv)
65       window = MainWindow()
66       window.show()
67       app.exec()
```

- **05행** 멀티프로세싱을 위한 라이브러리를 불러옵니다.
- **07행~09행** 오디오 재생을 위한 함수를 만듭니다. while True로 오디오 파일이 무한 반복으로 재생되게 합니다.
- **34행~37행** audio1_btn이 클릭되었을 때 예외처리를 활용하여 생성된 오디오 재생 프로세스가 있다면, 먼저 종료시킵니다. 그래야 재생되던 오디오가 멈출 것입니다.
- **40행~41행** play_audio 함수를 실행하는 자식 프로세스를 하나 생성합니다. daemon=True로 설정했기 때문에 메인 프로세스가 종료되면, 자식 프로세스도 같이 종료됩니다.

이제 여러 버튼을 반복해서 클릭하더라도 더 이상 (응답 없음) 현상이 발생하지 않을 것입니다. 버튼을 누를 때마다 해당되는 소리로 잘 전환되죠? 실제로 아기를 재우기 위해 이 프로그램을 한 번 사용해 보는 것은 어떨까요?

34.7 정리하며

이 장에서는 PyQt로 GUI 프로그램을 만들어봤습니다. 개발하는 과정 중에 (응답 없음) 현상을 만났고 그 문제를 해결하기 위해 멀티 프로세싱 기법을 활용했습니다. 제가 처음에 PyQt를 활용하여 간단한 GUI 프로그램을 만들었을 때 얼마나 신이 났는지 모릅니다. '와! 내 PC에서 사용할 수 있는 프로그램을 내가 직접 만들 수 있다고?' 개발을 하다 보면 공부해야 할 내용도 많고, 이런 저런 이유를 알 수 없는 에러를 수도 없이 만나게 되어 지칠 때가 많지만, 나 또는 다른 사람에게 도움이 될 수 있는 어떠한 것을 만든다는 그 사실 하나가 굉장한 자부심과 기쁨을 준다고 생각합니다. 이 책을 읽는 모든 분들이 파이썬으로 재밌고 유용한 것을 많이 만들어낼 수 있길 바랍니다.

35장.
갹출 금액 랜덤 분할 프로그램 만들기

**Feat.
PyQt6
+ random
+ pyinstaller**

친구들과 함께 모여서 놀다가 출출하여 야식을 시켰습니다. 계산해보니 총 85,000원을 내야 하는 상황입니다. 그냥 N분의 1로 갹출해서 내자니 공평하긴 하지만 재미가 없습니다. 내야 할 금액을 랜덤하게 분할해서 알려주는 프로그램이 있다면, 주문한 음식 배달을 기다리는 동안 조금 더 재밌게 시간을 보낼 수 있지 않을까요? PyQt6 라이브러리를 활용하여 GUI 프로그램의 형태로 만들겠습니다.

35.1 실습 준비

이전 실습에 사용했던 가상환경이 활성화되어 있다면 먼저 deactivate 명령으로 비활성화해주세요.

```
deactivate
```

그 다음에 바탕화면에 있는 enjoy_python 폴더 내에 divide_money라는 폴더를 만든 후 VSCODE에서 해당 폴더를 열고 cmd 터미널에서 아래 명령을 실행하여 .venv 가상환경을 만들어주세요. 가상환경이 잘 생성되었다면, divide_money 폴더 안에 .venv 폴더가 생성되었을 것입니다.

```
virtualenv .venv
```

그리고 가상환경에 진입해주세요.

```
call .venv/Scripts/activate
```

이제 divide_money 폴더 안에 .py 파일 등을 따라 만들어가면서 실습을 진행하면 됩니다. 참고로 .venv 폴더 안에 파일을 만들지 마세요.

35.2 금액 인원에 따라 랜덤 분할하기

'갹출 금액 랜덤 분할 프로그램'에서 핵심이 되는 것은 바로 입력된 금액을 인원 수에 따라 랜덤으로 분할해주는 부분입니다. 제가 생각한 알고리즘은 다음과 같습니다. 우선 0에서 85,000 사이의 정수 값을 무작위로 추출합니다. 만약, 52,434가 추출되었다면, 한 명이 지불해야 할 금액은 52,434원입니다. 이번에는 0에서 85,000-52,434=32,566 사이의 정수를 또 한 번 추출합니다. 25,411이 추출되었다면 또 다른 한 명이 지불해야 할 금액은 25,411원입니다. 인원별로 지불해야 할 금액이 모두 결정될 때까지 이 방식을 반복합니다. 인원이 N명이면 N-1회 반복해서 N-1명이 내야 할 금액을 각각 결정한 후 남은 금액을 나머지 1명이 부담하겠습니다. random 라이브러리를 활용해서 이 기능만 먼저 만들겠습니다. random 라이브러리는 파이썬 표준 라이브러리이기 때문에 별도의 설치가 필요가 없습니다. 지불해야 할 금액은 85,000원, 사람은 5명이라고 가정하겠습니다.

divide_money_1.py

```python
import random

remaining_amount = 85000
people = 5

money_per_person = []
for i in range(people-1):
    temp = random.randint(0, remaining_amount)
    remaining_amount -= temp
    money_per_person.append(temp)

money_per_person.append(remaining_amount)

print("각 사람이 지불해야할 금액:", money_per_person)
print("총합: ", sum(money_per_person))

money_per_person.sort(reverse=True)
print("각 사람이 지불해야할 금액(내림차순):", money_per_person)
```

- 01행   난수 생성을 위해 random 라이브러리를 불러옵니다.
- 03행~04행 금액과 인원을 설정합니다.
- 06행   각자가 내야 할 금액을 담을 빈 리스트를 생성합니다.
- 07행~10행 random.randint 함수를 사용하여 0과 남은 금액 사이의 정수를 랜덤으로 추출한 후 money_per_person 리스트에 담습니다. 그리고 남은 금액을 재설정합니다. 인원 수에서 하나를 뺀만큼 반복합니다.

12행 반복문이 종료된 후 남은 금액을 money_per_person에 담습니다.

14행 랜덤하게 결정된 각 사람이 부담해야 할 금액을 확인합니다.

```
각 사람이 지불해야할 금액: [24883, 45649, 13967, 280, 221]
```

[그림 35-1]

15행 그 금액을 모두 합했을 때 85,000원이 맞는지 확인합니다.

```
총합: 85000
```

[그림 35-2]

17행~18행 각 사람이 지불해야 할 금액을 내림차순으로 정렬합니다.

```
각 사람이 지불해야할 금액(내림차순): [45649, 24883, 13967, 280, 221]
```

[그림 35-3]

어떤 사람은 45,659원을 지불해야 하고, 운이 좋은 사람은 221원만 내면 되는군요. 이것이 랜덤 게임의 묘미죠. 너무 불공평 한 것 같다고 생각이 든다면 알고리즘을 수정하면 됩니다. ∵

35.3 갹출 금액 랜덤 분할 프로그램의 UI 만들기

이제 PyQt6를 활용하여 갹출 금액 랜덤 분할 GUI 프로그램을 만들겠습니다. 우선 PyQt6 라이브러리를 설치하겠습니다. VSCODE cmd 터미널에서 다음과 같은 명령을 실행해주세요.

```
pip install PyQt6
```

먼저 금액과 사람의 이름을 입력 받을 것입니다. 사람의 이름은 콤마로 구분되게 입력해줘야 합니다. 여러 사람의 이름이 포함된 입력된 문자열에서 인원 수를 파악해서 인원에 맞게 금액을 랜덤하게 분할할 것입니다. 게임의 묘미를 위해, [금액 분할] 버튼을 클릭할 때마다 금액이 나눠지게 할 것입니다. 금액 분할이 완료된 후에 인원 [매칭] 버튼을 클릭하면 한 명씩 분할된 금액에 매칭되는 형태로 프로그램을 만들겠습니다. UI 화면을 대략적으로 기획해보면 다음과 같습니다.

[그림 35-4]

설계도를 따라 이제 프로그램을 만들겠습니다. 라벨 정보를 담기 위해 사용되는 QLabel, 한 줄의 텍스트 정보를 입력 받을 때 사용되는 QLineEdit, 버튼을 만들 때 사용되는 QPushButton, 여러 줄의 텍스트를 보여줄 수 있는 QPlainTextEdit을 생성하여 적재적소에 배치하겠습니다.

```
divide_money_2.py
01  import sys
02  from PyQt6.QtWidgets import QApplication, QMainWindow, QLabel, QLineEdit,
    QPushButton, QPlainTextEdit, QHBoxLayout, QVBoxLayout, QWidget
03
04
05  class MainWindow(QMainWindow):
06      def __init__(self):
07          super().__init__()
08
09          self.setWindowTitle("갹출 금액 랜덤 분할")
10          self.setFixedWidth(600)
11
12          self.lb_amount = QLabel('금액 입력:')
13          self.qle_amount = QLineEdit()
14          self.lb_people = QLabel('게임 참여 멤버:')
15          self.qle_people = QLineEdit()
16          self.btn_submit = QPushButton('제출')
17          self.btn_divide_amount = QPushButton('금액 분할')
```

```python
18          self.btn_matching_people = QPushButton('인원 매칭')
19          self.qte_amount = QPlainTextEdit()
20          self.qte_people = QPlainTextEdit()
21          self.btn_reset = QPushButton('리셋')
22
23          sub_layout1 = QHBoxLayout()
24          sub_layout1.addWidget(self.qle_people)
25          sub_layout1.addWidget(self.btn_submit)
26
27          sub_layout2 = QHBoxLayout()
28          sub_layout2.addWidget(self.btn_divide_amount)
29          sub_layout2.addWidget(self.btn_matching_people)
30
31          sub_layout3 = QHBoxLayout()
32          sub_layout3.addWidget(self.qte_amount)
33          sub_layout3.addWidget(self.qte_people)
34
35          layout = QVBoxLayout()
36          layout.addWidget(self.lb_amount)
37          layout.addWidget(self.qle_amount)
38          layout.addWidget(self.lb_people)
39          layout.addLayout(sub_layout1)
40          layout.addLayout(sub_layout2)
41          layout.addLayout(sub_layout3)
42          layout.addWidget(self.btn_reset)
43
44          widget = QWidget()
45          widget.setLayout(layout)
46          self.setCentralWidget(widget)
47
48
49  if __name__ == '__main__':
50      app = QApplication(sys.argv)
51      window = MainWindow()
52      window.show()
53      app.exec()
```

02행 PyQt6.QtWidgets에서 필요한 것들을 가져옵니다.
09행 프로그램의 이름을 "각출 금액 랜덤 분할"이라고 정합니다. 프로그램의 타이틀 바에 표시될 것입니다.
10행 윈도우의 가로 크기를 600으로 고정합니다.
12행 [금액 입력:] 라벨을 생성합니다.
13행 금액을 입력 받기 위해 QLineEdit 위젯을 생성합니다.

14행 [게임 참여 멤버:] 라벨을 생성합니다.
15행 게임 참여 멤버 정보를 입력 받기 위한 QLineEdit 위젯을 생성합니다.
16행~18행 [제출] 버튼, [금액 분할] 버튼, [인원 매칭] 버튼을 각각 생성합니다.
19행 분할된 금액을 나타내기 위해 QPlainTextEdit 위젯을 생성합니다.
20행 금액별로 매칭된 사람의 이름을 나타내기 위해 QPlainTextEdit 위젯을 생성합니다.
21행 [리셋] 버튼을 생성합니다.
23행~25행 위젯을 수평 방향으로 배치하는 서브 레이아웃 1을 생성하고, 게임 참여 멤버 정보를 입력받는 self.qle_people과 [제출] 버튼을 넣어줍니다.
27행~29행 위젯을 수평 방향으로 배치하는 서브 레이아웃 2를 생성하고, [금액 분할] 버튼과 [인원 매칭] 버튼을 넣어줍니다.
31행~33행 위젯을 수평 방향으로 배치하는 서브 레이아웃 3을 생성하고, 분할된 금액을 보여주는 self.qte_amount와 매칭된 사람 이름을 보여주는 self.qte_people을 넣어줍니다.
35행~42행 프로그램의 전체 레이아웃을 만들고, 위에서부터 아래로 위젯 및 레이아웃을 하나씩 넣어줍니다.

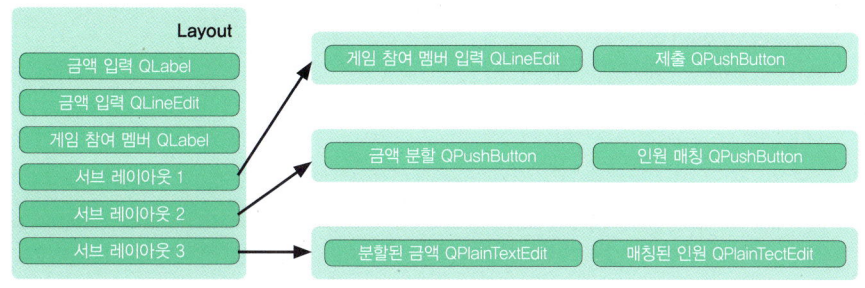

[그림 35-5]

44행 widget이라는 이름의 위젯을 하나 생성합니다.
45행 위에서 생성한 layout을 위젯의 레이아웃으로 설정합니다.
46행 윈도우의 가운데에 widget이 위치하게 합니다.

이제 프로그램을 실행해보면 다음과 같은 UI가 그려진 것을 확인할 수 있습니다. 아직 아무런 기능은 없습니다.

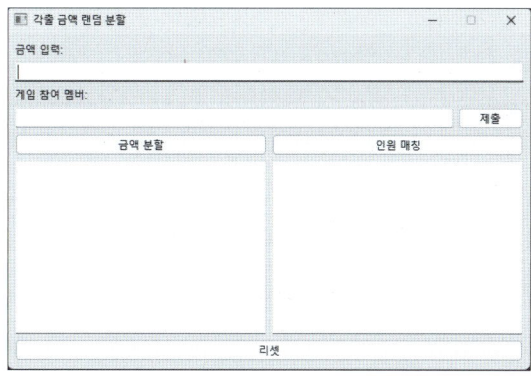

[그림 35-6]

35.4 갹출 금액 랜덤 분할 프로그램에 기능 부여하기

이제 이제 각 위젯마다 기능을 부여하여 우리가 목적한 바를 이룰 수 있게 하겠습니다. 어떻게 구현했는지는 코드 아래 설명을 잘 확인해주세요.

divide_money_3.py

```
01  import sys
02  from PyQt6.QtWidgets import QApplication, QMainWindow, QLabel, QLineEdit,
    QPushButton, QPlainTextEdit, QHBoxLayout, QVBoxLayout, QWidget
03  import random
04
05
06  class MainWindow(QMainWindow):
07      def __init__(self):
08          super().__init__()
09
10          self.setWindowTitle("갹출 금액 랜덤 분할")
11          self.setFixedWidth(600)
12
13          self.amount = 0
14          self.people = []
15          self.btn_divide_amount_clicked_cnt = 0
16
17          self.lb_amount = QLabel('금액 입력:')
18          self.qle_amount = QLineEdit()
19          self.lb_people = QLabel('게임 참여 멤버:')
20          self.qle_people = QLineEdit()
21          self.btn_submit = QPushButton('제출')
22          self.btn_divide_amount = QPushButton('금액 분할')
23          self.btn_matching_people = QPushButton('인원 매칭')
24          self.qte_amount = QPlainTextEdit()
25          self.qte_people = QPlainTextEdit()
26          self.btn_reset = QPushButton('리셋')
27
28          self.qle_amount.textChanged.connect(self.amount_changed)
29          self.btn_submit.clicked.connect(self.btn_submit_clicked)
30          self.btn_divide_amount.clicked.connect(self.btn_divide_amount_
            clicked)
31          self.btn_matching_people.clicked.connect(self.btn_matching_people_
            clicked)
```

```python
        self.btn_reset.clicked.connect(self.btn_reset_clicked)

        self.btn_divide_amount.setEnabled(False)
        self.btn_matching_people.setEnabled(False)

        sub_layout1 = QHBoxLayout()
        sub_layout1.addWidget(self.qle_people)
        sub_layout1.addWidget(self.btn_submit)

        sub_layout2 = QHBoxLayout()
        sub_layout2.addWidget(self.btn_divide_amount)
        sub_layout2.addWidget(self.btn_matching_people)

        sub_layout3 = QHBoxLayout()
        sub_layout3.addWidget(self.qte_amount)
        sub_layout3.addWidget(self.qte_people)

        layout = QVBoxLayout()
        layout.addWidget(self.lb_amount)
        layout.addWidget(self.qle_amount)
        layout.addWidget(self.lb_people)
        layout.addLayout(sub_layout1)
        layout.addLayout(sub_layout2)
        layout.addLayout(sub_layout3)
        layout.addWidget(self.btn_reset)

        widget = QWidget()
        widget.setLayout(layout)
        self.setCentralWidget(widget)

    def amount_changed(self, amount):
        print(amount)
        self.amount = amount

    def btn_submit_clicked(self):
        self.people_str = self.qle_people.text()
        self.people = self.people_str.split(',')
        print(self.people)
        self.btn_divide_amount.setEnabled(True)

    def btn_divide_amount_clicked(self):
        self.btn_divide_amount_clicked_cnt += 1
```

```python
74          self.amount = int(self.amount)
75
76          if self.btn_divide_amount_clicked_cnt < len(self.people):
77              temp = random.randint(0, self.amount)
78              self.amount -= temp
79              self.qte_amount.appendPlainText(str(temp))
80          elif self.btn_divide_amount_clicked_cnt == len(self.people):
81              self.qte_amount.appendPlainText(str(self.amount))
82              self.btn_matching_people.setEnabled(True)
83
84      def btn_matching_people_clicked(self):
85          if len(self.people) > 0:
86              random.shuffle(self.people)
87              temp = self.people.pop()
88              self.qte_people.appendPlainText(str(temp))
89
90      def btn_reset_clicked(self):
91          self.amount = 0
92          self.people = []
93          self.btn_divide_amount_clicked_cnt = 0
94
95          self.qle_amount.clear()
96          self.qle_people.clear()
97          self.qte_amount.clear()
98          self.qte_people.clear()
99
100
101 if __name__ == '__main__':
102     app = QApplication(sys.argv)
103     window = MainWindow()
104     window.show()
105     app.exec()
```

- 03행   random 라이브러리를 가져옵니다.
- 13행   금액 정보를 담을 변수를 준비합니다.
- 14행   게임에 참가하는 인원들의 이름을 담을 리스트를 준비합니다.
- 15행   [금액 분할] 버튼을 몇 번 클릭했는지 계수하기 위한 변수를 준비합니다.
- 28행   self.qle_amount 위젯에 입력되는 텍스트 정보가 바뀌는 시그널이 발생하면, 그에 해당하는 슬롯인 amount_changed 함수를 실행하도록 서로 연결합니다.
- 29행~32행   각 버튼이 클릭되는 시그널에 해당하는 슬롯을 연결합니다.
  self.btn_submit 위젯이 클릭되면, btn_submit_clicked 함수가 실행됩니다.
  self.btn_divide_amount 위젯이 클릭되면, btn_divide_amount_clicked 함수가 실행됩니다.

| 62행~64행 | self.btn_matching_people 위젯이 클릭되면, btn_matching_people_clicked 함수가 실행됩니다. self.btn_reset 위젯이 클릭되면, btn_reset_clicked 함수가 실행됩니다.
금액 정보가 변경될 때마다 self.amount 변수에 변경된 금액 정보를 넣어줍니다. |
|---|---|
| 66행~70행 | [제출] 버튼이 클릭되면 게임 참여 멤버 입력 위젯에 담겨 있는 텍스트 정보를 self.qle_people.text()로 가져와서 콤마(,)를 기준으로 분할하여 만들어진 사람 이름을 self.people 리스트에 요소로 담습니다. 그리고 이 시점에서 self.btn_divide_amount.setEnabled(True)로 [금액 분할] 버튼을 클릭 가능한 상태로 바꿔줍니다. |
| 72행~82행 | [금액 분할] 버튼 클릭 시그널이 발생할 때마다 실행되는 슬롯에 대한 내용입니다. 먼저 [금액 분할] 버튼 클릭 횟수를 1만큼 증가시킵니다. 그리고 문자열인 금액 정보를 정수로 형 변환합니다. [금액 분할] 버튼 클릭 횟수가 입력된 사람의 이름 수보다 적으면, 금액을 분할하고 그 금액을 self.qte_amount 위젯에 보이도록 추가합니다. 만약, [금액 분할] 버튼 클릭 횟수가 사람의 이름 수와 같다면 남은 금액을 self.qte_amount 위젯에 보이도록 추가합니다. 그리고 이 시점에서 [인원 매칭] 버튼을 활성화합니다. |
| 84행~88행 | [인원 매칭] 버튼이 클릭될 때마다 실행되는 함수입니다. self.people 리스트에 이름이 남아 있으면, 리스트 요소를 섞은 다음에 마지막 요소를 반환하여 temp 변수에 담습니다. temp에는 사람 이름이 들어가 있을 것입니다. 그것을 self.qte_people 위젯에 보이도록 추가합니다. |
| 90행~98행 | [리셋] 버튼이 클릭될 때 실행되는 함수입니다. self.amount, self.people, self.btn_divide_amount_clicked_cnt 변수들을 초기값들로 다시 설정한 후 위젯들에 보여졌던 텍스트들도 모두 지워줍니다. |

그러면 프로그램이 제대로 작동하는지 테스트해보겠습니다. 처음 프로그램을 실행하면 [금액 분할] 버튼과 [인원 매칭] 버튼은 비활성화되어 있는 상태입니다.

[그림 35-7]

금액과 게임 참여 멤버를 각각 입력한 후 [제출] 버튼을 클릭합니다. 게임 참여 멤버를 입력할 때는 사람 이름을 콤마로 구분해서 입력해줘야 합니다.

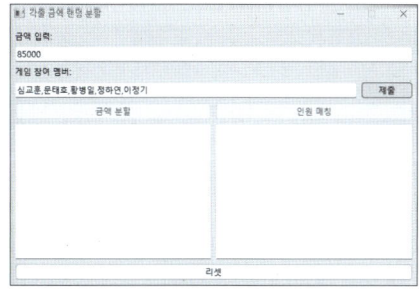

[그림 35-8]

[제출] 버튼을 클릭하고 나면, [금액 분할] 버튼이 활성화된 것을 확인할 수 있습니다. 이제 [금액 분할] 버튼을 클릭하겠습니다. 한 번 클릭할 때마다 분할된 금액이 아래에 하나씩 추가될 것입니다. 인원 수만큼 클릭했더니 [인원 매칭] 버튼이 활성화되었습니다.

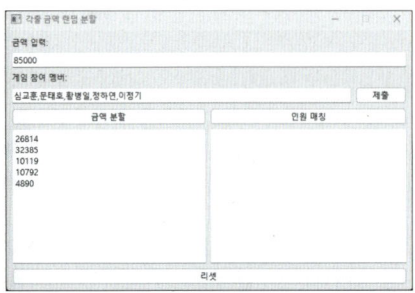

[그림 35-9]

이제 [인원 매칭] 버튼을 클릭하겠습니다. 그러면 해당 금액을 지불해야 할 사람이 한 명씩 결정될 것입니다. 가장 큰 금액인 32,385원을 부담해야 할 사람은 누구일까요?

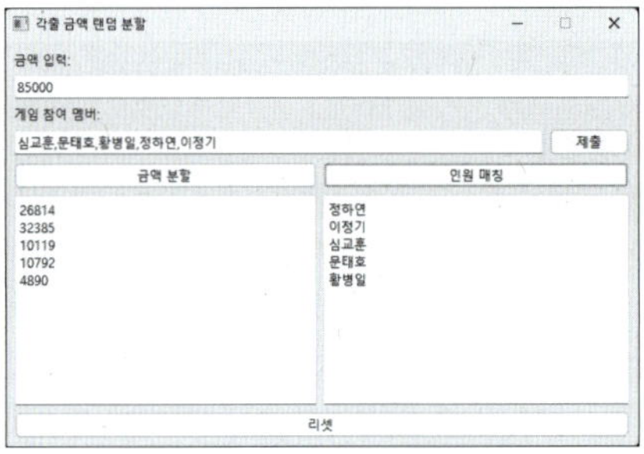

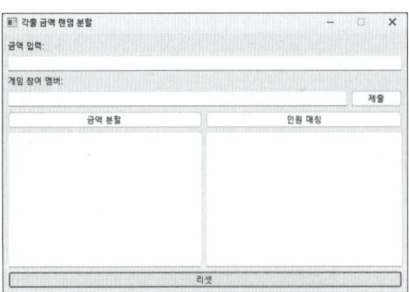

[그림 35-10]

이정기 님이 당첨되었네요. 만약, 게임을 다시하고 싶다면, [리셋] 버튼을 클릭하면 됩니다. 채워져있던 모든 값들이 비워질 것입니다.

[그림 35-11]

35.5 exe 실행 파일 만들기

이 프로그램을 실행하려면 VSCODE도 열고, 가상환경도 활성화한 후 터미널에 `python divide_money_3.py` 명령을 실행해야 했습니다. 갹출 금액을 정하는 과정치고는 매우 번거롭습니다. 코딩을 모르는 친구들도 우리가 만든 이 프로그램을 쉽게 실행할 수 있게 exe 실행 파일도 만들겠습니다. 즉, 바탕화면에서 프로그램의 아이콘을 더블 클릭만 하는 방식으로 이 프로그램이 실행되게 하려는 것입니다.

pyinstaller 라이브러리가 파이썬 코드를 exe 파일로 변환해주는 기능을 합니다. pyinstaller는 꼭 PyQt 등을 이용해서 만든 GUI 프로그램을 실행 파일로 만들 때 사용되는 것은 아닙니다. 일반적인 파이썬 스크립트 파일도 exe 파일로 변환하는 것이 가능합니다. pyinstaller는 외장 라이브러리이기 때문에 설치해줘야 합니다. VSCODE cmd 터미널에서 다음 명령을 실행합니다.

```
pip install pyinstaller
```

이제 VSCODE cmd 터미널에 다음 명령을 입력합니다. `pyinstaller` 명령에는 다양한 옵션이 있습니다. --onefile 옵션으로 exe 실행 파일 하나만 생성하고, --noconsole 옵션으로 프로그램 실행시 콘솔 창이 안 뜨게 하고, -n 옵션으로 프로그램의 이름은 "갹출금액정하기"로 설정해서 프로그램을 빌드하겠습니다.

```
pyinstaller --onefile --noconsole -n=갹출금액정하기 divide_money_3.py
```

현재 작업 디렉터리에 build 디렉터리와 dist 디렉터리가 추가되었을 것입니다. dist 디렉터리 내에 방금 생성한 exe 파일이 들어가 있습니다. 더블 클릭해서 실행해봅니다. VSCODE에서 더블 클릭하면 안 되고, 윈도우 탐색 창에서 해당 폴더에 들어가서 exe 파일을 더블 클릭해야 합니다.

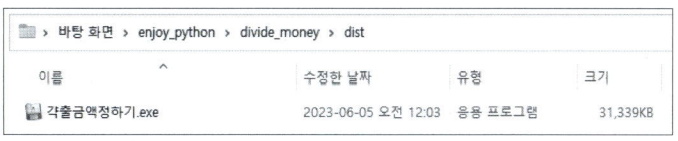

[그림 35-12]

프로그램이 실행되면 터미널에서 프로그램을 실행했을 때와 동일하게 프로그램 창이 열리고 작동하는 것을 확인할 수 있습니다.

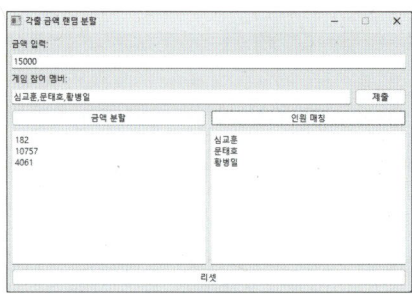

[그림 35-13]

이제 [갹출금액정하기.exe]를 친구들에게 PC 카카오톡, 이메일 전송 등의 방식으로 공유합니다. PC에 파이썬이 설치되어 있지 않아도, VSCODE가 설치되어 있지 않아도, 이 프로그램을 실행하는 데 전혀 문제가 없습니다.

35.6 프로그램 아이콘 바꾸기

실행 파일을 만들었지만, 프로그램의 아이콘이 기본 아이콘으로 설정되어 있어서 조금 아쉬운 느낌이 듭니다. 프로그램의 아이콘을 우리가 원하는 것으로 바꿔보겠습니다. 프로그램 아이콘에 들어가는 이미지는 ico 파일이어야 합니다. 저는 간단하게 아이콘을 위한 이미지를 만든 후에 무료 이미지 변환 사이트에서 ico 파일로 변환하겠습니다. ico 파일을 현재 작업 폴더 내에 넣어주세요.

[그림 35-14]

이번에는 pyinstaller를 실행할 때 옵션을 하나 더 추가합니다. --icon 옵션에 아이콘 파일명을 넣어 줍니다. 여기서는 아이콘 파일명을 app_icon.ico라고 지었습니다.

```
pyinstaller --onefile --noconsole --icon=app_icon.ico -n=갹출금액정하기2 divide_money_3.py
```

위 명령을 실행했더니 dist 폴더에 기본 아이콘이 아니라 우리가 넣은 아이콘을 가진 실행 파일이 만들어졌습니다.

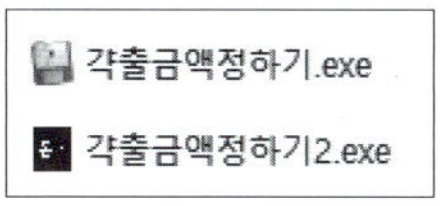

[그림 35-15]

35.7 정리하며

PyQt6를 활용하여 '갹출 금액 랜덤 분할 GUI 프로그램'을 만들어봤습니다. 참고로 GUI 프로그램은 데스크톱 애플리케이션이라고 부르기도 합니다. 이 장에서 실습한 내용을 응용하면, 로또 번호 생성 프로그램, 용돈 기입장, 가게 매출 정산 프로그램 등 더 멋진 GUI 프로그램을 많이 만들어낼 수 있을 것 같다는 느낌이 들죠? 만들어보고 싶은 무언가가 있다면 이 책의 다음 장으로 넘어가기 전에 지금 바로 만들어보세요. 개발하다 보면 무언가 막히는 부분이 분명 있을 것입니다. 하지만, 돌파해낸다면 한 뼘 더 성장하게 될 것입니다.

36장. 감사 일기 프로그램 만들기

Feat.
sqlite3
+ PySide6

우리는 매일 불평할 거리를 찾습니다. 그러다보니 더욱 더 불행한 인생을 살게 됩니다. 하루에 하나씩 그 날에 감사했던 내용들을 적어보는 것은 어떨까요? 우리가 직접 만든 프로그램에 감사 일기를 작성한다면 더욱 더 의미가 있겠죠? GUI 프로그래밍을 통해 감사 일기 프로그램을 만들어봅시다.

36.1 실습 준비

이전 실습에 사용했던 가상환경이 활성화되어 있다면 먼저 deactivate 명령으로 비활성화해주세요.

```
deactivate
```

그 다음에 바탕화면에 있는 enjoy_python 폴더 내에 thanks_diary라는 폴더를 만든 후 VSCODE에서 해당 폴더를 열고 cmd 터미널에서 아래 명령을 실행하여 .venv 가상환경을 만들어주세요. 가상환경이 잘 생성되었다면, thanks_diary 폴더 안에 .venv 폴더가 생성되었을 것입니다.

```
virtualenv .venv
```

그리고 가상환경에 진입해주세요.

```
call .venv/Scripts/activate
```

이제 thanks_diary 폴더 안에 .py 파일 등을 따라 만들어가면서 실습을 진행하면 됩니다. 참고로 .venv 폴더 안에 파일을 만들지 마세요.

36.2 sqlite3 데이터베이스 설정하기

감사 일기를 담을 데이터베이스가 필요합니다. 감사 일기 프로그램같이 데이터를 개인적으로 사용하는 데이터베이스로는 sqlite3가 적합합니다. 먼저 sqlite3를 다운로드하겠습니다.

```
https://www.sqlite.org/download.html
```

위 링크에 들어가서 각자 PC에 맞는 sqlite3 프로그램을 다운로드합니다. 여기서는 윈도우즈 PC 기준으로 설명합니다. [Precompiled Binaries for Windows]에서 [sqlite-tools-win32-x86-3390400.zip]을 다운로드합니다. 여러분이 다운로드하는 시점에서 버전은 조금 다를 수 있습니다.

[그림 36-1]

다운로드를 했다면 압축 파일의 압축을 풀고 sqlite3.exe를 현재 작업 폴더로 가지고 옵니다. 그리고 VSCODE cmd 터미널에 다음 명령을 줘서 thanks.db라는 데이터베이스 파일을 생성합니다.

```
sqlite3 thanks.db
```

그러면 터미널에 다음과 같은 화면이 보일 것입니다. 이제 sqlite3를 사용할 준비가 된 것입니다.

[그림 36-2]

36.3 감사 일기 테이블 생성하기

자 이제 thanks.db 안에 테이블을 생성하겠습니다. 보통 데이터베이스는 여러 개의 테이블로 구성됩니다. 회원 테이블, 구매 기록 테이블, 상품 테이블 등처럼 말이죠. 테이블은 하나의 엑셀 시트와 같다고 생각하면 됩니다. 표의 형식으로 데이터를 저장해놓은 것이 테이블입니다. 우리가 만들려고 하는 감사 일기 프로그램은 감사 내용을 담을 테이블 하나만 있어도 충분합니다. SQL 문법을 한 번도 배우지 않았더라도 괜찮습니다. 아래 내용을 따라하면 그렇게 어렵지 않게 테이블을 만들고, 그 안에 데이터를 넣고 읽을 수 있습니다.

먼저 감사 일기 테이블을 생성하겠습니다. 테이블을 만들 때는 어떤 컬럼들로 구성할지를 잘 생각해야 합니다. 여기서는 일련 번호, 감사 내용, 작성 일시, 이렇게 세 개의 항목으로 구성된 테이블을 만들겠습니다.

[표 36-1]

일련 번호	감사 내용	작성 일시
1	점심에 맛있는 초밥을 먹어서 감사.	2022-11-08 14:14:35
2	오전에 아내와 공원에서 산책할 시간이 있음에 감사.	2022-11-08 16:29:59
3	…	…

다음과 같은 SQL문을 sqlite 콘솔 창에 입력하면 됩니다.

```
CREATE TABLE thanks_list (idx INTEGER, content TEXT, created_at DATETIME);
```

간단하게 설명하자면, 정수를 담을 idx, 텍스트를 담을 content, 일시 정보를 담을 created_at 컬럼으로 구성된 thanks_list라는 테이블을 만들겠다는 의미입니다.

위 명령을 입력한 후 테이블이 잘 만들어졌는지 확인하기 위해 다음 명령을 줍니다.

```
.tables
```

```
sqlite> .tables
thanks_list
```

[그림 36-3]

thanks_list가 보이죠? 테이블이 잘 만들어진 것입니다. 그러면 이제 thanks_list 테이블에 데이터를 넣어보겠습니다. 데이터를 삽입할 때는 INSERT 문법을 사용합니다.

```
INSERT INTO thanks_list VALUES (1, "점심에 맛있는 초밥을 먹어서 감사.",
"2022-11-08 14:14:35");
```

잘 데이터가 삽입되었는지 확인해보겠습니다. 데이터 조회에는 SELECT 문법을 사용합니다. *를 사용하여 모든 컬럼 데이터가 다 보이게 조회하겠습니다.

```
SELECT * FROM thanks_list;
```

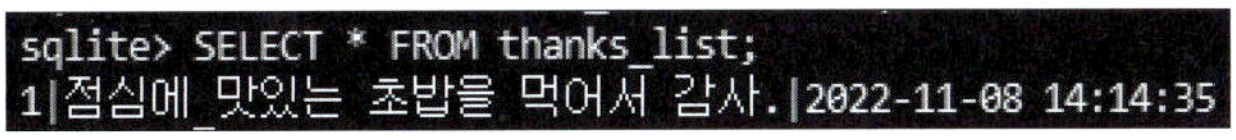

```
sqlite> SELECT * FROM thanks_list;
1|점심에 맛있는 초밥을 먹어서 감사.|2022-11-08 14:14:35
```

[그림 36-4]

방금 입력한 데이터가 thanks_list 테이블에 잘 들어가 있는 것을 확인할 수 있습니다. 컬럼명도 보이게, 또 예쁘게 정렬되어 보이도록 설정을 변경해주겠습니다. 그 다음에 다시 테이블에 내용을 조회합니다.

```
.mode column
.header on
SELECT * FROM thanks_list;
```

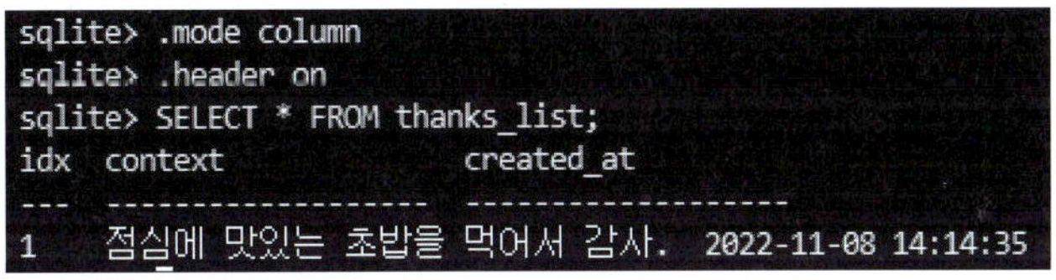

```
sqlite> .mode column
sqlite> .header on
sqlite> SELECT * FROM thanks_list;
idx  context              created_at
---  -------------------  -------------------
1    점심에 맛있는 초밥을 먹어서 감사.  2022-11-08 14:14:35
```

[그림 36-5]

그런데 idx는 계속해서 1씩 증가해서 저절로 들어가게 해주고, 작성 일시도 저절로 들어가게 해주는 것이 더 좋을 것 같죠? 따라서 기존에 만들었던 테이블을 제거하고, 다시 만들도록 하겠습니다. 테이블 삭제 명령은 다음과 같습니다.

```
DROP TABLE thanks_list;
```

이제 다시 테이블을 생성합니다. 이전보다 조금 더 SQL문이 복잡해집니다.

```
CREATE TABLE thanks_list (
idx INTEGER PRIMARY KEY AUTOINCREMENT,
content TEXT,
created_at DATETIME NOT NULL DEFAULT (DATETIME('now', '+9 hours'))
);
```

36장. 감사 일기 프로그램 만들기 417

idx 컬럼에 INTEGER 데이터 타입 뒤에 PRIMARY KEY와 AUTOINCREMENT가 붙었습니다. PRIMARY KEY로 지정되면 해당 컬럼에 중복된 데이터를 허용하지 않습니다. 예를 들어, 어떤 행에 1이 있으면 또 다시 다른 행에 1이 들어올 수 없습니다. 그리고 AUTOINCREMENT를 붙여주면 값을 입력하지 않아도 저절로 1씩 증가합니다. created_at 컬럼에는 `NOT NULL DEFAULT (DATETIME('now', '+9 hours'))`가 추가되었습니다. 사용자가 별도로 일시 데이터를 넣어주지 않는 한 협정 세계시를 기준으로 9시간 더한 시간(서울 시간)을 기본값으로 입력해주겠다는 뜻입니다.

이제 다시 데이터를 삽입해보고 조회해보겠습니다. 이제 데이터를 삽입할 때는 content 컬럼만 지정해서 넣어주면 됩니다.

```
INSERT INTO thanks_list (content) VALUES ("점심에 맛있는 초밥을 먹어서 감사.");
INSERT INTO thanks_list (content) VALUES ("오전에 아내와 공원에서 산책할 시간이 있음에 감사.");
SELECT * FROM thanks_list;
```

```
idx  content                                          created_at
---  -----------------------------------------------  -------------------
1    점심에 맛있는 초밥을 먹어서 감사.                  2022-11-08 14:50:43
2    오전에 아내와 공원에서 산책할 시간이 있음에 감사.  2022-11-08 14:59:35
```

[그림 36-6]

보는 것처럼 idx와 created_at 컬럼값이 저절로 적절하게 들어갔습니다. 이제 sqlite3 콘솔에서 빠져나오기 위해서 .exit를 입력합니다.

```
.exit
```

36.4 입력한 감사제목을 GUI 창에 띄우기

이제 파이썬 PySide6 앱과 sqlite3를 연동하여 입력한 감사제목이 GUI 창에 띄워지게 하겠습니다. 기존에 테스트를 위해 넣어줬던 감사제목들은 삭제하고 새롭게 몇 개의 감사제목들을 입력했습니다. 먼저 PySide6, pandas를 설치합니다. PySide6와 PyQt6는 모두 Qt 프레임워크의 파이썬 바인딩 라이브러리입니다. 사용법이 거의 같습니다. 둘의 가장 큰 차이는 라이선스입니다. PyQt6는 GPL(General Public License) 및 상용 라이선스를 제공하므로 상용 프로젝트에서 사용하는 경우 비용이 발생할 수 있지만, LGPL(Lesser General Public License) 라이선스를 사용하는 PySide6는 무료로 사용할 수 있습니다. VSCODE cmd 터미널에 다음 명령을 실행하여 라이브러리들을 설치합니다.

```
pip install PySide6 pandas
```

테이블에 넣어놓은 데이터가 표의 형태로 창에 보이도록 코드를 작성하겠습니다.

thanks_diary_1.py

```python
import sys
from PySide6.QtWidgets import QApplication, QMainWindow, QWidget,
    QTableWidget, QTableWidgetItem, QVBoxLayout, QHeaderView, QAbstractItemView
import sqlite3
import pandas as pd


class MainWindow(QMainWindow):
    def __init__(self):
        super().__init__()
        self.setWindowTitle("감사일기")
        self.resize(600, 500)

        with sqlite3.connect("thanks.db") as con:
            cur = con.cursor()
            cur.execute('''
            SELECT idx, content, created_at FROM thanks_list;
            ''')
            result = cur.fetchall()

        cols = []
        for column in cur.description:
            cols.append(column[0])

        thanks_list = pd.DataFrame.from_records(data=result, columns=cols)
        print(thanks_list)

        self.table = QTableWidget(len(thanks_list), 3, self)
        self.table.horizontalHeader().setSectionResizeMode(QHeaderView.ResizeToContents)
        self.table.verticalHeader().setVisible(False)
        self.table.setHorizontalHeaderLabels(['번호', '감사한일', '작성시간'])
        self.table.setEditTriggers(QAbstractItemView.NoEditTriggers)

        for i in range(len(thanks_list)):
```

```
34              idx = QTableWidgetItem(str(thanks_list.iloc[i, 0]))
35              self.table.setItem(i, 0, idx)
36              content = QTableWidgetItem(thanks_list.iloc[i, 1])
37              self.table.setItem(i, 1, content)
38              written_at = QTableWidgetItem(thanks_list.iloc[i, 2])
39              self.table.setItem(i, 2, written_at)
40
41          layout = QVBoxLayout()
42          layout.addWidget(self.table)
43
44          widget = QWidget()
45          widget.setLayout(layout)
46          self.setCentralWidget(widget)
47
48
49  if __name__ == '__main__':
50      app = QApplication(sys.argv)
51      w = MainWindow()
52      w.show()
53      app.exec()
```

01행~04행	필요한 라이브러리들을 불러옵니다.
07행~46행	프로그램 메인 창을 디자인합니다.
10행	프로그램 이름을 "감사일기"라고 명명합니다.
11행	메인 창의 처음 크기를 가로 600픽셀, 세로 500픽셀로 설정합니다.
13행~18행	thanks.db에 연결하여 thanks_list 테이블의 데이터를 조회합니다.
20행~25행	sqlite3에서 조회한 데이터를 판다스 데이터프레임 자료형으로 변환합니다.
27행	테이블 위젯을 하나 생성합니다. 행의 개수는 조회한 데이터의 행 수로 설정하고, 컬럼의 개수는 세 개로 합니다.
28행	내용에 따라 테이블 컬럼의 너비가 저절로 변경되게 합니다.
29행	수직 헤더가 보이지 않게 설정합니다.
30행	테이블의 컬럼명을 "번호" "감사한일" "작성시간"으로 작명합니다.
31행	테이블 내용이 편집되지 않게 합니다.
33행~39행	thanks_list 데이터프레임의 데이터를 테이블 셀에 넣어줍니다.
41행	위젯들을 수직 방향으로 배치하기 위한 레이아웃을 하나 만듭니다.
42행	해당 레이아웃에 테이블 위젯을 추가합니다.
44행~46행	위젯을 하나 생성한 후 그 위젯의 레이아웃을 layout으로 설정하고 그 위젯이 창의 중간에 배치되게 합니다.
49행~53행	QApplication 객체를 생성하고, 프로그램을 실행합니다. MainWindow 객체를 생성한 후 메인 창을 띄웁니다.

프로그램을 실행하면 다음과 같은 화면이 보일 것입니다. 번호, 감사한일, 작성시간 컬럼을 가진 표 안에 데이터들이 들어가 있습니다.

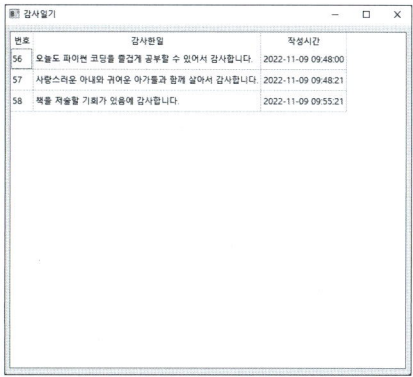

[그림 36-7]

36.5 감사제목을 입력하는 기능 추가하기

이번에는 감사제목을 입력할 수 있는 기능을 추가해보겠습니다. 그리고 가장 상단에 최근에 입력한 감사제목이 나오도록 시간 역순으로 정렬되게 하겠습니다. SQL문 후미에 `ORDER BY idx DESC`를 추가해주면 나중에 입력한 것이 상단에 옵니다. 그리고 PySide 앱에서 문장을 입력받을 때 사용할 수 있는 위젯에는 QLineEdit가 있습니다. QLineEdit 위젯과 버튼을 표 아래에 하나씩 추가해주겠습니다.

thanks_diary_2.py

```
01  import sys
02  from PySide6.QtWidgets import QApplication, QMainWindow, QWidget,
    QTableWidget, QTableWidgetItem, QVBoxLayout, QHBoxLayout, QHeaderView,
    QAbstractItemView, QLineEdit, QPushButton
03  import sqlite3
04  import pandas as pd
05
06
07  class MainWindow(QMainWindow):
08      def __init__(self):
09          super().__init__()
10          self.setWindowTitle("감사일기")
11          self.resize(600, 500)
```

```python
with sqlite3.connect("thanks.db") as con:
    cur = con.cursor()
    cur.execute('''
    SELECT idx, content, created_at FROM thanks_list ORDER BY idx DESC;
    ''')
    result = cur.fetchall()

cols = []
for column in cur.description:
    cols.append(column[0])

thanks_list = pd.DataFrame.from_records(data=result, columns=cols)
print(thanks_list)

self.table = QTableWidget(len(thanks_list), 3, self)
self.table.horizontalHeader().setSectionResizeMode(QHeaderView.ResizeToContents)
self.table.verticalHeader().setVisible(False)
self.table.setHorizontalHeaderLabels(['번호', '감사한일', '작성시간'])
self.table.setEditTriggers(QAbstractItemView.NoEditTriggers)

for i in range(len(thanks_list)):
    idx = QTableWidgetItem(str(thanks_list.iloc[i, 0]))
    self.table.setItem(i, 0, idx)
    content = QTableWidgetItem(thanks_list.iloc[i, 1])
    self.table.setItem(i, 1, content)
    written_at = QTableWidgetItem(thanks_list.iloc[i, 2])
    self.table.setItem(i, 2, written_at)

self.input_text = QLineEdit()
self.input_btn = QPushButton("입력")

bottom_layout = QHBoxLayout()
bottom_layout.addWidget(self.input_text)
bottom_layout.addWidget(self.input_btn)

layout = QVBoxLayout()
layout.addWidget(self.table)
layout.addLayout(bottom_layout)

widget = QWidget()
```

```
53            widget.setLayout(layout)
54            self.setCentralWidget(widget)
55
56
57   if __name__ == '__main__':
58       app = QApplication(sys.argv)
59       w = MainWindow()
60       w.show()
61       app.exec()
```

- 02행 필요한 위젯들을 추가합니다.
- 15행~17행 SQL문 후미에 ORDER BY idx DESC를 추가하여, 나중에 입력한 데이터가 가장 상단에 조회되도록 합니다.
- 41행~42행 감사제목 입력을 위한 QLineEdit 위젯과 입력 기능 수행을 위한 QPushButton 위젯을 생성합니다.
- 44행~46행 bottom_layout이라는 이름으로 QHBoxLayout을 생성한 후 가로 방향으로 QLineEdit 위젯과 QPushButton 위젯을 배치합니다.
- 50행 전체 레이아웃에 bottom_layout을 추가합니다.

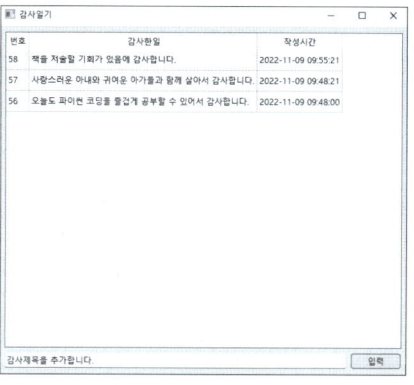

[그림 36-8]

가장 마지막에 입력한 감사제목이 맨 위에 배치된 것을 확인했죠? 그리고 하단에 텍스트를 입력할 위젯과 버튼이 잘 추가되었습니다. 하지만 아직 감사제목을 작성하고 [입력] 버튼을 클릭한다고 해서 실제로 데이터베이스에 반영되지도, UI에서 보이지도 않습니다. 껍데기만 있을 뿐입니다. 이제 위젯에 생명력을 불어넣어 주겠습니다.

thanks_diary_3.py

```
01  import sys
02  from PySide6.QtWidgets import QApplication, QMainWindow, QWidget,
    QTableWidget, QTableWidgetItem, QVBoxLayout, QHBoxLayout, QHeaderView,
```

```
        QAbstractItemView, QLineEdit, QPushButton
03  import sqlite3
04  import pandas as pd
05
06
07  def read_data():
08      with sqlite3.connect("thanks.db") as con:
09          cur = con.cursor()
10          cur.execute('''
11          SELECT idx, content, created_at FROM thanks_list ORDER BY idx DESC;
12          ''')
13          result = cur.fetchall()
14
15      cols = []
16      for column in cur.description:
17          cols.append(column[0])
18
19      thanks_list = pd.DataFrame.from_records(data=result, columns=cols)
20      print(thanks_list)
21
22      return thanks_list
23
24  def show_data(thanks_list, table):
25      table.setRowCount(len(thanks_list))
26
27      for i in range(len(thanks_list)):
28          idx = QTableWidgetItem(str(thanks_list.iloc[i, 0]))
29          table.setItem(i, 0, idx)
30          content = QTableWidgetItem(thanks_list.iloc[i, 1])
31          table.setItem(i, 1, content)
32          written_at = QTableWidgetItem(thanks_list.iloc[i, 2])
33          table.setItem(i, 2, written_at)
34
35
36  class MainWindow(QMainWindow):
37      def __init__(self):
38          super().__init__()
39          self.setWindowTitle("감사일기")
40          self.resize(600, 500)
41
42          thanks_list = read_data()
43          self.table = QTableWidget(len(thanks_list), 3, self)
```

```python
            self.table.horizontalHeader().setSectionResizeMode(QHeaderView.
            ResizeToContents)
            self.table.verticalHeader().setVisible(False)
            self.table.setHorizontalHeaderLabels(['번호', '감사한일', '작성시간'])
            self.table.setEditTriggers(QAbstractItemView.NoEditTriggers)

            show_data(thanks_list, self.table)

            self.input_text = QLineEdit()
            self.input_btn = QPushButton("입력")
            self.input_btn.clicked.connect(self.input_btn_clicked)

            bottom_layout = QHBoxLayout()
            bottom_layout.addWidget(self.input_text)
            bottom_layout.addWidget(self.input_btn)

            layout = QVBoxLayout()
            layout.addWidget(self.table)
            layout.addLayout(bottom_layout)

            widget = QWidget()
            widget.setLayout(layout)
            self.setCentralWidget(widget)

        def input_btn_clicked(self):
            new_thanks = self.input_text.text()

            if new_thanks:
                with sqlite3.connect("thanks.db") as con:
                    cur = con.cursor()
                    cur.execute('''
                    INSERT INTO thanks_list (content) VALUES (?)
                    ''', (new_thanks, ))
                    con.commit()

                thanks_list = read_data()
                show_data(thanks_list, self.table)

            self.input_text.setText('')


    if __name__ == '__main__':
```

```
85      app = QApplication(sys.argv)
86      w = MainWindow()
87      w.show()
88      app.exec()
```

07행~22행   thanks_list 테이블에서 전체 데이터를 조회하여 데이터프레임으로 변환해주는 일을 여러 군데에서 수행하기 때문에 함수로 처리합니다.

24행~33행   조회한 데이터를 테이블 위젯에 넣어주는 일도 여러 차례 수행하기 때문에 함수로 처리합니다.

42행   감사 데이터를 조회하기 위해 read_data 함수를 호출합니다.

49행   조회한 감사 데이터를 테이블에 넣어주기 위해 show_data 함수를 호출합니다.

53행   입력 버튼을 클릭하면 input_btn_clicked 함수가 실행됩니다.

67행~81행   버튼을 클릭했을 때 실행되는 함수입니다.

68행   QLineEdit 위젯에 입력되어 있는 텍스트 정보를 가져옵니다.

70행~79행   만약, QLineEdit 위젯에 무언가 입력되어 있다면, thanks_list 테이블에 해당 데이터를 삽입해주고, 전체 데이터를 다시 읽어서 table 위젯의 내용을 갱신합니다.

81행   QLineEdit 위젯에 입력되어 있던 문자열을 지워줍니다.

이제는 감사제목을 기입한 후에 [입력] 버튼을 클릭하면 다음과 같이 표 가장 상단에 방금 기입한 감사제목이 추가되어 보입니다.

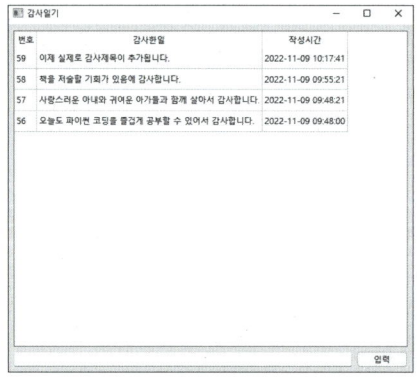

[그림 36-9]

36.6 입력한 감사제목을 수정/삭제하는 기능 추가하기

이제 테이블에서 감사제목 셀을 마우스 오른쪽 버튼으로 클릭하면 수정, 삭제 메뉴가 나오게 만들겠습니다.

```
thanks_diary_4.py
```

```python
import sys
from PySide6.QtWidgets import QApplication, QMainWindow, QWidget,
QTableWidget, QTableWidgetItem, QVBoxLayout, QHBoxLayout, QHeaderView,
QLineEdit, QPushButton, QAbstractItemView
from PySide6.QtCore import Qt
from PySide6.QtGui import QAction
import sqlite3
import pandas as pd


def read_data():
    with sqlite3.connect("thanks.db") as con:
        cur = con.cursor()
        cur.execute('''
        SELECT idx, content, created_at FROM thanks_list ORDER BY idx DESC;
        ''')
        result = cur.fetchall()

    cols = []
    for column in cur.description:
        cols.append(column[0])

    thanks_list = pd.DataFrame.from_records(data=result, columns=cols)
    print(thanks_list)

    return thanks_list

def show_data(thanks_list, table):
    table.setRowCount(len(thanks_list))

    for i in range(len(thanks_list)):
        idx = QTableWidgetItem(str(thanks_list.iloc[i, 0]))
        table.setItem(i, 0, idx)
        content = QTableWidgetItem(thanks_list.iloc[i, 1])
        table.setItem(i, 1, content)
        written_at = QTableWidgetItem(thanks_list.iloc[i, 2])
        table.setItem(i, 2, written_at)


class MainWindow(QMainWindow):
    def __init__(self):
```

```
40          super().__init__()
41          self.setWindowTitle("감사일기")
42          self.resize(600, 500)
43
44          thanks_list = read_data()
45          self.table = QTableWidget(len(thanks_list), 3, self)
46          self.table.horizontalHeader().setSectionResizeMode(QHeaderView.
            ResizeToContents)
47          self.table.verticalHeader().setVisible(False)
48          self.table.setHorizontalHeaderLabels(['번호', '감사한일', '작성시간'])
49          self.table.setEditTriggers(QAbstractItemView.NoEditTriggers)
50
51          self.table.setContextMenuPolicy(Qt.ActionsContextMenu)
52          action1 = QAction("수정", self.table)
53          action2 = QAction("삭제", self.table)
54
55          self.table.addAction(action1)
56          self.table.addAction(action2)
57          show_data(thanks_list, self.table)
58
59          self.input_text = QLineEdit()
60          self.input_btn = QPushButton("입력")
61          self.input_btn.clicked.connect(self.input_btn_clicked)
62
63          bottom_layout = QHBoxLayout()
64          bottom_layout.addWidget(self.input_text)
65          bottom_layout.addWidget(self.input_btn)
66
67          layout = QVBoxLayout()
68          layout.addWidget(self.table)
69          layout.addLayout(bottom_layout)
70
71          widget = QWidget()
72          widget.setLayout(layout)
73          self.setCentralWidget(widget)
74
75      def input_btn_clicked(self):
76          new_thanks = self.input_text.text()
77
78          if new_thanks != '':
79              with sqlite3.connect("thanks.db") as con:
80                  cur = con.cursor()
```

```
81                cur.execute('''
82                INSERT INTO thanks_list (content) VALUES (?)
83                ''', (new_thanks, ))
84                con.commit()
85
86            thanks_list = read_data()
87            show_data(thanks_list, self.table)
88
89        self.input_text.setText('')
90
91
92 if __name__ == '__main__':
93     app = QApplication(sys.argv)
94     w = MainWindow()
95     w.show()
96     app.exec()
```

02행, 04행   PySide6 라이브러리에서 필요한 클래스를 추가합니다.
51행~53행   테이블의 셀에 대하여 오른쪽 클릭을 하면 수정, 삭제 메뉴가 뜨게 만듭니다.

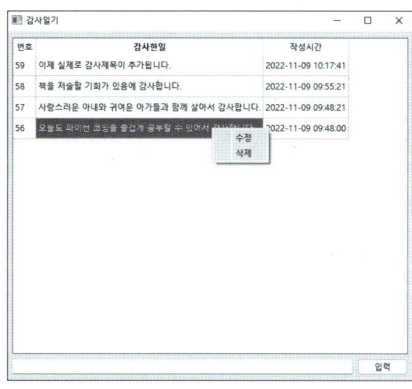

[그림 36-10]

테이블에서 마우스 오른쪽 버튼을 클릭하면, 수정, 삭제 메뉴가 잘 보일 것입니다. 하지만, 아직 [수정] 또는 [삭제] 메뉴를 선택한다고 해서 아무 일도 일어나진 않습니다. 역시 생명력을 불어넣어줘야 합니다. 클릭했을 때 어떤 일이 일어날 것인지 정의해줘야 합니다. 여기서는 수정을 클릭하면 또 다른 창이 뜨면서, 거기서 감사제목을 수정할 수 있도록 만들었습니다. 그리고 삭제는 클릭하는 순간 바로 진행됩니다.

```
thanks_diary_5.py
```

```python
import sys
from PySide6.QtWidgets import QApplication, QMainWindow, QWidget, 
QTableWidget, QTableWidgetItem, QVBoxLayout, QHBoxLayout, QHeaderView, 
QLineEdit, QPushButton, QAbstractItemView, QLabel
from PySide6.QtCore import Qt
from PySide6.QtGui import QAction
import sqlite3
import pandas as pd


def read_data():
    with sqlite3.connect("thanks.db") as con:
        cur = con.cursor()
        cur.execute('''
        SELECT idx, content, created_at FROM thanks_list ORDER BY idx DESC;
        ''')
        result = cur.fetchall()

        cols = []
        for column in cur.description:
            cols.append(column[0])

        thanks_list = pd.DataFrame.from_records(data=result, columns=cols)
        print(thanks_list)

        return thanks_list

def show_data(thanks_list, table):
    table.setRowCount(len(thanks_list))

    for i in range(len(thanks_list)):
        idx = QTableWidgetItem(str(thanks_list.iloc[i, 0]))
        table.setItem(i, 0, idx)
        content = QTableWidgetItem(thanks_list.iloc[i, 1])
        table.setItem(i, 1, content)
        written_at = QTableWidgetItem(thanks_list.iloc[i, 2])
        table.setItem(i, 2, written_at)


class ModifyWindow(QWidget):
    def __init__(self, current_item_text, current_item_idx, table):
```

```python
        super().__init__()
        self.setWindowTitle("감사내용 수정")
        self.setFixedWidth(600)
        self.update_idx = current_item_idx
        self.table = table

        self.lb = QLabel(current_item_text)
        self.qle = QLineEdit()
        self.btn = QPushButton("수정")
        self.btn.clicked.connect(self.modify_btn_clicked)

        layout = QVBoxLayout()
        layout.addWidget(self.lb)
        layout.addWidget(self.qle)
        layout.addWidget(self.btn)
        self.setLayout(layout)

    def modify_btn_clicked(self):
        update_thanks = self.qle.text()
        update_idx = self.update_idx

        if update_thanks:
            with sqlite3.connect("thanks.db") as con:
                cur = con.cursor()
                cur.execute('''
                UPDATE thanks_list SET content = (?) WHERE idx = (?);
                ''', (update_thanks, update_idx))
                con.commit()

            thanks_list = read_data()
            show_data(thanks_list, self.table)

        self.close()


class MainWindow(QMainWindow):
    def __init__(self):
        super().__init__()
        self.setWindowTitle("감사일기")
        self.resize(600, 500)

        thanks_list = read_data()
```

```python
            self.table = QTableWidget(len(thanks_list), 3, self)
            self.table.horizontalHeader().setSectionResizeMode(QHeaderView.
            ResizeToContents)
            self.table.verticalHeader().setVisible(False)
            self.table.setHorizontalHeaderLabels(['번호', '감사한일', '작성시간'])
            self.table.setEditTriggers(QAbstractItemView.NoEditTriggers)

            self.table.setContextMenuPolicy(Qt.ActionsContextMenu)
            action1 = QAction("수정", self.table)
            action2 = QAction("삭제", self.table)
            action1.triggered.connect(self.modify)
            action2.triggered.connect(self.delete)
            self.table.addAction(action1)
            self.table.addAction(action2)

            show_data(thanks_list, self.table)

            self.input_text = QLineEdit()
            self.input_btn = QPushButton("입력")
            self.input_btn.clicked.connect(self.input_btn_clicked)

            bottom_layout = QHBoxLayout()
            bottom_layout.addWidget(self.input_text)
            bottom_layout.addWidget(self.input_btn)

            layout = QVBoxLayout()
            layout.addWidget(self.table)
            layout.addLayout(bottom_layout)

            widget = QWidget()
            widget.setLayout(layout)
            self.setCentralWidget(widget)

    def input_btn_clicked(self):
        new_thanks = self.input_text.text()

        if new_thanks != '':
            with sqlite3.connect("thanks.db") as con:
                cur = con.cursor()
                cur.execute('''
                INSERT INTO thanks_list (content) VALUES (?)
                ''', (new_thanks, ))
```

```python
123                con.commit()
124
125            thanks_list = read_data()
126            show_data(thanks_list, self.table)
127
128        self.input_text.setText('')
129
130    def modify(self):
131        current_item = self.table.currentItem()
132        current_item_row = current_item.row()
133        current_item_text = self.table.item(current_item_row, 1).text()
134        current_item_idx = int(self.table.item(current_item_row, 0).text())
135        self.modify_window = ModifyWindow(current_item_text, current_item_idx, self.table)
136        self.modify_window.show()
137
138    def delete(self):
139        current_item = self.table.currentItem()
140        current_item_row = current_item.row()
141        current_item_idx = int(self.table.item(current_item_row, 0).text())
142
143        with sqlite3.connect("thanks.db") as con:
144            cur = con.cursor()
145            cur.execute('''
146            DELETE FROM thanks_list WHERE idx = (?);
147            ''', (current_item_idx, ))
148            con.commit()
149
150        thanks_list = read_data()
151        show_data(thanks_list, self.table)
152
153
154 if __name__ == '__main__':
155     app = QApplication(sys.argv)
156     w = MainWindow()
157     w.show()
158     app.exec()
```

002행 필요한 위젯을 추가합니다.

038행~072행 수정 메뉴를 선택했을 때 보일 ModifyWindow를 정의합니다. 기존 내용이 QLabel 위젯에 담겨서 보이고, 아래에는 새롭게 입력할 수 있는 QLineEdit 위젯과 수정 버튼이 배치됩니다. 수정 버튼을 클릭하면 modify_btn_clicked 함수가 실행되고 기존 감사제목이 새롭게 입력한 감사제목으로 변경됩니다.

091행   수정 메뉴를 선택하면 modify 함수가 실행됩니다.
092행   삭제 메뉴를 선택하면 delete 함수가 실행됩니다.
130행~136행   수정 메뉴를 선택했을 때 실행되는 modify 함수입니다. 현재 클릭한 셀의 행에 있는 감사 내용, idx와 테이블 객체를 ModifyWindow 객체를 생성할 때 전달합니다.
138행~151행   삭제 메뉴를 선택했을 때 실행되는 delete 함수입니다. 클릭한 셀의 행에 있는 idx 정보를 얻어서 데이터베이스 thanks_list 테이블에서 그 행을 제거합니다.

[수정] 메뉴를 선택하면 다음과 같은 창이 보입니다.

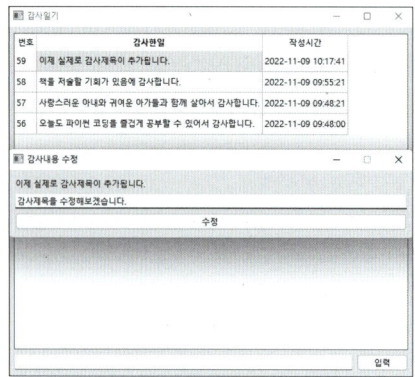

[그림 36-11]

내용이 잘 수정되는군요.

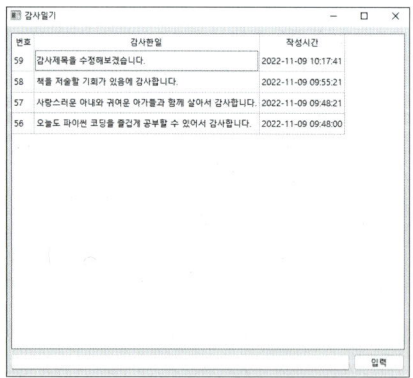

[그림 36-12]

이번에는 감사제목을 삭제해보겠습니다.

[그림 36-13]

해당 행이 잘 삭제되었습니다. 간단하지만 꽤 실용적인 프로그램이 완성되었습니다.

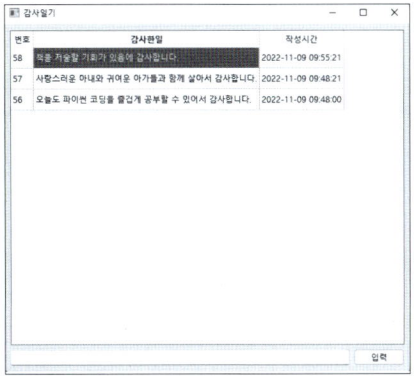

[그림 36-14]

36.7 프로그램 빌드하기

이 감사일기 프로그램을 실제로 편하게 사용하기 위해서 pyinstaller를 활용하여 프로그램답게 만들겠습니다. 우선 pyinstaller를 설치합니다.

```
pip install pyinstaller
```

그 다음에 다음 명령을 실행하여 프로그램을 빌드합니다. thanks.db를 add-data 옵션으로 전달해준다는 점이 중요합니다.

```
pyinstaller --noconsole --add-data="./thanks.db;." -n="감사일기" thanks_diary_5.py
```

이제 현재 작업 폴더 안에 dist라는 폴더가 생성되었을 것입니다. 그 안을 살펴보면 감사일기 폴더가 있습니다.

[그림 36-15]

이 폴더를 압축해서 친구에게 전달하면 그 친구도 이 프로그램을 쉽게 사용할 수 있습니다. 폴더 내에 있는 [감사일기.exe]를 더블클릭하면 프로그램이 실행됩니다. 사용하기 편하게 이 [감사일기.exe]의 바로가기를 바탕화면에 생성해놓으면 됩니다. 그냥 드래그해서 바탕화면에 갖다 놓으면 제대로 실행되지 않으니 주의하세요.

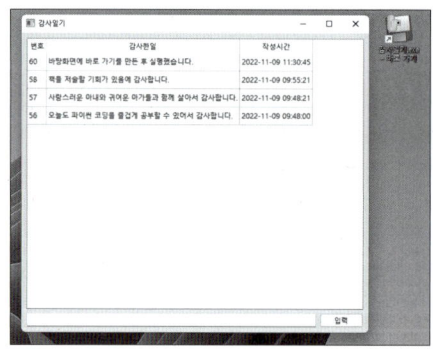

[그림 36-16]

36.8 정리하며

이 장에서는 sqlite3 데이터베이스와 PySide 앱을 연동하여 감사일기 프로그램을 만들어봤습니다. 이 장은 내용이 꽤 길었는데 끝까지 따라온 분들은 정말 고생했습니다. 이 장에서 배운 내용을 응용한다면, 메모장, 체크리스트 등의 프로그램도 충분히 만들 수 있을 것입니다. 여러분의 응용 능력과 도전 정신을 기대하며 이 장을 마치겠습니다.

37장. 객체 지향 프로그래밍하기

Feat.
없음

파이썬은 객체 지향 언어입니다. 객체는 클래스라는 것을 통해 찍어낸 것을 의미합니다. 클래스를 만들어서 속성과 메서드를 부여하고 그 클래스로 만들어낸 객체들로 일종의 기능을 구현해나가는 것이 객체 지향 프로그래밍입니다. 이 장을 통해서 객체 지향 프로그래밍에 대해서 인사이트를 얻을 수 있기를 바랍니다.

37.1 실습 준비

이전 실습에 사용했던 가상환경이 활성화되어 있다면 먼저 deactivate 명령으로 비활성화해주세요.

```
deactivate
```

그 다음에 바탕화면에 있는 enjoy_python 폴더 내에 oop라는 폴더를 만든 후 VSCODE에서 해당 폴더를 열고 cmd 터미널에서 아래 명령을 실행하여 .venv 가상환경을 만들어주세요. 가상환경이 잘 생성되었다면, oop 폴더 안에 .venv 폴더가 생성되었을 것입니다.

```
virtualenv .venv
```

그리고 가상환경에 진입해주세요.

```
call .venv/Scripts/activate
```

이제 oop 폴더 안에 .py 파일 등을 따라 만들어가면서 실습을 진행하면 됩니다. 참고로 .venv 폴더 안에 파일을 만들지 마세요.

37.2 클래스 만들기

먼저 클래스의 필요를 느낄 수 있는 예제를 살펴보겠습니다. 심교훈, 아이유, 손흥민에 대해서 소개해 주는 코드입니다(제가 아이유, 손흥민과 동급이라는 의미는 절대 아닙니다).

oop_1.py

```
01  def introduce(name, job, sex):
02      print(f"{name}의 직업은 {job}이고 성별은 {sex}입니다.")
03
04
05  name1 = '심교훈'
06  job1 = '개발자'
07  sex1 = '남자'
08  introduce(name1, job1, sex1)
09
10  name2 = '아이유'
11  job2 = '가수'
12  sex2 = '여자'
13  introduce(name2, job2, sex2)
14
15  name3 = '손흥민'
16  job3 = '축구선수'
17  sex3 = '남자'
18  introduce(name3, job3, sex3)
```

01행~02행 전달받은 매개변수들을 가지고 자기 소개를 해주는 함수입니다.
05행~18행 각 사람의 이름, 직업, 성별을 각각의 변수에 담은 후 introduce 함수를 활용하여 자기 소개를 합니다.

```
심교훈의 직업은 개발자이고 성별은 남자입니다.
아이유의 직업은 가수이고 성별은 여자입니다.
손흥민의 직업은 축구선수이고 성별은 남자입니다.
```

[그림 37-1]

그런데 코드를 보면 반복되는 부분이 있다는 것을 느낄 것입니다. 개발자는 반복을 극도로 싫어하는 존재들입니다. 클래스를 사용하면 훨씬 간결하게 코드를 짤 수 있습니다.

oop_2.py

```
01  class Person:
02      def __init__(self, name, job, sex):
```

```
03            self.name = name
04            self.job = job
05            self.sex = sex
06
07        def introduce(self):
08            print(f"{self.name}의 직업은 {self.job}이고 성별은 {self.sex}입니다.")
09
10
11   p1 = Person('심교훈', '개발자', '남자')
12   p1.introduce()
13
14   p2 = Person('아이유', '가수', '여자')
15   p2.introduce()
16
17   p3 = Person('손흥민', '축구선수', '남자')
18   p3.introduce()
```

01행~08행 Person이라는 클래스를 선언합니다.
02행~05행 클래스로 객체를 생성할 때 전달받은 매개변수들로 변수(속성)를 선언합니다.
07행~08행 클래스 내에 함수를 선언합니다. 클래스 내에 있는 함수를 대개 메서드라고 부릅니다.
11행~18행 Person 클래스를 활용하여 세 명의 객체를 찍어냅니다. 그리고 Person 클래스의 introduce 메서드로 자기 소개를 시킵니다.

실행결과는 동일합니다.

```
심교훈의 직업은 개발자이고 성별은 남자입니다.
아이유의 직업은 가수이고 성별은 여자입니다.
손흥민의 직업은 축구선수이고 성별은 남자입니다.
```

[그림 37-2]

이렇게 클래스를 만들어서 객체를 찍어내면 또 다른 객체를 만들어낼 때 단 한 줄로 생성이 가능해집니다. 또한 데이터와 데이터가 갖고 있는 기능을 묶어줄 수 있게 됩니다. 사람 이름, 직업, 성별이라는 속성과 자기를 소개하는 기능을 Person이라는 클래스로 묶어주기 때문에 하나의 존재가 가진 특성과 능력으로 생각할 수 있게 됩니다.

조금 더 클래스를 이해할 수 있도록 직업별로 클래스를 따로 만들겠습니다.

oop_3.py

```
01   class Developer:
02        def __init__(self, name):
```

37장. 객체 지향 프로그래밍하기 439

```python
03          self.name = name
04
05      def introduce(self):
06          print(f"저는 {self.name}입니다.")
07
08      def coding(self):
09          print(f"{self.name}은 코딩을 합니다.")
10
11
12  class Singer:
13      def __init__(self, name):
14          self.name = name
15
16      def introduce(self):
17          print(f"저는 {self.name}입니다.")
18
19      def sing(self):
20          print(f"{self.name}은 노래를 합니다.")
21
22
23  class SoccerPlayer:
24      def __init__(self, name):
25          self.name = name
26
27      def introduce(self):
28          print(f"저는 {self.name}입니다.")
29
30      def play_soccer(self):
31          print(f"{self.name}은 축구를 합니다.")
32
33
34  p1 = Developer('심교훈')
35  p2 = Developer('빌게이츠')
36  p3 = Singer('아이유')
37  p4 = Singer('BTS')
38  p5 = SoccerPlayer('손흥민')
39  p6 = SoccerPlayer('황희찬')
40
41  p1.introduce()
42  p1.coding()
43  p2.introduce()
44  p2.coding()
```

```
45    p3.introduce()
46    p3.sing()
47    p4.introduce()
48    p4.sing()
49    p5.introduce()
50    p5.play_soccer()
51    p6.introduce()
52    p6.play_soccer()
```

01행~09행 Developer 클래스를 선언합니다. Developer 객체는 coding을 할 수 있는 능력이 있습니다.
12행~20행 Singer 클래스를 선언합니다. Singer 객체는 sing을 할 수 있는 능력이 있습니다.
23행~31행 SoccerPlayer 클래스를 선언합니다. SoccerPlayer 객체는 play_soccer를 할 수 있는 능력이 있습니다.
34행~39행 6개의 객체를 생성합니다.
41행~52행 각 객체가 가지고 있는 능력을 확인합니다.

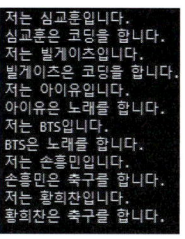

[그림 37-3]

37.3 상속

위 코드를 보면 조금 불만족스러운 부분이 있습니다. 모든 클래스에 introduce라는 비슷한 역할을 하는 메서드가 있다는 점입니다. 이처럼 반복되는 것들을 개발자는 불편하게 생각해야 합니다. 모두가 사람과 관련된 클래스이므로 자신의 이름을 소개하는 기능이 동일하게 포함되어 있었던 것입니다. 이러한 중복을 해결하기 위해 여기서는 사람이라는 클래스를 만들고 그 사람 클래스를 Developer, Singer, SoccerPlayer 클래스에 상속하겠습니다.

oop_4.py

```
01    class Person:
02        def __init__(self, name):
03            self.name = name
04
```

```python
05      def introduce(self):
06          print(f"저는 {self.name}입니다.")
07
08
09  class Developer(Person):
10      def __init__(self, name):
11          super().__init__(name)
12
13      def coding(self):
14          print(f"{self.name}은 코딩을 합니다.")
15
16
17  class Singer(Person):
18      def __init__(self, name):
19          super().__init__(name)
20
21      def sing(self):
22          print(f"{self.name}은 노래를 합니다.")
23
24
25  class SoccerPlayer(Person):
26      def __init__(self, name):
27          super().__init__(name)
28
29      def play_soccer(self):
30          print(f"{self.name}은 축구를 합니다.")
31
32
33  p1 = Developer('심교훈')
34  p2 = Developer('빌게이츠')
35  p3 = Singer('아이유')
36  p4 = Singer('BTS')
37  p5 = SoccerPlayer('손흥민')
38  p6 = SoccerPlayer('황희찬')
39
40  p1.introduce()
41  p1.coding()
42  p2.introduce()
43  p2.coding()
44  p3.introduce()
45  p3.sing()
46  p4.introduce()
```

```
47    p4.sing()
48    p5.introduce()
49    p5.play_soccer()
50    p6.introduce()
51    p6.play_soccer()
```

01행~06행	Person 클래스를 선언합니다. 이름을 전달받아서 생성되면, 자기 이름을 소개하는 능력이 있습니다.
09행~30행	Person 클래스를 상속받아서 Developer, Singer, SoccerPlayer 클래스를 각각 선언합니다. 클래스명 다음에 (Person)이 붙음으로 상속이 이뤄집니다.
33행~38행	p1, p2, p3, p4, p5, p6 객체를 생성합니다.
40행~51행	p1, p2, p3, p4, p5, p6 객체가 가진 능력을 확인합니다.

```
저는 심교훈입니다.
심교훈은 코딩을 합니다.
저는 빌게이츠입니다.
빌게이츠은 코딩을 합니다.
저는 아이유입니다.
아이유은 노래를 합니다.
저는 BTS입니다.
BTS은 노래를 합니다.
저는 손흥민입니다.
손흥민은 축구를 합니다.
저는 황희찬입니다.
황희찬은 축구를 합니다.
```

[그림 37-4]

보는 것처럼 Developer, Singer, SoccerPlayer 클래스에는 introduce라는 능력이 없지만, Person 클래스로부터 상속받았기 때문에 introduce 능력을 사용할 수 있습니다. 부모의 유전자를 자식이 물려받는 것과 비슷한 원리입니다.

각 클래스를 조금 더 구체화하겠습니다. 개발자 클래스로 객체를 만들 때는 이름뿐만 아니라 프로그래밍 언어를 매개변수로 전달하도록 해주겠습니다. 또한 가수 클래스의 경우에는 대표곡을, 축구선수 클래스의 경우에는 소속팀 정보를 전달하겠습니다.

oop_5.py

```
01  class Person:
02      def __init__(self, name):
03          self.name = name
04
05      def introduce(self):
06          print(f"저는 {self.name}입니다.")
07
08
```

```python
09  class Developer(Person):
10      def __init__(self, name, language):
11          super().__init__(name)
12          self.language = language
13
14      def coding(self):
15          print(f"{self.name}은 {self.language}으로 코딩을 합니다.")
16
17
18  class Singer(Person):
19      def __init__(self, name, representative_song):
20          super().__init__(name)
21          self.representative_song = representative_song
22
23      def sing(self):
24          print(f"{self.name}은 노래를 합니다.")
25
26      def show_representative_song(self):
27          print(f"{self.name}의 대표곡은 {self.representative_song}입니다.")
28
29
30  class SoccerPlayer(Person):
31      def __init__(self, name, team):
32          super().__init__(name)
33          self.team = team
34
35      def play_soccer(self):
36          print(f"{self.name}은 축구를 합니다.")
37
38      def show_team(self):
39          print(f"{self.name}은 {self.team} 소속입니다.")
40
41
42  p1 = Developer('심교훈', '파이썬')
43  p2 = Developer('빌게이츠', 'C 언어')
44  p3 = Singer('아이유', '좋은날')
45  p4 = Singer('BTS', 'Dynamite')
46  p5 = SoccerPlayer('손흥민', '토트넘핫스퍼')
47  p6 = SoccerPlayer('황희찬', '울버햄튼')
48
49  p1.introduce()
50  p1.coding()
```

```
51
52  p2.introduce()
53  p2.coding()
54
55  p3.introduce()
56  p3.sing()
57  p3.show_representative_song()
58
59  p4.introduce()
60  p4.sing()
61  p4.show_representative_song()
62
63  p5.introduce()
64  p5.play_soccer()
65  p5.show_team()
66
67  p6.introduce()
68  p6.play_soccer()
69  p6.show_team()
```

09행~15행   Developer 객체를 생성할 때는 사용하는 프로그래밍 언어 정보도 전달하도록 클래스를 선언했습니다.

18행~27행   Singer 객체를 생성할 때는 대표곡 정보도 전달하도록 했습니다. 또한 대표곡을 보여주는 메서드 show_representative_song도 추가했습니다.

30행~39행   SoccerPlayer 객체를 생성할 때는 소속팀 정보도 전달하도록 했습니다. 또한 소속팀 정보를 보여주는 메서드 show_team도 추가했습니다.

42행~47행   이제 각 객체를 생성할 때 필요한 인자를 추가해줘야 합니다.

49행~69행   객체가 가지고 있는 다양한 능력들을 확인합니다.

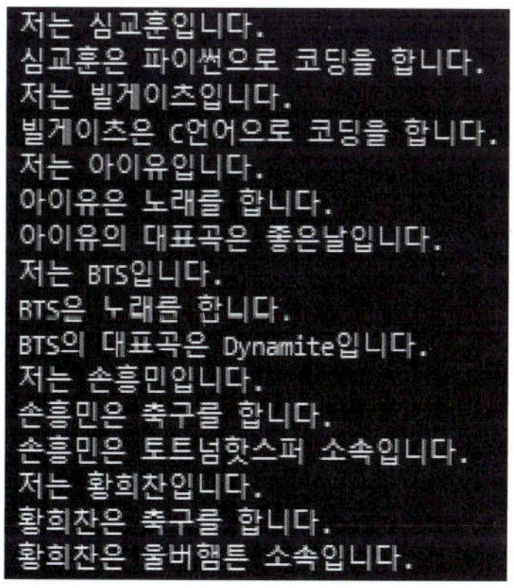

[그림 37-5]

37.4 정리하며

파이썬을 하다보면 .(점)을 참 많이 사용하게 됩니다. 점을 사용하는 이유는 보통 어떤 객체의 메서드를 사용하기 위함입니다. 이처럼 우리는 우리가 만들지 않았지만 누군가가 이미 만들어놓은 클래스를 사용하고 있었던 것입니다. 우리가 직접 클래스를 만들어서 점을 많이 활용할 수 있도록 코드를 짜는 연습을 한다면 조금 더 파이썬스러운, 객체 지향적인 프로그래밍을 할 수 있게 될 것입니다.

38장. 로그 예쁘게 찍기

Feat. logging + coloredlogs

코딩을 할 때 가장 중요한 것 중 하나는 print 함수로 로그를 찍어서 프로그램이 내가 의도한 대로 잘 작동하는지를 확인하는 과정입니다. 또한 로그를 통해 사용자에게 에러가 났다는 것을 알려줄 수도 있고, 어떻게 작동 중인지를 알려줄 수도 있습니다. 이 장에서는 로그를 컬러풀하고 정보성 있게 남기는 방법에 대해 살펴보겠습니다.

38.1 실습 준비

이전 실습에 사용했던 가상환경이 활성화되어 있다면 먼저 **deactivate** 명령으로 비활성화해주세요.

```
deactivate
```

그 다음에 바탕화면에 있는 enjoy_python 폴더 내에 log라는 폴더를 만든 후 VSCODE에서 해당 폴더를 열고 cmd 터미널에서 아래 명령을 실행하여 .venv 가상환경을 만들어주세요. 가상환경이 잘 생성되었다면, log 폴더 안에 .venv 폴더가 생성되었을 것입니다.

```
virtualenv .venv
```

그리고 가상환경에 진입해주세요.

```
call .venv/Scripts/activate
```

이제 log 폴더 안에 .py 파일 등을 따라 만들어가면서 실습을 진행하면 됩니다. 참고로 .venv 폴더 안에 파일을 만들지 마세요.

38.2 원래 찍히는 평범한 로그

우선 일부러 예외가 발생하는 코드를 작성하고 실행해보겠습니다.

```
log_1.py
01  a = [1, 2, 3, 4, 5]
02  print(a[6])
03
04  print('프로그램 종료!')
```

위 코드를 실행하면 다음과 같은 에러 메시지가 터미널에 출력됩니다. 사용하는 IDE에 따라서 어느 정도 컬러 처리가 되어서 나오는 경우도 있긴 합니다만, 보통은 아래와 같이 검정색 배경에 흰 글씨로 메시지가 출력될 것입니다.

```
Traceback (most recent call last):
  File "C:\Users\SDE\Desktop\enjoy_python\ex22\ex22_1.py", line 2, in <module>
    print(a[6])
IndexError: list index out of range
```

[그림 38-1]

하단에 보면 IndexError라고 에러의 유형이 적혀 있는데, 이 에러는 인덱싱을 할 때 인덱스의 범위를 초과했을 때 발생하는 에러입니다. a[4]까지 밖에 없는 리스트에서 a[6]을 선택했기 때문에 IndexError가 발생했습니다. 그리고 마지막 줄에 있던 print문은 실행되지 않았습니다. 그 앞에서 에러가 나면서 프로그램이 종료됐기 때문입니다.

38.3 컬러로 로그 표현하기

이번에는 조금 더 로그를 정보성있게 찍도록 하겠습니다. 로그의 레벨에 따라서 컬러도 넣어줄 것입니다. coloredlogs 라이브러리와 logging 라이브러리가 필요합니다. logging 라이브러리는 표준 라이브러리이기 때문에 설치가 필요하지 않지만, coloredlogs는 외부 라이브러리이므로 설치해줘야 합니다. coloredlogs의 자세한 사용법은 아래 공식 문서에서 확인할 수 있습니다.

https://pypi.org/project/coloredlogs/

coloredlogs를 설치하기 위해 VSCODE cmd 터미널에서 다음 명령을 실행해주세요.

```
pip install coloredlogs
```

설치가 잘 완료되었다면, 다음 코드를 작성하고 실행합니다. 에러가 발생할 것 같은 부분에 try, except 구문으로 예외 처리를 해주고, 에러 메시지를 출력해주는 코드입니다.

log_2.py
```
01  import coloredlogs, logging
02
03  logger = logging.getLogger(__name__)
04  coloredlogs.install(level='DEBUG')
05
06  a = [1, 2, 3, 4, 5]
07
08  try:
09      print(a[6])
10  except Exception as e:
11      logging.error(e)
12
13  logging.info('프로그램 종료!')
```

01행 coloredlogs와 logging 라이브러리를 불러옵니다.
03행 logger 객체를 생성합니다.
04행 coloredlogs를 설치합니다.
06행 리스트를 만듭니다.
08행~11행 a[6]을 터미널에 출력하려고 하는데, 에러가 발생하면 logging.error 함수로 에러 메시지를 출력합니다.
13행 logging.info 함수로 프로그램이 종료되었다는 것을 알려줍니다.

위 코드를 실행하면 다음과 같이 로그가 찍힌 것을 확인할 수 있습니다.

[그림 38-2]

에러가 발생한 시간과 컴퓨터 이름과 사용자 정보가 에러 내용과 함께 찍힌 것을 확인할 수 있습니다. 그리고 error 메시지의 경우는 info 메시지와 달리 빨간 글자로 표현되었고요.

여기서 궁금증이 생기는 분이 있을 것 같습니다. logging.error('메시지')와 logging.info('메시지')는 어떤 차이가 있냐는 것이죠. 로그에는 레벨이라는 것이 있습니다. 보통 아래처럼 구분합니다.

1. **debug**: 상세한 정보. 보통 문제를 진단할 때 사용합니다.
2. **info**: 프로그램이 예상한 대로 작동하는지 확인할 때 사용합니다.
3. **warning**: 예상치 못한 일이 발생했거나 가까운 미래에 발생할 문제를 나타낼 때 사용합니다. 당장 프로그램이 돌아가는 데는 별 문제가 없지만, 나중에는 문제가 될 수도 있습니다.
4. **error**: 에러가 발생해서 프로그램이 제대로 작동되지 않을 수 있을 때 사용합니다.
5. **critical**: 에러 중에서도 매우 심각한 에러일 때 사용합니다.

이 모든 레벨들을 활용해서 로그를 남겨보겠습니다.

log_3.py

```
01  import coloredlogs, logging
02
03  logger = logging.getLogger(__name__)
04  coloredlogs.install(level='DEBUG')
05
06  logging.debug("디버깅 메시지입니다.")
07  logging.info("정보성 메시지입니다.")
08  logging.warning("경고 메시지입니다.")
09  logging.error("에러 메시지입니다.")
10  logging.critical("치명적 에러 메시지입니다.")
```

06행 debug 함수로 디버깅 메시지를 남깁니다.
07행 info 함수로 정보성 메시지를 남깁니다.
08행 warning 함수로 경고 메시지를 남깁니다.
09행 error 함수로 에러 메시지를 남깁니다.
10행 critical 함수로 치명적 에러 메시지를 남깁니다.

```
2022-10-12 14:25:21 DESKTOP-OU4V8OQ root[15824] DEBUG 디버깅 메시지입니다.
2022-10-12 14:25:21 DESKTOP-OU4V8OQ root[15824] INFO 정보성 메시지입니다.
2022-10-12 14:25:21 DESKTOP-OU4V8OQ root[15824] WARNING 경고 메시지입니다.
2022-10-12 14:25:21 DESKTOP-OU4V8OQ root[15824] ERROR 에러 메시지입니다.
2022-10-12 14:25:21 DESKTOP-OU4V8OQ root[15824] CRITICAL 치명적 에러 메시지입니다.
```

[그림 38-3]

각 로그 레벨별로 다른 색상으로 메시지가 남겨지는 것을 확인할 수 있습니다. 경고는 노란색, 에러는 빨간색으로 처리되어 직관적으로 확인할 수 있습니다.

38.4 로그 메시지 포맷 바꾸기

기본 로그 포맷은 다음과 같습니다.

```
%(asctime)s %(hostname)s %(name)s[%(process)d] %(levelname)s %(message)s
```

여기서 포맷을 바꾸고 싶다면, 새로운 로그 포맷을 만들어서 install 함수의 fmt 매개변수로 전달하면 됩니다. "로그 레벨 – 메시지 (시간)"과 같은 형태로 로그 포맷을 지정해보겠습니다.

log_4.py

```python
01  import coloredlogs, logging
02
03  logger = logging.getLogger(__name__)
04  coloredlogs.install(level='DEBUG', fmt='%(levelname)s - %(message)s 
    (%(asctime)s)')
05
06  logging.debug("디버깅 메시지입니다.")
07  logging.info("정보성 메시지입니다.")
08  logging.warning("경고 메시지입니다.")
09  logging.error("에러 메시지입니다.")
10  logging.critical("치명적 에러 메시지입니다.")
```

> **04행** 로그의 포맷을 지정합니다.

위 코드를 실행하면, 다음과 같이 로그의 형식이 재구성된 것을 확인할 수 있습니다.

```
DEBUG - 디버깅 메시지입니다. (2022-10-14 14:41:44)
INFO - 정보성 메시지입니다. (2022-10-14 14:41:44)
WARNING - 경고 메시지입니다. (2022-10-14 14:41:44)
ERROR - 에러 메시지입니다. (2022-10-14 14:41:44)
CRITICAL - 치명적 에러 메시지입니다. (2022-10-14 14:41:44)
```

[그림 38-4]

그런데 적어도 어떤 파일의 몇 번째 행에서 이 메시지를 내보내는지 추가로 알면 더욱 더 좋겠죠? 디버깅을 함에 있어서 행 번호와 같은 위치 정보는 아주 중요합니다. 하지만 이 정보를 일반 사용자에게 유출할 필요는 없을 수 있으니 목적에 따라 선택적으로 포맷을 만드는 것이 필요합니다.

```
log_5.py
01  import coloredlogs, logging
02
03  logger = logging.getLogger(__name__)
04  coloredlogs.install(level='DEBUG', fmt='[%(asctime)s] %(filename)s:%(lineno)d [%(levelname)s] %(message)s')
05
06  logging.debug("디버깅 메시지입니다.")
07  logging.info("정보성 메시지입니다.")
08  logging.warning("경고 메시지입니다.")
09  logging.error("에러 메시지입니다.")
10  logging.critical("치명적 에러 메시지입니다.")
```

04행 filename, lineno이 추가되었습니다. 눈치챘겠지만, s가 붙으면 문자열이고, d가 붙으면 정수입니다.

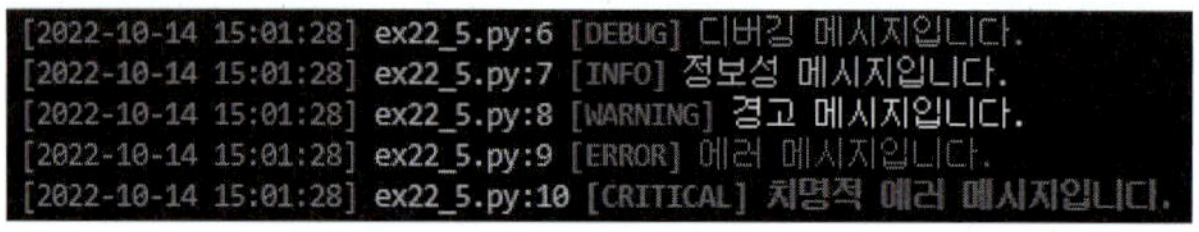

[그림 38-5]

어떤 것들을 로그에 넣어줄 수 있는지 목록으로 정리해보면 다음과 같습니다.

[표 38-1]

속성 이름	형식	설명
asctime	%(asctime)s	2022-10-14 15:38:45,896 형태의 시간
created	%(created)f	time.time( )에 의해 반환되는 시간
filename	%(filename)s	파일명
funcName	%(funcName)s	함수명
levelname	%(levelname)s	로그 레벨
levelno	%(levelno)s	로그 레벨에 대한 숫자적 표기 (debug: 10, info: 20, warning: 30, error: 40, critical: 50)
message	%(message)s	로그 메시지
module	%(module)s	모듈명
msecs	%(msecs)d	밀리초
name	%(name)s	사용자명
pathname	%(pathname)s	파일 경로

process	%(process)d	프로세스 ID
processName	%(processName)s	프로세스명
relativeCreated	%(relativeCreated)d	logging 모듈이 로드된 시간을 기준으로 밀리초
thread	%(thread)d	스레드 ID
threadName	%(threadName)s	스레드명

이상의 것들을 잘 조합해서 포맷을 만들면 됩니다. 예시로 모든 속성을 다 나열해서 로그 포맷을 만들어봤습니다.

```
log_6.py
01  import coloredlogs, logging
02
03  def show_log():
04      logging.debug("디버깅 메시지입니다.")
05      logging.info("정보성 메시지입니다.")
06      logging.warning("경고 메시지입니다.")
07      logging.error("에러 메시지입니다.")
08      logging.critical("치명적 에러 메시지입니다.")
09
10  logger = logging.getLogger(__name__)
11  coloredlogs.install(level='DEBUG',
12  fmt='''%(asctime)s %(created)f %(filename)s %(funcName)s
13  %(levelname)s %(levelno)s %(lineno)d %(message)s %(module)s
14  %(msecs)d %(name)s %(pathname)s %(process)d %(processName)s
15  %(relativeCreated)d %(thread)d %(threadName)s \n''')
16
17  show_log()
```

03행~08행 어떤 함수 안에서 발생한 로그인지 확인하기 위해서 로그를 남기는 부분을 show_log 함수에 모두 넣었습니다.

11행~15행 모든 속성을 나열하여 로그 포맷을 만들었습니다.

17행 show_log 함수를 실행합니다.

```
2022-10-14 16:21:47 1665732107.980557 ex22_6.py show_log
DEBUG 10 4 디버깅 메시지입니다. ex22_6
980 root C:\Users\SDE\Desktop\enjoy_python\ex22\ex22_6.py 15656 MainProcess
73 2228 MainThread

2022-10-14 16:21:47 1665732107.981552 ex22_6.py show_log
INFO 20 5 정보성 메시지입니다. ex22_6
981 root C:\Users\SDE\Desktop\enjoy_python\ex22\ex22_6.py 15656 MainProcess
74 2228 MainThread

2022-10-14 16:21:47 1665732107.982553 ex22_6.py show_log
WARNING 30 6 경고 메시지입니다. ex22_6
982 root C:\Users\SDE\Desktop\enjoy_python\ex22\ex22_6.py 15656 MainProcess
75 2228 MainThread

2022-10-14 16:21:47 1665732107.982553 ex22_6.py show_log
ERROR 40 7 에러 메시지입니다. ex22_6
982 root C:\Users\SDE\Desktop\enjoy_python\ex22\ex22_6.py 15656 MainProcess
75 2228 MainThread

2022-10-14 16:21:47 1665732107.983553 ex22_6.py show_log
CRITICAL 50 8 치명적 에러 메시지입니다. ex22_6
983 root C:\Users\SDE\Desktop\enjoy_python\ex22\ex22_6.py 15656 MainProcess
76 2228 MainThread
```

[그림 38-6]

38.5 메모장에 로그 찍어 주기

또한 로그는 메모장 파일 같은 곳에 남게 하는 것도 필요합니다. 특히 서버에서 24시간 해당 프로그램이 돌아가고 있다면 말이죠. 로그를 잘 남겨놔야 나중에 어떤 문제가 있었는지 확인이 가능하고 또한 대처도 가능합니다. 메모장에 로그를 쓸 때는 더 이상 컬러 로그를 찍게 도와주는 coloredlogs가 필요 없습니다.

log_7.py

```python
import logging

logger = logging.getLogger(__name__)
logger.setLevel(logging.DEBUG)

formatter = logging.Formatter('[%(asctime)s] %(filename)s:%(lineno)d [%(levelname)s] %(message)s')
file_handler = logging.FileHandler('./log.txt', encoding='utf-8')
file_handler.setFormatter(formatter)

logger.addHandler(file_handler)

logger.debug("디버깅 메시지입니다.")
logger.info("정보성 메시지입니다.")
```

```
14  logger.warning("경고 메시지입니다.")
15  logger.error("에러 메시지입니다.")
16  logger.critical("치명적 에러 메시지입니다.")
```

04행 디버그 레벨 이상의 로그들을 출력하도록 설정합니다.
06행 로그의 포맷을 설정합니다.
07행~08행 log.txt에 로그가 쓰이게 하고 한글이 깨지지 않도록 인코딩 방식을 utf-8로 설정하여 파일 핸들러를 만듭니다.
10행 만든 파일 핸들러를 logger에 적용합니다.

위 코드를 실행하면 작업 디렉터리에 log.txt라는 파일이 생성되고, 다음과 같은 로그가 추가됩니다.

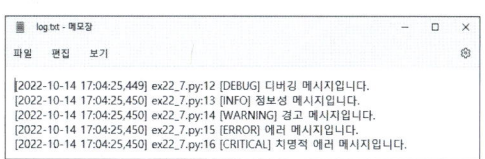

[그림 38-7]

위 코드를 다시 실행하면 그 아래 로그가 추가됩니다.

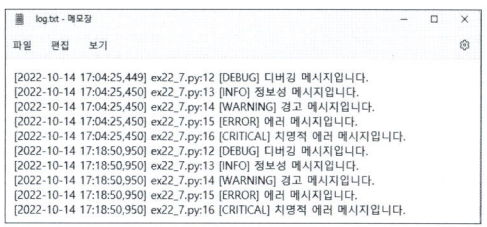

[그림 38-8]

38.6 정리하며

코딩을 잘하려면 로그를 잘 찍는 것이 너무나도 중요합니다. 로그를 찍어가면서 프로그램을 만들어가고, 로그를 통해 프로그램의 에러를 발견합니다. print( ) 함수만 활용해도 충분히 로그를 잘 찍을 수 있습니다. 하지만, 이 장에서 소개한 logging과 coloredlogs와 같은 로깅 관련 라이브러리의 도움을 받으면 조금 더 효율적으로, 정보성 있는 로그를 찍을 수 있습니다. 로그를 잘 찍는 것도 개발자에게 있어 중요한 능력이니, 계속해서 더 적절하게 로그를 남기는 방법에 대해 고민해가면서 발전시켜 가기 바랍니다.

39장.
타입 힌트를 사용하여
코드의 가독성 높이기

Feat.
없음

어느 정도 코딩에 익숙해지다보면 기능을 구현하는 것 자체는 비교적 그렇게 어렵지 않다는 것을 깨닫게 됩니다. 그리고 같은 기능을 구현하더라도 더 스마트하게 구현할 수 있는 방법들이 있다는 것을 알게 됩니다. 이 장에서 소개하는 타입 힌트는 그러한 방법 중 하나입니다.

39.1 실습 준비

이전 실습에 사용했던 가상환경이 활성화되어 있다면 먼저 **deactivate** 명령으로 비활성화해주세요.

```
deactivate
```

그 다음에 바탕화면에 있는 enjoy_python 폴더 내에 type_hint라는 폴더를 만든 후 VSCODE에서 해당 폴더를 열고 cmd 터미널에서 아래 명령을 실행하여 .venv 가상환경을 만들어주세요. 가상환경이 잘 생성되었다면, type_hint 폴더 안에 .venv 폴더가 생성되었을 것입니다.

```
virtualenv .venv
```

그리고 가상환경에 진입해주세요.

```
call .venv/Scripts/activate
```

이제 type_hint 폴더 안에 .py 파일 등을 따라 만들어가면서 실습을 진행하면 됩니다. 참고로 .venv 폴더 안에 파일을 만들지 마세요.

39.2 타입 힌트

파이썬은 동적 타입 언어로서 변수를 선언할 때 그 변수의 타입을 지정해줄 필요가 없습니다. 무슨 말인가 하면 파이썬에서는 변수를 만들 때 정수를 담기 위한 변수인지, 문자열을 담기 위한 변수인지 등을 지정해줄 필요가 없다는 것입니다. 하지만, C, 자바와 같은 언어는 정적 타입 언어이기 때문에 변수를 선언할 때 타입을 지정해야 합니다. 파이썬이 동적 타입 언어라는 점은 많은 코딩 입문자들이 파이썬을 다른 언어에 비해 학습하기 쉽다고 여기는 요소 중 하나가 됩니다. 하지만, 파이썬으로 코딩을 비교적 오래 하다보면 동적 타입 언어의 단점도 깨닫게 됩니다. 동적 타입 언어의 단점을 생각해볼 수 있는 예제 코드를 소개하겠습니다.

type_hint_1.py
```
01  def introduce(name, age):
02      greeting_text = "My name is " + name + ".\nI'm " + age + " years old."
03      print(greeting_text)
```

위와 같은 함수가 있다고 가정해보겠습니다. 매개변수로 이름과 나이를 전달 받아서 자신의 이름과 나이를 소개하는 문자열을 완성시켜서 터미널에 출력해주는 함수입니다. 이 함수가 정상적으로 작동하려면 name과 age가 모두 문자열(str) 데이터로 전달되어야 합니다. 파이썬에서 + 연산자는 문자열과 문자열을 이어줄 때 사용되기 때문입니다. 문자열과 숫자를 이으려고 시도하면 에러가 발생합니다. 그런데 위와 같은 함수가 있다고 한다면, 우리는 이 함수를 호출할 때 관습적으로 다음과 같이 호출할 가능성이 있습니다. name에는 문자열을, age에는 숫자를 넣어주면서 말이죠.

type_hint_2.py
```
01  def introduce(name, age):
02      greeting_text = "My name is " + name + ".\nI'm " + age + " years old."
03      print(greeting_text)
04
05  introduce("Tom", 28)
```

위 코드를 실행하면 다음과 같은 에러 메시지를 만나게 됩니다. str은 str에만 연결해줄 수 있다는 뜻입니다.

```
Traceback (most recent call last):
  File "C:\Users\SDE\Desktop\enjoy_python\ex39\ex39_2.py", line 5, in <module>
    introduce("Tom", 28)
  File "C:\Users\SDE\Desktop\enjoy_python\ex39\ex39_2.py", line 2, in introduce
    greeting_text = "My name is " + name + ".\nI'm " + age + " years old."
TypeError: can only concatenate str (not "int") to str
```

[그림 39-1]

이런 경우에 타입 힌트를 사용한다면, 함수 호출 관련 코드를 작성할 때 도움을 받을 수 있습니다. 우선 타입 힌트는 변수 다음에 : 자료형을 붙임으로써 적용할 수 있습니다.

type_hint_3.py
```
01  def introduce(name: str, age: str):
02      greeting_text = "My name is " + name + ".\nI'm " + age + " years old."
03      print(greeting_text)
04
05  introduce('Tom', '28')
```

name: str은 "name의 자료형은 str이어야 해"라는 의미가 있고, 마찬가지로 age: str도 "age의 자료형은 str이어야 해"라는 의미를 갖습니다. 이렇게 타입 힌트를 준 다음에 함수 호출을 위해 함수명을 작성하고 나면 다음과 같이 인자의 타입이 어떻게 되어야 하는지 힌트를 얻을 수 있습니다.

```
1  def introduce(name: str, age: str):
2      greeting_text = "My name is " + name + ".\nI'm " + age + " years old."
3      print(greeting_text)
4          (name: str, age: str) -> None
5  introduce()
```

[그림 39-2]

보는 것처럼 name과 age는 str 자료형이어야 한다는 것을 알려줍니다. 그러면 코드를 작성할 때 실수할 가능성을 줄일 수 있겠죠. 반면 타입 힌트가 없는 상황에서는 함수 호출 코드를 작성할 때 다음과 같이 보입니다.

```
1  def introduce(name, age):
2      greeting_text = "My name is " + name + ".\nI'm " + age + " years old."
3      print(greeting_text)
4          (name: Any, age: Any) -> None
5  introduce()
```

[그림 39-3]

타입 힌트가 없는 경우에는 name: Any, age: Any로 되어 있기 때문에 두 매개변수에 아무 타입의 데이터를 넣어줘도 될 것처럼 보이죠. 지금은 함수 정의부와 호출부가 가까이 있기 때문에 타입 힌트를 왜 써야하는지 의문을 느낄 수도 있겠지만, 보통은 서로 먼 곳에 위치할 가능성이 큽니다. 어떤 경우에는 아예 다른 파일에 있을 수도 있습니다. 또한 여러 사람이 함께 팀을 이뤄 협업을 하는 경우에는 함수를 만든 사람과 호출하는 사람이 다를 수도 있습니다. 그런 경우에 타입 힌트를 설정해준다면 함수를 호출하는 사람 입장에서 조금 더 확신을 갖고 함수에 어떤 타입의 데이터를 넣어줘야할지 결정할 수 있을 것입니다.

39.3 함수의 출력에도 타입 힌트를 주자

함수의 입력뿐만 아니라 출력에도 타입 힌트를 줄 수 있습니다.

type_hint_4.py
```python
def add(num1: int, num2: int) -> str:
    return str(num1 + num2)

print(add(6, 12))
```

위 함수는 입력 받은 두 개의 정수 데이터를 더해서 문자열로 변환해서 반환해주는 함수입니다. 여기서 -> str이라고 되어 있는 부분이 바로 함수 출력의 자료형에 대한 타입 힌트입니다. 일반적으로 두 개의 정수를 더하는 함수라고 한다면 당연히 정수를 반환해줄 것이라고 예상할 수 있습니다. 하지만, 어떠한 이유로 문자열로 반환해야 하는 함수를 만들었다고 한다면 이렇게 함수의 출력에 대해서도 타입 힌트를 준다면 사용하는 사람들의 혼란과 실수를 줄일 수 있습니다.

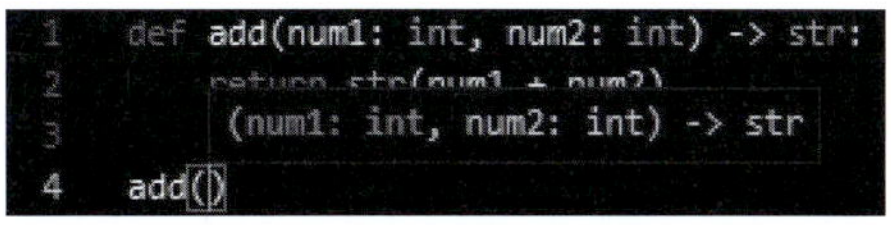

[그림 39-4]

39.4 정리하며

저는 타입 힌트가 쓰여진 파이썬 코드를 처음 만났을 때 당혹스러움을 느꼈던 기억이 있습니다. '도대체 이게 뭐지?' 파이썬에서 보통 콜론(:)은 딕셔너리에서 키와 값을 구분할 때 사용되고, ->는 예전에 C 언어 구조체 배울 때 만났던 기호이기 때문입니다. 타입 힌트라는 것이 있다는 것을 알고 나서야 당혹스러움이 사라졌습니다. 아마 앞으로 더 많은 파이썬 코드에서 타입 힌트가 사용되는 것을 여러분도 목격하게 될 것입니다. 아직 한 번도 만난 적이 없었다면, 곧 만나게 될 것이니 만나게 되기 전에 미리 사용해보면서 타입 힌트의 효용을 체득하면 좋을 것 같습니다.

40장. 최적화된 서비스를 위해 캐싱 처리하기

Feat.
functools
+ random
+ time

> 프로그래밍을 어느 정도 하다 보면 기능 자체를 구현하는 것은 어렵지 않아집니다. 어떻게든 구현할 수 있게 됩니다(물론 그것도 결코 쉽진 않습니다만). 어느 순간부터는 '어떻게 해야 리소스를 최대한 적게 사용하고 시간 비용을 줄일 수 있을까'에 대한 고민을 하게 됩니다. 이 장에서는 시간 비용을 줄일 수 있는 가장 중요한 방법 중 하나인 캐싱(cache) 처리에 대해 살펴보겠습니다.

40.1 실습 준비

이전 실습에 사용했던 가상환경이 활성화되어 있다면 먼저 **deactivate** 명령으로 비활성화해주세요.

```
deactivate
```

그 다음에 바탕화면에 있는 enjoy_python 폴더 내에 cache라는 폴더를 만든 후 VSCODE에서 해당 폴더를 열고 cmd 터미널에서 아래 명령을 실행하여 .venv 가상환경을 만들어주세요. 가상환경이 잘 생성되었다면, cache 폴더 안에 .venv 폴더가 생성되었을 것입니다.

```
virtualenv .venv
```

그리고 가상환경에 진입해주세요.

```
call .venv/Scripts/activate
```

이제 cache 폴더 안에 .py 파일 등을 따라 만들어가면서 실습을 진행하면 됩니다. 참고로 .venv 폴더 안에 파일을 만들지 마세요.

40.2 캐싱이란

파이썬에서 캐싱 처리를 하기 전에 캐싱에 대한 개념부터 잡고 가겠습니다. 어떤 데이터를 갖고 있는 데이터베이스가 있다고 하겠습니다. 고객이 원하는 데이터를 제공하기 위해서 이 데이터베이스에 있는 데이터를 가지고 백엔드에 있는 요리사들이 요리를 해서 고객에게 제공하는 데 10초가 걸린다고 가정해보겠습니다. 쉽게 얘기해서 웹 사이트가 있는데 어떤 고객이 어떤 버튼을 클릭해서 원하는 결과를 얻는 데 10초가 걸리는 상황입니다. 그렇다면, 그 고객은 그 사이트를 계속해서 이용할까요? 아마 대부분 참지 못하고 [뒤로 가기] 버튼을 누르거나 다른 사이트로 넘어갈 것입니다.

이런 경우에 캐싱 기법을 활용하면 도움을 줄 수 있습니다. 자주 고객이 요청하는 정보는 첫 고객이 주문할 때만 한 번 연산해서 어딘가에 저장을 해두는 것입니다. 그리고 또 다른 고객이 들어와서 동일한 주문을 한다면 데이터베이스에서 재료들을 가지고 와서 또 같은 요리를 만들어 내는 것이 아니라 저장해 두었던 것을 바로 서빙해버리는 것입니다. 그러면 결과적으로 첫 고객에게만 10초의 시간이 걸려서 서빙을 하고, 그 다음 고객부터는 동일한 주문에 대해서는 0.1초도 안 되는 시간에 서빙을 해 버릴 수 있는 것입니다. 이것을 바로 캐싱 처리라고 합니다.

40.3 데코레이터란

그러면 실제로 캐싱 처리의 효과를 한 번 눈으로 확인해보겠습니다. 3.9 버전 이상의 파이썬에서는 캐싱 처리를 아주 쉽게 할 수 있습니다. 파이썬 표준 라이브러리인 functools에서 제공하는 cache 데코레이터 또는 lru_cache 데코레이터를 사용하면 됩니다. 데코레이터라는 것은 함수 위에 붙여주는 것으로, @으로 시작하는 구문입니다. 말 그대로 함수를 꾸며 주는 친구입니다. 자신이 감싸고 있는 함수에 어떠한 부가적인 기능을 부여합니다. 이미 만들어져 있는 데코레이터를 사용해보기 전에 우리가 직접 간단하게 데코레이터를 한 번 만들겠습니다. 어떤 함수를 호출하면 그 함수의 실행시간을 알려주는 그런 데코레이터를 만들겠습니다.

cache_1.py
```
import time

def time_check(func):
    def wrapper():
        start = time.time()
        func()
        end = time.time()
```

```
08      print(f"{func.__name__} 함수 실행에 {end-start:.2f}초 소요되었습니다.")
09      return wrapper
10
11  @time_check
12  def test():
13      print("test 함수 시작")
14      time.sleep(5)
15      print("test 함수 끝")
16
17  test()
```

- 01행   time 모듈을 불러옵니다.
- 03행~09행   함수의 실행 시간을 알려주는 데코레이터를 만듭니다.
- 11행   test 함수에 데코레이터를 붙입니다.
- 12행~15행   약 5초의 시간이 걸리는 test 함수를 선언합니다.
- 17행   test 함수를 호출합니다.

위 코드를 실행하면 다음과 같은 내용이 콘솔에 띄워집니다. 보는 것처럼 함수 실행시간이 잘 출력되었습니다.

[그림 40-1]

생성한 데코레이터는 다음과 같이 여러 개의 함수에 붙일 수 있습니다.

cache_2.py

```
01  import time
02
03  def time_check(func):
04      def wrapper():
05          start = time.time()
06          func()
07          end = time.time()
08          print(f"{func.__name__} 함수 실행에 {end-start:.2f}초 소요되었습니다.")
09      return wrapper
10
11  @time_check
12  def test():
```

```
13      print("test 함수 시작")
14      time.sleep(5)
15      print("test 함수 끝")
16
17  @time_check
18  def another_test():
19      print("another_test 함수 시작")
20      time.sleep(7)
21      print("another_test 함수 끝")
22
23  test()
24  another_test()
```

17행 time_check 데코레이터를 another_test 함수에 붙입니다.
18행~21행 실행하는 데 7초가 걸리는 another_test 함수를 선언합니다.
24행 another_test 함수를 호출합니다.

보는 것과 같이 한 개의 데코레이터는 여러 함수에 붙여질 수 있습니다. 각 함수의 실행 시간이 잘 출력된 것을 확인할 수 있습니다. 우리가 만든 time_check 데코레이터 덕분입니다.

```
test 함수 시작
test 함수 끝
test 함수 실행에 5.01초 소요되었습니다.
another_test 함수 시작
another_test 함수 끝
another_test 함수 실행에 7.00초 소요되었습니다.
```

[그림 40-2]

40.4 파이썬에서 캐싱 처리하기

이제 캐싱 처리의 효과를 확인하기 위해서 먼저 캐싱 처리를 하지 않은 코드를 살펴보겠습니다. 어떠한 식당이 있는데 고객이 주문한 요리를 만드는 데 1초가 소요된다고 가정하겠습니다.

cache_3.py
```
01  from random import choice
02  import time
03
```

```
04 def make_menu(user_choice):
05     print(f"{user_choice}을(를) 만듭니다.")
06     time.sleep(1)
07     return {
08         "menu": user_choice,
09         "price": 20000,
10     }
11 
12 def get_menu(user_choice):
13     return make_menu(user_choice)
14 
15 if __name__ == "__main__":
16     start = time.time()
17     for i in range(10):
18         user_choice = choice(["치킨", "피자", "떡볶이"])
19         print(f'{i+1}번째 손님이 {user_choice}을(를) 주문합니다.')
20         menu = get_menu(user_choice)
21         print(f"주문하신 음식 여기 있습니다> {menu}\n")
22     end = time.time()
23     print(f"총 소요시간: {end-start: .3f} sec")
```

01행~02행 필요한 라이브러리들을 불러옵니다.
04행~10행 요리를 만드는 함수입니다. 요리를 만들 때 1초가 소요된다고 가정했습니다.
12행~13행 요리를 만들도록 요청하는 함수입니다.
15행~23행 10명의 손님이 치킨, 피자, 떡볶이 중에 하나를 주문합니다. 그리고 총 소요 시간을 확인합니다.

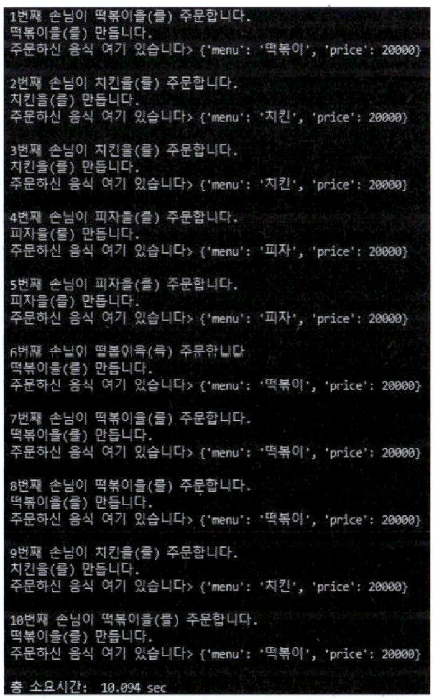

```
1번째 손님이 떡볶이을(를) 주문합니다.
떡볶이을(를) 만듭니다.
주문하신 음식 여기 있습니다> {'menu': '떡볶이', 'price': 20000}

2번째 손님이 치킨을(를) 주문합니다.
치킨을(를) 만듭니다.
주문하신 음식 여기 있습니다> {'menu': '치킨', 'price': 20000}

3번째 손님이 치킨을(를) 주문합니다.
치킨을(를) 만듭니다.
주문하신 음식 여기 있습니다> {'menu': '치킨', 'price': 20000}

4번째 손님이 피자을(를) 주문합니다.
피자을(를) 만듭니다.
주문하신 음식 여기 있습니다> {'menu': '피자', 'price': 20000}

5번째 손님이 피자을(를) 주문합니다.
피자을(를) 만듭니다.
주문하신 음식 여기 있습니다> {'menu': '피자', 'price': 20000}

6번째 손님이 떡볶이을(를) 주문합니다
떡볶이을(를) 만듭니다.
주문하신 음식 여기 있습니다> {'menu': '떡볶이', 'price': 20000}

7번째 손님이 떡볶이을(를) 주문합니다.
떡볶이을(를) 만듭니다.
주문하신 음식 여기 있습니다> {'menu': '떡볶이', 'price': 20000}

8번째 손님이 떡볶이을(를) 주문합니다.
떡볶이을(를) 만듭니다.
주문하신 음식 여기 있습니다> {'menu': '떡볶이', 'price': 20000}

9번째 손님이 치킨을(를) 주문합니다.
치킨을(를) 만듭니다.
주문하신 음식 여기 있습니다> {'menu': '치킨', 'price': 20000}

10번째 손님이 떡볶이을(를) 주문합니다.
떡볶이을(를) 만듭니다.
주문하신 음식 여기 있습니다> {'menu': '떡볶이', 'price': 20000}

총 소요시간:  10.094 sec
```

[그림 40-3]

손님 10명의 주문을 모두 처리하는 데 약 10초의 시간이 소요된 것을 확인할 수 있습니다.

이번에는 캐싱 처리를 해보겠습니다. 단 두 줄만 추가하면 됩니다. functools 라이브러리에서 cache 함수를 가져오는 것과, cache 데코레이터를 get_menu 함수 위에 붙여주는 코드만 추가해주면 됩니다.

cache_4.py

```python
from random import choice
import time
from functools import cache

def make_menu(user_choice):
    print(f"{user_choice}을(를) 만듭니다.")
    time.sleep(1)
    return {
        "menu": user_choice,
        "price": 20000,
    }

@cache
def get_menu(user_choice):
    return make_menu(user_choice)

if __name__ == "__main__":
    start = time.time()
    for i in range(10):
        user_choice = choice(["치킨", "피자", "떡볶이"])
        print(f'{i+1}번째 손님이 {user_choice}을(를) 주문합니다.')
        menu = get_menu(user_choice)
        print(f"주문하신 음식 여기 있습니다> {menu}\n")
    end = time.time()
    print(f"총 소요시간: {end-start: .3f} sec")
```

03행 functools 라이브러리에서 cache 함수를 가져옵니다.
13행 cache 데코레이터를 get_menu 함수에 붙입니다.

위 코드를 실행해보면 다음과 같이 총 소요시간이 10초에서 3초로 확 줄어드는 것을 확인할 수 있습니다. 한 번 만든 것에 대해서는 다시 만들지 않고 이전에 만들었던 것을 활용하기 때문입니다.

```
1번째 손님이 치킨을(를) 주문합니다.
치킨을(를) 만듭니다.
주문하신 음식 여기 있습니다> {'menu': '치킨', 'price': 20000}

2번째 손님이 떡볶이을(를) 주문합니다.
떡볶이을(를) 만듭니다.
주문하신 음식 여기 있습니다> {'menu': '떡볶이', 'price': 20000}

3번째 손님이 치킨을(를) 주문합니다.
주문하신 음식 여기 있습니다> {'menu': '치킨', 'price': 20000}

4번째 손님이 피자을(를) 주문합니다.
피자을(를) 만듭니다.
주문하신 음식 여기 있습니다> {'menu': '피자', 'price': 20000}

5번째 손님이 치킨을(를) 주문합니다.
주문하신 음식 여기 있습니다> {'menu': '치킨', 'price': 20000}

6번째 손님이 피자을(를) 주문합니다.
주문하신 음식 여기 있습니다> {'menu': '피자', 'price': 20000}

7번째 손님이 치킨을(를) 주문합니다.
주문하신 음식 여기 있습니다> {'menu': '치킨', 'price': 20000}

8번째 손님이 떡볶이을(를) 주문합니다.
주문하신 음식 여기 있습니다> {'menu': '떡볶이', 'price': 20000}

9번째 손님이 치킨을(를) 주문합니다.
주문하신 음식 여기 있습니다> {'menu': '치킨', 'price': 20000}

10번째 손님이 피자을(를) 주문합니다.
주문하신 음식 여기 있습니다> {'menu': '피자', 'price': 20000}

총 소요시간: 3.038 sec
```

[그림 40-4]

출력 결과를 자세히 살펴보면, 치킨을 두 번째로 주문한 3번째 손님의 주문에 대해서는 치킨을 만드는 과정이 생략되어 있습니다. 1번째 손님이 이미 치킨을 주문했기 때문에 그때 만들었던 것을 재사용했기 때문입니다. 이런 식으로 동일 메뉴에 두 번째 들어간 주문에 대해서는 음식을 만드는 시간을 절약할 수 있습니다.

어떻게 이런 일이 벌어질까요? @cache 데코레이터 처리가 된 함수의 입력과 출력은 메모리에 저장해두었다가 동일한 입력에 대해서는 그 함수를 실행하지 않고 바로 저장해두었던 출력값을 전달하기 때문입니다.

40.5 @cache 데코레이터와 @lru_cache 데코레이터

캐싱 관련 데코레이터에는 @cache 말고도 @lru_cache가 있습니다. 둘의 차이는 캐시의 크기를 제한하느냐 마느냐의 차이입니다. 방금 사용했던 @cache는 캐시 크기를 제한하지 않습니다. 반면, @lru_cache는 캐시 크기를 제한합니다. 캐시를 제한하지 않으면 그만큼 캐시 데이터가 메모리에 많이 저장되게 됩니다. 메모리는 PC가 일련의 작업을 수행하는 데 있어 작업장의 역할을 하는 중요한 부품이기에 캐시가 메모리를 많이 점유한다면 성능의 저하를 일으킬 수도 있겠죠. @lru_cache를 사용하면 캐시의 크기를 제한할 수 있습니다. 우선 @cache 대신에 @lru_cache를 사용한 결과를 확인하겠습니다.

cache_5.py

```python
01  from random import choice
02  import time
03  from functools import lru_cache
04
05  def make_menu(user_choice):
06      print(f"{user_choice}을(를) 만듭니다.")
07      time.sleep(1)
08      return {
09          "menu": user_choice,
10          "price": 20000,
11      }
12
13  @lru_cache(maxsize=2)
14  def get_menu(user_choice):
15      return make_menu(user_choice)
16
17  if __name__ == "__main__":
18      start = time.time()
19      for i in range(10):
20          user_choice = choice(["치킨", "피자", "떡볶이"])
21          print(f'{i+1}번째 손님이 {user_choice}을(를) 주문합니다.')
22          menu = get_menu(user_choice)
23          print(f"주문하신 음식 여기 있습니다> {menu}\n")
24      end = time.time()
25      print(f"총 소요시간: {end-start: .3f} sec")
```

03행 cache 대신에 lru_cache를 가져옵니다.
13행 maxsize를 2로 설정하여 @lru_cache 데코레이터를 붙입니다.

위 코드를 실행한 결과, 이번에는 5초가 소요되었습니다. 랜덤하게 주문이 이뤄지기 때문에 코드를 실행할 때마다 소요시간이 다를 것입니다.

```
1번째 손님이 치킨을(를) 주문합니다.
치킨을(를) 만듭니다.
주문하신 음식 여기 있습니다> {'menu': '치킨', 'price': 20000}
2번째 손님이 치킨을(를) 주문합니다.
주문하신 음식 여기 있습니다> {'menu': '치킨', 'price': 20000}
3번째 손님이 떡볶이를(를) 주문합니다.
떡볶이를(를) 만듭니다.
주문하신 음식 여기 있습니다> {'menu': '떡볶이', 'price': 20000}
4번째 손님이 치킨을(를) 주문합니다.
주문하신 음식 여기 있습니다> {'menu': '치킨', 'price': 20000}
5번째 손님이 피자를(를) 주문합니다.
피자를(를) 만듭니다.
주문하신 음식 여기 있습니다> {'menu': '피자', 'price': 20000}
6번째 손님이 치킨을(를) 주문합니다.
주문하신 음식 여기 있습니다> {'menu': '치킨', 'price': 20000}
7번째 손님이 떡볶이를(를) 주문합니다.
떡볶이를(를) 만듭니다.
주문하신 음식 여기 있습니다> {'menu': '떡볶이', 'price': 20000}
8번째 손님이 치킨을(를) 주문합니다.
주문하신 음식 여기 있습니다> {'menu': '치킨', 'price': 20000}
9번째 손님이 피자를(를) 주문합니다.
피자를(를) 만듭니다.
주문하신 음식 여기 있습니다> {'menu': '피자', 'price': 20000}
10번째 손님이 피자를(를) 주문합니다.
주문하신 음식 여기 있습니다> {'menu': '피자', 'price': 20000}
총 소요시간: 5.065 sec
```

[그림 40-5]

캐시의 최대 크기를 2로 설정했기 때문에 캐시에 저장되는 것이 단 두 개로 제한됩니다. 가장 최근에 사용한 두 개만 남겨놓는 전략을 취하기 때문에 3번째 캐시 데이터가 입력되는 순간에 가장 오래된 캐시 데이터를 지워줍니다. 캐시 데이터에 어떤 것이 들어가 있을지 아래를 보면 이해가 될 것입니다.

1. 캐시[없음] → 1번째 손님 → 치킨 주문 → 치킨 요리(1초) → 치킨 서빙 → 캐시[치킨]
2. 캐시[치킨] → 2번째 손님 → 치킨 주문 → 캐시에 있는 치킨 서빙 → 캐시[치킨]
3. 캐시[치킨] → 3번째 손님 → 떡볶이 주문 → 떡볶이 요리(1초) → 떡볶이 서빙 → 캐시[치킨, 떡볶이]
4. 캐시[치킨, 떡볶이] → 4번째 손님 → 치킨 주문 → 캐시에 있는 치킨 서빙 → 캐시[떡볶이, 치킨]
5. 캐시[떡볶이, 치킨] → 5번째 손님 → 피자 주문 → 피자 요리(1초) → 피자 서빙 → 캐시[치킨, 피자]
6. 캐시[치킨, 피자] → 6번째 손님 → 치킨 주문 → 캐시에 있는 치킨 서빙 → 캐시[피자, 치킨]
7. 캐시[피자, 치킨] → 7번째 손님 → 떡볶이 주문 → 떡볶이 요리(1초) → 떡볶이 서빙 → 캐시[치킨, 떡볶이]
8. 캐시[치킨, 떡볶이] → 8번째 손님 → 치킨 주문 → 캐시에 있는 치킨 서빙 → 캐시[떡볶이, 치킨]
9. 캐시[떡볶이, 치킨] → 9번째 손님 → 피자 주문 → 피자 요리(1초) → 피자 서빙 → 캐시[치킨, 피자]
10. 캐시[치킨, 피자] → 10번째 손님 → 피자 주문 → 캐시에 있는 피자 서빙 → 캐시[치킨, 피자]

40.6 정리하며

캐싱 처리의 중요성에 대해서 인지하게 됐나요? 이 장의 내용에서 일종의 카타르시스를 느꼈다면 더 나은 개발자가 되기 위한 마음의 준비가 된 겁니다. 단순히 기능을 구현하는 데 그치지 않고 더 최적화된 성능을 보여줄 수 있는 프로그래머가 되기 위한 여정을 출발해보는 것은 어떨까요?

Index 찾아보기

로마자

A~B

adaptiveThreshold   281, 283, 285, 287, 290

add-data   435, 436

addPage   77, 78

addWeighted   259, 260, 262, 266, 268

ajax   367, 371

annotate   168, 169, 170, 171

API   12, 18, 115, 116, 117, 118, 119, 120, 121, 122, 123, 125, 126, 128, 130, 139, 141, 142, 147, 149, 151, 154, 163, 186, 187, 189, 190, 193, 338, 339, 340, 342, 346, 349, 352, 354, 355, 358

API key   12, 116, 118, 120

arange   165, 166, 168, 169, 170, 179, 182

argparse   115, 123, 124, 126, 267, 268

AUTOINCREMENT   417

beep   181, 182

boudingRect   284

By   221, 223, 224, 225

C~D

cache   21, 461, 462, 463, 464, 466, 467, 468

cd   29, 150, 155, 159, 160

ChromeDriverManager   221, 223, 225

classfication   247

clip   320, 321, 322

collections   176, 177, 179, 181, 218, 225, 226

coloredlogs   447, 448, 449, 450, 451, 452, 453

Computer Vision   299

continue   71

count   174, 176, 179, 181

Counter   225, 226

critical   450, 451, 452, 453, 455

css   85, 86, 221, 223, 224, 225, 363, 369, 370, 372, 374, 376, 384

cvlib   45, 298, 299, 300, 301, 302, 324, 326, 328, 333

datetime   51, 52, 53, 54, 58, 59, 104, 105, 107, 108, 113, 143, 144, 145, 146, 147, 148, 149, 151, 152, 153, 154, 156, 161, 162, 326, 327, 328, 329

debug   339, 341, 343, 346, 350, 353, 356,

362, 364, 368, 450, 451, 452, 453, 454

DeepFace   316, 317, 319, 320, 321

DELETE   342, 353, 356, 433

deque   176, 177, 179, 181

describe   233, 234

detect_face   299, 301, 302, 327, 329, 334

Django   19, 375, 376, 384

DROP   417

E~G

ellipse   272, 273, 274, 276, 277

email   116, 194, 196, 197, 198, 199, 200, 202, 203, 204, 206, 209, 210

emoji   51, 54

error   346, 347, 349, 350, 351, 352, 353, 355, 356, 449, 450, 451, 452, 453, 455

findContours   280, 281, 285, 287, 291, 312

Flask   19, 339, 340, 342, 345, 349, 352, 354, 362, 364, 368, 375, 376

folium   183, 184, 185, 191, 192

Font   216

functools   354, 461, 466, 468

GET   119, 120, 122, 189, 340, 341, 342, 344, 346, 347, 349, 352, 355, 356, 357

googletrans   359, 360, 361, 368, 374, 384, 385

GPL   418

gtts   110, 111, 112, 113

GUI   19, 20, 387, 388, 389, 399, 400, 402, 411, 413, 414, 418

H~I

hex   11, 95, 96, 97, 98, 100, 101, 102

html   10, 19, 83, 84, 85, 86, 106, 170, 185, 192, 199, 200, 201, 203, 220, 221, 222, 363, 364, 366, 367, 368, 370, 371, 373, 384, 415

html2image   82, 83, 84, 85, 86, 87

HTTP   340, 349, 351

httpie   343

IDLE   8, 30, 31, 32

image classification   325

imghdr   263, 264, 265, 267

imread   259, 260, 261, 265, 267, 271, 273, 274, 277, 281, 282, 284, 287, 290, 299, 301, 302, 303, 310, 312, 319, 320, 321

info   245, 246, 247, 249, 250, 251, 449, 450, 451, 452, 453, 454

INSERT   416, 418, 425, 429, 432

int   67, 68, 69, 71, 95, 96, 98, 101, 144, 145, 146, 147, 148, 150, 155, 158, 161, 162, 215, 251, 252, 254, 262, 265, 268, 271, 273, 274, 277, 293, 313, 331, 408, 433, 459

iterrows   138, 190, 191, 202, 203

itertools   94, 96, 97, 100, 174, 176, 179, 181

J~L

javascript   363, 384

jquery   366, 367, 370

kNN   16, 253, 254, 255

LGPL   418

line_chart   378, 379

load_workbook   213, 214, 216

logging   447, 448, 449, 450, 451, 452, 453, 454

M~N

map   67, 68, 69, 71, 98, 101, 183, 185, 188, 189, 191, 192

matplotlib   40, 164, 165, 166, 167, 169, 170, 172, 174, 175, 176, 179, 181, 228, 234, 235, 236, 237, 238, 241, 375, 381

merger   79

MIME   197

MIMEMultipart   198, 199, 200, 203

MNIST   17, 306, 315

multiprocessing   387, 397

normalization   252, 333

numpy   42, 43, 164, 165, 166, 167, 169, 170, 171, 179, 180, 181, 257, 259, 260, 261, 264, 267, 274, 275, 276, 277, 279, 281, 284, 287, 290, 305, 310, 312, 316, 320, 321, 330, 333

O~P

object detection   325

opencv-python   41, 42, 43, 44, 45, 47, 48, 257, 258, 259, 270, 271, 272, 279, 280, 282, 298, 299, 305, 307, 316, 319, 324, 326

openpyxl   137, 189, 201, 202, 212, 213, 214, 216, 378

pandas   40, 45, 129, 137, 138, 171, 183, 189, 190, 191, 194, 201, 202, 203, 228, 230, 231, 232, 233, 235, 237, 238, 241, 245, 375, 378, 379, 381, 382, 419, 421, 424, 427, 430

PatternFill   213, 214

pillow   73, 74, 270, 274, 275, 277

playsound   110, 112, 113, 387, 394, 395, 397

POST   148, 342, 343, 344, 345, 346, 348, 349, 352, 355, 367, 368, 371

PRIMARY KEY   417

Process   396, 398

psutil   172, 173, 174, 176, 177, 178, 179, 181

PUT   342, 350, 351, 352, 355

putText   274, 322, 334, 335

pyinstaller   56, 60, 400, 411, 412, 435, 436

PyPDF2   76, 77, 78, 79, 80

pyplot   165, 166, 167, 169, 170, 174, 176, 179, 181, 235, 236, 237, 238, 241, 381

PyQt   388, 389, 411

PySide6   414, 418, 419, 421, 423, 427, 429, 430

pytz   326, 328

pyyaml   140, 142, 143

Q

QApplication   388, 389, 390, 392, 393, 394, 395, 397, 399, 403, 404, 406, 408, 419, 420, 421, 423, 426, 427, 429, 430, 433

QHBoxLayout   390, 391, 392, 393, 394, 395, 397, 398, 403, 404, 406, 407, 421, 422, 423, 425, 427, 428, 430, 432

QLabel   403, 405, 406, 430, 431, 433

QLineEdit   403, 404, 405, 406, 421, 422, 423, 424, 425, 426, 427, 428, 430, 431, 432, 433

QMainWindow   388, 390, 392, 394, 397, 403, 406, 419, 421, 423, 424, 427, 430, 431

QPlainTextEdit   403, 404, 405, 406

QPushButton   390, 392, 393, 394, 395, 397, 403, 404, 405, 406, 421, 422, 423, 424, 425, 427, 428, 430, 431, 432

qrcode   73, 74

QSize   388, 389, 390, 392, 394, 395, 397

queue   176

QWidget   390, 392, 393, 394, 395, 397, 398, 403, 404, 406, 407, 419, 420, 421, 422, 423, 425, 427, 428, 430, 432

R

randint   281, 282, 285, 286, 287, 288, 291, 401, 408

random   62, 63, 64, 65, 66, 67, 68, 71, 206, 207, 208, 209, 254, 279, 281, 282, 284, 285, 286, 287, 288, 290, 291, 331, 400, 401, 406, 408, 461, 464, 466, 468

range   63, 64, 66, 67, 68, 71, 80, 208, 209, 223, 225, 277, 281, 285, 287, 291, 312, 401, 419, 422, 424, 427, 430, 465, 466, 468

read_excel   138, 190, 191, 202, 203, 378, 379, 381, 382

rectangle   282, 284, 285, 286, 288, 291, 292, 299, 312, 319, 321, 322, 334, 335

render_template   364, 368

requests   115, 119, 121, 122, 123, 124, 126, 127, 142, 143, 144, 145, 146, 147, 148, 149, 150, 152, 153, 154, 155, 156, 157, 158, 159, 160, 183, 187, 188, 189, 190, 191, 192, 194

resize   272, 273, 274, 277, 281, 285, 287, 290, 301, 303, 307, 310, 313, 334, 372, 419, 421, 424, 428, 431

ResNet50   330, 332

RGB   11, 97, 99, 100, 101, 299

S

schedule   104, 105, 106, 107, 108, 110, 112, 113

sckit-learn   253

screenshot   83, 84, 85, 86

seaborn   40, 45, 178, 244, 245, 247, 248, 250, 252, 254

SELECT   229, 231, 232, 233, 235, 237, 239, 241, 417, 418, 419, 422, 424, 427, 430

Selenium   219

set   71, 167, 168, 169, 170, 379, 381, 382

signal   392

sleep   58, 59, 105, 107, 108, 113, 146, 162, 225, 226, 463, 464, 465, 466, 468

slot   392

smtplib   194, 196, 198, 200, 203, 206, 209, 210

sort   63, 64, 401

sqlite3   20, 228, 229, 230, 231, 232, 233, 235, 237, 238, 241, 414, 415, 418, 419, 421, 422, 424, 425, 427, 428, 430, 431, 432, 433, 436

starmap   96, 97, 98, 100, 101

streamlit   375, 376, 377, 378, 379, 381, 382, 384

string   197, 199, 200, 204, 206,

207, 208, 209, 210

stylization   272, 273, 274, 277

sys   94, 100, 101, 127, 388, 389, 390, 392, 393, 394, 395, 397, 399, 403, 404, 406, 408, 419, 420, 421, 423, 426, 427, 429, 430, 433

T

tag   222

tensorflow   40, 45, 298, 299, 305, 306, 307, 308, 310, 312, 324, 326, 330, 334

Thread   396

threshold   310, 312, 313

time   56, 58, 59, 104, 105, 107, 108, 113, 145, 146, 161, 162, 225, 226, 327, 329, 452, 461, 462, 463, 464, 465, 466, 468

timedelta   53, 54

translate   359, 360, 361, 363, 367, 368, 371, 385

Translator   360, 368, 384, 385

twilio   129, 130, 133, 134, 136, 138, 139

U~Z

Unauthorized   357

vconcat   277

virtualenv   8, 45, 46, 51, 56, 62, 65, 73, 76, 82, 88, 94, 104, 110, 115, 129, 140, 164, 172, 183, 194, 206, 212, 218, 228, 244, 257, 270, 279, 298, 305, 316, 324, 338, 359, 375, 387, 400, 414, 437, 447, 456, 461

Visual Studio Code   32, 33, 36

warning   450, 451, 452, 453, 455

warpPerspective   289, 293

webbrowser   56, 57, 58

webdriver   218, 219, 221, 223, 225

webdriver-manager   218, 219

winsound   181, 182

with   77, 78, 80, 89, 91, 92, 131, 143, 145, 147, 149, 152, 154, 156, 199, 200, 204, 229, 231, 232, 233, 235, 237, 238, 241, 419, 422, 424, 425, 427, 428, 430, 431, 432, 433

xticks   179, 182, 381

yaml   142, 143, 145, 147, 149, 152, 154, 156

zeros_like   259, 260, 261, 265, 268

한글

가~하

가상환경   8, 44, 45, 47, 48

객체 검출   325

데이터프레임   190, 232, 420

매개변수 튜닝   256

명령 프롬프트   46

비동기   365

비주얼 스튜디오 코드   8, 32, 33, 34, 38

상속   20, 441

스레드   396, 397, 453

슬롯   392, 394

시그널   392
이미지 분류   256, 325
인덱스   289, 379
자바스크립트   25, 211, 363, 367, 369
정규식   11, 89, 91
정규화   252
캐싱   21, 461, 462, 464, 466, 467, 470

컴퓨터비전   298, 299, 304, 316, 330, 386
클래스   20, 81, 210, 253, 325, 438, 439
타입 힌트   21, 457
태그   222
퍼스펙티브 변환   290, 297
프로세스   19, 396, 397, 453